教育部人文社会科学重点研究基地重大项目

"跨文化视野下的民俗文化研究"
（项目批准号：15JJDZONGHE003）

综合性研究成果

教育部人文社会科学重点研究基地
北京师范大学民俗典籍文字研究中心

资 助 出 版

教育部人文社会科学重点研究基地重大项目
"跨文化学理论与方法论"（项目批准号：16JJD750006）

［法］金丝燕／董晓萍 ◎ 主编
"跨文化研究"丛书（第二辑）

钟敬文

与中国民俗学派

——钟敬文个案研究之三

董晓萍 ◎ 著

中国社会科学出版社

图书在版编目（CIP）数据

钟敬文与中国民俗学派：钟敬文个案研究之三 / 董晓萍著 . —北京：
中国社会科学出版社，2017.5
ISBN 978 - 7 - 5203 - 0005 - 6

Ⅰ.①钟…　Ⅱ.①董…　Ⅲ.①民俗学 – 研究 – 中国　Ⅳ.①K892

中国版本图书馆 CIP 数据核字（2017）第 043936 号

出 版 人　赵剑英
责任编辑　任　明
特约编辑　乔继堂
责任校对　李　莉
责任印制　李寡寡

出　　　版　中国社会科学出版社
社　　　址　北京鼓楼西大街甲 158 号
邮　　　编　100720
网　　　址　http：//www.csspw.cn
发 行 部　010 – 84083685
门 市 部　010 – 84029450
经　　　销　新华书店及其他书店

印刷装订　北京市兴怀印刷厂
版　　　次　2017 年 5 月第 1 版
印　　　次　2017 年 5 月第 1 次印刷

开　　　本　710×1000　1/16
印　　　张　20.75
插　　　页　2
字　　　数　330 千字
定　　　价　85.00 元

总　　序

　　本丛书属于教育部十三五规划"高校人文社会科学重点研究基地重大项目",由教育部人文社科重点研究基地北京师范大学民俗典籍文字研究中心承担执行。

　　跨文化学发端于北京大学,学科奠基人是乐黛云先生,乐先生同时也是我国比较文学专业的开创者,以往我国跨文化研究的成果也大都集中于这个领域。在法国,由新一代汉学家金丝燕教授领衔,已经开展跨文化学科建设多年。北京师范大学跨文化学学科建设之不同,在于将跨文化学由原来的比较文学研究向以中国文化为母体的多元文化研究全面推进,让这门吸收世界前沿学问并提倡平等对话的学科在中国本土扎根更牢,同时也让中国文化研究成果通过跨文化的桥梁交流于世。这种学科的转向是经过长期准备的。

　　北京师范大学近年连续举办了"跨文化学研究生国际课程班"一级平台教学课程,乐黛云先生、法国顶级汉学家汪德迈先生、中国传统语言文字学家王宁先生和民俗学家董晓萍教授等联袂教学,将跨文化研究向传统语言文字学和民俗学等以使用中国思想材料为主的学科推进,促进多元文化研究与跨文化学建设的整体关联理论付诸实践。令人欣喜的是,此观点得到了加盟此项目的海外汉学家的一致响应,因此,这套丛书的性质,也可以说,是在这批中外教授的共同努力下,在他们以跨文化为视野和从中外不同角度研究中国文化的学术成就中,在经过中外师生对话的教学实践后,所精心提炼的一部分研究成果。

　　与开拓跨文化学学科一道,我们同步进行了跨文化学研究生的培养工作,此项工作得到了北京师范大学研究生院的大力支持。我们希望通过这种双向推进，为跨文化学理论和方法论的建设积跬步之力，同时也为中外高校跨文化学研究生的高级人才培养履行社会责任；希望这套丛书的出版能帮助我们接近这个目标。

"跨文化研究"丛书编辑委员会
2016 年 10 月 27 日

前　　言

　　本书的书名使用了一个醒目的概念——"中国民俗学派"，这是钟敬文先生在晚年总结平生学术思想的一本书《建立中国民俗学派》中正式提出来的①。它很快就在国内高校和中国民俗学会取得了认同，也得到国际同行的关注。对于这种少见的默契，我们通常叫它"水到渠成"。之所以有这样令人鼓舞的社会效果，我想有几个原因：一是民俗学虽然来自西方，但钟先生做的是中国学问。他的民俗学研究、教育事业和社会活动几乎贯穿了20世纪，与其他从事民俗学研究的学者相比，他投入的时间最长、信念坚定不移、学术成就卓著，在我国的确没有第二人能比，将他的名字与"中国民俗学派"连在一起没有争议。第二，"中国民俗学派"，是在跨文化的视野下提出的概念，面对当时全球化浪潮席卷中国和世界其他国家的不可逆转之势，这能体现出他对中国优秀民俗文化健康发展的深刻文化自信。

　　什么是"中国民俗学派"？钟先生本人已做了界定：

　　　　所谓建立民俗学的中国学派，指的是中国的民俗学研究要从本民族文化的具体情况出发，进行符合民族民俗文化特点的学科理论与方法论的建设。

　　　　现在的中国民俗学，在世界范围内来讲，也是一种中国学派，外国人也就这样看我们。但在过去，从学术意识上来说，我们没有自觉地认识这个问题。在文字上，我们也从来没有提出过我们要建立中国学派，或者不曾明确地说过，我们是中国学派。

　　　　中国的民俗学与外国理论能不能接轨？对这个问题，要从研究对象的实际出发来认真加以考虑。大体上说，中外民俗文化交流，对双

---

　　① 钟敬文：《建立中国民俗学派》，董晓萍整理，黑龙江教育出版社 1999 年版。

方都是好事，彼此也越来越欢迎，但说到不同文化的接轨，就要考虑接轨的对象。因为，任何一个民族的民俗文化，以及对她的学术研究，要跟外国的理论接轨，这比起一般的自然科学或社会科学的对外接轨，是肯定有其特定的地方的。就民俗学本身而言，可能有些方面想去接轨，但是有的时候就不一定接得很好；可能你想接轨，在他们看来，还不够，搭不上。也可能他想接轨，但在我们看来，又说不定点子上。这种差异，是由各自的人民生活、文化传统、社会制度、思维习惯和学术发展史的不同所造成的。所以，中国民俗学要发展，从原则上说，还是要走自己的路①。

全球化也好，现代化也好，不是把我们自己给化掉，是应该根据我们的需要，去吸收分类文化中的先进的东西，来壮大我们自己。如果反过来，把自己的精华给化为乌有，那就成了悲剧②。

我在上面谈到钟先生有跨文化的视野，这可以看他在此书中与海外汉学界和国内同仁的一段谈话：

中国这个古国，民俗资料是十分丰富的，其中既有为中国所特有的，也有为世界人民所共有的。研究这种文化现象，不仅是中国学者的责任与权利，同时也是各国汉学家的责任与权利。近年来这方面的学界情形有力地证明了这一点③。

孔子死了两三千年了，但他的《论语》在世界文化人的眼里的地位是何等之高，这是大家知道的。前面我说过，文化这东西，不能用很浅薄的眼光去评价它，一定要看到它的深层。

作为中国民俗学者，应该有这样的雄心壮志。我们的研究，不仅是为民族的，也是为世界的。我们应该在这方面做出贡献。如果连我

① 钟敬文：《建立中国民俗学派》，董晓萍整理，黑龙江教育出版社 1999 年版，第4—5 页。

② 同上书，第41 页。

③ 同上书，第100 页。

们自己都不大清楚，那就难怪别人说外行话了。对这个问题，我们一定要深思①。

　　《建立中国民俗学派》一书出版不久，在北京师范大学召开了学术研讨会，数位国内著名学者，季羡林、金开诚、王宁、童庆炳、程正民、张恩和、何九盈、程毅中、赵诚、连树声、陶立璠、程蔷和周星等与会，时任北京师范大学副校长（后任清华大学副校长）的谢维和教授主持会议。专家学者们讨论了建立"中国民俗学派"的民族基础、现代条件、社会意义、国际水准，及其在社会主义现代文化建设中的功能等，对钟先生提出建设"中国民俗学派"的历史担当和前瞻思考给予高度评价。限于篇幅，以下摘引季羡林和金开诚两位的谈话。他们一个从事外国文化研究，一个从事中国传统文化研究，两人分别从内外观的角度，指出钟先生建设"中国民俗学派"在世界环境中的文化地位和学术价值。

　　季羡林：说几点意见，是外行话，但可能对内行有好处。第一，国外每隔几年就成立一个学派，我也看过一些这方面的书，了解一些，感觉外国的好些学派好像庄子说的"蟪蛄不知春秋"，往往是还没了解情况就没了。我们的研究不比哪国差，为什么没有学派？中国学术界应该有勇气、有能力，建立自己的学派。第二，我在欧洲呆过多年，看到他们的大学里大都有人类学系，有的还有人类学博物馆。当时我有一个猜想：像非洲、南太平洋群岛、印第安等民族的民俗，过去在欧美学者的眼中，可能并不认为是文化。从前欧洲人把自己看成是天之骄子，有文化；别人的民俗是不登大雅之堂，不被他们看成是文化。我在德国住过十年，看见他们的民俗比较单纯，印象最深的是老放假。中国学者要研究的中国民俗太多了，还不止是汉族的民俗，五十多个兄弟民族都有自己的民俗。对其进行深入研究是很有意义的，可以发扬中华民族的优秀文化传统。第三，方法论。钟老著作中很多地方讲方法论，我很赞成。我认为中西文化区别很大，西方文化在思维模式上是分析的；东方正相反，是综合的。综合就是整体概

────────────

①　钟敬文：《建立中国民俗学派》，黑龙江教育出版社 1999 年版，第 42—43 页。

念；普遍联系。最近看李政道的一篇文章，讲 20 世纪是分析的世纪，也有人提出 21 世纪可能是"夸克封闭"的世纪，"夸克封闭"就是物质不可再分了下去了。这个还没有结论。但我要说的是，现在我们中国人研究学问，是否可以微观与宏观相结合，应像钟老那样，注意方法。

金开诚：中国民俗学学派，实际上已经存在了，现在升上这面旗帜，意义重大。它是宣言书，向全世界宣告：中国民俗学学派建立了！它也向国内宣告，"学派"二字，在中断了半世纪之后，又在学术界提倡起来了！中国可能是最早有学派国家之一。其中成就最大的、源远流长的，是儒家和道家。但是在最近五十年间，学派没有了，知识界讳谈学派。其中有政治的原因，也有其他原因。改革开放后，中国在民主科学的道路上快速前进，很多学者也取得了相当的成就，但还是没有学派，为什么？照我看，这就不是政治的原因，而是属于精神文明建设方面的原因了。钟老现在提出建立中国民俗学学派，无论从学术上或是从精神文明建设上，都具有重大意义。在中国，由钟老来建立中国民俗学派，也是名至实归。中国历史悠久、民族众多，研究民俗学要了解自己的特点，要有自己独特的概括。钟老为此做了很多的工作，取得了辉煌的成就。钟老也非常爱护年轻学者，年轻学者十分尊敬钟老，这就自然形成学派。它有利于团结奋斗，有利于学科建设①。

十几年过去了，钟敬文先生、季羡林先生和金开诚先生均已辞世，而"中国民俗学派"尚待研究。她是旗帜，但要经过研究和发展，才能高高飘扬。

我本人与钟先生《建立中国民俗学派》一书的关系，已被钟先生写在书中，我也抄在这里："我的助手董晓萍博士承担了全书的编纂工作，对原讲演稿进行了充实，增加了注释，又补充了附录部分，把我近年来发表的一些有关中国民俗学发展问题的文章收在里面，这就成了现在的这本

---

① 王宁、董晓萍整理《建立中国民俗学派——钟敬文教授〈建立中国民俗学派〉及其学术思想座谈会发言纪要》，原载《中国教育报》2000 年 3 月 28 日第 7 版。

小书"①。

　　钟先生是我的导师、恩人、以学术立身的榜样。在他生前，我是他的学生，也给他当了十几年的学术助手。他那时表扬我或批评我，我好像都懂了。等他走了，我才明白，我其实懂得很少。我读的书不够，历练不够，对世界其他国家的文化和人民的了解也不够，所谓的懂，全在表皮上。我当时还不能达到文字自由的地步，而文字不自由也是学问不到家的表现。

　　我曾协助他编过一些书，整理过不少文章。有些报刊记者和外来学者采访他的稿子，写出来拿给他看，他不满意，就让我重写。等我写到一定程度的时候，他就说这种文章像他，我们师生大乐，我再署上来访者的姓名，人家说不好意思，他就说联合你们署名吧，我便道"岂敢、岂敢"。我留在他的身边不图虚名，只学他的本事。我给他整理的书不能说不重要，他本人很重视，出版后社会反响也很好，但我自知不足，因为我掌握了局部，还没有掌握整体，就好比会使了几把刀枪，还不能操纵整个武库。

　　等他走了，我仍然在不断地读书，不断地写书，不断地寻找中外学问的各处宝藏。我希望我还能看见别的，结果我还是发现了他的不可替代。要研究中国的学问，他是绕不开的。民众学问的大厦是有门框、有灰尘的，他却几乎把每个门框上的灰尘都擦掉了。他还开门进去了。我在他走之后，才发现他去过那里，那种感觉，就好像在北极圈的冰站里看见前面的探险者留下的粮食，在南极的考察站里看到一件留着体温的防寒衣，这些对后来者是极为重要的生命资源，我却过了十几年才能真正认识到。这十几年的艰苦磨练是必不可少的。在这些年中，我又走了很多地方，包括下乡进厂，数度出国，涉足了多个领域，去比较、去吸收，对同行似乎不会的东西，我会了。感谢王宁教授、程正民教授和张恩和教授，他们始终在教我应该从怎样的高度和深度去看待钟先生教我的好东西。

　　在钟先生辞世多年之后，获北京师范大学985工程项目的资助，我有条件组织编辑《钟敬文全集》。这时重新看他的文章，我已经有了比过去多得多的本钱，但我仍然发现了一个没有完整认识的他，于是我写了这本

① 钟敬文：《建立中国民俗学派》，黑龙江教育出版社1999年版，钟敬文《自序》第3页。

书，还写了别的书。我翻过了这座山，还要去翻另一座山。翻山是孤独的，但我会一直走下去，我对于研究有着无穷的兴趣。而在渺小的个人之后，始终是祖国、时代、人类与未来，不了解这一点，就永远与钟先生有距离。

回到本书上说，钟先生的"中国民俗学派"思想内容极为丰富，她的建设经历了一个相当漫长的过程。但总体说，这个"中国民俗学派"的概念不是空的，而是在中国历史文明的大框架内进行优秀民众文化建设，是从文化学研究民俗学。此外，在 20 世纪我国取得社会主义革命的胜利和社会主义建设成就的进程中，钟先生还要解决社会主义意识形态学与民俗学的互构问题，以期正确地处理社会主义意识形态学、文化学与民俗学的关系，这也正是今天全球化下多元文化格局竞相发展所面临的共同问题。

本书的任务，就是从跨文化的视角，以钟敬文先生探索"中国民俗学派"的长期学术思想发展为脉络，研究他所开创和建设的中国民俗学的形态、性质和特征，这与仅仅从民俗学的角度考察相比，可能会给我们带来一些新的认识。

这是系列性的工作，现在刚刚开始，后面还将继续。这一研究的目标是让钟敬文先生建立的"中国民俗学派"能够持续地得到阐释和发展。

目　　录

上编：从文化学研究民俗学

中编：中日印故事类型个案研究

下编：学苏联与民间文艺学建设

上编：从文化学研究民俗学

第一章　民俗学与民俗学史

钟敬文是中国民俗学理论的创建者，在这个理论体系中，最主要的两个部分是民俗学与民俗学史；此外，还有民俗学的资料学与方法论等。关于民俗学，他在《建立中国民俗学派》一书中，在谈到与张汉东《论汉代中国民俗学的形成》一文的不同看法时，曾写道："对中国民俗学的分期法，也有一些争论。前几年，《民俗研究》杂志发表了一篇文章，认为在汉代就已形成了中国民俗学，是不是可以这样讨论，我们可以再研究。但不管怎样，我国在先秦时期，就已有许多学者产生了对民俗现象的理性认识，这恐怕是没有异议的，民俗学的所谓'学'，主要就是这种理性认识。民俗，是一种社会行为，一种文化事象；但怎样认识它，却是一种理性观念，有了理性的观念，就有了科学的萌芽。晚清时的民俗学，是与'五四'的新文化运动相接续的，它是中国现代民俗学的一个不可分割的组成部分。"① 关于这个问题，钟先生已经有了长期思考。民俗学是一个庞大的结构系统，与 20 世纪以来迅速发展的现代人文社会科学一样，在人类社会思想文化的发展和相互交流中，十分重要、有活力、不可或缺。它所囊括的精神民俗、物质民俗、社会民俗和语言民俗等文化现象，与人类社会一样古老，但不等于有民俗就有民俗学。民俗学的成立需要一个科学化的过程。钟敬文强调运用现代科学方法，在中国传统国学已有的、局部的、分散的民俗研究的基础上，从中国实际出发，研究中国民众的精神世界、日常社会和知识系统，确定其中可传承的优秀成分，构建中国的民间诸科学。钟敬文是中国民俗学的创建人，在他的学说中，认识和研究民俗现象的科学化过程与构建民俗学的过程是一致的，这是本章研究的重点。

---

① 钟敬文：《建立中国民俗学派》，董晓萍整理，黑龙江教育出版社 1999 年版，第 5—6 页。

第一节　民俗学的基本问题

钟敬文的民俗学代表作，有《民俗文化学：梗概与兴起》《钟敬文民俗学论集》《钟敬文文集·民俗学卷》和《建立中国民俗学派》等，另有论文 60 余篇。他还主编并出版了全国高校文科统编教材《民俗学概论》①，把他的民俗学学说转化为民俗学高等教育实践，投入社会应用。他的民俗学学说体现在这些学术著述和科学实践活动中。

一　民俗学的特征

钟敬文的民俗学理论构建是从民间文学研究开始的，早在 1935 年，他就提出了"民间文艺学"的概念，并主张将民间文学作为一个实体领域进行学科建设②。

在我国这个历史文明古国中，文史哲混合发展，历代经典、官方文献与笔记杂纂中对民间文学的记载积累丰厚，已形成实体文献。我国自古有采风习惯，并流传后世，成为国学传统中的实体活动。我国各地区各民族都有讲述民间文学的口述风俗，民间讲述人是一个庞大的群体。钟敬文提出将民间文学研究作为一个实体领域对待，是从中国实际出发的，有了这个基础，民间文学研究就可能成为独立的研究领域。民间文学研究的独立发展，又能促进民俗学学说的扎根和发展。

在我国现代学术发展的早期阶段，将民俗学作为一个独立研究领域很难。这与民俗现象与社会意识体系的差异有关。就在钟敬文下决心将民间文艺学当作实体领域建设的前一年，他已意识到民俗学不可能采用雷同的实体化做法。他在 1934 年发表的《〈民俗园地〉引言》一文中说："民俗学这种学问，在我国中国走着的命运是颇为奇诡的。……就学术的团体来说，到现在竟没有一个比较坚实的这种学问研究机关的组织存在。"他认

---

① 钟敬文：《民俗文化学：梗概与兴起》，中华书局 1996 年版。钟敬文：《钟敬文民俗学论集》，上海文艺出版社 1998 年版。钟敬文：《钟敬文文集·民俗学卷》，安徽教育出版社 1999 年版。钟敬文：《建立中国民俗学派》，董晓萍整理，黑龙江教育出版社 1999 年版。钟敬文主编：《民俗学概论》，上海文艺出版社 1998 年版；高等教育出版社 2000 年第二版。

② 钟敬文：《民间文艺学的建设》，1935 年 11 月作于日本东京，收入《钟敬文民间文学论集》（下），上海文艺出版社 1985 年版，第 1—12 页。

为"比于西欧或日本学术界颇有愧色"①。其实中国有民俗学基础，却不能像当时世界民俗学先进国家那样建立实体领域，这恐怕也正是民俗学作为人文学科的特征所在。人文科学对文化环境和文化的社会制度有依赖性。民俗学结构庞大，也需要多门类的知识的支撑，其中有民间文学等精神性的知识，也有物质性的知识、民间科技的知识等，这些知识都需要"大师式的人物"去统领，钟敬文要给自己预留准备的时间。他后来说：（民俗学）"是一个大系统，它包含着众多的小学科。……像这样活动范围广阔的科学，一个学者（他不可能三头六臂）要包揽齐全是不可能的"②。所以，在他当时的条件下，对民俗学的实体领域建设还要放一放。

以往研究我国现代民俗学史的文章比较关注早期民俗学的外国人类学来源，并由此多少会与钟敬文联系起来，其实这对未曾出身人类学的他来说未必客观。在20世纪前半叶对人类学的介绍上，给予民俗学界以直接影响的是周作人、杨堃和费孝通等。而钟敬文在本质上是个民俗学的民间文艺家。他的浓厚的民间文学意识转化为他的民俗学气质，这是他很独特的地方。当然他也受到外国人类学和其他外国人文社会学科的影响，但这种影响是通过他的民间文艺学思想发生作用的。一般讨论的"文化人类学的民俗学"、"社会人类学的民俗学"等，都是指西方框架下的民俗学，并不能完全准确概括钟敬文的民俗学治学历程。

钟敬文治民俗学与民间文艺学多有叠合。他的民俗学论文，其中最早的一篇发表于1926年③，最晚的一篇是发表于2001年④，首尾相加75年，这与他从事民间文艺学的时间相埒。他稍后提出建设民间文艺学，是在他投入民俗学之后才开始的，而将两者的驱动力比较可见，在他的学术轨迹中，不是民俗学拉动了民间文艺学，而是民间文艺学拉动了民俗学。钟敬文对民间文艺学的理论构想和教材编写都更早成型，早于民俗学半个

---

① 钟敬文：《〈民俗园地〉引言》，原作于1934年1月5日，载钟敬文《钟敬文文集·民俗学卷》，安徽教育出版社1999年版，第519页。

② 钟敬文：《自序》，《钟敬文文集·民俗学卷》，安徽教育出版社1999年版，《自序》第1页。

③ 钟敬文：《惠阳挲仔山畲民调查》，原作于1926年3月15日，收入《钟敬文文集·民俗学卷》，安徽教育出版社1999年版，第359—363页。

④ 钟敬文：《十年纪念——〈民俗学研究〉专刊刊行和成果的回顾》，原载《北京师范大学学报》2000年第6期。

多世纪，这就形成了钟敬文民俗学的一种个性。了解钟敬文个性的民俗学，对我们理解钟敬文的民俗学思想，乃至认识中国民俗学的学说构成和发展脉络，都有一定的帮助。

二　历史文献学的位置

民俗学的独立性之一，在于以田野发现历史文献之所无，钟敬文与顾颉刚的相识与相知，共同塑造了我国民俗学的这一特征。1928 年，钟敬文在岭南大学为顾颉刚整理了《圣贤文化与民众文化》的演讲稿，钟敬文在稿件中记录了顾颉刚的下面一段话：

> 所谓旧文化，圣贤文化是一端，民众文化也是一端。以前对于圣贤文化，只许崇拜，不许批评。我们现在偏要把它当作一个研究的对象。以前对于民众文化，只取"目笑存之"的态度，我们现在偏要向它平视，把它和圣贤文化平等研究。可是，研究圣贤文化时，材料是很丰富的，中国古来的载籍差不多十之八九是属于这一方面的；说到民众文化方面的材料，那真是缺乏极了，我们要研究它，向哪个机关去索取材料呢？别人既不能帮助我们，所以非我们自己去下手收集不可①。

对民俗学者来说，这段话十分重要，因为它的背后是钟、顾二人于 4 年前开始的一段学术合作史：自 1924 年 12 月至 1925 年 10 月，钟敬文陆续向顾颉刚提供了历史文献中所缺乏的孟姜女地方口传资料，包括传说、民歌、戏曲唱本和方言故事②，促成顾颉刚在古史研究中增加民俗研究，并使其历史地理研究方法得到完善。

钟敬文本人也关注文献学的发现。他的贡献是大量使用正史和笔记杂纂等史料研究民俗，并最早提出如何认识、使用和解释这批文献的一些新问题。自 1928 年至 1983 年，他都有这类文章发表，例如：《介绍一部 60

---

① 钟敬文：《圣贤文化与民众文化——1928 年 3 月 20 日顾颉刚先生在岭南大学学术研究会上演讲记录》，载钟敬文《钟敬文文集·民俗学卷》，安徽教育出版社 1999 年版，第 631 页。

② 钟敬文：《关于孟姜女故事研究的通信》（五则·附顾颉刚按语），载钟敬文《钟敬文民间文学论集》（下），上海文艺出版社 1985 年版，第 472—483 页。

多年前的风俗书——〈杭俗遗风〉》（1928）、《我国古代民众的医药学知识——〈山海经之文化史的研究〉中的一章》（1931）、《〈异民族土俗专辑〉序言》（1936）、《东国岁时记》（1937）和《〈北平风俗类征〉重刊序言》等①。在我国正统典籍的经史子集归类中，这种文献大都归于"子"类，处于"经"和"史"之下，地位还不如"集"。钟敬文将之开辟为民俗文献。他的这种工作的价值，还在于对我国魏晋以来正统与笔记杂纂并行的叙事系统加以科学梳理，对两种叙事中都会出现的不同概念的"史"和地方文化与少数民族资料进行清理和阐释，增加了研究其"文化史"的导向。钟敬文早年对日本和韩国岁时文献的关注，以及与日韩学者在这方面的学术对话，还使这方面的问题很早就成为东方国家比较民俗学研究的题目。

三　对搜集调查民间文学的假设

钟敬文一生不是田野学者。他没有从文献资料的发现转向田野的发现。他也有搜集故事和地方民俗的活动，但这种倾向没有转化为建立特殊社会史的具体个案。这对他从事民俗学研究是有局限性的。

但是，钟敬文始终强调民俗学的田野调查的重要性，这与钟敬文将搜集民俗资料作为一个学科研究分支有关。他承认，他个人的搜集资料活动的起点就是研究民俗学的起点。

> 我致力于民俗学工作，是从搜集民间文艺作品开始的。在本世纪（20 世纪）20 年代初期，我受了北京大学歌谣征集处（后改为歌谣

---

① 钟敬文：《介绍一部 60 多年前的风俗书——〈杭俗遗风〉》，原作于 1928 年 3 月 24 日，1997 年 1 月 20 日补记，载钟敬文《钟敬文文集·民俗学卷》，安徽教育出版社 1999 年版，第 483—486 页；《我国古代民众的医药学知识——〈山海经之文化史的研究〉中的一章》，原作于 1931 年 11 月 6 日，载钟敬文《钟敬文文集·民俗学卷》，安徽教育出版社 1999 年版，第 191—211 页；《〈异民族土俗专辑〉序言》，原作于 1936 年 1 月 10 日，载钟敬文《钟敬文文集·民俗学卷》，安徽教育出版社 1999 年版，第 521—523 页；《东国岁时记》，原载《艺风》第 3 卷第 8 期 1937 年，载钟敬文《钟敬文文集·民俗学卷》，安徽教育出版社 1999 年版，第 487—494 页；《〈北平风俗类征〉重刊序言》，原作于 1983 年 11 月 27 日，载钟敬文《钟敬文文集·民俗学卷》，安徽教育出版社 1999 年版，第 437—444 页；《我国古代民众的医药学知识——〈山海经之文化史的研究〉中的一章》，原作于 1931 年 11 月 6 日，载钟敬文《钟敬文文集·民俗学卷》，安徽教育出版社 1999 年版，第 191—211 页。

研究会）征集近世歌谣的影响，开始在故乡（海丰公平镇）一带搜集当地流传的民歌土谣。稍后，把搜集的范围扩展到一般民间叙事作品（神话、传说、幻想故事、民间趣事等）及其他民俗资料。差不多跟这同时，我对于那些野生的文艺，也初步进行了理性的考察（当时在《歌谣》周刊连续发表的一组《歌谣杂谈》，就是这种考察的初穗）。我当时在考察上所用的观点，主要是文艺学的。因为，国内现代意义的民俗学还在发生时期，没有多少理论上的成果；国外学说的介绍也是初步的、零散的；而我自己也只在文艺理论方面（包括传统的和新输入的）多少还有一些知识。①

他有这样一种认识，即搜集资料能带动他的理论前进，在 20 世纪初民俗学还"没有多少理论上的成果"时，他的搜集民俗资料的凭借，依然能让他利用"文艺理论"知识，向民俗学破门而入。这是来自传统国学的思路。

钟敬文还有一个观点值得注意，就是搜集民俗资料的范围是民俗学理论发展程度的标尺。他使用这个标尺观察外国民俗学的进展，也观察中国民俗学的研究方向，还能辅助建设中国民间的文化史。

众所周知，北大时期侧重搜集歌谣，中大时期扩大到传说、故事和风俗物品的征集，但由于仍受英国传统人类学派狭义民俗理论的影响，资料搜集工作还是比较局限于精神文化，尤其是口头文学和原始信仰的范围。到了杭州后，我们有些觉悟，感到只要属于人民的东西就需要注意，因此，将视野扩大到向来不被重视的一些民俗范围。例如，前面提到过的民间绘画艺术。鲁迅这时站在左翼文学的角度，正在提倡用新的木刻为革命事业服务，我是赞成鲁迅的口号的。同时，也从民俗学的角度，意识到发扬这些民族的、大众的艺术，有益于开展直接的国民教育，故抗战前夜我们留心征集、整理和展览了这方面的民俗实物。再如民间科学、民间医药，在我国这个历史悠久的文化大国，几亿民众曾"以食为天"，靠着他们积累和传承的土壤耕作、

---

① 钟敬文：《我的民俗文化学思想的来龙去脉》，原作于 1996 年 1 月 24 日，载钟敬文《钟敬文文集·民俗学卷》，安徽教育出版社 1999 年版，第 347 页。

岁时节令、中医草药等知识，休养生息，世代繁衍。谁能否认这些民众知识的科学性！否认了它们，就无法解释西方文化输入以前，中华民族早已存在、发达了数千年的历史事实。当代英国科学家李约瑟十分赞赏中国古代的科学技术，就是从客观事实出发得出的结论。它也包括了对我国古代民间科学和医药发展水平的肯定。中国科技不过明代以后才落了伍。总之，收集民间科学、医药资料，能够丰富我们对祖国传统民间文化的理解。其他如社会组织及其一系列具有持久性的习俗、惯例的资料，也在我们的收集范围之内。这就比北大和中大时期的民俗学活动进了一步。①

钟敬文将搜集民俗资料学术化的倾向，也导致他将这一工作运动化和爱国化。他在搜集资料的实践中，还找到了民俗学所要研究的"民众"群体的对象。

钟敬文重视使用民俗调查资料，使他发展了早年关于民俗的民族性观点，还发展了关于民俗的地方性观点，他说"风俗、文化，是有民族性的，同时又是地区性的"②。此文写于1988年，当时全国范围内已展开新地方志搜集运动，他从中大力推动各地民俗志的搜集编纂工作。他这时将民族性与地方性并提，是与五四时期讨论的国家民族性有差别的，现在他更关注这场搜集运动的民俗学学科的收获。

钟敬文在民俗调查方面的理论建设有以下两点：一是传统节日民俗研究。他在1931年撰写了《金华斗牛的风俗》，后来他又陆续发表了《民间节日的情趣》、《节日与文化》等文③。这种节日研究专题，进一步导向民俗学与社会学、人类学和文化学的交叉研究，也让他对西方同行的研究成果更加关注。二是城市寺庙与民间宗教研究。1936年，他发表了《〈老

① 钟敬文：《我与浙江民间文化》，原作于1987年9月14日，载钟敬文《钟敬文文集·民俗学卷》，安徽教育出版社1999年版，第336—337页。

② 钟敬文：《〈江南风俗〉序》，原作于1988年12月20日，载钟敬文《钟敬文文集·民俗学卷》，安徽教育出版社1999年版，第458页。

③ 钟敬文：《金华斗牛的风俗》，原作于1931年6月2日，载钟敬文《钟敬文文集·民俗学卷》，安徽教育出版社1999年版，第230—244页。钟敬文：《民间节日的情趣》，载钟敬文《话说民间文化》，人民日报出版社1990年版，第59页。钟敬文：《节日与文化》，原载《人民日报》1988年3月21日。

东岳庙调查报告〉序言》；60 年后，他再发表《〈中国符咒文化〉序言》①。此两文相隔时间很长，但都是他对民间宗教调查研究发表的专门意见，他对此关注日久，思考也很慎重。在这方面，他提到了民俗宗教调查的对象是"民众宗教活动"，包括"庙宇的历史及现状、香会的时期、行事及组织、香客的行动、生活及消费"②、"民间俗信"、"符咒"、"巫术、禁忌"、"风水思想和有关活动"等③。

我国现在节日研究正盛，民间宗教研究的禁区也已经打破，两者还都在当前政府非物质文化遗产保护工作中承担角色。钟敬文是在这些问题的研究上启动最早的民俗学者。他没有长篇大论，但他的问题来源和时间历程给我们以深刻的思考，认识这一背景和意义要超过某些文章冷热的本身。

四　社会活动的目标和成绩

钟敬文在搜集运动中建立了社会活动的目标和内容，在此可归纳为比较主要的两点。

关注搜集与展览等保存利用的方式。钟敬文和同时代的学者，不管是留欧、留日，还是没出过国的，在民俗资料的处理上，除将一部分出版外，大都采取社会活动的方式，通过开陈列室和办展览会等，宣传它们的"重大意义"④，用以扩大影响，推广社会公共教育。

关注社团建设，提倡队伍专业化。在这方面，钟敬文将学术社团评价

---

① 钟敬文：《〈老东岳庙调查报告〉序言》，原作于 1936 年，载钟敬文《钟敬文文集·民俗学卷》，安徽教育出版社 1999 年版，第 450—452 页。钟敬文：《〈中国符咒文化〉序言》，原作于 1995 年 1 月 3 日，载钟敬文《钟敬文文集·民俗学卷》，安徽教育出版社 1999 年版，第 453—457 页。

② 钟敬文：《〈老东岳庙调查报告〉序言》，原作于 1936 年，载钟敬文《钟敬文文集·民俗学卷》，安徽教育出版社 1999 年版，第 451 页。

③ 钟敬文：《〈中国符咒文化〉序言》，原作于 1995 年 1 月 3 日，载钟敬文《钟敬文文集·民俗学卷》，安徽教育出版社 1999 年版，第 453 页。

④ 钟敬文：《我与浙江民间文化》，原作于 1987 年 9 月 14 日，原载《北京师范大学学报》1988 年第 2 期；另载《钟敬文文集·民俗学卷》，安徽教育出版社 1999 年版，第 336—337 页。参见钟敬文同时期所写另一篇文章《介绍一个民俗陈列室》，原作于 1988 年夏，载钟敬文《钟敬文文集·民俗学卷》，安徽教育出版社 1999 年版，第 369—372 页。

纳入民俗学成果评价，指出社团工作能使民俗学的研究提高计划性①。他还认为，促进社团队伍的专业化，能保障社团的运转科学有效，发挥其辅助学术研究的作用。他以前面提到的中山大学民俗学会为例，指出曾有人认为，"北京大学时期的民间文学运动（包括民俗学活动）是有进步意义的，后来中山大学时期的民俗学运动就再没有这种意义了……我觉得这种说法是值得商榷的。评论一种历史上的学术、文化活动，既要弄清楚它本身的性质、特点，产生与演变过程及社会功能等，又要探明它产生、存在的历史、社会背景，究明当时社会运动的根本要求和它对这种要求的对应性及其程度。要达到这点，评论者必须占有尽可能多的资料，必须进行艰苦的分析、综合、推断和论证等过程。至于那种只凭用惯了的一套现成公式，或一时爱恶、感想去进行判断的做法，结果恐怕是要跟历史的真实相去遥远的"②。他是不赞成脱离资料、理性分析和理论依据去断定社团的历史意义的。

第二节　民俗学的本土化与国际化

钟敬文民俗学学说的理论构成，与他受到五四新文化运动的影响有关。他从五四时期起，逐渐形成了文化学的意识，赴日留学后，他在这方面继续发展，吸收了日本的古代文化史理论，对将民俗学与中国历史文献结合起来研究的认识，进行了科学化的整理与发展。关于这个问题，我将在另一本书中详细讨论③，这里主要讨论钟敬文的中国民俗学史思想的形成。他的特点是，不是用民俗史的古代文献做历史学者的历史，而是通过对五四前后的学者史、文化史和社会史的整体反思，构建民俗学的历史学的基本内容和方法。新中国成立初期，他接触了苏联民俗学领域的历史编纂学理论，对这方面的思考更为系统，后来在条件成熟时，提出了"历史民俗学"的概念和研究分支。

---

① 钟敬文：《关于当前民俗学工作的三点意见——致中国民俗学会第四届学术讨论会的信》，原作于1989年10月15日，载钟敬文《钟敬文文集·民俗学卷》，安徽教育出版社1999年版，第91、95页。

② 钟敬文：《60年的回顾——纪念中山大学民俗学会创立60周年》，原作于1987年8月30日，原载于《民间文学论坛》1987年第6期。

③ 董晓萍：《跨文化民俗学》，中国大百科全书出版社2017年版。

钟敬文重视民俗学的历史研究，来自他的三种倾向：一是五四倾向，主要是对历代知识分子大都轻视民俗和民间文学的态度的反思与新建设；二是文化史倾向，主要是对中国传统文化中的民俗文化地位较低的反思与新建设；三是社会史倾向，主要是对民俗的积极社会功能的反思与新建设。在他的民俗学建设过程中，这是几个很有代表性的方面。

一 学者史与民俗学史

把钟敬文《民间文艺学的建设》与他后来的论文做整体分析能发现，在中国，建立民俗学要解决的根本问题，还不在于对民俗现象的分类，而是对学者阵容的划分。怎样划分？要按学术观和社会观的分层加以划分。要复古的学者是一个学术阵营，要变革前进的学者是另一个学术阵营。在两个阵营之间，存在着中国文人的价值观的差异、理想社会的情结的差异，及其学术观的差异。在中国历代知识分子中，如何定位民间文艺学的社会价值、文学价值和学术价值？看法不同。很多古人肯定过民间作品的价值，但肯定它们的社会价值，而不是文学价值。我国不少现代学者在晚清和五四时期肯定民间文学的社会价值和文学价值，但是不肯定它们的学术价值。钟敬文在1935年批评一些现代学者认为民间文学进入新科学是"太多且恶滥"，正是批评他们否定民间文学的学术价值。从他的这类论辩中我们能看到，即便经过五四新文化运动，否认自身文化中的民间文学的学术价值的中国学者也确有人在，钟敬文认为他们的看法"是一种不合时宜的陋见"①。

在新中国成立初期史上，在民间文学被社会主义意识形态化的主流进程中，钟敬文对中国学者的内部分层还有其他讨论。这时他对新国家的社会理想蓝图由衷地拥护，对新领导阶级充满了文化期待，这决定了他的学术选择。他认为，民间文艺学的新建设要由爱祖国、爱人民的学者去实践。"过去曾经有些所谓'学者'，以为中国的广大人民是愚昧的、自私的。他们从来就没有什么爱国心，没有什么民族意识"②。这是由于社会

---

① 钟敬文：《民间文艺学的建设》，载钟敬文《钟敬文民间文学论集》（下），上海文艺出版社1985年版，第1页。

② 钟敬文：《口头文学：一宗重大的民族文化财产》，载钟敬文《民间文艺学及其历史》，山东教育出版社1998年版，第59页。

观的差异，导致了他们对民间文学价值观的误解。他还说，来自解放区的
"许多为人民服务的文艺工作者，抛弃了身上不合时宜的'思想包袱'，
毅然投身到人民的海洋中，跟他们一道生活、一道呼吸和战斗，看重人民
固有的文艺，搜集它，分析它，评赏它，吸取它，用它们那些传承了许多
世代的艺术形式来表现最新的人物、事件和思想。在戏剧、绘画、音乐、
诗歌、故事各领域，都创造了'新民主主义内容、民族形式'的作品。
（当然在运用民间形式时，已经有着或多或少的改造，但是一般地是保存
着民间艺术某些主要特色的）"①。这是他学习毛泽东的延安文艺讲话观点
的体会。但是，在社会主义意识形态化进程中，如何解决继承与改造民间
文艺的矛盾？怎样进行民间文艺学建设才能符合既要"新民主主义内容"
又要"民族形式"的统一标准？钟敬文没有答案，但这个问题又是实质
性的。总结新中国初建至今六十余年的历史，我们能够认识到，我国的传
统民间文艺种类，在各种社会时期和各个历史条件下，都有国家利用和民
间传承中的继承和改造的问题。而不像有些学者所指责的那样，只有延安
时期和新中国时期由政府改造民间文学。对继承和改造的充分讨论是一个
大问题，但这不是本文的重点。这里要提出的问题是，以钟敬文为例，在
对待民间文艺内容和形式的取舍态度上，在中国文人内部，区分和改造学
者观的意义。现在"极左"和所谓的"极右"时期都过去了，对此我们
可以平心静气地开展学术讨论。

　　钟敬文讲的三点是有道理的。一是革命文人也有瞧不起民间文学的思
想，他们是"进步的文艺界的"朋友，他们却"以为民间文艺都是幼稚
的、原始的，在艺术上完全谈不上什么价值"②，这是社会进步观与民间
文艺价值观的矛盾，需要转变观念才能解决。二是学者在继承和改造民间
文艺的观念上，需要采用二分法，有的是对"有价值有意义的民间口头
作品，再来一番创造，使它具有新的意义和作用"③，也有的可以原封不
动，"只要从人民的口头忠实地把它记录下来，就能够发挥新的作用"④。

---

　　① 钟敬文：《口头文学：一宗重大的民族文化财产》，载钟敬文《民间文艺学及其历史》，
山东教育出版社1998年版，第65页。

　　② 同上书，第64页。

　　③ 同上书，第66页。

　　④ 同上书，第66—67页。

三是学者切莫过高地估计自己的学问，并将之强加于民众文化，因为"人类真正有益的东西，它的作用远比我们能够想象的更为深大"。它"在时间的考验上，也不容易成为一种文化的化石。它是一道不枯竭的流泉。如果一个民族或全人类有一种值得长久保留，并且能长久发挥教养作用的文化财产，那么，从口头记录下来的有价值的民众创作，至少要在那中间占一个位置"①。从20世纪60年代到21世纪，世界上许多国家的民俗学者和人类学者都在讨论学者观念的转变问题，钟敬文当年谈过的观点，现在也没有完全停止讨论。不过民间文艺也有良莠之分，当年过分地抬高它的价值不对。

这里还要提出一个问题，就是钟敬文说服中国文人内部的不同意见的学术途径是什么？在这里，我们要看他引用谁的话，就可能从他的角度，观察他的理论阐释过程，发现他同意怎样解释民间文艺的学术价值。我们看到，在他的视野中，有古今中外各时期的学者。在他们中间，有欧美学者，有日本学者，有苏联学者，也有中国汉魏乐府的编纂者和推崇民歌谣谚的"明朝批评家"，还有鲁迅，他引用了鲁迅在《门外文谈》中褒扬民间文学"刚健、清新"的话②。他们的共同点是对民间文艺"洞察力敏锐"，能看出民间文艺"在艺术上的某种优点"③。从他的这种划分说，我们已可以清楚地看到，他不能脱离当时的政治。但是，他不是做政治图解，而是尝试用人类优秀思想文化研究成果中肯定民俗的观点，增强我国民俗学者的学术自信心。

二 文化史与民俗史

钟敬文治民俗学，倾向于从民俗现象的演变发现民俗文化传承的规律，这种倾向从开始就有，一直延续到他的晚年。关于民俗学的文化倾向，他有以下一些主要观点。

第一，民俗是一种社会群聚性文化，"在五花八门的人类文化品类

---

① 钟敬文：《口头文学：一宗重大的民族文化财产》，载钟敬文《民间文艺学及其历史》，山东教育出版社1998年版，第67—68页。

② 钟敬文：《作为民间文艺学者的鲁迅》，载钟敬文《钟敬文民间文学论集》（上），上海文艺出版社1982年版，第394页。

③ 钟敬文：《口头文学：一宗重大的民族文化财产》，载钟敬文《民间文艺学及其历史》，山东教育出版社1998年版，第63页。

里，风俗、习尚无疑是其中基本的一种。只要有人群存在的地方，便有风俗、习尚这种文化事物存在"。

第二，民俗会演变成流行文化，个体不能免俗。"人们在生产、政治、教育等方面的活动，都有某些流行的风尚存在其间。风俗、习尚，在人们的文化生活里，几如水银泻地，无孔不入。如果让我们套用'人是政治的动物'，'人是社会的动物'等说法，那么，可以说'人是习俗的动物'吧"。

第三，民俗有文化史价值，适合开展文化史研究。"风俗、习尚，既然它存在的当时，是为人们需要服务的，那么，到了后代就有自然文化史的价值，有提供各种人文科学研究的意义"①。

第四，民俗文化是一个民族的生存标志文化和国别特色文化，"每个民族，不管她的文化程度如何，总有她自然显示出来的一种特殊状貌。……当我们开始接触一个民族时，她的人民的生活中所流行的风俗、习尚，是最容易引起我们的观感的。它的色彩跟我们自己民族的差距越大，它所引发起来的观感也就越强烈。民族的风俗、习尚，可以说是每个民族存在的一种标志"。在"各国读者手里"，"他们，不管是到过中国，还是没到过中国的，我想，当这本画册摆在他们的面前时，一定会使他们眼明神悦、兴味滋滋，乃至于引起许多遥想"②。

第五，将民俗学看成是动态的文化学。他认为，民俗原封不动流传下来的很少，几乎都要发生变迁。他常举的例子是放风筝的民俗，"现在清明放风筝（南方），谁再想到'放晦气'的古代法术呢"③？对他的这种文化学说，用近些年使用的符号学理论打比方，他的意思是，民俗是一套符号文化，它的现象是符号，它的意义是文化。这种符号文化根据人们的日常实践不断发生变动，符号变，意义也变。符号变得快而可视，意义的变化不可视。人们往往记住了符号当下的意义，而忘记了符号的从前的意义。他进一步地概括说："对于历史和当代的民俗文化现象，加以收集、

---

① 钟敬文：《〈民俗学特辑〉前言》，载钟敬文《钟敬文文集·民俗学卷》，安徽教育出版社1999年版，第516页。

② 钟敬文：《〈中国风俗〉画册序》，原作于1990年9月24日，载钟敬文《钟敬文文集·民俗学卷》，安徽教育出版社1999年版，第447、449页。

③ 钟敬文：《民间节日的情趣》，载钟敬文《话说民间文化》，人民日报出版社1990年版，第59页。

整理、探究和描述的学问就是民俗学。"① 从他的动态文化学角度说，民俗学者把所有民俗符号和文化意义收集起来，再加以研究和阐释，就是他构想的动态文化学。

三　社会史与民俗学会史

在我国，将民俗纳入文献，以之观察社会群体中的"兴、观、群、怨"，这种观念古已有之。经过晚清思潮的铺垫，到了五四时期，又受到当时欧美先进学说的影响，这种民俗实体观被用来观察和解释受压迫社会的文学和被侵略的民族历史。钟敬文亲身经历了五四运动，又接受了外来的民俗学，这样的经历对他来说，民俗学是一种大意识，能让他从民俗中看到社会史的整体问题，看见国家的世界位置和未来。在20世纪30年代初的一篇文章中，他说：

> 记得新近刚刚逝世的梁任公先生，曾经说过这样的几句话："我国幅员广漠，种族复杂。数千年前的社会组织，与现代号称最进步的组织，同时并存。试到各省区的穷乡僻壤，更进一步到苗子番子居住的地方，再拿二十四史里头蛮夷传所记的风俗来参证，我们可以看见现代社会学者许多想象的事象，或者证实，或者要加修正。总而言之，几千年前一部竖的进化史，在一块横的地平线上可以同时看出，除了我们中国以外，恐怕没有第二个了。"
>
> 真的，这话一点没有说错。我对朋友谈起天来，也常常道："我们所处的这个庞大而古老的中国，当前所有一切的文物，在'现代的'这个意义上，是显然地表明出它拙劣、腐烂、落后了。但我们如果换一副眼光去看，这就是说暂时丢开了恳切地希望着祖国的复兴的热忱，而以纯客观的科学者研究的态度临视着它，那么，我们不但不至于感伤失望，却反要忍不住踊跃三百呢！"并不是夸张地说，这一切历史及社会所馈遗给我们的事物，是怎样地便利于做学术上的探讨啊！就民俗学的范围说吧，许多重要的关于初民的信仰及社会组织形态的材料，在文明先进国如英、法等的学者，要辛苦地到文化比较

---

① 钟敬文：《〈民俗学特辑〉前言》；载钟敬文《钟敬文文集·民俗学卷》，安徽教育出版社1999年版，第516页。

落后的非洲、澳洲及亚洲、美洲的一部分野人部落中，才能有机会发现获得的，在我们国度里，却如何丰饶地排列着，而让人取之不尽呦！怪不得从前我的一位同事，一天在教授"初民心理"的时候，学生们听了发言道："这不是什么野蛮人的心理，说的正是我们乡下老百姓的情形呢。"①

民俗学让他由此关注五四时期热烈讨论的社会改革问题，并从民俗学的角度加以再思考，包括中国与当时世界"文明先进国"的差距，中国的上层文化与下层文化的两层文化划分，从政治上讨论文化改革与"暂时丢开了恳切地希望着祖国的复兴的热忱，而以纯客观的科学者研究的态度临视着它"的矛盾。他由此关注国家的现代化运动的正确途径，也决心充实个人的理论储备。

> 我 1934 年下决心去日本留学，抱有两个明确的目的：先是"办货"。面对祖国民俗藏量极为繁复的现实，我感到原有理论和方法的力不从心。而国外民俗科学的进展，远的且不说，当时东邻日本就走在我们的前面。作为一个中国知识分子，我不能不受到一种强烈的振兴民族文化科学的心情驱使。我要去那里采经探宝，回来开设我们中国自己的民俗学"铺子"。其次，是去考察日、中相似文化中，民间文学、民俗学方面的联系，以利认识祖国的民间文化。②

在 20 世纪，五四影响巨大，没有几个其他历史事件能够替代它。它决定了国家现代社会的转向。对钟敬文来说，民俗学成为他的良心学问，这是五四爱国运动带给他的终生震撼。他一生都认为自己是五四之子。

四　学科史与学术社团

钟敬文将民俗学与社会文化发展联系的另一特征，是认为应该在适合

---

① 钟敬文：《关于民俗——为杭州〈民俗周刊〉创刊作》，原作于 20 世纪 30 年代初，载钟敬文《钟敬文文集·民俗学卷》，安徽教育出版社 1999 年版，第 524—525 页。

② 钟敬文：《我与浙江民间文化》，原作于 1987 年 9 月 14 日，原载《北京师范大学学报》1988 年第 2 期。

本土的时间与地点，将民俗学研究社会团体化，并通过国家制度体系进行民俗学的学科建设。中国民俗学运动发轫于 20 世纪 20 年代初的北京大学，但中国民俗学会却于 1928 年在中山大学成立。钟敬文本人参加了中山大学民俗学会的建立和风俗物品陈列室的设置工作，曾处于这一历史事件的核心。他对中国首个民俗学会持高昂的学术态度：

> 　　这是附属于南方一个大学的民俗学会，……它不但开拓了中国民俗学的领域，在东亚人民文化研究史上也是引人瞩目的。日本的中国民俗研究家直江广治博士，曾经说过这样意思的话：我们可以这样认为，由于中大民俗学会的成立，中国民俗学走上科学的研究途径（见所著《中国的民俗学》中"中国民俗学的历史"部分）。这话虽有些溢美，但它证明中国现代这段学术史，在国际民俗学研究者们眼中所占的位置①。

　　钟敬文重视民俗学学会发展的史实，将之视为民俗学作为"学科"扎根中国的条件。他说："历史不仅预先规定了我活动的舞台，也指定了我应该演和所能演的角色。"② 事实是，他选择了本土化的民俗学方式，本土化的民俗学也选择了他。

五　民俗学的国际化

　　钟敬文民俗学理论的系统发表，始于 1979 年以后。他这一时期正式提出构建民俗学理论体系，并以讲学的方式加以传播。

　　钟敬文提出民俗学理论体系的文章发表于 1992 年，题目为《关于民俗学结构体系的设想》。他提出民俗学的结构分为六方面，即民俗学原理、民俗史、民俗志、民俗学史、民俗学方法论和民俗资料学③。这是他对民俗学理论体系内的支柱性观点的搭建。现在这一结构框架已被发展为

---

①　钟敬文：《60 年的回顾——纪念中山大学民俗学会创立 60 周年》，原作于 1987 年 8 月 30 日，原载《民间文学论坛》1987 年第 6 期。

②　钟敬文：《钟敬文文集·民俗学卷》，安徽教育出版社 1999 年版，《自序》第 2 页。

③　钟敬文：《关于民俗学结构体系的设想》，《北京师范大学学报》1992 年第 2 期，第 2—9 页。关于此文产生的经过，参见此文文末的《作者附记》。

不同的研究分支，或者用于设置民俗学的教学课程。例如，在北京师范大学民俗学专业，近几年开设的研究生基础课和学位专业课的课名，就有"民俗学原理""民俗志"和"民俗学田野作业的理论与方法"等，这些概念也成为国内同行使用频率极高的专业术语。

　　在全球化袭来和外来思潮涌入的情况下，由于社会历史的差异和现实问题的区别，有时民俗学的问题驳杂，不容易建立集中而统一的理论，但是，钟敬文的长远眼光还是给了他更大的补偿，让他走出单一民族国家的观念，以丰富人类共享优秀文明的心怀。他具体地、而不是笼统地分析外来学说的优长或不足，吸收一切有利因素，丰富中国民俗学的理论与方法。1995 至 1996 年，他连写三篇文章，评介美、日学者研究中国民俗的著作①，所持的学术开放态度是相当明确的。在这三篇文章中，第一篇介绍美国民俗学者詹姆森（Raymond D. Jameson）的《中国民间传承三讲》。詹姆森是美国教授，20 世纪 30 年代曾来华在清华大学任教，当过季羡林先生的老师。钟敬文对他的学问的认定，是他的工作对中国民俗学的启示，及其在东亚民俗学史上的位置，而不在于他是不是外国人。钟敬文在文章中说："那些金头发、蓝眼睛的传教人士、外交人员、学校教师以及新闻记者、商人、医生、接踵而来（后期，除了西洋人，来华经商、教书、考察的还有东洋人）。……有的是不怀好意，……但是，也有的心地比较善良，对我们的传统文化感到兴趣，从而对它进行认真研究的。……往往获得优异的成绩，即使在时间经过相当距离之后，还值得我们加以研读，乃至于欣赏。"② 钟敬文对詹姆森研究的中国的三个故事类型——灰

　　① 钟敬文：《一个外国学者对中国民俗学的贡献——詹姆森教授〈中国民间传承三讲〉中译本序》，原作于 1995 年 7 月 27 日，载［美］R. D. 詹姆森（Raymond D. Jameson）：《一个外国人眼中的中国民俗》（*The Three Lectures on Chinese Folklore*），田小杭、阎苹译，上海文艺出版社1995 年版。钟敬文：《中国民众思想史研究的新收获——欧达伟教授〈中国民众思想史论〉中译本序》，原作于 1995 年 6 月 18 日，载［美］欧达伟（R. David Arkush）：《中国民众思想史论——20 世纪初—1949 年华北地区的民间文献及其思想观念研究》，董晓萍译，中央民族大学出版社 1995 年版，《中译本序》，第 1—8 页。钟敬文：《中国民间文化研究的珍贵成果——伊藤教授〈中国大陆古文化与日本〉中译本序》，原作于 1996 年 11 月 27 日，载钟敬文《钟敬文文集·民俗学卷》，安徽教育出版社 1999 年版，第 394—404 页。

　　② 钟敬文：《一个外国学者对中国民俗学的贡献——詹姆森教授〈中国民间传承三讲〉中译本序》，原作于 1995 年 7 月 27 日，［美］R. D. 詹姆森（Raymond D. Jameson）：《一个外国人眼中的中国民俗》（*The Three Lectures on Chinese Folklore*），田小杭、阎苹译，上海文艺出版社 1995 年版。

姑娘、狐妻和狸猫换太子，从资料和方法上给予充分肯定。他查阅了他的私淑日本老师松村武雄的《中国神话传说集》，松村武雄在书中列举了戴尼斯的《中国民俗学》，却没有提到詹姆森和这本书，但这并不能改变钟敬文的看法，他把自己在东安市场的旧书肆里偶尔淘得此书当作一种快乐的奇遇。

第二篇文章介绍美国历史学家欧达伟（R. David Arkush）的《中国民众思想史论》，在此文中，他强调中华民族拥有多元统一的主体文化，肯定这位出自欧美学术训练的外国学者凭借资料得出符合中国主体文化的结论。他高度评价欧达伟"对于那些已经存在或流行的有关意见、说法"予以否定或修正。"如关于农民，特别是中国过去农民的性格、精神状态的新判断，就是其中的一个显例。在这里，结论虽然显得新颖，却不是著者的标新立异，有意成为雄辩家；而是他根据实际材料，进入深入探索，自然得出的结论。这就使它们在思想史的研究和建设上，跨上更高的层次。因此，也使这些零篇小幅，起到那些煌煌专著未必能企及的作用。"①

钟敬文生平没有到过美国，而詹姆森和欧达伟都是美国人，他们来中国的时间，一个在 20 世纪初，一个在 20 世纪末。在这跨越半个多世纪的时间里，欧美世界看待中国的眼光发生了翻天覆地的变化。欧美学术界的优秀学者都是有自己的独立学术精神的，以上两位美国学者就都反对本国的大国霸权和种族歧视。钟敬文在晚年的岁月里，在 1995 年的同一年，为两人同时撰序，也表现了超越早年国家民族主义观念的现代性。在他的文字中还蕴藏着一种纯学者精神，这种精神他早年就有，晚年得以充分实现。

第三篇文章介绍日本民俗学者伊藤清司的《中国大陆古文化与日本》。日本是钟敬文 20 世纪 30 年代的留学国家，他当时对日本民俗学界的巨擘松本信广的著作《古代文化论》和《日本神话的研究》做过研读，并就"老獭子型"故事的中、日、越、朝比较研究观点，向松本信广提

---

① 钟敬文：《中国民众思想史研究的新收获——欧达伟教授〈中国民众思想史论〉中译本序》，原作于 1995 年 6 月 18 日，［美］欧达伟（R. David Arkush）：《中国民众思想史论——20 世纪初—1949 年华北地区的民间文献及其思想观念研究》，董晓萍译，中央民族大学出版社 1995 年版，《中译本序》第 4 页。

出了不同的看法①。这一事件曾引起日本学术界很高的关注。伊藤清司是松本信广教授的弟子。钟敬文面对这位日本后学，不免将两代日本学者作比较。

> 他们不像他们的前辈只向我们的古代典籍堆里去讨生活，他们把眼光移到许多新出版的神话、传说集、民间故事集，特别是从50多个少数民族那里发掘出来的这类新资料。他们探索这类新资料，或进而把它去跟本国和其他东方民族的同类作品进行比较，写出许多有分量的论文，乃至于专著，使日本学坛这方面的研究增添了许多奇花异草。这方面的学者，虽然并不算多，但是人数正在不断增加，成果也日益显著。据我们所熟悉的来说，年纪较大的，如君岛久子教授、泽田瑞穗教授，年纪较轻的，如加藤千代、谷野典之，而伊藤教授，正是他们之中的翘楚。②

在外国学者中，年纪较轻的一代赶上了中国的改革开放，可以利用中国新出版的民俗资料，包括多地区、多民族的民俗资料，开展中国民俗和民间文化研究，因此他们已经有超过老师的地方。这种情况不限于日本，也包括上面提到的欧美国家的新一代学者。钟敬文关注他们的新资料和新方法，对民俗学的国际化研究寄予希望。

钟敬文的民俗学学说对钟敬文学术文化思想的发展的作用，在不同时期是不一样的。在20世纪初期，他由文学转向民俗学，变成了独立而寂寞的民俗学者，同时代的他的其他文学同道和偶尔光顾民俗学的学者，当时仍然停留在文学和史学上。直至20世纪中后期，民俗学的发展所依赖的社会环境和民族性、地方性条件，在当时都不大具备的情况下，还使钟敬文对这块园地的春种秋收处于漫长的等待中。在这期间，他的民俗学框架中的民间文艺学，由于符合社会主义意识形态的建设目标，发展得平稳

---

① 钟敬文：《老獭子型传说的发生地——三个分布于朝鲜、越南及中国的同型传说的发生地域试断》，载钟敬文《钟敬文民间文学论集》（下），上海文艺出版社1985年版，第130页。特别注意此页的注释①和②。

② 钟敬文：《中国民间文化研究的珍贵成果——伊藤教授〈中国大陆古文化与日本〉中译本序》，原作于1996年11月27日，载钟敬文《钟敬文文集·民俗学卷》，安徽教育出版社1999年版，第396页。

而迅速。1979 年以后，整个国家的学术发展有了解放思想、打破禁区的环境，民俗学扩展了新的研究。但由于吸收多学科成果的原因，一时不大容易在相近相邻的人文社会科学中树立民俗学的独立性，也往往使民俗学的研究对象泛化。钟敬文直至晚年还有从"方方面面"阐述民俗学的习惯，这也是因为民俗学的庞大体系所致。但是，他要建构的民俗学始终是一个整体性的民众学问，用他的话说，"应该称为'民俗科学'或'民俗诸科学'，如包括众多学科的社会科学、文化科学以及自然科学那样"①。

---

① 钟敬文：《钟敬文文集·民俗学卷》，安徽教育出版社 1999 年版，《自序》第 1 页。

第二章　民间文艺学与国学

民间文艺学，指研究民间文学的理论和方法论。它的学科名称订立已久，但它的学科性质却始终存有争议。究其原因，与中西民俗学比较的差异有关，也与民间文艺学在钟敬文创立的中国民俗学派中的位置有关。

在西方民俗学史上，民间文艺学被纳入民俗学的范畴，有时也与人类学和社会学有瓜葛。钟敬文本人熟悉的、走西方路子的日本民俗学也是这样。这是一种西方民俗学的框架。在这个框架内，民间文艺学的研究者被统称为"民俗学者"。

但是，钟敬文创立的民间文艺学又是不能完全用西方民俗学框架所套用的。在中国，民间文艺学是独立学科。由于中国文化史、社会环境、现代条件和教育制度等原因，它还得到较为充分的发展，要比民俗学更为成熟。民间文艺学和民俗学也是有紧密联系的，但还不能用民俗学取代民间文艺学。这也是一种中国格局，西方民俗学没有。研究钟敬文的民间文艺学思想，要认识到他是中国民间文艺学的开基宗师，同时也是中国民俗学的大家。

对于民俗学这种国际联系广泛的现代学科来说，外来影响与中国道路总是在对号，这是一个长期纠结的问题。我们要强调的是，在钟敬文的民间文艺学中，还需要看到另一种情况，就是民间文学本身作为研究对象，曾长期被压抑、又在各国独立解放运动中被重视，在发展和推进它的研究上，中西民俗学者是有着共同的理念的。但是，在各不同民族文化中，还会有不同的民间文艺学的概念、价值观和基本问题。在中国，民间文艺学就有自己的一些概念、价值观和基本问题。有些中国民间文艺学的问题在西方民俗学中是不具备或不讨论的，而在中国却是绕不过去的，钟敬文的贡献，就在于解决了中国民间文艺学建设过程中所需要面对的大量实际问题，这里就出现了我们要关注的"中国特色"，这也需要我们从中思考中西民俗学相似性中的差异面。

我们的西方同行有一种思维定式，就是喜欢以西方民俗学史或在西方发生过的民间文学研究理论思潮为标准，去套别国的民间文艺学观点和方法，搞影响研究。套不上去的地方，就批评别国的学问是"理论模糊"或"方法不科学"，这种强势做法已遭到越来越多的批评。当然，别国的同行也要以理服人，才能推进国际学术交流。因此，从钟敬文的民间文艺学研究切入，总结和提炼中国民间文艺学的特征，是一项需要抓紧开展的基础研究。

本章使用钟敬文民间文艺学著述的原始资料79种，按照他的思想历程与发表文章时间大体相一致的逻辑，加以仔细地整理和分析。其中，有一批是他阐述民间文艺学理论学说的专论，包括这门学科的对象、范围、结构、方法和地位，这部分论文自1935年至2000年期间发表，历时65年，历经了五四、第二次世界大战、新中国成立初期、"文化大革命"、改革开放和全球化各时期。它们都是钟敬文民间文艺学生成的大背景，也是我们认识他在民间文艺学中提出的概念、价值观和基本问题的依据。还有相当一批论文是研究民间文学体裁的，它们大多早已名声在外，但放到中西民俗学比较的宏观视角下观察，其中国特点更为清晰。其中，有歌谣学的论文，反映了钟敬文研究歌谣学思潮与歌谣、民歌作品集的观点。有故事学的论文，大都是他分析民间故事类型的名篇，而歌谣学和故事学是中国民间文艺学的起跑线。有神话学、传说学、民族民间文学、民间文学搜集理论的论文，还有他晚年撰写的治学反思论文。使用这批资料开展研究，是因为它们可以囊括钟敬文在中国民间文艺学建设中所解决的一系列问题，反映出他在中国的社会环境和时代所允许的条件下所建立的民间文艺思想系统和治学方法，同时也展现中国民间文艺学的不同关注点和不同发展思路，并从这一角度，比较中西民俗学的异同。

第一节　民间文艺学与文化改造

钟敬文的民间文艺学，在20世纪的中国社会环境和现代条件下起步和建设，要适应民间文学搜集整理的新文化理念，要符合理论研究的学院派要求，要对中国历史上和现存的民间文学作品产生强大的阐释力，还要对中日印和欧洲的比较民间文学研究产生多元价值和交流功能，这是在20世纪初打破封闭旧国家民族壁垒后，在多种新思潮相撞击中，所发生的一种时代规定性。在这种情况下，钟敬文建立的民间文艺学形成了自己的中国特色。它具有自己的科学理论、方法论。1949 年以后，经过钟敬文的努力，它还进入中国高校的教育体制，发展成一门高等教育学科，培养了大批专业人才。

中国民间文艺学的建设与发展，花费了大约一个世纪的时间，这是因为中国历史悠久、经典林立、文化等级早已形成，要抬升长期处于社会文化底层的民间文学的位置，需要处理许多观念和实践上的问题，有些甚至是相当棘手的问题；其中，至少有几个基本问题是非解决不可的，如民间文艺学的社会观、民间文艺学与精英国学的联系和差异、民间文艺学对历史文献和口头文艺资料的关系的科学阐释等；否则，它在西方发展得再好，在中国也举步维艰。

一 民间文艺学的社会进步理念

从我国传统文化中，上层文学与民间文学有高下之分，但上层文学并没有完全排斥民间文学。民间文学是复古理想的佐料，它们被儒家著作编纂，也被老庄道学和李杜诗圣欣赏，但没有进入主流社会理念。晚清时期，出现以"新"字打头的各种革命论，民间文学还被用来传导激进改良的主张和西方工业革命思想的信息，进入了"精神科学（文化科学）"①，但这时还没有形成暴力革命与社会和谐的对立统一社会观。19世纪末、20 世纪初，在世界范围内，民间文学研究陆续进入各国家民族独立解放的学说系统。在我国，自五四运动兴起后，传统国学的复古理念遭到否定，而搜集研究民间文学的社会实践正符合社会向前发展的理想。于是此事在北大一经播火，便能燎原。

钟敬文是最早投入北大民间文学搜集运动的一批学者。北大学者胡适曾将他与北大其他教授顾颉刚等一起评价②。他具有怎样的民间文艺学的社会观？这决定了他投入民间文艺学的觉悟程度和动力。我们从这个角度考察他的文章，能发现他有大量的自述文字与此有关，并贯穿一生。他承

---

① 钟敬文：《民间文艺学的建设》，载钟敬文《钟敬文民间文学论集》（下），上海文艺出版社 1985 年版，第 10 页。

② 胡适《白话文学史》，新月书店 1928 年版，岳麓书社影印本 1985 年版。胡适对钟敬文的评价，载该著《自序》第 10 页。

认自己受到五四爱国主义运动的强烈影响。他的早期文章都是既谈社会改革、又谈民间文学的。1930 年中期东渡日本后，他头脑中的这种通过民间文学追求社会进步的理念已经明晰。他在此前是追随文化人类学的，这时已直接转向民俗学、文化史学与社会学。他的最早的一篇提出建立中国民间文艺学的论文《民间文艺学的建设》就是 1935 年在日本撰写的。这时国内北大的民间文学运动和中山大学的民俗学运动都已处于停歇期，五四新文化运动的理论影响与国内第一次革命战争的历史挫折交织，不少中国学者都有挫折感。他们在这一时期聚集日本，从日本看世界，也思考中国的学术文化和社会改革的未来。钟敬文处在留日的中国人圈子的中心，他对文化人类学回避研究对象的社会现实问题表示"不赞成"。

　　产业变革的结果，迎来了学术界的空前的革命。这就是 19 世纪自然科学长足的进步。在自然科学的全盛时期，文化科学（精神科学）的研究法，自然不免受到相当的影响。实证主义的开山祖师孔德（A. Comte，1798—1857），倡导在文化科学中运用自然科学的方法。他说："把一切的现象，看作依从不变的自然法则的东西，而精密地发现这些自然法则，把它尽可能地还原于'少数'，这就是我们的目的。"

　　这里孔德所说的是归纳的、实证的自然科学的法则，同时也是在前世纪的文化科学中一时占优势的方法。但是这种方法论，到了前世纪的末梢及本世纪的初头，便来了剧烈的反动。到现在，彼此仍各不相降服的对立着。例如最近德国著名文艺研究家埃尔马亭迦（Email Ermatinger）教授发表在他自己所编纂的《文艺学的哲学》中的一篇论文（《文艺学的法则》），便极力主张文化科学（文艺学）方法的特殊化——和自然科学方法的背驰。他说："自然科学，把看出无限制的普遍妥当的概念作为目的，精神科学（文化科学），特别是历史，冀求概念地理解一次性东西和个性的东西。"又说："文艺学的任务，正像一切精神科学一样，它是把对象作为历史科学中具有'个性的一次性'的事物来看待的。"为什么呢？因为"具体世界的形象，存在于空间和时间，那是从属着延长、重力、持续等制约的。我们看它（自然）自己运动的时候，把机械的东西的表象联结于这种运动中。反之，精神的概念，在空间的、时间的限制的彼岸，绝对地浮泛于自由的东西的领域。在它（精神）的运动是缺乏机械的东西的表象的"。

　　平心而论，埃尔马亭迦教授关于文艺学的那篇论文，中间绝不是没有可以供我们考虑乃至于接受的地方。但是，像上面所说，他高唱精神科学（文化科学）和自然科学方法论的绝对分道的意见，是我们不敢率然苟同的。因为在今日的学术界中，就是把人类精神作为对象而研究的所谓"心理学"，也已经被当作客观的科学而处理着。此外，其他所谓精神的产物的文化科学（像言语学、经济学等）更不用说了。我们承认文化科学和自然科学的对象颇有不同的地方，因而处理的方法也不免要有所差异。但是，却不能赞成埃尔玛亭迦教授这种极端的见解："在自然科学，对象是个性的、具体的，方法是抽象的、数学的；别一面，在精神科学，对象是抽象的、理论的，而方法是具体的、个性的。"①

　　他为什么不赞成将文化科学的研究对象看成是"绝对地浮泛于自由的东西的领域"的东西？为什么否定文化科学研究没有可触可摸的表象的说法？在追溯这个问题上，我们不能忽略他亲历了20世纪二三十年代的民间文学运动，在这场追求社会进步的学术运动发生的同一时段，就是社会进步尝试实践的失败，如北伐战争和第一次国共合作，所以，他已不大可能相信存在"抽象的、理论的"纯学术活动。他纵然欣喜民间文艺学进入了文化科学，也不会同意学术研究是自由化的操练。对这种不讲社会观的理论，他有排斥感。他认为法国社会学对他实现这个想法是有帮助的，他去找法国社会学者莫尼哀的能"实证"文化科学。

　　和上述埃尔马亭迦教授的主张相反，在文化科学上，仍然倡导自然科学的客观方法的，则有现代法国著名社会学者莫尼哀（R. Maunier）教授一流的意见。莫尼哀教授在那《社会学入门》第一章中，说道："自然科学，即客观科学，把'最初，事实的记述，其次，那些事实的比较和分类，最后，它们的说明或解释'作为眼

---

① 钟敬文：《民间文艺学的建设》，载钟敬文《钟敬文民间文学论集》（下），上海文艺出版社1985年版，第9—10页。

目。……这就是自然科学的研究法。所以，人的科学（文化科学）特别是社会的人的科学，把人们在共同生活中的各种事实加以记述、比较、说明，同样是重要的事。……"

莫尼哀教授这种方法论，无疑是承受着孔德所倡导的实证主义的传统的方法论。这种方法论，对于我们民间文艺学的研究，固然未必毫无问题地适应，但是，比较起埃尔马亭迦教授的意见，是更为有利于我们的科学建设的。①

他后来也对孔德的实证哲学有反思，但我们在此不是要讨论孔德去分散注意力。我们关注他这时吸收法国社会学的思想倾向，是他要在建设民间文艺学的对象目标上，对是否存在客观的社会观的两种意见中做出选择：一种是有客观性的社会观的民间文艺学，另一种是"绝对地浮泛于自由的东西的领域"的民间文艺学，他声明，他选择了有客观性的社会观的民间文艺学。他说"对于民间文艺种种现象形成的条件，我们不能无约束地泛求于自然（地理、生理等），反之，必须主要地寻求于那人类思考的最重大的根源的社会之中"②，这是他一生中研究民间文艺学的一个重要转折点。

他本人的民间文艺学的社会观的内容究竟怎样？以及这个起点对后来的思想发展有何作用，这也是我们需要考察的。他的这篇文章对此做了明确的描述。他还呼吁身边同道从这门学科的建设中反省"民众在社会构成上的重要性"，我们也还可以由此推及，去扩大对他的社会观的认识。

用一句简单的话说，现在正是迫切地要求建设这新科学的时代。在所有人类过去的历史中，恐怕从没有像今日这样地觉悟到民众在社会构成上的重要性了。别者且不说，就是民众的敌人，少数野心政治家、军阀，往往也非假装地开口闭口说到民众的重要不可。这不是偶然的事。因为今日民众已将从奴隶的地位，回复到主人的地位——虽然这种过程不免是颇为艰苦的。在学术的境界上，许多以人类文化为

---

① 钟敬文：《民间文艺学的建设》，载钟敬文《钟敬文民间文学论集》（下），上海文艺出版社1985年版，第10—11页。本段引文中的删节号为本书作者所加。

② 同上书，第12页。

对象的科学，自然也就不能不渐渐地从旧日的狭隘的范围中解放出来，把那研究重新建筑在正当的基础之上。这是民众在学术史上光荣的抬头。在过去的时代，一般所谓文艺的东西，是和大多数的民众没有缘分的。因为民众对于那作为媒介的文字，根本就不认识。但是，民众不是没有他们的文艺的。他们有着自己的诗歌，有着自己的小说，有着自己的格言。这些就是过去的文人和文艺研究者所不知道或轻蔑了的民间文艺。这种文艺，是组织和促进民众生活的利器，同时也是反映他们内外生活的明镜。现在一般政治的活动，教育的活动，以及学术的活动，都不能不冀求对于民众的内外生活有充分的了解。作为达到这种了解的途径之一，民间文艺是没有理由可以不被重视的。因为它很能帮助他们达到那所以达到的目的地。中国近年新设立的民众教育的或社会教育的机关中，颇多努力于这种"野生的"文艺的搜集和刊行的事业。他们的工作，究竟有多少实际的效果，我们且不要去管它。他们这种行为，不是一种徒然的嬉戏或全无意识的盲动，却是十分明显的事。那是被看作为了达到教育目的而采取的一种手段。因此，对于民间文艺的注意、探究，以及系统的科学的建设，在目前社会的境况中很感需要，这是不必劳我们细说的事。①

钟敬文晚年追溯民间文艺学的发生背景时仍强调，五四运动把学术问题与社会问题结合起来探索的社会运动实践，给他带来了整体熏陶和终生影响。他说"'五四'运动，是我国现代政治史和文化史的伟大开端"②，这也必然成为民间文艺学的开端。

把一场社会运动作为一种文化科学的社会进步观，导致钟敬文后来从民间文艺学的政治性和学术性两方面进行学科建设。他在学术思考，也在这两个方面，表现了吸收的热情，发挥出融会贯通的能动性。20世纪40年代中期以后，他接受了毛泽东《在延安文艺座谈会上的讲话》的思想观点。在这前后，他还接受了苏联社会主义文学观中的民间文艺观。50

---

① 钟敬文：《民间文艺学的建设》，载钟敬文《钟敬文民间文学论集》（下），上海文艺出版社1985年版，第5—6页。

② 钟敬文：《把我国民间文艺学提高到新的水平》，载钟敬文《新的驿程》，中国民间文艺出版社1987年版，第131—132页。

年代初，他又获得了苏联汉学家费德林的帮助①。有了这种前期基础，他接受了马克思主义的艺术社会史观，个人的民间文艺学的社会进步观更加巩固。这些变化都体现在他后来的论文中。他的思想转折有三个要点，对新中国成立以来的民间文艺学史产生了广泛的影响。

第一，增加了人民主体性的概念。它体现了民间文艺学的社会进步观的国家化价值。使民间文艺进入社会主义新文化体系具有合理性。新中国成立伊始，钟敬文兴奋地说，从此"中国几万万人民依照自己的愿望和意志，建立了一个完全摆脱封建统治和帝国主义压制的国家。现在大家正在中国共产党和人民政府领导下忘我地努力着。我们要在自己的国土上，创造出一种完全属于广大人民的理想的社会制度和文化"②。在他的带领下，人民主体性概念的确立和与新"社会制度和文化"关联性的讨论，促进了民间文艺理论研究的主流化，使民间文艺学获得了进入政府社会管理系统和教育体制的准入条件。当然，"主体"不等于"主人"，关于这两个概念的差异，我将在其他文章中进行讨论。

第二，增加了民间艺人的概念。20世纪50年代初，钟敬文在为北京师范大学民间文艺学课程编辑参考教材时，在一篇《付印题记》中，提到"附了一篇关于老解放区的著名民间艺人的记述"，他指的是林山写韩起祥的那篇③。这种起意和做法，是我们在他的著作中第一次看到的。他在民间艺人研究与进步社会观的联系上，也发表了个人观点。他表明，民间文艺学在建立个体创作者和表演者及其传承环境描述上，具备了理论上的可能性，也有了现实条件，不是要拣作家文学研究剩下的东西，而是要重视发现自身研究对象中的社会关系，产生自己的问题，民间艺人的研究，正能让民间文艺学者引发对自己的研究对象和研究方法的新思考。

---

① 钟敬文：《〈民间文艺新论集〉付印题记》，载钟敬文主编《民间文艺新论集》，北京中外出版社1950年版，第461、463页。关于钟敬文引用高尔基等苏联学者观点的著作来源，参见他在《口头文学：一宗重大的民族文化财产》中自己做的注释⑭"参看曹葆华译的《苏联的文学》及水夫、林陵译的《高尔基与民间文学》等文章"，第69页。

② 钟敬文：《口头文学：一宗重大的民族文化财产》，载钟敬文《民间文艺学及其历史》，山东教育出版社1998年版，第50页。

③ 钟敬文：《〈民间文艺新论集〉付印题记》，第461页。关于钟敬文在此文中提到的林山文章，载林山《盲诗人韩起祥》，钟敬文编《民间文艺新论集》，中外出版社1950年版，第157—174页。

我们都说文艺是社会的反映、生活的反映。真正能够广泛地而且正确地反映出一定历史阶段中的重要的社会、生活的现象和它的意义的，必待一定时代中的伟大作家。这类作家在我们的文学史上并不是很多。过去服务于统治阶级的大多数作家，……他们很少把眼光投射到广阔的社会那里去。……但是，在广大人民的口头创作中，却正是另外一种情形。口头文学的作者，是生息在广大的民间的，是熟悉各种社会现象、关心各种实际生活的。因此在他们的故事中，歌唱中，甚至三言两语的俗谚中，大都能够反映出比较有普遍性的世态人情。①

现在我们已经很熟悉这段话了，却不大去讨论它所针对的问题。在这篇文章中，主要讲是作品所能反映的作者的社会观。在 1951 年发表的一篇短文中，他从民间作品的丰富性，推及民间艺人的丰富性，说学者能找到多少"像剪纸、花鼓戏、吆号子那样的民间艺术"②，就能找到多少"像韩起祥或沈冠英那样的民间艺人"。他对民间艺人的研究思路似乎已经铺开，提出的问题也在细化，但不久又收起了。70 年代末学术解禁，他心系民间艺人命运的情感才得以表达。他对"四人帮"将"优秀的民间歌手、民间艺人，当成思想犯"感到痛心③。他再次在自己主编的高校教材中提到对民间艺人资料的搜集和研究，是 1980 年出版的《民间文学概论》。在书中的《第六章　民间诗人、歌手和故事讲述家》中指出，我国历史文献中已提到民间艺人的活动④。增强研究民间艺人记述的历史性过程，就为论证民间艺人在社会文化史上扮演的能动角色做了铺垫。

20 世纪 80 年代初期和中期，日本民俗学者和美国学者丁乃通（Nai-tung Ting）的先后到来，是一个转折点。他在观点和方法的表述上发生了变化。在 1985 年给丁乃通的著作撰写的序言中，他有了"文化传承"、

　　① 钟敬文：《口头文学：一宗重大的民族文化财产》，载钟敬文《民间文艺学及其历史》，山东教育出版社 1998 年版，第 53—54 页。

　　② 钟敬文：《民间文艺学上的新收获》，载钟敬文《钟敬文全集·民间文艺学卷》，董晓萍编，安徽教育出版社 2002 年版，第 809 页。

　　③ 钟敬文：《谈框子——周总理六月十九日讲话读后随笔》，载钟敬文《钟敬文全集·民间文艺学卷》，董晓萍编，安徽教育出版社 2002 年版，第 124 页。

　　④ 钟敬文主编：《民间文学概论》（第二版），"第六章　民间诗人、歌手和故事讲述家"，高等教育出版社 2010 年版，第 96—105 页。

"表现技术"和"演唱的人和情景"的新提法①。在 1990 年开始主编的《民俗学概论》中，又提到了对"民间故事讲述人"资料的搜集和研究②。这时在学术问题上，他已从作品和社会观两者的关系，变成作品、艺人或讲述人的表演、听众和社会观的多层关系。如此考察民间文艺的社会观问题，只讲社会进步观，就未免简单化了。这是因为，这是以往从学者角度出发看问题的结果。现在从民众角度出发看问题，可能还会有不同的结果。我们也会从他的讨论中发现，在民间文艺的流传中，社会观只是其中的一个因素，民众文化自身的制约性也是一个因素。

民间文艺的"作家"的概念是宽泛的，它由公有知识群体、民间艺人、听众、传统和创新等综合要素构成。对民间文艺的"作家"（包括民间艺人和其他民间创作者）的界定，含有不同于作家文学的"作家"的界定的诸多要素。书面文学研究侧重作家作品，相比之下，民间文艺学的"作家"研究要复杂得多，而且能产生民间文艺学自身的研究问题。它促使钟敬文认识到，那些伟大的民间文艺作品的成功流传，与其赖以传承的本民族社会观，具有整体联系。他在 1991 年发表的谈到藏、蒙史诗的文章中说：（它们）"不但过去长久地教导、感化着两大民族（其实远不止两民族）的广大人民，直到今天，她还是那些人民心灵的良师益友"③。他的看法，经历了 40 年，这时已从作品的社会观，转为本民族对象的社会观，这是一种发展。我们可以看到，学者对民间文艺学的民间艺人的研究准备，至少需要增加艺人表演和听众互动的社会等其他要素，这样才能将这方面的搜集整理资料加工成完整的学术资料。这种研究持续下去，就会提升民间文艺学的学术性。

民间艺人是民间文艺学中的"人"（即传承人）的研究。而"人"的民间文艺活动正是民俗活动。民俗尤其是依赖于"人"来传承的。没有了人的讲述和实践，民俗就会一直古老下去，变成所谓的"文物"。民

---

① 钟敬文：《序》，［美］丁乃通（Nai-tung Ting）《中国民间故事类型索引》，郑建成、李琼、尚孟可、白丁译，中国民间文艺出版社 1986 年版，《序言》第 5 页。

② 钟敬文主编：《民俗学概论》（第二版），"第九章　民间口头文学（上）"和"第十章　民间口头文学（下）"，高等教育出版社 2010 年版，第 202—204、226—228 页。另，参见钟敬文《前言》第Ⅷ页提到的"八年抗战"，即指此书从 1990 年开始编撰。

③ 钟敬文：《雪中送炭——在〈格萨尔集成〉首发式上的讲话》，载钟敬文《钟敬文全集·民间文艺学卷》，董晓萍编，安徽教育出版社 2002 年版，第 754 页。

俗跟"人"在一起生存，才有了现实生命力。进一步说，民间艺人对民间文艺和民俗文化的传递是这项研究的最可实证的部分。在它的逻辑引导下，钟敬文在正式提出建立民俗学的学科之前，从这一角度，发表了《民俗学与民间文学》一文。

在此文中，他复述了日本老师西村真次等的观点，认为民俗学能研究文明社会的民众从原始时代遗留下来的学问①。但他修正说，民众的概念是现实的，"现代产生和流行的民众思想和行动，他们一样不肯忽视"②。因而他强调，我们的民俗既是古代学，也是现代学。他接着用"人"的观点，解释了民间文艺学与民俗学的关系。

> 民间文学作品及民间文学理论，是民俗志和民俗学的重要构成部分。前者（民间文学作品等）是后者（民俗志等）这个学术"国家"里的一部分"公民"，在这个学术"国家"里占据着一定的疆土。③

他花了很大篇幅论证民间艺人（歌手和一般的歌唱爱好者）是同时传承民间文艺和民俗的文化角色。

> 现代我国境内，部分汉族人民和许多少数民族人民，都有集合在一起唱歌的习俗。唱歌的场合，有的是在日常劳动中，更多的是在某些节日和定期歌会。他们（歌手和一般的歌唱爱好者）有的对唱，有的轮唱，在这种情况下就往往产生了那种迭章复句的民歌。此外，他们在山头水上劳作，有时一人即景或即事独唱，一章完后，意兴未尽，自己又依着原调，换一些词语，重叠唱上几章。这种结果，如有人把它记录下来，就是类似《国风》的那些迭章复句的篇章。这类作品，过去我在南方的山歌和畲歌里都遇到过。记得在20年代当中，我曾经就这个问题写过一篇短文（初发表在《文学周报》上，后来

---

① 钟敬文：《民俗学与民间文学》，载钟敬文《钟敬文全集·民俗学卷》，连树声编，安徽教育出版社1999年版，第151页。

② 同上书，第154页。

③ 同上书，第162页。

被收进了《古史辨》第三册里)。当时个人知道的情形不多，探索也不够，但是主要意思是说出了的。总之，我们不凭借民俗学的资料，对于某些古典诗歌的问题，就可能不大容易解决得恰当。①

我们看到，他进入民俗学后，再谈民间艺人，对民间文艺学的主体性、民间文艺学的特殊性等问题加强了交叉研究和比较研究，他引证中外理论的视野更加开阔，论述民间文艺学的问题更得心应手。

第三，解决民间文艺作品的精神活动与物质经济基础不对称的矛盾。它不表明学者可以"自由"地解释民间文艺作品，而是证明精神活动与物质现实的巨大不平衡性，曾是一种人类精神史的存在形态，为此，马克思曾评价希腊神话艺术虽创造于人类幼年，却有不可企及之美的观点，钟敬文十分乐意地援引②。但也不能为此就做过度阐释，不能将精神史等同于社会历史的存在形态，说过了头，就成了庸俗社会学。在这个问题上，我国学苏联走了弯路，钟敬文也不能脱离那个时代。对这段历史的纠结，钟敬文后来做了总结③。20 世纪 60—80 年代，西方人类学和社会学借用马克思主义，同时吸收了地理学、精神分析学、语言学、历史学和技术科学等其他新学说，产生了法国的结构主义学派和年鉴学派，美、俄的新民俗志学派等新学派。这些学派在处理民间文艺资料上，在社会观的分析概念上，除了"政治性"和"学术性"，还增加了"日常性"。"日常性"是一个与普通人的日常思维和现实社会实践密切相关的概念，他们利用新的概念，建立了新的问题的关系，取得了新成果。钟敬文对法国、俄国的书籍和理论早已有接触，对其现在的成果同样关注；这时对美国的民间文艺学理论也有所了解，他在研究这个问题上，前后思想也有变化。他在晚

① 钟敬文：《民俗学与民间文学》，载钟敬文《钟敬文全集·民俗学卷》，连树声编，安徽教育出版社 1999 年版，第 166—167 页。

② 钟敬文：《口头文学：一宗重大的民族文化财产》，载钟敬文《民间文艺学及其历史》，山东教育出版社 1998 年版，第 64 页。钟敬文在此援引马克思的原文所做的表述是："如果我们要引用一句经典的话来说，这种幼稚而美好的作品，就是一种'早熟的儿童'，儿童是幼稚的，但是'早熟的儿童'，却具有一种用不能够回复、永使人羡慕的'天真'。"参见拉法格《宗教和资本》，王子野译，三联书店 1963 年版。

③ 钟敬文：《我与中国民俗学》，张世林编：《学林春秋》，中华书局 1998 年版，第 50—51 页。

年撰写的《我在学术上的几点反思与体会》中，将之概括为正确认识"社会观、世界观和学术观"的关系。他指出，能将现实社会实践的概念嵌入他的头脑中的，除了理论更新，还有20世纪初的"大革命时代"和"抗日斗争"。

　　　我的学术观点彻底向马克思主义靠拢，时间上却要迟些。这是我的社会观、世界观与学术观还不能和谐的地方。
　　　我感谢现实女神对我的治学境界和情感的开拓、陶冶，也感谢那些活动在我身边的革命同志用他们的行动和思想震撼了我，启导了我！我的学艺活动就此跟整个民族的步调、呼吸融洽了。它从此牢固地奠定了我一般学术的指导思想和工作态度。①

　　应该说，民间文艺的作者，比起上层阶级，在精神活动与物质基础的差距上是明显的，但他们却能在极其有限的物质条件下创造出极其绚丽的精神产品，这正是民间文艺的魅力所在。上层阶级的精神活动与物质条件是有条件匹配的，在他们的阵容中，也产生过精美绝伦的佳作。两者不必混淆，两者彼此渗透，两者各有千秋。但是，在民间文艺学上，却不能停留于精神活动与物质基础的模糊性研究阶段。随着人类学的发展，学者们逐渐意识到，这种笼统一律的、直线性的观点，其实是学者的局外人之见。而民间作品所诞生的具体社会拥有多样性，艺人创作极富变动性。以往的理论忽略了局内人的思维和行为，便"只解释了人类文化发展过程中的比较局部的、停滞的现象"，却"不能找出人类文化进程的根本法则"。其实钟敬文最初是受到人类学的吸引才产生了研究民间文艺的兴趣的，而使用超时空的模糊性研究理念和方法，也帮助他在民间文艺学、特别是故事类型学的研究上，取得了骄人的成就。不过这还不够，因为模糊性会掩盖了具体社会的现实。他晚年认识到，在民间文艺学中，超时空的模糊性研究，如研究远古的"原始艺术"；与现实的日常性研究，如研究活着的"农民艺术"；这是两种阐释系统，两者是"应该分开的"。

---

　　① 钟敬文：《我与中国民俗学》，张世林编：《学林春秋》，中华书局1998年版，第50页。

　　人类学派的主要观点，是利用现代世界中文化比较落后的民族的社会制度、风习和心理（特别是信仰心理）等，去了解文化程度较高的民族（所谓"文明民族"）的某些风俗或口头文学作品（故事、歌谣等）。换一句话说，就是从文明社会里寻找原始文化的遗留。这种理论的产生，自然是有一定的事实做根据的。它不是那种抽象思辨的学说。在世界学坛上，它也产生过比较广泛的影响，本身的确具有相当的学术价值。但是，这种学说只解释了人类文化发展过程中的比较局部的、停滞的现象，而它（人类文化进程）的其他方面（甚至于更重要的、积极的方面的现象）却被忽视了。人类学派的理论本身进化论的派生物，但可惜不能找出人类文化进程的根本法则。

　　我在三十年代中期，多少已经觉察到这种理论的局限性。但是，由于受影响程度较深，摆脱的痕迹并不明显。后来在东京时期，自己大量阅读了有关原始文化社会史的著作（有考古学的、民族学的、文化史的等），这就使我的学术兴趣和知识积累，逐渐偏向了远古文化领域。正因为这种缘故，从那时起，我对于活着的民间文学与古老的原始文学（扩大一点说，对现代民俗文化中远古的原始文化）的界限的认识，始终不免有些模糊。记得解放初期，我偶然披读了英国某现代艺术学者的一部关于人类艺术的通论著作，在那书的第二部分里，开始一节的标题是"原始艺术"，过了几节，又有"农民艺术"的标题。我当时没有深加思索，只仿佛觉得这种区分是不必要的。这点颇能说明我当时对两者的界限的认识，很不清楚。其实，民间文学艺术与原始文学艺术，两者虽然有相似，乃至于相同的方面或部分，但是，它们到底是不同时代、不同社会生活的产物。两者基本上是能够分开、也是应该分开的。我过去对它们在概念上未能自觉加以区分，虽然多少有些客观现象在起作用，但主要的问题，还在自己的认识能力上。

　　……

　　对这个问题反思的结果，我觉得有两点经验教训是值得注意的：①对学术问题，一定要从对象的实际出发，尽量摆脱过去的成见；②对某些事物的认识，要注意到它们的两面——即相同的方面与不同的方面——特别是后者；因为它往往是具有质的规定意义的。①

我们也要注意到，他还提到，超时空的模糊性研究与现实的日常性研究，两者"有相似，乃至于相同的方面或部分"。他的故事类型学文本研究就是跨两者的卓越成果，至今令人称道。但是，如果研究故事的民间叙事与民间社会观的关系，就还要开展"现实的日常性研究"，这就是他晚年总结的"一定要从对象的实际出发"。我国的民间文艺学建设到了一定的阶段，产生了这种理论纠结，只要获得解决，纠结就变成了理论发展的机遇。在世界其他国家的民间文学研究上，也有这种历史纠结和现实发展。谁放下了纠结，谁就更加走近民众，谁就能产生理论变革。

我们需要从钟敬文本人著作的这些解释中，对他和他那一代人给予阅读理解，因为正是在这些文章中，他以他的民间文艺观，阐述了他和他那一代人的社会观，而此点对于了解他满怀崇高的爱国情怀和对民众学问的极大社会责任感投入民间文艺学的建设事业，历尽坎坷而不离不弃的追求精神，以及不断探索的学术驱动力，是一种带有根本性质的认识。

二　民间文艺学的国学观

在我国历史上，传统文人也搜集和使用民间文学作品，这种活动和成果为什么就不是民间文艺学呢？钟先生的看法是，传统搜集活动是散在的，这还不能形成专门的科学。民间文艺学的成立，是"把这种文化的事象，作为一个对象，而创设一种独立的系统的科学"。钟敬文一辈子都在谈这个观点。在《民间文艺学的建设》中，他依据这个观点，构建了民间文艺学的理论框架。现在我们需要做的工作是，指出他的理论框架中哪些是外来影响的部分，哪些是个人独立见解，这对分析民间文艺学的理论内涵是有意义的，我们也需要在此基础上，分析他早年建设的民间文艺学，在何种程度上能成为"独立的系统的科学"。

钟敬文的《民间文艺学的建设》一文，因为发得太早，在后来的很长一段时间内，在民俗学和民间文艺界，都很少给予实质性的研究。人们把它当作钟敬文民间文艺学的奠基之作，却对它的成熟程度持怀疑态度。

---

① 　钟敬文：《我与中国民俗学》，张世林编《学林春秋》，中华书局1998年版，第48—49页。

但也正因为有这种先入为主的看法，人们没有去估价它的分量。从前用西方民俗学的标尺衡量民俗学，也造成对它的研究不足。实际上，它有特殊的承重之处。它的承重点在于它将民间文艺学与我国的国学观建立了联系。国学观的孱入，带来了他的理论描述的中国特点，对此是需要做认真研究的。

鉴别一种新兴人文科学的理论框架是否成立，要考察它是否具有相对独立的研究对象、性质、特征和结构等。在这些构成要件中，对学科特征的把握是最要紧的。它需要学者在思考到相对成熟的程度之后，才能做出科学的描述。在此文中，钟敬文清晰地表述了民间文艺学的任务，包括抽象出它的"一般特点"。

> 作为文化科学之一的、系统的民间文艺学，那主要的任务，不消说是在于阐明以下各方面的问题：这种对象的特点是什么呢？它是怎样产生的呢？又怎样发展和变化呢？它的功用是什么呢？……简单地说，这种科学的内容，就是关于民间文学一般特点、起源、发展以及功用等重要方面的叙述和说明。①

他描述的民间文学特征有四个，即口头性、集体性、类同性和素朴性。类同性，现在也称"类型性"或"模式性"。那时西方民俗学已传入我国（有的是通过日本渠道），也有学者表达了类似的看法，钟敬文对民间文学特征的看法肯定也有外来的成分。不过这里要指出的是，钟敬文还有另外的讨论，属于他个人的观点，而不是对西方人的转述。

例如，他谈到了当时在西方学界已经流行的民间文学的集体性特征，但他又讲了集体性特征并不能涵盖所有民间文学创作和享用的现象。我们现在都已知道，这是因为在民间创作中有民间"作者"个人的精神劳动，同时也有集体的参与，两者在现场情境中是互动的。但学者在研究中是要稍加区分的。集体性概念中的个人创作概念，不是从一个概念中分化出另一个概念，而是两个概念对民间文艺学研究都有用。钟敬文使用了两个概念，这就使他能看到民间创作的过程是变动的和协商的，最初"作品暂

---

① 钟敬文：《民间文艺学的建设》，载钟敬文《钟敬文民间文学论集》（下），上海文艺出版社 1985 年版，第 6—7 页。

时只是一种胚子"①，后来"必须在传播的过程中，不断地经受集团的人们的修改、锤炼"才能塑造成型。而提出集体性中的个人创作问题，正是他从个人的诗歌创作中得到的切身体验。他那时已是不折不扣的诗人，又热爱民歌和搜集民歌，他对个人创作体验的表述，应该是与民间作者相通的经验。他继续发表与西方学者不同的意见，即"集体性"理论的适应范围应该有所限定。如果用这种理论概括民间文学创作的全过程，就"有稍微修正的必要"；如果用这种理论解释民间文学的集体共享功能，那是合适的。

> 有些学者以为它一开头就是民众共同地活动着的，换一句话说，它彻头彻尾地是集团的创作品，这意见现在已经有稍微修正的必要。因为，事实上，多数民间文艺的制作过程，未必真的是那样，虽然属于这种性质的作品，无疑是尽有的，例如在某种特殊的集团生活（舞蹈、祭祀和狩猎）的环境中所共同地做成的歌谣等。②

他指出，民间文学配合民间舞蹈、祭祀和狩猎的使用，反映了集体性的功能。但这已超出了他的创作体验。他说，这一类的民间文学作品"和文人文艺所经历的是有非常大的差异的"③。但是，在他而言，无论是思考民间创作体验与文人创作体验的相通或是相异，都与他的学问底子有关。

他的发现，往往涉及诗学问题，而我国的国学观中到处是诗。古人的采风观就是采诗。古人的文论观最早来自《诗经》。在西方输入民俗学和民间文学研究理论时，一个中国学者讲民间诗学，这就是一种中国人的出发点。在 20 世纪 30 年代，与西方人的故事学研究相比，如果说中国人还在蹒跚学步，那么中国人对中国诗学的研究却是成熟的。我们以下在歌谣学部分还要谈这个问题。所以，钟敬文从诗学体验谈集体性特征，便有过人之论。西方人延至 60 年代中期，才发表了集体性中的个体创作差异的

---

①　钟敬文：《民间文艺学的建设》，载钟敬文《钟敬文民间文学论集》（下），上海文艺出版社 1985 年版，第 3 页。

②　同上。

③　同上。

理论，如我们现在所知道的帕里—洛德理论代表作《故事的歌手》就是其中的一种，钟敬文晚年组织翻译过它①。但钟敬文在1935年就提出了这种看法，不落人后，而且更早。

对民间文学的口头性特征，钟敬文也从他熟悉民间诗学的优势，举了中国民歌的例子，提出个人的不同看法。在这个问题上，他的贡献是，很早就提出了口语词汇的修辞技术和表演技术是口头性理论的要素之一，这也是要比西方人超前的地方。他指出，中国民歌善用"谐音"，"在歌谣、像六朝民歌以及现在南方中国各地的山歌中最多见"②。他指出的"谐音"就是他关注民间诗歌的词汇"技术"的独特眼光③。我们看，他这样界定口头性，他本人和后来的研究者的关注点，就可以从民间个体的词语技术与集体情境的听力技术双方面，进行理论总结活动，在当时和后来的很长一段时间里，西方人都讲口头性是完全受集体性制约的，或者讲口头性与集体性是一对互生特征。比较钟敬文在这篇文章中提出的看法，在这一点上，钟敬文对民间文学的特征有更深入的认识。

在20世纪80年代为《中国大百科全书》撰写的"民间文学"词条中，他正式将民间文学的特征写为四性，即口头性、集体性、变异性和传承性④。经过半个世纪的探索，他已将此点稳定下来。他还认为，口头性是民间文学诸特征中的核心特征。

20世纪晚期，联合国教科文组织开展了对口传承"非遗"的词语技术的保护，而钟敬文论述这个问题要早得多。概言之，钟敬文的民间诗学观是他接受外来民俗学的一道自我文化屏幕，这必然会带来他的体验式的理论归纳，他的民间文艺学的中国特色也由此而生。

从学术上说，钟敬文要在我国国学观的主流氛围中取得民间文艺学的

---

① ［美］阿尔伯特·贝茨·洛德（Albert B. llord）《故事的歌手》，尹虎彬译，中华书局2004年版。在钟敬文主编"外国民俗文化研究名著译丛"中。

② 钟敬文：《民间文艺学的建设》，载钟敬文《钟敬文民间文学论集》（下），上海文艺出版社1985年版，第4页。

③ 口头性理论着的"技术"一词，钟敬文本人直接使用过，参见钟敬文《口头文学：一宗重大的民族文化财产》，载钟敬文《民间文艺学及其历史》，山东教育出版社1998年版，第63页。原文为："口头的创作，单从表现技术的观点看，也正有它不可企及的成就。"

④ 钟敬文：《民间文学述要》，载钟敬文《钟敬文全集·民间文艺学卷》，董晓萍编，安徽教育出版社2002年版，第15—17页。

位置，还要解决民间文学与古典文学的关系。这里有一些具体问题需要回答，例如：我国古典文学对民间文学的保存和利用，以及如何进行现代评价？在现代社会，民间文艺学是否仍需要从古典文学中吸收营养？承认民间文学与古典文学的关系理论目标是什么？是文学性的目标？还是文化建设目标？1979年，他发表的答《文史知识》记者访问的《民俗学与古典文学》一文，仔细阐述了他的理论思考和实践体会。关于我国古典文学对民间文学的保存和利用，以及如何进行现代评价，他说：

> 今天古典文学这一概念，实际上是士大夫上层文献、市民文学（小说、戏曲）和劳动人民的口头文学（故事、传说、歌谣、谚语等）三者的总和。其中很大一部分是市民文学（俗文学）和民间文学，它既是古典文学的研究对象，也是民俗学（历史民俗学）的研究资料。
>
> 民间文学与古典文学的关系远远不止于此。所谓古典文学不仅把一部分民间文学直接收进自己的范围，而且它在体裁、题材、思想感情、形制格式、修辞手段诸方面都受到民间文学的巨大影响①。

关于在现代社会，民间文艺学是否仍需要从古典文学中吸收营养？他的看法是肯定的。

> 民间文学从性质上看，它属于劳动人民的精神文化，是民俗学的重要组成部分；可是，它作为劳动人民的口头文学，又带有文学艺术的一般特征，因此很自然地又与古典文学联系起来。它在民俗学和古典文学之间是一种过渡的、中介的、有时甚至是完全重叠的部分。
> ……
> 民俗学之所以能够在更大的范围内与古典文学联系起来，是由于人们的社会生活与社会风俗所决定的。哪里有人群，哪里就有社会生活，因此哪里就有相应的社会风俗。文学的特点是用形象反映人们的社会生活（包括思想感情）。因为人们的生活中到处都存在着社会风

---

① 钟敬文：《民俗学与古典文学——答〈文史知识〉编辑部同志访问的谈话记录》，载钟敬文《钟敬文学术论著自选集》，首都师范大学出版社1994年版，第586页。

俗、习惯以及有关的思想感情，所以要形象地真切地反映人们的生活，就必须以具体的生活样式来表现。

……

我国古典文学的著作汗牛充栋，其中所反映的民俗现象是极其丰富的。

……

这是一份极其丰富、极其宝贵的文化遗产。民俗学和古典文学都可以从不同的角度对之进行研究。①

钟敬文肯定民间文学与古典文学有互动关系和整体关系。这样他的理论目标有两个。

一是文学性的目标，即将中国文学分为三层，民间文学处于底层。

民间文学是中国文学的三大干流之一。……哪三条干流呢？一是古典文学，在过去是占压倒地位的，是正统的文学。这中间出现了许多伟大的作家和伟大的作品。二是俗文学，或叫通俗文学。因为中国在唐宋以后，都市兴起了，都市的市民同农村不一样，主要由商人和都市居民组成。由于适应这一部分人的需要，所以产生了小说、戏曲，产生了通俗文学。在它上面有古典文学，在它下面有农民、工匠等文学，或者叫作第二层文学。第三就是民间文学。它是由我们国家里面占最大多数的劳动人民所创造和继承、发展的文学。虽然它不等于无产阶级的文学，但是就它所反映的生活、思想感情和所表现的艺术特色来说，它具有古典文学和通俗文学所没有的自己的特点和优点。②

二是文化建设目标，即将中国文化分为三层，民间文学所赖以生存的下层文化处于底层。

---

① 钟敬文：《民俗学与古典文学——答〈文史知识〉编辑部同志访问的谈话记录》，载钟敬文《钟敬文学术论著自选集》，首都师范大学出版社1994年版，第583—585页。

② 钟敬文：《民间文学的价值和作用——一九八二年十一月在杭州大学中文系的讲话》，载钟敬文《新的驿程》，中国民间文艺出版社1987年版，第44页。

我向来认为中国传统文化有三个干流。首先是上层社会文化，从阶级上说，即封建地主阶级所创造和享用的文化；其次，是中层社会文化，城市人民的文化。主要是商业市民所有的文化；最后，是底层社会的文化，即广大农民所创造和传承的文化。

……

下层文化，大都是过去广大人民，特别是劳动人民的产物。由于他们所处的经济、政治以及文化上的地位，他们的文化特点，大都与他们的现实生活（基本生活）密切地相贴着。像生产技术、民间医药、建筑物、工艺品、劳动歌、实用艺术以及各种民间娱乐等，都是例子。①

从 20 世纪的现代学术史看，一部中国民间文艺学史，充满了中国文人在本土繁荣发达的文学环境中所长期形成的正统国学观与被视为非正统的民间文学观的矛盾和冲突。中国还有多民族、多地区土壤酿造的多元民间文艺理念和形态，也与某些文人的国学观有矛盾和冲突。这方面的讨论，反映了中国文人群体在民间文艺学的文化定位和社会走势发生现代变迁时所产生的内部分野，而这也正是中国民间文艺学自身所必须解决的问题。应该说，钟敬文对民间文学、古典文学和通俗文学三者，提倡各自研究，也在晚年提倡打通研究和整体研究，他的这种理论最具中国特色，同时也将我国民间文艺学的发展推向了历史以来的高峰点。

三　民间文艺学的历史倾向与口头观

中西民俗学发展道路的一大差异是，中国民间文艺学者先做历史文献研究，辅以口头文学的理论建设，确立了民间文艺学的独立身份，再进入口头资料调查技术的研究和完善。西方同行正好倒过来，他们先规范口头资料的调查技术，并以此划分民俗学的专业化程度，再进入历史文献研究。中西民俗学理论在此点上出现了差别。

中国民俗学是先描述、后解释的。所谓先描述，就是根据我国历史文献藏量丰富、并包含大量民间文艺文献的实际，在五四以来的民间文艺学

---

① 钟敬文：《自序》和《谈谈民族的下层文化》，载钟敬文《话说民间文化》，人民日报出版社 1990 年版，《自序》第 3 页，正文第 2 页。

史上，民间文艺学者对历史文献展开长期的清理和整理工作，并从民间文艺学的学理上对其展开研究。所谓后解释，就是在整理和研究历史文献的同时，开展一定搜集现实活态民间文艺资料的活动，开展比较研究。到20世纪80年代以后，我国全面开展民族民间文艺十套集成志书搜集整理工程。在我国全面进入现代化进程和全球化之前，这场举国范围内的大规模的搜集运动，由学者、政府文化部门职能人员、基层群众文化馆站业务人员和普通民间艺人与讲述人共同参与，清仓式地全面搜集我国传统民间文艺存藏资料。在学术条件成熟和时代需要的背景下，钟敬文在这一时期，大力强调口头资料调查技术的规范性和理论研究的完善问题。在我国民间文艺学的搜集理论上，我们主要讨论钟敬文的以下观点。

对历史文献研究与口头搜集理论的时序阐述。钟敬文在很多文章中都谈到民间文艺资料的搜集问题。在我国民间文艺界，也有许多文章记述搜集整理的事件或观点，但都是先说历史文献有多少记载，我国早有自己的搜集史等，再谈意义和做法，而很少去讨论口头搜集技术的专业问题。除去政治因素不算，关于这种文献与口头搜集的先后工作次序的现象，其实是从中国实际出发的必然实践。钟敬文使用了"书斋学者"和"田野作业"的概念，概括个人的治学经历就有先后时序之分。他这种情况在我国具有代表性。

> 实际的情况可能是有交叉的。又由于学科性质的不同，这两方面情况的侧重也会有所差异。民俗学是一门现代学，谨慎一点说，是带有浓厚的历史意味的现代学。这种学科，跟社会学、民族学、人类学等相近，它的基本资料和观点的形成，是需要由当前事实现象提供的。……但是，学问的进行或结果如何，也并不是千人一律的。像弗雷泽这样伟大的先驱，就是一个书斋学者（有人把日本民俗学之父柳田国男也列入这类学者之中）。我国初期的一些民俗学者，也很少是亲自到社会群体中去有计划地做过田野作业的。①

除了他，顾颉刚也如此。"顾颉刚先生虽然到妙峰山搞过调查，后来

---

① 钟敬文：《我与中国民俗学》，载张世林编《学林春秋》，中华书局1998年版，第46—47页。

又曾赴西北地区考察，情形也不过稍微好些而已。"对他们所做的"先描述"的工作，钟敬文说："大多是取自近人的调查记录或历史民俗文献"写成文章。辅以开展的口头搜集，有向亲友、学生搜集，以及登报向社会征稿等。他从现代人文科学的立场，对我国民间文艺学的历史做回顾，指出侧重口头搜集的"田野作业是它的比较重要的路径"。但他也指出另一方面，就是中国确实有民间文艺的丰富历史文献存量需要清理，这不能不理，抛开不管，因为这对民间文艺学在中国国学土壤中站脚很重要。与西方民俗学相比，对中国的历史文献搜集的工作时长和学术分量，要由中国人自己来切割和分配。在这个意义上说，"书斋学者"和"田野作业"只是"大体上的分类"。

对我国口头搜集技术进展的评估。1980 年年中，日本口头文艺学会访华，钟敬文参加了会见和座谈。在解放学术思想氛围中，钟敬文发表《三十年来我国民间文学调查采录工作》一文，对新中国成立初期至 1980 年的民间文艺学工作，在社会主义文化建设的环境中，以口头搜集事件为线索，进行了初步的学术清理。这不是理论阐述，但却是在五四、延安讲话、抗战和解放战争时期之后，对我国民间文艺学口头搜集技术进展的第一次评估。在他的评估中，毛泽东在延安讲话中提出的学者思想改造的精神，对学者转变搜集观念和实际投入搜集工作，"确实也有力"地起到推动作用。但由于主流文化与民间文艺的关系的处理阶段不同，搜集技术的发展也不平衡。50 年代中期以前，整理技术的科学性强一些，但理论观点不一。"文革"前，出现"大跃进"民歌运动，在搜集整理的范围和对象上颇多政治干扰，难以从专业技术上评估。改革开放后的口头搜集以两种形式进行，即个人搜集和集体搜集。在集体搜集的调查队中，专业搜集方法得到重视。但钟敬文认为，在我国的口头搜集技术发展上，需要"注意综合调查"，也要注意把握"文化的'整体性'"①。

除了会见日本同行，在内部，早在一年前，他对学者对民间文艺作品的政治化修改问题提出了尖锐的批评。此后的十几年中，国内进一步清除了"极左"思潮干扰，他更直接地表示了不同意修改搜集作品的意见。这些看法不是搜集技术本身，但却反映了在当时民间文艺学者所处社会环

① 钟敬文：《三十年来我国民间文学调查采录工作》，载钟敬文《钟敬文全集·民间文艺学卷》，董晓萍编，安徽教育出版社 2002 年版，第 838 页。

境中，搜集技术与政治文化的关系密不可分。钟敬文几乎是找不到摆脱政治文化的搜集技术的。

对我国口头搜集技术和理论多样性的预测。处理科学性、文学性与学术性的关系。这是处理我国口头搜集技术的另一个大问题。钟敬文根据在我国这个文学大国的社会基础，提出一个观点，就是在口头搜集理论上，科学性和文学性是一对拆不开的概念范畴。他认为，这是由民间文学的价值决定的。民间文学有"它的科学价值。但它毕竟是一种文学，是一种特殊的文学，有它特殊的艺术性"。"文学性和科学性，两者都是民间文学所具备的"①。由我国口头搜集工作者的文学倾向和整理作品的价值目标所规定，其搜集理论对搜集技术的要求，也就导向多重标准。钟敬文大约划分了三类标准。一种是科学性的本子，如何其芳等编的《陕北民歌选》，在当时的环境中，它基本符合搜集理论和搜集技术的共同要求。一种是文学性的本子，如《俄罗斯民间故事》。它已加工成文学读物，与科学性的标准相剥离，但仍属于民间文学作品的一种样式。一种是学术性的本子，它们是原始资料本，不宜公开发表，仅供专业学者研究时做参考。

1984年起发动的中国民间文学三套集成搜集整理运动，让钟敬文彻底放开了束缚的手脚。他担任了这场运动的学术指导。这场运动持续了30年，也使他对我国口头搜集技术与理论的思考延续到生命的最后一刻。这是一场尽量学术化的口头搜集工程。在他的主张下，口头搜集技术和专业理论同步发展。他在这期间发表了一系列文章，针对我国的社会环境和时代条件，对发展和完善现代搜集技术和理论的途径、历程与方法，进行了全面探讨。他在这一时期有几个观点影响很大，曾在《民间文学集成的科学性等问题》等文章中陆续发表。以下重点讨论此文，同时参考他在这一阶段发表的其他文章，对他晚年的观点稍加分析。

用较为简明的"忠实记录"四个字，界定我国口头搜集技术的科学性。

　　　　什么是民间文学的记录科学性？这就是要保持作品的原貌，原来是什么样子，怎么说的，从主题到词语以及其他相关的情况等，都如

---

① 钟敬文：《民间文学集成的科学性等问题》，载钟敬文《钟敬文全集·民间文艺学卷》，董晓萍编，安徽教育出版社2002年版，第152—153页。

实给予记录，也就是说，要重现作品在民间存在的原貌。这是我们搜集、整理工作的主要任务。如何才能保持原貌呢？那就要"忠实记录"。这是手段。可以说，保持原貌是任务，而忠实记录就是达到目的的手段。①

强调科学性所针对的问题，是以往学者对民间文艺搜集资料所作的政治性和艺术化的修改。他坦言，这种假货"已经不是原来的人民作品，它作为'历史文献'的作用（这是民族优秀文化一部分的民间文学的重要作用之一），显然是丧失了"②。

重新界定我国口头搜集资料的范围，将通俗文艺纳入进来，不再回避这方面搜集理论和技术上的难题。我们知道，在民间文学集成搜集工作开展之前，他已在民间文艺学范围内补充了通俗文艺的研究对象，包括长篇大套的民间戏曲和民间说唱。他早年提出的"素朴性"观点，用来判断短小精悍的民歌谣谚之特征尚可，但用来衡量婉转细腻的民间戏曲和民间说唱就说不通了。其实后世传承的史诗和民间叙事长诗也有通俗文艺的套路。在搜集民间文学集成之后，它们被大量地从全国各地搜集上来，接近上层优雅文艺，具有中层文艺的雅俗共赏特点。为此，他放弃了早年关于民间文艺"素朴性"特征的论断，也大胆突破了鲁迅的"刚健清新"说，这在当时是不容易的，但却是实事求是的。

鲁迅先生对民间文艺特点的评价是"刚健清新"。自三十年代到现在，五十多年来我们一直沿用它。而它也确实能说明大部分民间文学的特点，沿用它并没有错误。但是近来我想，它虽然有一定的概括性和准确性，可是它对于一切民间文艺是否能完全包括？比如民间小戏或民间叙事诗，它对有些心理的描写比较细腻，那就不一定是"刚健清新"了。这只能说明，我们对民间文学还没有很好地深入研

---

① 钟敬文：《民间文学集成的科学性等问题》，载钟敬文《钟敬文全集·民间文艺学卷》，董晓萍编，安徽教育出版社 2002 年版，第 149 页。

② 关于钟敬文反对"以今天社会现实和意识形态"主观地窜改民间文学作品的意见，参见钟敬文《谈框子——周总理六月十九日讲话读后随笔》，载钟敬文《钟敬文全集·民间文艺学卷》，董晓萍编，安徽教育出版社 2002 年版，第 126 页。

究，没有进行应有的微观的研究。我们目前还多是宏观的、概括的评论，探索具体的、细致的研究还不够。因此，我们的学术概念也往往只停留在一般性上。这是远远不够的。我们必须进一步努力。这对于一般从事民间文学工作的人是重要的，尽管彼此在要求的程度上有所不同。①

钟敬文还有一个估计，说民间文学集成的科学性有七成，后来在业内流传很广，这表明了他有长期摸索这个问题的准备，当然这也给后学继续探索我国口头搜集技术和理论留下了长期的任务。

建立区域民间文艺学。他指出，这是由民间文学的地理历史分布决定的。他早年研究了地方传说，我们能在他晚年的文章中，看到他在界定区域性的概念上，有意无意地将区域性与地方性两者扣在一起。这个"地方"正是他的"一国"民间文学的现实存在，可铺开搜集，也可现场实证。

关注建设少数民族民间文学理论。他说："有的民族人数很少，过去鲜为人知，也采集到一些作品。有的民族所记录的已达二十至三十万字，例如，西藏的故事，据不完全统计，已过千篇。在大量作品中，有不少是很宝贵的东西。"② 他将少数民族民间文学作为中华民族共同财富来建设，这个观点后来成为他提出的"多民族的一国民俗学"的组成部分③。

独特体裁加强研究。他认为，我国还有一些民间文学体裁，如三大英雄史诗，汉族和少数民族的长篇叙事诗，西方和东方国家都少见，中国却有厚藏④。对它们的搜集技术和理论研究，要走自己的路。

西方民俗学是先解释、后描述。而现代科学研究证明，科学哲学的最高境界是描述而不解释，对富有历史性和文化多样性的民间文艺学的研究对象尤其如此。钟敬文因此提出，在以往的民间文艺学史上，那些曾经被

① 钟敬文：《民间文学集成的科学性等问题》，载钟敬文《钟敬文全集·民间文艺学卷》，董晓萍编，安徽教育出版社 2002 年版，第 153—154 页。

② 同上书，第 154 页。

③ 钟敬文：《建立中国民俗学派》，载钟敬文《建立中国民俗学派》，黑龙江教育出版社 1999 年版，第 27—33 页。

④ 钟敬文：《三十年来我国民间文学调查采录工作》，载钟敬文《钟敬文全集·民间文艺学卷》，董晓萍编，安徽教育出版社 2002 年版，第 838—840 页。

使用的理论和方法，包括在我国产生的和从外国借来的，都会成为某种"框子"。要历史地、辩证地看待这些"框子"。有些政治的和学术的"框子"，在一定背景下，有正负面的作用，其中正面的作用就是积极的作用。但不管怎样，学者在当时都不能狭隘地理解它和教条地应用它。对不合适的理论框子，还要突破它①。有些民俗文化的"框子"是历史传承物，学者始终不能用"现在社会的政治、法律、道德、风习和思想的标准去衡量它"②，相反要尊重民众对它的历史认同。这样做的结果，是有助于了解民间文学的性质和特点。他反复强调民间文艺学是"特殊文艺学"③，正是从对政治的、不同来源理论的、民俗文化的，与学术规划阶段性局限的各种框子的分析后，所得出的慎重结论。

钟敬文在 1949 年后，成为新中国民间文艺学理论建设的学院派象征；在 1979 年后，成为我国民间文艺学理论发展、学科建设和搜集整理运动的实际领导者。这种指导全局的社会地位，使他在半个多世纪的文章中，以宏观论述为主。他在晚年提出建立"系统的民间文艺"，包括原理研究、历史的探索和编述、评论工作、方法论及资料学④。这就为民间文艺学的未来趋势做了理论预测和全面规划

他在这一阶段也有具体性的研究论文，如关于刘三姐传说的研究和中日故事类型的比较研究，但它们都是补充完成他留日前后尚未完成的研究问题，而不是新的开启。当然，他的宏观研究的观点来源，也主要出自他从前做具体研究的成果，与后来关注新的理论发展，并使用具体资料的心得。在 1949 年以前，他做过大量出色的具体研究，其实是他一生历史成就的坚实基石。特别是当这些具体研究被后来的宏观研究纷纷证实，或得

---

① 钟敬文：《建立具有中国特点的民间文艺学——一九八〇年七月在昆明云南大学〈思想战线〉编辑部召开的座谈会上的讲话》，载钟敬文《新的驿程》，中国民间文艺出版社 1987 年版，第 125、127 页。钟敬文说："要建立这种新的民间文艺学，首先，在理论上，就要有所突破。"他所说的突破，包括改变教条地使用马克思主义理论的做法，也包括"打破禁区"。他还在另一篇文章中谈到要"多种角度式的探究"，详见钟敬文《加强民间文艺学的研究工作》，载钟敬文《钟敬文全集·民间文艺学卷》，董晓萍编，安徽教育出版社 2002 年版，第 72—74 页。

② 钟敬文：《谈框子——周总理六月十九日讲话读后随笔》，载钟敬文《钟敬文全集·民间文艺学卷》，董晓萍编，安徽教育出版社 2002 年版，第 125 页。

③ 同上书，第 128—129 页。

④ 钟敬文：《建立新民间文艺学的一些设想》，载钟敬文《钟敬文全集·民间文艺学卷》，董晓萍编，安徽教育出版社 2002 年版，第 51—55 页。

到稍微修正而大体肯定时，他的理论地位就更加巩固。

第二节　民间诗学

在钟敬文的民间文艺学中，有一些问题的形成，及其理论和方法论的建设，比较集中地反映了钟敬文的民间文艺学的中国特色。西方同行对此不甚了解，需要我们自己去深入研究和阐述。在有的问题上，如前面约略谈到的民间诗学，我们也能见到一些中西讨论资料，但还不能与钟敬文针对中国实际进行的研究深度相比。从时间上说，钟敬文提出和研究这些问题的时间也要早几十年，与西方同行的研究不同步，而中西民俗学的问题出发点也不尽一致，所以具体分析这些"中国特色"还是必要的。

一　从民间诗学出发

严格地说，中国的民间文艺学是从民间诗学开始建立的，这是一个从前不大被讨论的问题。钟敬文平生撰写有关民歌和歌谣研究的文章约20篇，思路清晰、内涵厚重，富有创建，形成一种民间诗学体系。它极为彰显钟敬文的治学个性，也有一种特殊的紧张感，即新兴的民间诗学与中国文人的国学观的关系。中国是一个文学大国，中国文学的灵魂是诗。民间文艺学要在中国得到承认，首先要过"诗学"这一关。现代中国民间文学运动最早从北大的歌谣学运动发轫，正是以民间诗学举旗的。

从民间诗学出发，这是一个十分中国化的做法。西方人从搜集民歌民谣开始，中国是从民间诗学开始。民间诗学与民歌民谣观相比，在观念上更为系统化，在资料上更有文献基础。民间诗学比民歌谣谚观有更高的层次。钟敬文在民间文艺学的建设中能提出有中国特色的观点，就源于他的民间诗学。中国民间文艺学也笃定要在中国文学的这种规定性中诞生，这正是在履行学术现代化的手续。

民间诗学是钟敬文将民间文艺学中国理论化的起点。我们对钟敬文的民间文艺学成就，以往习惯于谈他的故事学、神话学及其他，对他的民间诗学成就关注不够，其实这是一个疏漏。从他作为进步学者个体的研究看，他早年参加了北大歌谣学运动，是现代中国民间文学运动的最早一批成员，我们是要从北大这个历史事件去考察他的民间诗学意识的。但是，从中国民间文艺学整体学术史看，这样考察其中国特色是不够的。翻阅钟敬文民间文艺学著述中的这批原始资料可见，他平生发表的第一篇民间文艺学论文《歌谣的一种表现法：双关语》，正是谈民间诗学的①。当时中国现代民间文学运动崛起，歌谣学打了头炮，他的首篇论文正好吻合这一历史，但他本人的认识又有超越性。他那时提出的一些观点至今还有用，并被稳定地写在专业教科书中。他的歌谣学研究比他开展故事学和神话学研究都要早，这也说明他对中国民间文艺学发动处的独特的敏锐性。他在民间文艺学的建设中，在谈到"特殊文艺学"时，几乎都是从民间诗学切入的。他并不是从事中国歌谣学运动的第一人，后来也不是唯一的一个，但却是坚持时间最长的一位。他发表民间诗学的研究文章延续至20世纪50年代，正好贯穿这个问题从提出到解决的时段。

热爱和推广新兴歌谣学的进步文人，其社会进步观要通过解释民歌谣谚在中国文学史和现代新文学中的价值和作用获得证明。民间诗学使民间文艺学获得了学理上的合法性，成为学院派的理论构成。

何谓钟敬文民间文艺学中的民间诗学？在他的思想中，这是以现代民间文艺学和民俗学的理论，针对中国古今资料和外国民歌资料，重新加以阐释产生的新诗论。他用这种新诗论，对历代诗论和词论文献中的民歌谣谚观、中国现代文人的民歌谣谚搜集评论观，与从现代搜集到的口头民歌谣谚作品，加以整体研究，产生新的理论见解。在民间诗学中，包括理论讨论、作品分析、地方社会思考、历史传统研究和国际对话，是一个完整的学理系统。对这样一种创造性的关系结构，钟敬文将之简化为"诗与歌谣"的关系，其中"诗"即现代理论和古代文论中的诗论，"歌谣"即民歌谣谚研究。

诗与歌谣的关系，是多角的，也是密切的。

这种关系的广泛、周密的考察说明，对于诗的鉴赏和理解，固然有重大的利益，对于诗的创作和批评，也能够给予无穷的帮助，可是，这种工作从前没有人很认真详密地做过。现在是不容许再延误

---

①　钟敬文：《歌谣的一种表现法：双关语》，原作于1924年，这是本卷所收钟先生研究民间文艺学文章中最早的一篇。此文曾被钟先生编入《歌谣杂谈》一书，书稿完成时间是1928年。关于此文的撰写时间，详见《歌谣杂谈（五则）》的第一部分。载钟敬文《钟敬文民间文学论集》（下），上海文艺出版社1985年版，第311—315页。

了。我们得在很短的时间内去着手并完成它。①

这篇文章写于 20 世纪 40 年代，他从日本已经回国。他在民间诗学方面的主要文章已经发表，他的民间诗学思想体系已经构成。但他的表述方式仍然是诗式的，这与他爱诗有关。诗占有他的生命，他也忘情地占有诗。他的天才、学养、传统、新进都在诗中。

> 如果有个人，他要探询我平生所嗜好的东西时，我将毫不犹疑地奉答他，我最喜欢诗歌。说也奇怪，我自幼在小学里念书时，就高兴地去找诗歌来吟诵。我家并不是什么世代书香，而师友中也很少直接启导我的（虽然间接的暗示，不能说全然没有），可是我的兴味，是开始得那么早，并且继续地跟着年华生长，到现在读书看报时，总对她最饶有情味。在寂寞的旅行中，只要行囊里有一卷诗章，就不怕没法消遣了。②

钟敬文天生是诗人，青年时代转向民间文艺学时已颇有诗名。诗学渗透到他的精神气质和学术个性中。这使他的民间诗学富有诗人气质。他把这种诗学思维带入民间文艺学的理论构建中，在这套理论体系中补入了民间文学作品的创作论、体验论、欣赏论和评论观等要素，这些要素都很中国化。诗学的跳跃性，变成他的民间文艺学概括性，这使他的民间诗学能提出一些力透纸背的、十分深入的问题，其成熟程度比同时期的西方民歌理论大不相同。

钟敬文的民间诗学特征与他的学术经历是匹配的。他早年投身北大歌谣学运动，带着一个南方省份的地方文化生机而来，他的民间诗学也带有鲜明的地方性。后来他与顾颉刚的订交，两人在口头性理论与历史学研究上笔墨往来，这增强了他在民间诗学上的文献深度，他在中国学术文化界的影响也随之扩大。他到日本后，接受当时先进的外国民俗学和文化人类

① 钟敬文：《诗和歌谣》，载钟敬文《钟敬文民间文学论集》（下），上海文艺出版社 1985 年版，第 291 页。

② 钟敬文：《马来的民歌——〈马来情歌〉序》，载钟敬文《钟敬文民间文学论集》（下），上海文艺出版社 1985 年版，第 387 页。

学训练，又反哺民间诗学，达到了认识上的成熟。新中国成立前后，他使用马克思主义和相关人文社会科学观点，在促进民歌谣谚成为社会主义民族形式的过程中，添加了民间诗学的内容。

钟敬文的民间诗学所涉及的主要问题，有口头性理论与地方社会传统、口头性资料与历史文献的关系、民间诗学的理论框架、民歌谣谚的社会主义民族形式等。这些方面的理论成果，不仅使中国的民歌谣谚作品获得了社会价值，也获得了现代理论价值。

二　口头性理论与地方社会传统

在五四时期的进步学术活动和社会运动的背景下，考察钟敬文民间诗学的特征，需要提出的问题是，他的民间诗学与北大歌谣学的互补性，他所掌握和擅长的哪些诗学知识和技能是北大歌谣学所缺乏的，以及他在哪些方面提出了比一般"运动性"的学术活动更专业的问题。要回答这两点，可见钟敬文的《歌谣杂谈（五则）》、《客音的山歌》和《中国疍民文学一脔——咸水歌》等文。它们发表于 1924—1926 年，在北大歌谣学运动之初，带着一股南国诗性扑面而来。北大学者的籍贯以华北和江浙为主，搜集和研究歌谣研究中使用北方话和吴语。钟敬文是广东人，懂广东方言，熟悉广东地方社会传统。他对于歌谣学和广东方言，两边懂。这是他对于北大歌谣学会的优势。他提出了歌谣韵文中在听说读写中的差距的问题，并进行了有说服力的解释。

他的这些文章，对重新释读历史文献和口头搜集的民歌谣谚有启发性，为北大歌谣学研究提出了新的课题。

《歌谣杂谈（五则）》，其中写于 1924 年的《歌谣的一种表现法：双关语》成文最早。他也在这里最早用广东方言民歌与吴语民歌"子夜、读曲"作比较，提出不同于古人的解释。而他的重点是现代民间文艺学，他又以"双关语"为例，对北大学者提出的"纯粹的平民文学"观，从不同方言区拥有共同的民间文艺套式的角度，提供了新的补充。

子夜、读曲等歌，大概都是当时民间流行的情歌而被采入乐府的。我们试看书本上对于其作者的及在的游移不定，便很可想见。"俚语俱趣，拙语俱巧，自是诗中别调。然雅音既远，郑卫杂兴，君

子弗尚也"。这是沈德潜先生对它所发的议论。但是，我们读了，是
足以证明它确是一种"别于所谓雅音的文学"，是一种"纯粹的平民
文学"。至于篇中所常用，而几乎为民间文学所专有的表现法（双关
语），在我们贵族诗歌的王国中，前既少见，后亦不多见，（自然非
绝对没有）尤非全无意义了。

　　这种双关语的表现法，在歌谣中的势力颇形普遍。最大的缘故，
是歌谣为"口唱的文学"，所以能适合这种"利用声音的关系"的表
现，尤其是表现关于恋爱的文艺，如私情诗，这种婉转动人的方法，
更为切用而且多用。

我现在把自家所搜集的山歌，属于这种表现手法的，介绍几首于下：

　　　　思妹一年又一年，古井烧香暗出烟，
　　　　魂魄五更同妹嬲，醒眼依旧隔重天。

　　　　……

　　"烟"谐"冤"，意谓想而不可得的冤枉，"燕"谐"怨"，"柑"
谐"甘"，为甘乐之意，"桔"谐"结"，为郁结之意，"老神"谐
"老诚"，"丝"谐"思"。我们若不明此，势将不解其所谓了。[①]

　　钟敬文指出，研究"几乎为民间文学所专有的表现法（双关语）"，
属于"口唱的文学"的研究。他还在此文的《附记》中提出，他支持徐
嘉瑞在《中古文学概论》中提出的"六朝平民文学"的意见，不同意朱
湘对双关语为词语游戏的说法。他在参与民间文艺学口头性研究的理论活
动中，对民间诗学的口语技术特点进行从个别到一般的描述，指出"试
看民间文艺中，如谜歌、谚语、故事等，哪一种会不杂有这种双关表现
法的？这在书本的文学不但不必去学，其实也是不容易学的，因为难得到
自然而恰好的缘故"[②]。我们说，怎样从读音的角度，解读自汉魏六朝、

---

　　① 钟敬文：《歌谣杂谈（五则）》之一《歌谣的一种表现法：双关语》，载钟敬文《钟敬文
民间文学论集》（下），上海文艺出版社 1985 年版，第 312—313 页。

　　② 同上书，第 315 页。

宋元明清以来的历史文献所记载的口唱民歌，恢复这些古老民歌中的被湮灭的口头含义，这不是随便怎样就能做好的工作。它需要比较方言学的视野和能力。它以现存的方言口语，去发现并找出埋藏在历史文献中的方言口语，不仅为沉睡的口语恢复了元气，也会成为钟敬文用来顺手的方法。

钟敬文的研究富有地方社会传统。在这个传统中，除了方言民歌，还有从广东移民到东南亚国家的侨民民俗。在侨民社会流行的南洋歌谣，用闽语和粤语传诵，有些与广东民歌相近，但很少被关注。他几乎是最早着手为南洋歌谣做注释的民间文艺学者。例如，"娘娘抱儿哭哀哀，爸爸番邦唔回来"，他为方音"唔"作注："唔，没有的意思"。他还指出南洋歌谣产生的社会背景，如"我们中国人因生活受压迫的缘故，往南洋群岛侨居的很多（尤其是闽、粤两省的人民），在那里自然有一种以其地方生活为背景而诞生的歌谣流传"[1]。他同时介绍了南洋歌谣搜集工作在北大歌谣学运动的地位和搜集现状。而这些对搜集民歌的社会环境和搜集者的背景的交代，本身就是口头性理论研究所要求的。

钟敬文研究地方口头民歌与使用历史文献的功夫结合，让他往往独具慧眼。对北大学者习以为常的吴歌，他指出，一些宋代笔记小说记载的吴歌，现在在吴地以外的岭南地区也在流传。从现代搜集的角度和对口头民歌的研究看，一些宋人的注释和近人的标点都不够准确，需要了解对应方言的学者给予重新注释。

近日偶读《京本通俗小说》，见到两则有关当时民间谣谚的资料。

月子弯弯照九州

月子弯弯照九州？

几家欢乐几家愁？

几家夫妇同罗帐？

几家飘散在他州？

这该是当时吴地民间流传的"对山歌"的前半章（即发问者的歌词），而被做书的人截引了出来的。这种体式的民歌，不但吴地还依然很盛行，我国南部各省，如广东、云南等，都有同样形式的作品

---

① 钟敬文：《歌谣杂谈（五则）》之四《南洋的歌谣》，载钟敬文《钟敬文民间文学论集》（下），上海文艺出版社 1985 年版，第 325 页。

流行。这是略留心我国歌谣的人所知道的。书中说："此歌出自我国宋建炎年间，述民间离乱之苦。"此乃小说家附会之谈，不足深信。近人黎烈文君标点这本书，于此诗的末端，用逗点与结点，而不用问号，是受骗于著者那两句话的缘故。平心言之，此事也怪不得黎君，因为这首诗经著书人加以曲解，使符合所说的故事，标点的人，也只能够依照他的作意用符号。若另作新解，倒未免有违背于全篇的意思了。①

吴歌"月子弯弯照九州"的异文很多，现都已成为民间诗学研究的著名篇目。而将它从吴歌的研究范围拓展，扩大到粤语区和西南方言区的同类口头民歌研究，钟敬文有头功。

在民间诗学的方言法研究中，不能不注意广东省保存了多种古老的方言，及其多种方言民歌共同流传，所带来的搜集整理与研究上的特殊性。而从建立资料本到学术研究的共用钥匙，也是方言。一种方言是一把钥匙，多种方言是多把钥匙。热爱民歌的学者，最好能掌握多把钥匙，至少要能掌握一把钥匙。在这方面，广东籍的学者或在广东驻居的学者便得天独厚，有拿到钥匙的便利。广东明清时期已出现了多种方言民歌的搜集本，当地文化名人屈大均、王士桢、黄遵宪和外地驻粤文官李调元等，都曾动手收集和编书，在广东的地方文献传统中起到关键作用。其中，用客家话演唱的民歌搜集治绩尤多，钟敬文是从现代民间文艺学角度加入进来的新秀。1926 年，他发表了《客音的山歌》一文，在时间上，接续上代地方文献传统，呼应五四新文化思潮；在理论上，比起黄、李等前人，有了现代人文科学的视角，提出了前人看不到的问题，因此同样成为一个绕不过去的人物。

　　略略留心过中国方言的人，怕都要知道我们广东有三种很不相同的方言吧。这三种很不相同的方言，就是本地话（亦曰广东话）、福老话、客家话。说本地话的人，叫作本地人；说福老话的人，叫作福老人；说客家话的人，叫作客家人。本地人（亦名广府人）所居住

---

① 钟敬文：《歌谣杂谈（五则）》之五《宋代谣谚一斑》，载钟敬文《钟敬文民间文学论集》（下），上海文艺出版社 1985 年版，第 327—328 页。

的地域，为广州各属与两阳一带及其他各地；福老人所居住的地域，为潮州各属与惠州近海一代及其他各地；客家人所居住的地方，为嘉应州各属与惠州北部一带及其他各地。

现在且单谈一谈客家人的来历和生活吧。

客家人，不仅限于广东一省，像福建、江西等省的南部，也有客家人的足迹，据黄公度的考证和章太炎的证明，知道他们乃是一种从中原来的人民。

……

我们广东，就贵族的文艺来说，能够为中国文学史上生色的，虽为数不多，但论到民众的文艺，它却是一个金碧辉煌的宝库！就拿俗歌说吧，刚才所举三种方言中，除普通形式的民歌和儿歌都十分发达外，各自还有一种独特出色的歌，如本地话的粤讴，福老话的輋（DXP"輋"的"车"上有"大"字）歌，客家话的山歌。其他，如瑶族、疍民等，也都各有他们丰富而特殊的民歌。它恐怕可以说是富于这方面艺术的一个省份吧。所以，"粤俗好歌"这句古话，并不是什么过分的赞词。

前清的时候，文人如王士桢、李调元等，都谈到我们广东的山歌，并且把它采摘一些记在他们的著作里面。到了《人境庐诗草》的作者黄公度（遵宪）居然把这种"鄙野"的山歌，编辑入自己的作品中。但他们只把黄公度算作例外，多泛认它为广东一般的民歌，而不知道它是客家人独自擅长的一种歌谣。

这种山歌，据我所知，像广西、云南、江苏、浙江等省都有。格式略诗歌中的七言绝句，但首句间或作三言（自然没有定型的平仄），这是各地大体相同的。每首歌词完后，也有另附以尾声的。其尾声，短者如"斐……"，长者如"嗳嗳嵩，乃乃磅，磅隆嵩隆乃嗳呦"等等，不一而足。黄公度云："每一词毕，辄间以无辞之声，正如'妃呼豨'，甚哀厉而长。"说的便是这类尾声了①。

---

① 钟敬文：《客音的山歌》，载钟敬文《钟敬文民间文学论集》（下），上海文艺出版社1985年版，第300—302页。（至于文中引用章太炎等说法，猜测客家人的祖源是否为中原人尚有待研究。）

　　此文主要提出三个问题。①从本地人的视角，描述广东多种方言的族群和地理历史分布。②从广东地方区域研究的视角，与北大歌谣学研究对话，分析客家民歌与华东吴语区、华南和西南方言区的民歌的格式平仄相似处和尾声押韵的差别。③总结屈大均等前人提出的"粤俗好歌"的特征，梳理清代广东民间文艺史，探讨客家民歌的特殊地位。他提出的这些问题和所发表的见解，使这篇文章在广东民歌搜集史和研究史上具有双重价值。

　　在当代社会，客家人由于在台港澳地区、东南亚国家和世界其他国家都有较广的分布，又涌现了著名的历史人物，积累了许多族群的文化遗产，使包括客家民歌在内的客家文化研究成为国内民俗学和海外汉学研究的热门。但笔者认为，这种研究要有新的深度，还不能仅仅依靠外热。钟敬文等人的历史成绩给我们的启示是，在客家文化研究上，不从客家方言载体进入，就不能探寻它的文化心脏的奥秘。

　　在广东地方社会传统中，少数民族民俗是不可或缺的元素，钟敬文的眼里不能没有他们。他的民间诗学最早进入了对少数民族民歌的搜集和研究，在范围上，涉及岭南地区的苗、瑶、壮、畲等族，还有船工渔民等特殊行业人群和族群的民歌，这些都是开辟之举。《中国疍民文学一脔——咸水歌》是其中的代表作。他在这篇文章中提出，少数民族"口上心头各蕴藏着无限的好宝贝"，但北大"歌谣新运动"对南方少数民族民歌的搜集有限，还不要说水上捕捞小族群的疍民的一种后船歌，即咸水歌。他从这个人口很少、行业封闭的族群做起，从事搜集和研究。他发现，这个族群小，生活简单，却堪称"歌者之国"，人们在思想行为和风俗习惯上都是"诗的"，物质与精神的反差极大。他在研究中看到，与黄遵宪讲的客家山歌尾韵"无辞"相比，咸水歌的尾韵"皆附有助词""罗"字，而且"广东沿海一带都是这样唱着的"①。钟敬文和黄遵宪同为广东人，钟敬文这时指出，在同一省境内不同方言民歌中，不仅方言不同，连演唱方法也不同。这就为读者提供了新的表演知识。对于北大歌谣学搜集研究卓有成绩的吴语山歌，他也作了比较，提出南北民歌各有特点，差异之处"判然"，但都很好听。

---

　　①　钟敬文：《中国疍民文学一脔——咸水歌》，载钟敬文《钟敬文民间文学论集》（下），上海文艺出版社 1985 年版，第 293—294 页。

> 山歌是南方的清商曲——子夜歌、懊侬歌、读曲歌等；咸水歌却
> 是北方的横吹曲——企喻歌、捉搦歌、驰驱乐歌、柳枝歌等。
>
> ……
>
> 我们把它对比着一看，两者差异之处就判然了。
>
> ……
>
> 这种歌既然颇伤于直率或粗秽（后者当然不是全部分），那么，
> 倘若把它歌唱起来，不是很少音律上之美吗？可是，这却大大不然！
> 它歌唱起来，的确是好听啊！好的很呀！还忆起那一次，我夜间乘舟
> 远行，时月明人静，于那烟波深渺处，听见舟子在高唱这种歌，当时
> 真令我的精神感到幽深的怡悦！我想那种音调的美妙，虽全没有音乐
> 素养的人（一个"音盲"的人），听了都禁不住悠然神往！①

这种研究，对我们了解我国各地各民族的民歌提供了宝贵的地方知识，也让我们看到研究者构建民间诗学的情感活动和欣赏心理。

三　口头性资料与历史文献的关系

钟敬文与顾颉刚订交毕生，也神交了毕生。顾颉刚深厚的史学功力，对性好古书的钟敬文来说一拍即合。在中山大学时期，青年钟敬文在口头性理论的研究上更加勤奋地搜集历史文献，在处理历史文献时更加留意地对照口头性资料，积累了一批民间文艺学与历史学交叉研究的成果，几乎都与顾颉刚有关。在民间文艺学的研究中增强历史性的过程，还使钟敬文和他的民间诗学在传统国学圈内获得了广泛的学术认同。顾颉刚的博雅人格和治学风格也对后来钟敬文以"书斋学者"自我定位，产生了积极的意义。顾颉刚对他的学术影响超过了任何人。

1926年，北大歌谣研究会出版了顾颉刚编的《吴歌甲集》；同年，郑振铎编《白雪遗音》出版，钟敬文为它们合写了一份书评。先看他怎样评价《吴歌甲集》。

钟敬文此前已在方言歌谣研究、吴歌与粤歌的比较研究等方面，经常发表文章，但那都是针对乡村民歌和以往书面文献记载中的民歌的讨论，

---

① 钟敬文：《中国疍民文学一脔——咸水歌》，载钟敬文《钟敬文民间文学论集》（下），上海文艺出版社1985年版，第296、298页。

还吸收了西方人的观点。现在摆在面前的是一部我国历史学家所搜集的，包括城乡民歌的，并编定精审的大作。它的雄厚国学功力和历史规范性，给钟敬文带来了巨大的冲击。他在书评中指出，这部歌谣编著在整理出版的体例、结构框架、学者评介、方言注音和声韵训诂等各方面，都下足了功夫，在同类著作中首屈一指。

　　这部书的编者，是努力于新史学的建设和对于民众文学有相当研究的顾颉刚先生。书内收录吴歌一百首（儿歌及成人的歌，各居其半），前面有胡适之、沈兼士、俞平伯、钱玄同、刘复及编者自己的序文，书末附有《写歌杂记》、《读歌札记》、《歌谣中的标字的讨论》、《吴歌声韵》类、《苏州注音字母草案》等附录的文字。全书共三〇二页（序文、目录等尚未计在内）。单就书本的分量言之，这已可算是数年来新出版的若干民歌集中，当首先屈指的一部了。①

以这篇书评为开始，钟敬文将民间诗学的体验研究与历史学的考证研究相结合，发展了自己的实证方法。从他对北大一批五四先驱学者的关注，我们也能看到他怎样在这点上树立了学术信心。他的这项工作的意义，正在于通过顾颉刚的史学考证模式中的口头吴歌编著，确认这才应该是口头歌谣整理的标准本和编辑原则。

顾颉刚的治学方法对钟敬文一直在南方独立作战的口头方言民歌整理和研究，从观点到方法上，都是极有力的支持。

　　那几篇附录的文字（尤其是关于音韵的），不但本身有独立价值，尤其是和本书有较大的关系。普通印行的民歌，多不注意于声音与韵调方面，随意以似是而非的字句记出，便以为已尽其能事。其实，其工程的粗略，给予读者以不便之处，殊非浅鲜。至于《写歌杂记》中，有些是很有趣味与价值的文字（例如《起兴》），这早已经别人说过，我也毋庸再讲了。

　　说到歌谣本身的整理工作，我以为也有两点长处。就是：（一）

---

　　①　钟敬文：《谈两部民歌集——〈吴歌甲集〉与〈白雪遗音选〉》，载钟敬文《钟敬文民间文学论集》（下），上海文艺出版社 1985 年版，第 432 页。

注解的详密，（二）点读的细心。无论一首怎样简短的歌，总有两三个以上的注释（长的竟有二三十个以上的），这点也就颇不容易在别的同样的书上找到的吧。①

他赞赏的顾颉刚的"长处"，也正是他个人对歌谣整理所努力做到中的重点。顾颉刚对钟敬文在后来很长的一段时间里，使用从历史文献，发展口头与文献相结合民间诗学理论，有实际帮助。因为当时西方人提到的歌谣整理方法，在中国环境中，用这种中国方法，都能解决。这就是他所说的""的途径，我在前面暂且称为"在民间文艺学的研究中增强历史性"。

对郑振铎的《白雪遗音》的评价是另一种确认。顾与郑的工作两者不同的是，《吴歌甲集》得自口头搜集，《白雪遗音》得自文献整理。钟敬文通过《白雪遗音》，表达了对通俗文艺表演作品的整理意见。

这是西谛先生根据了百年前（道光八年，公元一八二八年）所刻的一部《白雪遗音》而选录的民歌集。这本书原有七百多首，而在现在选本里却只存了一百三十多首。这大约是当时民间合乐之歌，所以每篇都是有调子的。……以上各种调子，在现在至少当有一部分流行民间，那么，这也许有人能明言其故吧。

据我的拙见，以为这部民歌集子最可贵的地方，是在能用活泼自然细腻的语言，刻画出当时男女间真切委婉的表情。它的手法是白描的，不喜多用那些笨重生硬的字句，这是他高出于许多传奇、唱本之处。②

钟敬文较早地在民间诗学的研究中扩大观察通俗文艺的视野，始于此篇。它从我国文化内部的乡村农民歌谣、城市市民民歌和贵族诗歌文学的异同性上，而不是从外来学说的框子上，思考中国民间文艺学的特征。例如，他指出，通俗文艺与民间歌谣都有"白描"的共性，差异是通俗文

---

① 钟敬文：《谈两部民歌集——〈吴歌甲集〉与〈白雪遗音选〉》，载钟敬文《钟敬文民间文学论集》（下），上海文艺出版社 1985 年版，第 433 页。

② 同上书，第 434—435 页。

艺长于描写男欢女爱，风格更为"细腻"和"委婉"，能"合乐"演唱，即有乐器伴奏，合于乐谱和乐章等。他的这种观点，到 60 年后他主编《民间文学概论》时，还在使用。①

他在此文中还引用胡适的话说，如果文人都尝试使用方言创作，可能会得到民间文学的灵气，增加文人作品的活力。

　　　　通常书本前面的序文，多是借来做该书的幌子，或给作者吹吹牛皮，或只说些无聊的话，以凑足篇幅，敷衍朋友的面子的。这本书却颇不同，如其中胡适之、钱玄同二先生的序，都是有相当价值，可以一读的文章。

　　　　"所以我常常想，假如鲁迅先生的《阿 Q 正传》是用绍兴土话做的，那篇小说要增多少生气呵！可惜近年来的作者都不敢向这条大路上走，连苏州的文人如叶圣陶先生也只肯学欧化的白话，而不肯用他本乡的方言。最近徐志摩先生的诗集里有一篇《一条金色的光痕》，是用硖石的土白作的，在今日的活文学中，更算是最成功的尝试"。②

钟敬文在研究民间诗学的同时，也在进行散文创作。他在散文中就使用了广东的家乡方言，为自己的作品提神，所以他对胡适的议论心领神会。这种在文学创作中理解他人理论和产生自己理论的过程，是体验式的思维活动，同时也是他亲历实践的一种实证方法，于是他参与这一讨论便是另有意义的，它应该成为钟敬文思考民间诗学的研究对象和社会功能的整体性的一部分。

钟敬文评价《白雪遗音》时留下一句话："（俗曲）在现在至少当有一部分流行民间，那么，这也许有人能明言其故吧。"③ 果然，有人拿着祖传的俗曲抄本《越风》来找他了。他认识到，在我国民间社会，确有口头与文献资料共同存活的事实，现代学者应该去搜集这种珍贵的资料。

---

① 钟敬文主编：《民间文学概论》（第二版），"第十章　民间歌谣"，高等教育出版社 2010 年版，第 173 页。

② 钟敬文：《谈两部民歌集——〈吴歌甲集〉与〈白雪遗音选〉》，载钟敬文《钟敬文民间文学论集》（下），上海文艺出版社 1985 年版，第 432—433 页。作者本段引文中的引号""为作者容易找到胡适原话所加，原文是以直接引文使用的。

③ 同上书，第 434 页。

这对我国民间诗学相对成熟的成因是鲜活的证明。他的这种看法，见于他为来者撰写的《〈越风〉序》中。

> 新文学运动兴起以来，在这场运动中所直接产生的以及间接影响到的若干事业中，有一桩至少是使我们极不易忘记的，那就是对于民间文艺的重视。
>
> 关于这，别的且不提，单就俗歌一方面看，也就够使人高兴了。许多前代的俗歌集，像《白雪遗音》、《挂枝儿》、《夹竹桃》等，不都是刚从多年的灰尘中的掩埋中，被发现而新装起来，给我们时代的文艺爱好者和研究家以一份贵重的资料吗？①

此文还有一个价值，就是它的写法，很有现代田野风格，要点是在研究文章中写出搜集人和被搜集人的"双语"内容，揭示口头性理论的搜集过程模式。② 我把钟敬文的这段描写抄在下面。

> 他给我递过来一个方形的、红格子的小本子。我即时回忆到自己往年在故乡的时候，用着这种样式的本子，狂热地去向嫂子或厨夫们采录民谣的旧事。
>
> "先生，这是一册民间歌曲的抄本，我们祖上传下来的。它至少也是百年前的旧物了。"
>
> ……
>
> "这和郑振铎先生所选印的《白雪遗音》，恐怕是同时代并且是同性质的东西吧。"他这样说着。
>
> 我没有回答，静默地翻看了好一会。
>
> "好像是近于那一类性质的东西，即使不然，这种流行在百年前的民间俗歌，也该有着它一定的价值的。"

---

① 钟敬文：《〈越风〉序》，载钟敬文《钟敬文民间文学论集》（下），上海文艺出版社1985年版，第382页。

② 关于田野作业的过程模式理论，参见拙著《田野民俗志》，北京师范大学出版社2003年版，第197—417页。

我终于说出我的初步意见了。①

可以猜测，他当时这样写，是出于乐观的发现天性和收获的真诚感激，一个知识分子写了文章便有人来回应，这是一件内心很欢乐的事。但后现代和后结构时代的西方民俗学者和人类学者也这样写，在时间上却差了几十年，今天的中国学者却视之为时尚，这是值得反思的。其实一个学者能否提供新知识，在学术开放的前提下，关键就看能否从实际资料中来，而不在理论时间的先后。钟敬文作为中国学者，能早提出这个问题，西方学者在西方的环境中，能晚提出这个看法，都是由各自深入实际资料的时间点和兴趣点所致。这中间有很多偶然因素和学术发展阶段的原因，是无法比较的。需要比较的是，资料解释与各自的社会观和学术观相结合后所形成的整体理论结构，这是有差异的，也是能产生互补性之处。钟敬文此文的可参考意见，也是在与《白雪遗音》合成整体结构后，才有了进一步的说服力。这里摘录他的以下有意思的意见。

> 这个集子里所收的许多作品，跟《白雪遗音》、《夹竹子桃》等颇相似，大都是抒情的。
> ……
> 从文字（正确地说，是词语）的风格上看来，这些俗歌，虽然同时被搜集在一个册子里，但彼此的表现技术是颇不相同的。用一个学术词汇来说的话，它们具有"素朴体"和"华丽体"两种几乎可以说是对立的风格。……这两种不同的风格，在文人骚客的作品之中，也是一样地并存着的。
> ……
> 近来有一种关于俗歌（乃至于民谣）的颇有意思的见解。大意是说，民间的俗歌等，不见得真是民众的创作，反之，到是前代文人们作品被通俗化了的结果（参看《看云集》中《重刊霓裳续谱集》）。这意见，在某种程度上是正确的。……便是属于那范围的制作，也不见得都是纯粹地依样画葫芦。反之，那中间不免或多或少地

---

① 钟敬文：《〈越风〉序》，载钟敬文《钟敬文民间文学论集》（下），上海文艺出版社1985年版，第383页。

渗进了民间实际生活的色彩。①

他已在《白雪遗音》的书评的基础上，在见到了《越风》之后，大加发挥了。他现在所提出的新见，没有被任何教条所捆绑，完全是资料有什么，他就说出什么。可惜后来我国由于时代变迁的原因，通俗文艺的研究没有多少进展，他的这些观点还是要与当年《越风》现身时的学术观和社会观同属于一个理论结构的。换句话说，这篇文章当年怎样闪光，现在还怎样闪光。

他还有一篇《关于〈诗经〉中复叠篇章的意见》也很有名，因为他在这篇文章用集体性理论解释民歌中出现的重复段落，提出存在"两人以上"现场唱歌的空间配合问题，而提出这个问题是要求走出书本，来到民间生活中间，才能亲眼见到的。

> 我于是便想到《诗经》中章段复叠的问题，而怀疑它也是当时民间两人以上合唱而成的歌词。现在且举出我两个小小的理由于下：
>
> 1. 《诗经》一部分的歌词，是当时采风的使者从民间把它搜集了来的，其实民间文化的程度正如现在某些文化发展较迟的民族或人民差不多。那么，这个事实是很有成立的可能的。
>
> 2. 说《诗经》中全部复叠的歌谣，每首除了一章为原作外，其余都是乐工加上的，这话有点近于牵强。因为有许多复沓的章段中是很有意思和艺术的，与其说是乐工随意所增益，似不如说是多人兴高采烈时所唱和而成的，更来得恰当点。……顾先生"叠章是乐工所添增"的论调，到这个地方也颇略显出疏漏，就是在同一篇中的语句，可以有些要叠，有些不叠呢？有些叠得很多次，有些连一次也不叠呢？这也许可推托到乐谱的限制上去，但我总觉得这是有待于再加考订的。
>
> ……
>
> 那是去年暑假吧，我一天在翻阅我所搜集的《辇歌》（广东海陆丰及潮州所流行的）。这种歌每首都有两章以上复叠的，全部几乎没

① 钟敬文：《〈越风〉序》，载钟敬文《钟敬文民间文学论集》（下），上海文艺出版社1985年版，第383—385页。

有例外。我当时以为这很足以动摇顾先生"徒歌章段回环复沓的极少"的一个断案。但后来仔细一考究，才知不对，因为这种歌的回环复沓不是一个人自己的叠唱而是两个人以上的唱。……我国水上的蛋民、山居的客人，现在都还盛行着这种风俗而造成了许多章段复叠的歌谣。①

他特别说明，"一九二四年顾颉刚先生在《歌谣》周刊上发表了一篇《从〈诗经〉中整理出歌谣的意见》之文章"，最早发现了这个问题。不久魏建功提出反对，顾颉刚便再发表文章予以反驳②，这件事引起了他的注意，他便加入进来。而他所提出的看法，由口头性理论和实地调查而来，似更具解释力，也引起了历史学者的关注。现代文艺学理论是不接受重复的，因为在文人文学中重复就是累赘，是没有技巧的败笔。但从钟敬文此文起，我国民间文艺学理论在对民歌表演重复性研究上取得了不平凡的进展。他不久在儿歌的研究中，又提出了某些民歌的重复与有巫术意义的行为有关。③ 这可能就是一种仪式。他能初步看出这是有意识的精神活动。重叠的歌谣经过仪式化的过程，能与日常事件化合，支配人们的日常行为。这种重复韵文的精神民俗与物质生活已没有了模糊性，而是展现了民间的"社会的、心理的"交错知识。④

顾颉刚直接请钟敬文参与校注歌谣文献的例子是校注李调元的《粤风》，钟敬文很快交了卷，两人通过此事增进了学术信任。从顾颉刚来说，将这部自己认定为"很重要的歌谣集"交给广东学者钟敬文去做，是一种胸怀；后来又"鼓励与协助"钟敬文刊印此书，是一种提携。从钟敬文来说，自己虽然掌握广东方言，也懂民间文艺学，又擅长诗词格

---

① 钟敬文：《关于〈诗经〉中复叠篇章的意见》，载钟敬文《钟敬文全集·民间文艺学卷》，董晓萍编，安徽教育出版社 2002 年版，第 683—685 页。

② 同上书，第 682 页。

③ 钟敬文：《关于〈孩子们的歌声〉—序黄绍年君编的儿歌集》，载钟敬文《钟敬文民间文学论集》（下），上海文艺出版社 1985 年版，第 380 页。钟敬文在《中国民谣机能试论》一文中也谈到儿歌与卜择仪式的关系，参见钟敬文在《中国民谣机能试论》，载钟敬文《钟敬文全集·民间文艺学卷》，董晓萍编，安徽教育出版社 2002 年版，第 708 页。

④ 钟敬文：《谈框子——周总理六月十九日讲话读后随笔》，载钟敬文《钟敬文全集·民间文艺学卷》，董晓萍编，安徽教育出版社 2002 年版，第 129 页。

律,但从历史学家推荐的历史文献上,也看到了注释口头记载史料的难度。

> 粤歌自然是好懂的。瑶歌虽有许多地方非看注不行,但是大致还可说颇意明了。唯独俍、僮二歌,便太难了。它的词语、文法,简直跟外国语一样,我们念起来,正好像在诵音译的佛经一样,全不懂得它里面说些什么。尽管经我们好学的前辈李调元先生辛苦地作了许多注释,但费解的地方,仍然不少。了解且不易,欣赏更无从说起了。那么,我们即使标点了出来,大家怎能读得懂并感觉兴趣呢?为此,我正在踟躇着,恰巧新认识的友人刘乾初君提议合力把它翻成国语,我一时"茅塞顿开",觉得非这样不可。
>
> ……
>
> 疍歌只三章,本来是附在粤歌里面的,因它有可分开的理由,所以现在就把它区分出来了。粤歌中的作品,并不是粤土普通民俗的歌谣,大约是一部分居民,被称作"客家"的所唱的"山歌"(至少从粤东的情形看是如此)。这是从我数年来收集歌谣的经验觉察出来的。因为二者不但形式、内容颇似,简直连语词、句子,都有许多雷同的地方。
>
> ……
>
> 书中注解,多为原本所有,间也有些是我添上的。本附于词句下,因求便于总检查及美观起见,把它另列成一表,置于书后。①

这次工作让钟敬文意识到,历史文献与口头资料的差异,除了经过文献化的处理,造成了口语信息的缺失,还造成了失去读音的文字的死亡,连本地人看它的"词语、文法",都跟看"外国语一样"。另外,口语也会死亡,后人读前人文献中的口语,有时也会"全不懂得它里面说些什么",看来凭田野资料注释历史文献也不是万能的。有没有在历史文献和口头资料中共同保留的相似诗学现象呢?答案也是肯定的。钟敬文《谈谈兴诗——致顾颉刚先生的信》一文指出,顾颉刚还在《吴歌甲集》所

----

① 钟敬文:《重印〈粤风〉引言》,载钟敬文《钟敬文民间文学论集》(下),上海文艺出版社 1985 年版,第 394—395 页。

附《写歌杂记》中提到了"起兴"的修辞手法，在民歌中就有。他还补充一条史料说，宋代朱熹早在《诗集传》中，已谈到"兴、比、赋"，还下了各种定义。不过朱熹举的例子不对，所选"兴、比、赋的诗篇，是定得再凌乱没有的"①。他重新提供了文献中的相应民歌，还举述出田野搜集的对应山歌。我们能从他的工作看到，历史文献记载的民歌，如果仍然在民间传承，研究它们的修辞方法就要相对容易一些。总之，对待"口唱的文学与纸写的文学的区别"②，要有复杂意识，而不能简单化。

　　一、只借物以起兴，和后面的歌意了不相关的，这可以叫它"纯兴诗"。

　　二、借物以起兴，隐约中兼略暗示后面的歌意的，这可以叫它"兴而带有比意的诗"。

　　……

　　起兴与双关语（或曰廋词）等，乃古今民歌所特具而且有相当价值的表现法。③

他提出民间兴诗有两种分类，这的确是在顾颉刚先生的发现之后，又有所推进。

　　不久后，受顾颉刚的启发和鼓励，钟敬文开始独立推广境外民歌和外国民歌。他一边以旧文献为对象，往来于历史学与民间文艺学之间；一边以新学术为对象，往来于中国民歌和外部民歌之间，而外来民歌集正是新学术的符号。他的目标是从新的高点上，回到个人专注的民间文艺学立场上，扩充民间诗学。而就当时的形势看，在民间文艺学的理论和方法论上，从思潮发动到学科发展，外部世界都走在中国的前面。特别是日本同行，已进入世界对话的圈子，中国还在圈外。于是，中国民间文艺学者的一个切实的进步途径，就是与日本学者对话。另一点差距，是外部同行已将民间诗学研究纳入民俗学和民族志的理论范畴，取得了学术上的进步，

---

　　①　钟敬文：《谈谈兴诗——致顾颉刚先生的信》，载钟敬文《钟敬文民间文学论集》（下），上海文艺出版社 1985 年版，第 466—467 页。

　　②　同上书，第 470 页。

　　③　同上书，第 469—470 页。

中国民间文艺学者却在文学的圈子里停留太久。怎样使中国的民歌研究既要扎根中国的文学文化基础，又吸收民俗学，补充理论工具，是摆在钟敬文面前的新问题。

1928 年，经顾颉刚的推荐，钟敬文开始独立为一部台湾民歌集作序，后来作为论文发表，即《台湾的民歌——谢云声君编的〈台湾情歌集〉序》。在这次工作中，他从民间诗学的角度，首次比较了中日学者的著作，引进了民俗学的分析方法。台湾曾遭受日本殖民者的入侵，日本民族志学者留下了一批考察书籍。钟敬文拿来日本人编纂的《台湾风俗志》和《台湾的歌谣》，与国人谢云声编纂的《台湾情歌集》对看，搜寻中日民歌编著中的异文的差异和方法的不同。然后，他又用谢云声的《台湾情歌集》，与自己搜集的疍民情歌比较，搜寻诗句修辞的文化脉络的类同。他的这种研究，以考辨段落变化和词语技术为基础，具有国学根底，同时又做了当时国内民俗学者很少做的境内外民歌的影响研究，这就开辟了比较诗学的先河。例如，他指出，台湾和内地民歌的段落程式相近，"首句常喜欢用'起兴'之法，也为两者近同之处"①，正是自己得出的新结论。再例如，他运用民俗学的乡情论和民族志的描写方法，解释自己为了台湾民歌用功的原因，我们也能看出他的新视角。

> 我为什么对台湾的民间文艺，要这样的特别注意呢？大家都知道，台湾境内的人民，除了一部分土著以外，其他大部分是我国南边福建、广东等省迁去的同胞。那里，现在一切流行于民间的信仰、礼俗、故事、歌曲等，大都仍保存着我们汉族过去的文化。倘使我们无意于民俗的研究也就罢了，若有心于汉族过去文化、民俗的搜集、整理、探究，那么，能漠然丢去这些很占重要地位的材料吗？我对台湾民间文艺感兴趣，固然于文学的欣赏上不无关系，但是最重要的还是为了民俗的探究。②

钟敬文之所以能承受比较研究的使命，是因为他有广东方言优势。但

---

① 钟敬文：《台湾的民歌——谢云声君编的〈台湾情歌集〉序》，载钟敬文《钟敬文民间文学论集》（下），上海文艺出版社 1985 年版，第 372 页。

② 同上书，第 370 页。

这仅仅是自然条件，这还不够。他的敏锐的中日比较意识是更具决定性的理论前提。尽管这时年轻的他在外文储备上还不够，外国理论的武装也欠缺，但他的出色方言能力和比较意识两者结合，便可以成为领航器，让他以中译本为桥，扩大比较研究，发展他的思想。他很快又从中日比较跨到中国与东南亚国家的民歌比较，仅仅过了半年，他又发表了另一篇文章《马来的民歌——〈马来情歌〉序》，就是一种证明。这一时期他还进行了中印故事类型比较，这放到后面的故事学中去讲。这时他的意识大于他的知识储备。他的储备问题要到后来留日去解决。而我们特别提到他的比较意识的作用，是因为我们需要注意他从国学观中既扎根、又剥离，最后走向专业化的历程。这里有几点是值得提出的。首先，他对中国民间文艺学发展的思考大于他个人兴趣发展的思考，这样他就在学术品格上更靠近顾颉刚，造就了伟大的学术志向和治学理想，能产生克服个人局限的巨大动力。他在此文中说，北大歌谣学运动已进行了十年，最初的中外知识储备已经消耗殆尽，有再次"聚古今中外于一起"的必要。从实际情况看，在20世纪初，我国的人文科学还很年轻，这种寻求国际标准的充电也是必需的，是追求人文科学真理的表现。钟敬文正是当时一批勇敢的追求者之一。

在现代，对于一种学术的研究，其取材之范围，须打破时间与空间的限制，聚古今中外于一起，然后条分而缕析之，始能发现真相，而有较大的创获。若仅限于一地一时，则所得未免过于褊浅，或有限于谬误的危险。但就站在歌谣研究的角度上着想，觉得已很有翻译国外民歌介绍到中国来的必要。若另换一面，从欣赏文艺艺术的角度看，介绍些域外的民族的诗作进来，以供大家的鉴赏，也是很需要的。何况，民谣还可以供给民俗、历史、教育各方面之研究。话虽如此说，在实际上，除刘半农、朱湘等曾略为致力地翻译过些外国的民歌以外，实在不见有多少人肯做这种工作。是因为从事这种业作，不很为读书界所重视呢？还在译者自己就不容易有这个近于冷僻的兴致？一个关心歌谣的人，处在学界这样的情况下，怎能免除一种不满足的感觉呢？①

---

　　①　钟敬文：《马来的民歌——〈马来情歌〉序》，载钟敬文《钟敬文民间文学论集》（下），上海文艺出版社1985年版，第388页。

其次，没有独立学问基础的高端追求也是很难有好的结果的。钟敬文前期对汉语、粤语和客家方言民歌研究的独立成绩的意义和价值，已大于这些方言民歌研究本身所依赖的地方社会传统和国学传统，为他向同样使用这些方言的东南亚国家做跨文化比较研究，带来特殊的自信。这使他在这条路上坚持下去，自成一家，终于在中国与日本以及中国与其他东方国家比较民间文学的研究上取得了卓越成就，并产生了长期而重要的国际影响。

再次，他在与历史学打交道的同时，也与五四新文艺学打交道，关注文学和文艺学者中的民间文艺思想的进展，与之开展对话，这也是很重要的。他对胡怀琛的《中国民歌研究》、徐嘉瑞的《中古文学概论》和朱自清的《中国歌谣》等，都做了仔细的研读，发表了相同或不同的意见。但他与文学圈的讨论，不如与历史学者的讨论更起劲。以胡怀琛的《中国民歌研究》为例，他坦言道："急急地把它一气读完。觉得全书虽无大疵谬，但颇有些可以提出商榷的地方，就不客气地涉笔写了出来，以就正于著者和读者。"① 事实上，我们综观全文已能看出，他已经"居高临下"了。他在国内民间文艺学上的储备上，已有了称得上是超越周围人的全方位的驾驭能力。他不说而已。怎样判断他有称得上全面性的驾驭感？

一是他有了全局眼光，他能指出地方民歌研究固然有益，但不能以此涵盖全国范围内的民歌研究，而胡氏的研究"所收罗的歌谣的地域，只及我国六省，直隶、江苏、安徽、浙江、广东、广西。拿这一小部分地域所出产的歌谣，来代表中国近代的抒情歌，未免有点过于简单疏漏罢"②。

二是他有了民俗学的视角，他能指出全面的民歌研究必须建立与歌节和多民族演唱风俗的联系，而胡氏的研究"满、蒙、回、藏各族的，且不必说，就是甘肃的花儿，云南的山歌、淮南的民歌，四川的佛偈子，以及广西僮人的情歌、云南保倮人的俗歌等，都各具有一种特殊的风俗与内容，足以代表一地域或一民族的思想、情感、礼俗等的。这还不过是仅就已经昭然见于近人的著录者而说，其他未见发掘的，更不知有多少好材料

---

① 　钟敬文：《读〈中国民歌研究〉》，载钟敬文《钟敬文民间文学论集》（下），上海文艺出版社 1985 年版，第 437 页。

② 　同上书，第 438 页。

呢。胡君忽略了这些，真教近代的抒情歌，减声褪色不少了"①。

三是也是更重要的，他提出了民间诗学的文体思想，这能让他将民歌的社会观与学术观和文化观剥离开来分析，得出更深入的民间诗学本身的见解。胡氏的研究仍然沿袭"中国从来文人对于歌谣的眼光，都以它在实利上的价值去选择的"。"也未必尽是儿童所歌的"②，这种认识是因循保守的，缺乏新思想。钟敬文的文体观在另两篇论文中有更充分的发挥，其中一篇是专门研究儿歌的文化观的文章③，我在前面已做了分析。另一篇研究文人的绝句和词的文体史，题目是《绝句与词发源于民歌——中国文学史上的一个问题》④。而此文值得稍微多做讨论。此文向"中国文学史"的基本问题发起挑战，而给他以坚定支持的正是顾颉刚，"今年春间，曾对颉刚先生提起它，他似乎颇为首肯"⑤。为什么说文体史的问题更重要呢？因为这是将民歌的文体研究与词语技术研究比较而言的。词语技术研究是形式研究，文体研究是本体研究。词语技术的革命能改造某种文体，而一种文体史的改革能颠覆一种文学史，这就是两者的差异。钟敬文后来研究民间文艺学史，都要研究这个时期的文体史的改革，就是这个道理。他写的晚明民间文艺文章和晚清民间文艺学史的文章，都因此而产生极大反响，故此文作为这方面的首论之作，有不可替代的学术价值。我们暂不必讨论它的具体内容，这是急不得的事，可能还要花十年、二十年或更多的时间去做，所以此文的学术史价值要大于其成熟程度的本身。

钟敬文在民间文艺学领域终成领军人物，离不开顾颉刚这样高水平的大历史学者的指点。钟敬文也在顾颉刚为他指出的这条路上，通过历史文献与口头搜集民歌的比较，经过建立民间诗学，找到了适合中国实际的民间文艺学早期研究方法，并形成了富有解释力的民间诗学的文化论构想。

钟敬文对顾颉刚毕生充满感激之情。他曾反复说，他的家境并不好，

---

① 钟敬文：《读〈中国民歌研究〉》，载钟敬文《钟敬文民间文学论集》（下），上海文艺出版社1985年版，第438页。

② 同上书，第439页。

③ 钟敬文：《关于〈孩子们的歌声〉—序黄绍年君编的儿歌集》，载钟敬文《钟敬文民间文学论集》（下），上海文艺出版社1985年版，第375—381页。

④ 钟敬文：《绝句与词发源于民歌——中国文学史上的一个问题》，载钟敬文《钟敬文全集·民间文艺学卷》，董晓萍编，安徽教育出版社2002年版，第686—697页。

⑤ 同上书，第686页。

也没有家学渊源，比不上顾颉刚的书香门第背景和优厚天资。如果没有五四，没有北大的歌谣学运动，没有在这种背景下与顾颉刚的际遇，就没有他后天的一切。这是他的个人总结。而我们从民间文艺学的学术史看，民间文艺学者，通过与历史学者的对话，将双方从不同角度关注的个别问题，变成了国学圈和民间文艺学的共同感兴趣的话题，并使这类问题的研究成绩产生了普遍意义，这种交叉研究对民间文艺学和民俗学本身都是极为受益的，包括理论和方法两者。

四　民间诗学的"机能"论

钟敬文到日本后，接受了当时先进的外国民俗学和文化人类学训练，又反哺中国民间文艺学，达到了学术上的成熟，实现了思想上的飞跃。

他的进步，首先充实了他的民间诗学理论。他在日本发表的《中国民谣机能试论》是他在这方面治学收获的代表作。他在日本提出的一些观点，是在国内不可能提出的。但他又不是全盘地拿日本学问来套用，而是有所取舍，正如"一种文化的产物，大都有其种种方面可供研究，而学者们因为学力或时间等关系，也往往仅从那中间选取一两面去给予它以或深入或浅略的研究"①。他已在国内建立了自己的一套研究个案，他的民间诗学已经粗具轮廓，他的做法便是过滤式地吸收，再进行自己学问体系化的重构。他在这篇中提出的几个新问题正符合这种情况。

民间诗学的本体研究。他在这篇文章中启用了"机能"的概念，用来概括他的一个观点，就是要开展对民间诗学的内容和形式的研究。所谓"机能"，从中文词意上说，与"功能"相近。钟敬文后来说，这里有马林诺夫斯基的"文化功能论"的影响，但又不完全讲民间诗学的社会功能。我们从前面的讨论已经看到，钟敬文在赴日之前，在对民间诗学的研究中，中国的传统国学观和文学观所提供的养料，已足够解决民歌的社会功能问题，中国传统诗歌是最讲社会价值的。钟敬文感到缺乏的是，能解释产生民歌社会功能的内在本质的理论。

机能的问题，是很重要的一个问题。因为机能大都是一种文化产

---

① 钟敬文：《中国民谣机能试论》，载钟敬文《钟敬文全集·民间文艺学卷》，董晓萍编，安徽教育出版社2002年版，第698页。

物所以存在乃至于发生的根由。而且，机能和那产物中的其他方面，例如本质、形态等都有很深切的关系，倘若说，机能的研究，是一切文化产物研究的关键，恐怕也不是太夸张的话吧。①

我们知道，中国传统诗论中的社会价值论，从传统民歌的搜集研究得来。钟敬文要建立现代民间诗学，还要解决一个相关的问题，即扩大文化人类学的功能概念的范围，在将其用在民歌研究上的时候，能包括传统和现代文明社会的两种生活中的民歌研究对象。马林诺夫斯基的功能论针对社会对象，不针对文学对象。于是钟敬文吸收了日本老师西村真次的文化学、法国学者山狄夫的社会学和德国学者格拉塞的艺术学观点。关于西村真次和山狄夫的观点，杨堃都有一些解释。他还认为，山狄夫更接近民俗学，因为他同样倾向于"将民俗学的范围限制在文明国家中的旧传一项"②。不过照杨堃的说法，对民俗学更彻底的解释应该是以民间阶级为主要目标，而不仅仅是旧俗。其实钟敬文的主要目标还是民间诗学。在民间诗学的目标中有民间阶级，但却是比民间阶级作为社会集团研究更有艺术性的、有辅助民众精神和物质生活功能的特殊文学研究。他的这种"机能"论，通过吸收外来学说的补充，得出了自己解决问题的答案。

　　有许多美学者和文学研究家等，曾经做过一种缥缈的幻想，即把艺术（诗歌、民谣包括在内）看做一种纯粹自然发生、发展的，和人间功利的生活是没有关系的，甚至于以为是不能够有关系的。这种幻想，大体已经被前世纪下半期一些社会学的美学者、人类学的艺术学者的实证研究所打破了（虽然现在还有些顽固的学者们企图用"纯美的"动机，去说明艺术的产生等。但是，那不过是艺术论上的回光返照而已）。艺术在它的产生和发展上，是和人们的实际生活有着密切关系的。而这在原始社会的作品中，是特别容易得到证

---

① 钟敬文：《中国民谣机能试论》，载钟敬文《钟敬文全集·民间文艺学卷》，董晓萍编，安徽教育出版社 2002 年版，第 698 页。

② 杨堃：《社会学与民俗学》，四川民族出版社 1977 年版，第 200 页。

明的。①

钟敬文还有一个问题需要解决，就是如何解释传统民歌与现代搜集民歌的联系。这时正在日本的他，获得了柳田国男的新著《民间传承论》和《乡土生活研究法》，他是那样兴奋地感到，柳田国男的包括搜集和研究民间文学的民俗学思想，最能解决自己的问题。

> 我在另一篇文章中已说过：中国是开化得很早的国家，又是一个进步得颇迟缓的国家，至少，它的大部分民众是这样。在这个国度里所流行的民谣，自然有许多是差不多已进到了"艺术的"诗歌的境界的，换言之，即文明社会中的诗人作品的境界的。但是，在另一面，却有滞留在那较幼稚的文化时期的作品。它们表现着古旧的内容，具备着古旧的形态，并且，仍然保留是古旧的机能。柳田国男氏在许多地方，曾一再表示过下面一种意见，日本最适宜于从事民俗学研究的一个国家。因为在西洋若干文明国中已经销声匿迹的旧风古俗，在日本现在还是丰富的存活着。我觉得把这意见移用到中国来，是再恰当没有的。而我们现在所说的民谣方面，尤其是这样。②

关于西方产业革命后消失的各种旧俗在他国仍然存在的观点，钟敬文在国内已发表过文章，并谈到中国有各社会时期的风俗可供研究。所以听到柳田国男讲日本也有丰富的旧俗能马上响应。钟敬文还特别说到"民谣"，可见他使用"机能"的概念，是要将中国民间诗学的历史遗产和现代流传资料进行整体研究，因为不是"功能"，而是"机能"，可以给他这种理论支撑。

民间诗学的整体文明内涵研究。钟敬文的核心思想，是从中国连续文明整体性的角度，对民歌谣谚做研究，因为他实在看不出、也说不清，所谓的文明社会与原始社会的传承民谣与艺术性的断层究竟在哪里？反而是现代搜集整理的民歌，仍有"古旧的内容，具备着古旧的形态，并且，

---

① 钟敬文：《中国民谣机能试论》，载钟敬文《钟敬文全集·民间文艺学卷》，董晓萍编，安徽教育出版社 2002 年版，第 699 页。

② 同上书，第 699—700 页。

仍然保留是古旧的机能"。一个国家的不同时期的文明是粘在一起的，不能人为分开。他这样认识中国文明，他使用民俗学的研究方法就有拓展。他不能再用将民歌与看得见的风俗简单地拼接，而是从民歌文本中找到有永恒艺术生命力的民俗习惯。他选取的这种民歌都在人与自然、人与社会和人与生命发生严重危机的时刻，被人类使用，产生文化的力量，用以协调、抵抗或度过危机，久染成习。有了这种民俗观，钟敬文对所有民歌重新做了分类，分为自然灾害、人生仪礼、岁时祈禳、宗教信仰、占兆卜算、地理风物、身体文化和民间技术等部分。① 这些问题他在国内从未谈到，我们也很少听到其他中国学者谈到。独立思考有时是孤独的，钟敬文对此已有思想准备。

　　说到这里，或许有人要提出一种抗议吧，即他们以为像我前文所举述的那些韵语，是算不得真正的歌谣的，因为它们仅仅是一种用韵律组成的语言，既不具备一般诗歌的内容，也缺少诗歌的风貌。但是，在我看来，这是似是而非的说法。那错误是在于把自己的眼光仅集中在比较发达的社会的诗歌上面，而没有看到远古的社会中或者现存的未开化的民族中的诗歌（歌谣）的缘故。据现代一些人类学的美学的研究，在文化幼稚的社会的歌谣中，像我们现代诗人所写的恋爱诗或写景诗，是很少见的。② 芬兰杰出的美学者希伦氏说道："……虽然那些工作歌（文化幼稚的社会的），诗歌或音乐的价值，可能是不优越的，但是，从进化论看来，无疑是重要的东西。"③ 这正可以说是对前述问题的一种有力的答复。

　　或者又有人要表示这样的怀疑吧，即依我的说法，不是要把民谣

---

　　①　钟敬文：《中国民谣机能试论》，载钟敬文《钟敬文全集·民间文艺学卷》，董晓萍编，安徽教育出版社2002年版，第701—709页。

　　②　此句后面钟敬文原注："参看格罗塞博士（Dr. Gross）的名著《艺术的原始》（Die An-fangeder Kunst，一八九四年）中译本作《艺术的起源》第九章"。钟敬文：《中国民谣机能试论》，载钟敬文《钟敬文全集·民间文艺学卷》，董晓萍编，安徽教育出版社2002年版，第710页。

　　③　此句后面钟敬文原注："见希伦氏（Y. Hirn）的《艺术的起源》（The Origin of Art，一九〇〇年）第十八章"。钟敬文：《中国民谣机能试论》，载钟敬文《钟敬文全集·民间文艺学卷》，董晓萍编，安徽教育出版社2002年版，第710页。

的美学的（或艺术学的）意义和价值都断送了吗？自然，在这里，没有余裕的篇幅，可以让我们从容地来讨论这个问题。但是，可以简要地说，我们阐明民谣功利的机能，绝不会妨害到它的美学的意义和价值，相反，或者倒能使人们对它增益些更切实的理解也未可知。因为，像前文已说过，民谣的机能，是和它别的方面有密切关系的。谁能说对于民谣机能的阐明，不是兼有利于它的别方面的解释呢？自然，这些话，是仅限于对科学的美学者、民谣学者们说的。①

　　我们从这段文字中，看到钟敬文有彻悟后的决心。差不多六七年后，他写了另一篇《诗和歌谣》，把个人观点阐述得更为清晰。这时他已从日本回国，但他通过国内抗战和民族解放斗争的社会实践更坚定了民间诗学的理念，他是要走下去的。

　　　　社会生活进化了。一般文化现象跟着它发展开来，分化开来。诗本来是属于一个社会的全体成员的，它是他们的自然制作，共同财产。但是，从这以后，它一方面虽然还是循着旧路前进，另一方面却渐渐转入别一条道路上去。它成了少数特殊的职业者的产物，这种职业者，或者是巫祝，或者是乐工，或者是供奉诗人，在这些时期，诗已经渐渐部分地或大体地走向现在诗人作品的境界了。它在各方面已经和原始时期的诗（歌谣）显出相当的距离了。从上面所说的情形再往前走，它就变成了"现代意义的"诗作。它是个人的，甚至于非常个人的。个人的情绪，个人的哲学，个人的修辞学，……诗和歌谣，成了各具特点的东西。

　　　　但是，历史的行程是奇妙的。它并不一定笔直地朝着未知的前方走去。有时候，它却做出一种回旋的进行——自然，这种回旋是螺纹的。我们现在诗坛上已经响着学习民间歌谣的呼声——不，有的人已经唱出那种近于原始制作的诗篇了。我们的诗，已经不把接近那些"粗野"制作当作羞耻，倒过头来，却要把它当作光荣了。

　　　　诗，在遥远的过去，是和歌谣同属一体的。在不远的将来，它

　　①　钟敬文：《中国民谣机能试论》，载钟敬文《钟敬文全集·民间文艺学卷》，董晓萍编，安徽教育出版社 2002 年版，第 709—710 页。

（至少，其中的一部分）也许还要回到那个老家去——自然，它已经
不再是完全旧日的门庭了。①

民间诗学的民俗学分类，与民间诗学的文学分类，两相比较，民间诗
学的民俗学分类是一种实质性的转折，它使民间诗学变成人文科学和社会
科学的文本，而不仅仅是文艺学的作品。锤炼它的思想体系的完成，使钟
敬文变成职业民俗学者。

五　民歌的民族形式

新中国成立前后，钟敬文运用马克思主义和相关人文社会科学观点，
在促进民间文艺成为社会主义新文化组成部分的过程中，陆续发表了
《谈〈王贵与李香香〉——从民谣角度的考察》、《民间讽刺诗》、《歌谣
中的觉醒意识》和《歌谣与妇女婚姻问题》等一系列论文。我们从这批
论文中，能看到他在新的社会环境中，充分利用民间诗学的理论，就民歌
谣谚怎样转为社会主义的民族形式的样式，所提出了个人的意见。

作者应该成为民谣作家。民间诗学的理论是可以普遍应用的，因为它
是对我国历代优秀文人利用民间养料和民众创作经验的共同总结。但它的
实践者要甘当"民谣作家"，才能创作出为社会主义文化所需要的"艺术
形式"和"思想"作品。

　　他从事这个工作，主要是由那种正确的理解，更由于那种伟大社
　会力量的推动和哺养。他是跟广大的革命人民一起呼吸，一起战斗
　的。他的作品，和本格的民谣血脉相通，骨肉相连。他的创作意识就
　是人民的创作意识，严格地说，他不是仿作者，他是道地的民谣作
　家。而且他所代表的人民意识，是进步的人民意识，是新时代的人民
　先锋队的意识。因此，他的作品不仅是代表人民的，并且是教育人民
　的。它不仅是重要的历史现实的反映，同时也正是社会前进的精神的

---

① 钟敬文：《诗和歌谣》，载钟敬文《钟敬文民间文学论集》（下），上海文艺出版社1985
年版，第285—286页。

乃至物质的力量。①

钟敬文指出，"在形式或技术上"，虽然民间天籁很难模仿，但还是要把握其善用比、兴等的传统表现手法，并争取用得好②。此外，还要掌握民歌词语的使用习惯，学习民歌的节奏、腔调、韵律的表现方式和地方表演传统。这种新民歌"一方面是旧的继承，一方面是新的生长"③，才能融入社会主义新文坛。

讽刺诗的戏剧意义。在反映民众进步思想和艺术传统的统一性上，民间讽刺诗是一种优秀的民族形式，可以继承和发展。钟敬文对讽刺诗的评价是极为深刻而精彩的，他指出："讽刺诗是戏剧性的艺术，它须有高超的机智和幽默。缺少这类因素的作品，正像没有流动眼光的女人一样。世界文学史上，真正讽刺诗人的鲜少，这怕是一个重要原因。民间诗人比一般的作者，要富于风趣。在机智方面，他们也应当不稍逊色（如果不说他们还要占上风些）。好的民间讽刺诗，不但具有正确的见识和崇高的情操，它往往也充满着机智，风趣横生。"④ 他提出这种意见，当初是为了社会主义新文艺的建设而建言献策，如今时隔多年，这些意见仍保留着很高的学术价值。他之所以能做到这种程度，是因为对民族形式的问题看得十分透彻。"我敢大胆说一句，民间诗作的某些优点不是'野生艺术'的特殊优点，实在是一切伟大艺术的基本优点。这不是无批判地承认民间艺术的绝对优越，民谣的缺点是存在的，同时也是我们的作者应该避免的。但是，如果有人因此就以为今天的作者可以完全忽略民主诗学的优越传统，绝尘狂奔，去达到缪斯的宫殿，那我以为是大大值得商讨的事情。"⑤ 他对民间诗学的未来到了信仰坚定的地步。

民族形式的多地区和多民族因素。新中国时期，人民的民歌的传播，除了汉族，更"响遍东西南北各少数民族的区域"。我国社会主义新文艺

---

① 钟敬文：《谈〈王贵与李香香〉——从民谣角度的考察》，载钟敬文《钟敬文民间文学论集》（下），上海文艺出版社 1985 年版，第 416 页。

② 同上书，第 417 页。

③ 同上书，第 422 页。

④ 钟敬文：《民间讽刺诗》，载钟敬文《钟敬文全集·民间文艺学卷》，董晓萍编，安徽教育出版社 2002 年版，第 723 页。

⑤ 同上书，第 724 页。

的民族形式，要考虑地域性，也要考虑民族性①。

性别意识。在民族形式评价上，社会性别是一个视角。钟敬文在新中国成立之初撰写《歌谣与妇女婚姻问题》一文涉及性别问题。但此文需要放到一定的背景下观察。钟敬文这篇论文使用传统歌谣和新歌谣讨论新中国的女性婚姻问题，有些新问题是需要处理的，至少有两点需要我们注意：一是使用歌谣这种带有传统性质的民间文学资料讨论社会主义新制度文化，怎样选择政治切入点？二是在当时刚刚建立的社会主义新制度下谈民间文学，怎样界定民族形式。这比起他评价李季创作的《王贵与李香香》，在理论的难度要更大一些。我国五四时期已涌现《歌谣与妇女》的研究题目②，提升了性别意识，强化了五四反封建礼教的力度。但那是一种文化上的反抗。钟敬文在这篇文章中指出，新中国成立后，提高了劳动人民的政治地位，其中提高女性地位是一种政治尺度。政府还颁布了新婚姻法，结束了妨碍妇女婚姻自由的障碍，进行了社会制度上的根本变革。他用旧歌谣分析旧式婚姻给女性带来的危害，用新歌谣分析女性对新婚姻法和新制度的欢迎，还使用毛泽东的《湖南农民运动考察报告》中对女农民造反的称赞文字，支持自己的政治观点。比起五四时期的文化分析，他这种将性别意识政治化的分析，是一种切入点上的变化。而将性别讨论的文化阶段，推进到性别讨论的政治阶段，需要整个社会制度的跟进，比如解决妇女的社会地位、社会就业、社会分层中的性别歧视等一系列问题。而随着社会制度上的逐步完善，性别研究也会发展到一个新的历史阶段。另外，怎样通过妇女歌谣讨论民族形式问题，他在该文中很少谈论。不过，我们发现，他在选择歌谣资料上，有一个与评价李季仿作歌谣《王贵与李香香》不同的倾向，就是从民间妇女歌谣的女性角度分析作品，而不是从诗人作的角度分析。例如，他选择了一首"俺姊妹说，人民政府有号召，婚姻大事自当家。石榴树，开红花，劳动英雄俺才嫁给他！"然后他评价"女子们怎样把爱好劳动，特别是成为劳动模范，当作主要的（甚至于唯一的）选择爱人的标准"，再看是否"这种自主的态度

---

① 钟敬文：《歌谣中的觉醒意识》，载钟敬文《钟敬文民间文学论集》（上），上海文艺出版社1982年版，第39页。

② 刘经庵：《歌谣中的婚姻问题》，《妇女杂志》1924年第10、11期，第1699—1705页，1924年11月1日出版。另见，刘经庵：《歌谣与妇女》，商务印书馆1927年版。

和要求，是新社会舆论所赞许和拥护的"①，也就是说，去观察社会制度为女性的婚姻解放提供的必要的思想条件和政治条件，我们尝试通过他的研究方法，发现他对妇女歌谣的民族形式的认识，也许是一种可能性。不过所谓女性的角度，是歌谣中的女子？还是创作民间歌谣的女歌手？我们不得而知，他的文章也没有说明。而据我所知，他的民间诗学中的一部分观点，包括同情和支持婚姻恋爱自由，就有创作体验的成分。在当时还是开荒研究的情况下，像这种将女性口吻界定为女性态度和要求的歌谣评价，大概也要靠他的创作体验了。

在 20 世纪五六十年代，在社会主义国家阵营中，在第二次世界大战后的欧美和平建设环境中，都有这种在新社会制度建立进程中提升性别意识水平的经历。当然，在东西方国家中，在社会主义和非社会主义的国家中，由于社会意识形态不同和人文社会科学的学科背景不同，所提出的性别意识问题也会有差异。中国是性别问题突出而性别研究较晚的国家，用歌谣研究性别问题，只是揭开冰山的一角。我们要在这个意义上理解他的话"这正是人民文艺应有的责任，也正是这种文艺具有不朽价值的重要原因"②，去看他的探索决心。

中西民俗学者都有研究民间诗歌的著作，但在理论范围上达到如此宽度者少。西方同行 20 世纪 60 年代开始研究民歌的诗学，创作与社区表演，但这时候钟敬文已经走出了三四十年的逍遥路程。钟敬文的这一治学个性还延伸到他个人的文艺学论著、散文理论和古典小说论中，显示出他的民间文艺学对他研究其他相关学科理论的借鉴作用。这些方面的进一步讨论，可参见本全集的"文艺学"卷、"散文卷"和"未刊讲稿"卷。20 世纪 80 年代以后，日本民俗学的故事讲述人概念传入我国，并热闹一时，钟敬文也很快做出反应。他凭借深厚的诗词创作修养，依靠长期的民间诗学研究积累，在各种外来民间叙事新说输入时，都有了一张过滤版，他能做出成色十足的辨识，然后给予悦纳或取舍。

---

① 钟敬文：《歌谣与妇女婚姻问题》，载钟敬文《钟敬文全集·民间文艺学卷》，董晓萍编，安徽教育出版社 2002 年版，第 751 页。

② 同上书，第 753 页。

第三节 民间散文学

钟敬文的民间散文学思想十分丰富，这里集中讨论他的两个研究重点：故事学和传说学。

一 故事学

钟敬文的故事学研究，从总体上说，是针对具体作品的内容或主题，将神话、传说和故事结合起来考察的综合研究。他的故事类型学成名很早，并在中国和中日印故事类型比较研究上产生很大的影响，也与他这种综合研究的特点有关。对这个问题，我将在另外一章中集中讨论①。在本节中，主要谈一个学术界很少关注的问题，即钟敬文的故事学研究与其民间文艺学建设的联系，并从这一角度切入，谈谈他的故事学研究的思想特征。

（一）适合多元文化研究的描述性体裁学概念

钟敬文在对中国故事类型的研究中，产生了适合中国作品实际的、能涵盖神话、传说和故事复杂交织的大量口头作品的、中国民间文艺学的体裁学的概念。他往往用这种概念来界定中国民间文学作品的体裁。这种概念的特点，是使用广义和狭义的两组概念组合，针对我国各民族、各地区、各不同社会和各历史时期的民间散文作品，从具体作品出发，根据微观或宏观的研究目标，进行文本研究。相比之下，西方学者大都是使用狭义概念的，这使他们从前过分强调专业规范和技术、不大考虑民间文学的多民族和历史地理复杂性与多样性。

钟敬文是在中国学者中最早将神话、传说和故事的概念用于民间文艺学研究的一批学者。但他的注意力从一开始就不是对这些体裁概念的严格界定，而是按照中国民间文学作品提供的线索，确定研究的思路，去找相应文献和口头资料中的完整文本。我们考察他的这种学术活动，就要看他在体裁学上的思想内涵是什么，他究竟关注哪些问题。

钟敬文讨论故事学的一般性论文，从 1927 年的早期文字，到 1990 年

---

① 参见本书《第五章钟敬文中日印故事类型的编制与比较》。

的晚年研究，大约有 15 篇。这些文章所涉及的体裁学，都有两个基本观点：一是为"老百姓"保留口头文学；二是为研究者提供"足资比较研究的材料"①。在半个多世纪的时间里，他一直在充实和调整自己的表述，但总体观点不变。在这种体裁学的内涵中，作品的完整性的意义，大于作品的体裁解析的意义。这导致他的研究的注意力，会植入作品内容的形式的张力。相反，体裁学的研究，会关注形式的内容特征，如神话的形式怎样规定了神话的内容特点。钟敬文几乎在故事学研究的最初，就对故事类型的研究发生了浓厚的兴趣，而不是去刻意分辨那篇被分析故事类型的作品究竟是神话还是传说。他的第一个故事学的问题是："各地的民间故事有许多是相似的。为什么会如此呢？"② 他还找到了十分方便的史料依据，那就是"前人笔记中，常有和这类近之故事的记载"。③ 我们看到，中国历史文献的混合记述方式和文献存在，其实是他跳过体裁学的形式性而直奔内容的文化基础。

　　钟敬文所撰写的论文，从概念上看，对神话、传说和故事的体裁都有应用。但严格地说，他使用的方式，是通过分类，给自己的下一步研究做好必要的准备步骤，提供一种方便而已。这些西方概念的权威性已经被他降级。比如，有一本《闽南故事集》，收有 22 篇作品，他就使用概念分了三类，"一、神话、传说……七夕的故事……卖香屁的故事等。二、趣事……活佛升天的故事。三、童话……虎姑婆的故事等"。对不符合概念规定的故事，他就分入"其他"，叫"四、其他　送嫁姆的暇（DXP 左部首为'古'字旁）辞"④。可是，神话、传说的概念究竟是什么？两者之间还有什么区别？他并不做讨论。在神话传说的概念之下，他做的分类的篇名，仍称作"故事"，如《七夕的故事》，这里的"故事"显然是采集记录篇名，不是故事概念中的那个故事。他没对将神话传说的概念与采集记录篇名的"故事"放在一起的分类做解释，也没有对同一分类中为什

---

① 钟敬文：《〈民间趣事〉小序》，载钟敬文《钟敬文民间文学论集》（下），上海文艺出版社 1985 年版，第 396 页。

② 钟敬文：《中国印欧民间故事之相似》，载钟敬文《钟敬文民间文学论集》（下），上海文艺出版社 1985 年版，第 240 页。

③ 同上书，第 244 页。

④ 钟敬文：《闽南故事集》，《钟敬文民间文学论集》（下），上海文艺出版社 1985 年版，第 462 页。

么既有神话、传说，又有故事的说法给出理由。一般来说，这是忽略。但如此整体的忽略，就不是忽略，而是另有目的。钟敬文是另有追求的，那就是他并不受不实用的外来的概念的束缚，而是要根据中国史料和口头文学共同保存的"情节"做分类。对他的这个看法，已有印欧类型样本，也有日本学者做了论文，这让他分类倾向很快跨越，向类型学的分类方向转变。

> 以上的区分，自然不是很严格的，如卖香屁故事，本来是一则趣事（我曾记过，收入《民间趣事》第一集中），但因为这篇所述的中间有"牛死变树"的情节，就把它改放进神话类了。又如活佛升天的故事，是颇带有点严肃意味的省事，因"费事"于另标一类，权把它归到趣事里面去了。其余，不复一一细举。
>
> 在这集里所收的故事，有几个值得特别注意的，且让我随便揭说一下。
>
> 七夕的故事（牛郎织女的故事），是关于天上星辰现象起源解释的一种神话，自汉魏以来就已流传着，虽然各时代各地域，有传述上情节的差异（参看《语言历史学研究所周刊》第十二期曹晓萍《七夕风俗考》一文）。这里蔡维肖、小郎二君所述的，和我及赵景深君所述的（一见《国学门周刊》，一见《中国童话集》）都不十分相同，可见此传说之随处而异的形态。①

钟敬文的民间诗学研究也会用到故事学上来，目的是增强民间文艺学研究方法的多元文化适应性。

> 记录民间文艺，以能保全本来面目为最上法。但如此，非用方言不可，而用方言记录民间故事，此刻生长于说国语的区域之人，当然无甚问题，可是在我们方言特别的闽、广人，就觉得有点为难了。不但许多语言的声音不容易记录出来，就是记了出来，看的人也不见得容易懂与有兴趣去读。所以，除了韵文，只好用国语来叙述，但有一

---

① 钟敬文：《闽南故事集》，《钟敬文民间文学论集》（下），上海文艺出版社1985年版，第462—463页。

个要紧的条件，就是，应该写得明白简单点。①

他的追求目标很明确，所以他对神话、传说等一般学术界认同度很高的外来概念，并不随便放弃，而是把它们放到最合适的地方去用。他在理论文章、作品分析或编写教材的不同场合，有时使用广义的概念，有时使用狭义的概念，也有时不用外来的概念，并非千篇一律。再从他完成的出色成果看，他的成功，也正在于他使用了这种研究理路。需要说明的是，故事类型学也是西方传来的，在这一派的学问中，也有概念和方法。钟敬文虽然对故事类型学很早就有偏爱，但他也是要将这种学问放在适合的对象研究中，用来解释中国自己的资料。兹举他对呆女婿类型的研究意见，我们可以看他使用外来概念的取向。

> 如果我们依照西洋人的方法，要把中国民间流行的故事，区分为若干类式（Types），那么，谁也不能否认，呆女婿故事是其中的一个，并且很占重要的位置。②

在提出我国有"呆女婿型"故事类型后，他举出自己"所依据的资料"，共"二十余篇，所包含的这类故事不下数十则。虽不能说所有的呆女婿故事已尽于是，但我们总可以由这些资料中，窥见这个故事内容及形式上一点概略的状态"。接着，他才考察"这个故事所以会产生的根据和背景"，包括礼俗③。我在前面强调，他是搞综合研究的。他将书面文献、口头资料和民俗事象的三条线索都做整理，建立完整文本，再做整体分析。他的这种研究必然促进他发现民间文学作品传承过程中的文化现象，而文化的做法是超过体裁概念的界限的更深层研究。中国民俗文化史包含民间文学作品的特点也使他能够进行这种综合研究。

他晚年在主编《民间文学概论》时，对神话、传说和故事的体裁理

---

① 钟敬文：《闽南故事集》，《钟敬文民间文学论集》（下），上海文艺出版社1985年版，第464—465页。

② 钟敬文：《呆女婿故事试说》，《钟敬文全集·民间文艺学卷》，董晓萍编，安徽教育出版社2002年版，第576页。

③ 同上书，第576—578页。

论做了专门的讨论，但这些讨论仍然指出，这些体裁的定义有广狭之分，他是实事求是的。兹以本节重点讨论的"故事"概念为例，摘引《民间文学概论》第九章"民间故事"的定义方法。

> 民间故事是民间文学的重要门类之一。从广义上讲，民间故事就是人民创作并传播的、具有假想（或虚构）的内容和散文形式的口头文学作品，也就是社会上所泛指的民间散文作品的通称。有的地方叫"瞎话"、"古话"、"古经"等等。本章所说的民间故事是狭义的，指神话、传说以外的那些富有幻想色彩或现实性较强的口头创作故事。
>
> ……
>
> 民间故事的分类问题是比较复杂的。在国际上也没有严格的供科学研究之用的分类方法。其主要原因是这些民间故事之间有许多并存和近似的现象，并且在流传过程中又有很大变化。往往同一个故事，既可以是寓言，又可以是笑话，还可以是动物故事。这样，就给民间故事的分类带来许多困难。因此，分类问题只能是相对的，而不是绝对的。特别是对这一国际科学术语，由于语源上的差异，人们的理解很不一致，有的认为，民间故事包括神话、传说、故事（或童话）三大类，有的认为，民间故事专指神话、传说以外的故事。我们认为，民间故事的分类，主要应以能否反映不同民间故事的内容特点为依据。……这样的分类，是从我们的实际出发的，既具有中国的特色，又适当吸收了外国的有益经验。①

这是一个比较有代表性的概念界定和使用方法。钟敬文在这方面的治学思想贯通他的一生，已形成了一个通用模式，今天我国民间文艺学界仍在使用。西方民俗学重视体裁理论，钟敬文却不以体裁论画地为牢，不搞教条主义。现在看，他的中国民间文艺学的体裁学概念，符合中国民间文学作品研究的实际，规划了中国民间文艺学教学科研的方向，也对东方国家比较民间文学的研究产生了重要影响。

_____

① 钟敬文主编：《民间文学概论》（第二版），高等教育出版社 2010 年版，第 149—150 页。

（二）开创中国故事类型学研究

钟敬文将神话学、传说学、故事学打通研究，从宽泛的、广义的角度界定概念，从文本实际出发分析作品的形式和内容。他在大量个案分析中做出了独特贡献。首次拟定、编制和撰写了中国故事类型。

1927 年，钟敬文与友人杨成志合作翻译了《印欧民间故事型式表》①，介绍给中国读者。这使他成为在亚洲第一批将欧洲故事类型方法介绍给自己的同胞的少数二三人之一。他在翻译时参考了日本学者冈正雄的译本。小岛璎礼说"在日本，这本书于昭和二年（1927）由冈正雄先生翻译出版"，此后，钟敬文发表了《中国民间故事型式》，"对日本的民间故事比较研究产生了极其强烈的刺激"②。

他的长篇论文，包括《中国印欧民间故事之相似》、《中国民间故事型式》、《蛇郎故事试探》和《中国的天鹅处女型故事》等，都是他创制中国故事类型的经典之作。他在 20 世纪 30 年代中期以前已经发表了这些论文。在他之后，1937 年德国学者艾伯华（Wolfram Eberhard）出版《中国民间故事类型》③，1978 年美国学者丁乃通（Nai-tung Ting）出版《中国民间故事类型索引》④，都使用了他的这些故事类型。

从这段学术史讲，我们评价他的中国故事类型研究长期带动了这方面的中西民俗学的交流并不为过。在上面提到的东方国家民间文学比较研究上，他的多个故事类型比较个案都与同时代的中日学术交流有关。其中，"天鹅处女型"、"老獭稚型"和"槃瓠型"、"蛇郎型"和"老鼠嫁女型"的研究受到日本学者的影响，包括柳田国男、西村真次和松本信广等⑤。

---

① ［英］库路德（Rev. S. Baring-Gould）编、约瑟·雅科布斯（Joseph Jacobs）修订《印欧民间故事型式表》，钟敬文、杨成志译，1927 年冬完成，中山大学民俗学会小丛书之一，中山大学语言历史研究所印行，1928 年。

② ［日］小岛璎礼：《钟敬文先生的学问——通往世界民俗学的桥梁》，钟敬文：《钟敬文学述》，浙江人民出版社 2000 年版，第 226—227 页。

③ ［德］艾伯华（Wolfram Eberhard）：《中国民间故事类型》，王燕生、周祖生译，商务印书馆 1999 年版。

④ ［美］丁乃通（Nai-tung Ting）：《中国民间故事类型索引》，郑建成、李琼、尚孟可、白丁译，中国民间文艺出版社 1986 年版。

⑤ 钟敬文回忆"老獭稚型"和"槃瓠型"和"蛇郎型"等研究受日本学者的影响，参见钟敬文《〈中国民间文学探究〉自叙》，《钟敬文民间文学论集》（下），上海文艺出版社 1985 年版，第 402—404 页。

他制作的"享夫福女儿型"和"百鸟衣型"等又对日本学者的相应研究有对照作用，还带动了某些西方学者的研究。①

伊藤清司指出，钟敬文1928年制作、1931年完成一批中国故事类型中的"享夫福女儿型"，柳田国男在其后将这个类型命名为"烧炭长者型"，关敬吾使用柳田国男的分类，称作"命运与财富型"。此类型细分为初婚型和再婚型，被艾伯华和丁乃通的中国故事类型著作吸收，分别写为"与乞丐的女儿结婚型"或"负责主宰自己命运的公主型"，与"银子的移动型"或"乞丐不知有黄金型"。他本人在中日两国学者互相交流取得的成果的基础上，继续开展比较研究②。小岛璎礼指出，在钟敬文所代表的中国故事类型研究达到很高程度的时候，"日本此时，即昭和八年（1933），柳田国男先生的论著《桃太郎的诞生》才问世，这也就是说，日本用民俗学方法进行民间故事研究的道路也刚刚开始"。钟敬文这次制作的"百鸟衣型"，相等于"画像妻子型"，"昭和五年（1930），柳田国男先生在题为《画像妻子故事》一文中探讨了日本的'画像妻子'型民间故事"③。

钟敬文是东亚民间文学比较研究史上的历史事件中的重要人物，在日本民俗学之父柳田国男活跃的时期及其以后的一两代人，包括松本信广和伊藤清司师生、关敬吾和小岛璎礼等，都认为受到钟敬文的影响。他在20世纪30年代与著名日本民俗学者松本信广的论战④，以及他与松本信广的大弟子伊藤清司的学术往来等⑤，都留下了重要的学术成果。小岛璎

① 关于日本学者伊藤清司等提到的钟敬文自1928年起撰写的"享夫福女儿型"和"百鸟衣型"两个影响日本的类型，参见钟敬文《中国民间故事型式》，原作于1928年，完成于1929—1931年。收入《钟敬文民间文学论集》（下），上海文艺出版社1985年版，第346、352页。

② ［日］伊藤清司：《民间故事的传播及其变异》，白庚胜、高木立子译，钟敬文主编《民间文化讲演集》，广西民族出版社1998年版，第165—166页。

③ ［日］小岛璎礼：《钟敬文先生的学问——通往世界民俗学的桥梁》，钟敬文：《钟敬文学述》，浙江人民出版社2000年版，第227页。

④ 钟敬文：《老獭稚型传说的发生地——三个分布于朝鲜、越南及中国的同型传说的发生地域试断》。

⑤ 钟敬文：《中国民间文化研究的珍贵成果》，［日］伊藤清司：《中国古代文化与日本——伊藤清司学术论文自选集》，张正军译，云南大学出版社1997年版，（钟敬文）《序》第1—11页。收入《钟敬文全集·民俗学卷》，安徽教育出版社1999年版，第394—404页。

礼把钟敬文视为"通往世界民俗学的桥梁"①。

在日本学术界，对钟敬文等翻译的《印欧民间故事型式表》和他本人编写的《中国民间故事型式》有长久的热议，钟敬文本人却出人意料的低调。他很早就发表文章声明，自己的研究虽然有外部反响，但他的出发点和专注点都是中国故事资料的内容，而不是把结构形式研究放在第一位。他搞故事类型，不是要"引什么外国学者的话来证明自己的论点"，他终究是要遵循中国故事的内容去寻找合适的形式去表述的。

> 类型的整理或探索，是从它的形式方面（同时当然和内容也有关系）去研究的一种方法。这自然不是故事研究工作的全部，但这种研究，于故事的传承、演化、混合等阐明上是至关重要的。我不愿引什么外国学者的话来证明自己的论点，我想脑子稍为清楚些的人，总该不至否认我这里说的话吧。是的，故事内容的研究是重要的，（至少，我自己，无论过去或现在，都不曾在理论上或实践上忘记这个原则），同时形式方面的研究，也是不容疏忽的。或者更确切地说，这两方面的研究，是应该相辅而行的。约瑟·雅科布斯氏（Joseph Jacobs）所修订的《印欧民间故事型式》，不但在它的本土欧洲，就在东方的日本，也被专门学者们所郑重地介绍，且承认它是很足供参考的东西。可是，它在中国却被一部分人赐以和这极相反的命运——蔑视！这是颇使人感到难堪的事。（虽然另一些人，把它过分地看成唯一的法宝，这也是我所不敢赞同的。）拙作《中国民间故事型式》，不过是一个未完成的尝试，但自信不是全无意义的工作（这并非因为它在国外发表的时候，颇受到称许的缘故）。②

将故事学与民间诗学相比，民间诗学更靠近国学，顾颉刚在民间诗学的文献研究上对钟敬文有引领作用，钟敬文依靠方言歌谣研究与顾颉刚互补。故事学的研究更为国际化，钟敬文的故事类型学研究成果传到了日

---

① ［日］小岛瓔礼：《钟敬文先生的学问——通往世界民俗学的桥梁》，钟敬文：《钟敬文学述》，浙江人民出版社 2000 年版，第 226 页。

② 钟敬文：《〈中国民间文学探究〉自叙》，《钟敬文民间文学论集》（下），上海文艺出版社 1985 年版，第 405—406 页。

本，他在日本这方面的影响超过了顾颉刚。

在 1949 年以后撰写的故事学研究文章中，钟敬文开始强调社会主义文化建设，这点与他评论歌谣与新政治的关系一样。他在新民歌仿作方面表扬了延安诗人李季，在故事搜集和使用方面表扬了董均伦①。20 世纪 80 年代以后，有了合适的学术条件，他对未完成的故事类型研究再做下去。

二　传说学

钟敬文撰写了一批研究民间传说的代表作。但是，如前所述，它们不是一般的传说体裁研究论文，而是根据作品内容的实际，将传说与神话和故事进行综合研究的论文。这方面的专题研究成果，我将在其他章节中分析。② 这里只从一个以往较少谈论的角度，即传说学与民间文艺学建设的关系，简要谈谈他通过传说学研究所发现的它的特殊价值。

（一）肯定中国民间文学的特有和富有样式是传说

有些西方同行不承认中国传说，他们或将中国神话与传说合并，或将中国故事与传说合并，认为传说介于神话和故事之间，没有明确的体裁特征。这种做法在西方民俗学的研究对象中也许是成立的，但在中国不行。上面提到的钟敬文的论文《中国的天鹅处女型故事》正是证明。天鹅处女型是西方故事类型学名著（AT）提出的类型题目，西村真次对日本的同类故事做过研究，但在中国，它有自己的形态和自己丰富的文献记录。在钟敬文征引的文献中，就有我国晋代《搜神记》记载的《豫章新喻县男子》，属于此类型，记载的时间要早于西方人写 AT 类型的时间 1500 多年。这个故事类型就粘连了中国的四大传说之一——牛郎织女，属于中国自产。中国传说与中国的神话和故事都有联系，但照样能自成系统。传说在中国家喻户晓、妇孺皆知，不必西方人来告诉中国人有没有。在钟敬文的传说学研究中，这种例子很多，这是由中国传说的巨大藏量和深厚社会基础所决定的。

---

① 钟敬文：《读了〈半湾镰刀〉等以后》，《钟敬文民间文学论集》（下），上海文艺出版社 1985 年版，第 424—431 页。

② 董晓萍：《钟敬文的民间艺术学思想》，《民俗典籍文字研究》，商务印书馆 2012 年版。

（二）传说学研究与地方历史建立联系是民间文艺学研究中国化的途径之一

西方民俗学者研究民间文学，或者与文学建立联系，或者与语言学建立联系，或者与宗教学建立联系；但传说学的研究使中国的民间文艺学与中国的地方历史建立了联系。中国传说学研究的支撑要素有地方社会价值观，地方文化形态，地方文化空间和地方民间组织，以及我国大量连续记载的地方志和相关地方文献系统。在中国，抹杀了传说，就抹杀了地方知识传承的渠道，就掩盖了地方文化扎根最深的土壤。现在保护中国的世界自然遗产、文化遗产和非物质文化遗产，都涉及保护地方传说遗产，钟敬文的传说学奠定了这方面研究的基石。

（三）传说学与历史学交叉研究的方法论收获

20 世纪二三十年代，顾颉刚先生建立了对孟姜女传说的历史学研究范式。钟敬文向顾先生指出孟姜女传说的地区流传分布问题，这对顾颉刚最终建立历史地理研究法很有启发。他们的这段合作告诉我们，有些口头文学没有历史分期的可能性，但所有口头文学都有地理分布的充分理由。

第四节　搜集整理理论

如前面所提到的，中国民间文艺学在文献与口头资料的理论建设次序上与西方同行不同。中国民间文艺学从总体上说是看重综合研究的。在中国民间文艺学界，集中解决口头资料的搜集技术问题是在 20 世纪 80 年代以后，主要是在全国范围内的中国民间文学三套集成搜集运动开始之后。即便如此，从钟敬文的著述看，在对口头资料搜集技术的认识上，中国民间文艺学也还有自己的特点。

一　将搜集史作为理论研究对象

钟敬文从日本时期起，将以五四为起点的搜集史作为理论史的一部分，在受到延安讲话影响后，他的这个看法有所补充。这与他后来接受苏联影响有关，因为有了这个基础，他很快接受了苏联理论的影响。他在 20 世纪 50 年代初编纂的《民间文艺新论集》一书，使用了 40 年代在香港的讲义，又根据新中国文化建设的认识加以修改。这本书能反映他的思想变化历程。其中有一篇《谈谈口头文学的搜集》，比较真实地反映了他的搜集史观。在此文中，他认为，搜集史是中国自己的民间文艺历史。称为"学艺史"。搜集和记录民间口头文学的工作，在我国民间文艺学史上是有相当经历的。五四的功劳，是使搜集史推进。艾伯华曾对他说，五四搜集民间文学，"大大改变了欧洲学者过去对认为中国这方面的错误看法"，他表示赞同。这时钟敬文接受马克思主义的影响，相信生产关系对意识形态的决定作用，承认人民的创作力，但他认为，这一切要从搜集活动中获得。他还认为，了解搜集史，能帮助学者用民间文学认识人民的物质生活和社会斗争经验和创作才能。

二　搜集整理的国学传统观

此指将中国民间文艺学的搜集理念与"传统"概念结合起来。这里所谓的"传统"，不是指传统文化现象，而是指将民间文艺学与国学传统中的采风问俗的历史意识相联系。钟敬文认为，即便五四时期反传统，也不是全面地反对国学传统，而只是反对其中维护封建礼教和阻碍社会进步的那一部分①，因此不能切断中国自古有采风活动的历史传统。与传统结合，也指与各民族传统结合，而不是单单指汉族传统。

三　搜集整理的民族文化观

在对待口头资料的多元文化特征上，钟敬文提出，根据中国多民族统一国家的实际，要正确处理汉族与少数民族口头文学资料的关系②。对他在这个问题上的看法，需要关注两个方面。一是汉族民间文学中的少数民族民间文学研究，他在 1935 年对槃瓠神话研究时就开始了这项工作，此文使用了畲族民间文学资料③。在他的视野中，少数民族创造的大量创世史诗和英雄史诗都是旷世精华，都应给予高度重视，他还强调关注民族语言差异问题，对少数民族民间文学搜集作品要做到准确翻译，在翻译本中

---

①　钟先生对五四运动并非全部反对国学传统的观点，参见钟敬文《五四时期民俗文化学的兴起——呈现于顾颉刚、董作宾诸故人之灵》，中华书局 1996 年版，第 89—90 页。

②　钟敬文：《谈谈新近的民族民间文学工作》，钟敬文：《钟敬文全集·民间文艺学卷》，董晓萍编，安徽教育出版社 2002 年版，第 811—815 页。

③　钟敬文：《槃瓠神话的考察》使用畲族图腾资料，详见《钟敬文民间文学论集》（下），上海文艺出版社 1985 年版，第 109—111 页。

附双语对照文本①。我国改革开放后，他更加强调对这个领域加强建设。他的民族民间文学概念，他对民族民间文学和搜集理论的教学和科研实践，使他的多元民间文艺学理念得到凸显。

四　搜集整理的地理空间观

钟敬文强调建立中国民间文艺学中的科学资料学，将中国民间文艺学的科学资料学理念与"地理"概念结合起来。在这方面，要解决文献与口头资料中的时间界定问题，如上面约略提到的，历史文献记载是有时间的，能断代的；但口头资料是没有时间的，不能断代的。对口头资料要断代，就要增加讲述人、搜集者、流传地区和田野记录原则诸要素。在增加这些要素的环节上，民间文艺学者能解决的都要解决，才能达到一般专业化的搜集整理。

五　搜集整理的专业技术观

对这些问题，钟敬文在 1934 年发表的《前奏曲》中就已提出了初步想法②。到 20 世纪 80 年代以后，他反复申明。西方民俗学者是自己解决全部搜集整理技术问题的，被推崇备至的格林兄弟就是民间文艺学家兼语言学家，自己发明搜集整理口头故事的专业方法，但中国不是这个路数。中国民间文艺要进行科学系统的资料学建设，还要依靠与语言学、文字学、历史学、考古学和人类学的联合作战，开展多学科合作，才能很好地发展中国民间文艺学的口头资料搜集整理的专业技术，而中国发达的国学传统正好具备多学科学者的资源。

第五节　方法论

钟敬文建立的民间文艺学方法论是独特的。他是始终以国学传统为根底的。同时吸收外来先进学说，建立综合性方法。

---

① 钟敬文：《记录和探索少数民族民间文学的一个榜样——马学良〈素园集〉序》，《钟敬文全集·民间文艺学卷》，董晓萍编，安徽教育出版社 2002 年版，第 156—161 页。

② 钟敬文：《前奏曲——〈人类学、考古学、民族学、民俗学专辑〉前言》，原载钟敬文《钟敬文文集·民俗学卷》，安徽教育出版社 1999 年版，第 495—502 页。

一　文化史方法

钟敬文有一部分阐述民间文艺学史的论文带有双跨的性质。它们既是民间文艺学理论的创新之作，同时是他借用文字学、小学等传统学科方法的继承之作，他统称之为"文化史方法"①。王宁认为：

> "'小学'、文学与史学"属于中国自古以来就有的传统学科，它说明了民间文化传承历史的久远，说明了文化分层与社会分层相纠结，有社会的重压，也有文化的生命力。其下的民族学、人类学、社会学、宗教学，在中国都是与民俗学产生时间大致相同的新兴学科，这些学科也是民俗学的相邻学科。民俗学要与这些学科相扶持而发展，相吸收而丰富，必然会有一些研究内容与这些学科有交叉和交融；但是，民俗学作为一个独立的、自觉的学科，最终仍要和这些周边的学科划清界域，产生自己固有的理论体系与方法。由于邻近学科本身也具有传承的因素，因此，通过借鉴的时间传承，更扩大了民俗学的研究视野。②

王宁的分析十分透辟。钟敬文的这些文章在民间文艺学中具有结构性意义；在他后来创建的"民间传承文化学"和"历史民俗学"的广阔背景中，则具有里程碑的意义和新学科的标志性。它们还能与钟敬文后来陆续撰写的中国民俗史和民俗学史文章合龙，形成一整套"民间传承文化学"和"历史民俗学"著述。它们更集中地体现了钟敬文对民间文艺学建设的宏大规划，读者可参照这批文章，扩大对钟敬文民间文艺学思想的全面认识。

当然，我国传统国学并没有提供民间文艺学研究的现代专业方法，所以他必须外借。他借鉴了西方人文社会科学的理论和方法。例如，受西方人类学的影响，他在民间文学研究中注重对民众精神世界的解释。受西方

---

① 关于钟敬文使用文化史方法的讨论，详见董晓萍《跨文化民俗学》，中国大百科全书出版社 2017 年版。

② 钟敬文主编、王宁整理《钟敬文全集·民间传承文化学卷》《编后记》，打印稿，第 2—3 页。

社会学的影响，他注重对民间文学中的社会制度和社会运行的意义的理解。他也借鉴了日本民俗学的理论和方法，这使他在民间文学研究中增加了对民俗意义和文化史的理解。他后来信仰马克思主义的艺术史观，正是在这些前期认识活动上的重要转向，马克思主义理论帮他解决了民间文学中的精神活动与物质基础不一致的大问题，这对民间文学的研究特别有用。他也在苏联民间文学理论上下了大功夫，这让他重视民间文学的社会背景和人民的视角（如《歌谣与妇女婚姻问题》），探索民间文学的历史化过程（如《晚清时期民间文艺学史试探》等晚清系列论文），思考民间文学的文学规律（如《〈民间文学〉发刊词》）。他在这个意义上提出了民间文艺学是"特殊文艺学"。

二　结构分层方法

但他并不拘泥于其中的任何一种。当然，他借鉴什么、不借鉴什么和怎样借鉴，都受到他个人的知识结构的影响，也受到他所身系其中的中国民间文艺学整体发展阶段的影响。然而，他有公共学术目标，这就决定了他头脑中的方法的最高规定性。他要建设合乎中国民间诸科学体系的、针对中国民间文学对象实际的方法论。他提出了适合中国民间文艺学研究的整体分层结构方法论。这种方法论由哲学方法、马克思主义艺术史观和具体专业技术方法组成。①

在这一整体方法论中，包含了获得民间文学研究对象的意义、价值和功能的学术目标，也包含了抽象理论分析方法，还包含了观点兼技术性的操作方法。关于观点兼技术性的操作方法，我国清代朴学已有，西方民俗学没有。西方民俗学的专业方法也不是没有任何一点类似之处，但西方民俗学处理的口语资料属于表音系统，中国民间文艺学处理的口语资料属于表意系统，加上社会文化渊源的不同，双方差别很大。谁都不能在方法上直接套用。

经过钟敬文的开创和建设，中国民间文艺学形成了自己的鲜明特征。中国民间文艺学通过文献考察口头文学资料，而口头文学研究又依赖于整体考察文献和田野调查资料，再形成专题或个案，然后进行民间文学的多元模式研究。因此，中国民间文艺学的旁支学科丰富，可延揽传统国学不

---

① 钟敬文：《建立新民间文艺学的一些设想》，钟敬文：《新的驿程》，中国民间文艺出版社1987年版，第21—22页。

少学门, 如小学、文字学、史学和古代哲学; 也能与现代相邻学科发生紧密关联, 如文艺学、艺术学、人类学、社会学、考古学和外国文学。所以, 中国民间文艺学在"民间诸科学"中发展得最成熟。这个系统的其他分蘖研究, 都是在对民间文艺学的收蓄延伸的基础上, 再生精华。

钟敬文对中国民间文艺学的学术体系和专业教学做了整体规划。在他的著述中, 从《民间文艺学的建设》到《建立中国特色的民间文艺学》, 都在讲这个问题。他在我国高校文科开辟了"民间文艺学"的专业教育, 使民间文艺学在中国高等教育格局中占有一席之地。

今天的民间文学, 已从各民族精神生活方式成为国家民族知识和人文社科理论的资源库, 但我认为, 这方面研究的可持续发展, 还要经过针对实际资料的严密系统的研究, 构建多元描述模式, 才能获得有价值的研究成果, 这正是钟敬文的民间文艺学研究给我们的启示。西方人习惯于以自己为中心, 认为别人有思想就是引用和模仿了西方理论模式, 但中国民间文艺学是中国人的思想创造。钟敬文先生正是当之无愧的原创者。他的创造不是模仿, 更不是脱离中国实际的造梦, 而是在向世界先进同行借鉴后的"中国制造"。

第三章　民间艺术学

民间艺术学是民俗学和艺术学的共享学科，钟敬文是我国这门学科的开拓者。他一生为此撰写了多篇论文，在他晚年主编的高校文科教材《民俗学概论》中，还曾专设"民间艺术"一章，含"民间音乐"、"民间舞蹈"、"民间戏曲"和"民间工艺美术"四节进行阐述，对这两门学科的交叉研究和民间艺术学教育事业的发展起到指导作用。钟敬文的民间艺术学思想要点有三：一是在分类上，分文学艺术、造型艺术、表演艺术和物质艺术四类；二是在结构上，钟敬文创立民俗学、民间文艺学和民间艺术学三者，它们既有相对独立性，也有内在联系；三是在方法上，提倡研究民间艺术的民俗学、文化学和社会史方法。钟敬文的民间艺术学为促进民俗学和艺术学综合研究奠定了理论基础。

近期艺术学已上升为我国高校一级学科门类，但艺术学要扩大建设，需要借鉴民俗学的理论与方法；民俗学要充实自己的理论体系，也需要补充艺术学的资源和视角。在我国 20 世纪的学术史上，这两门学科的交叉互补已有了一定的储备，其中钟敬文的民间艺术学就是一份值得总结的理论遗产。

钟敬文一生发表民间艺术学文章 28 篇，自 1928 年始，至 1999 年止，时间跨度逾 70 年，几于与其一生治学活动的时间相埒，这种情况的发生，与我国 20 世纪现代学术史的历程密切相关，也与民俗学自身的对象和学科性质有关。自 20 世纪初至 40 年代，我国这两门学科在形成过程中，受到外来学说的刺激和启发，得到五四新文化思潮的带动，也都在后来的社会发展中获得了自身的发展。对这两门学科自身来说，主要以国学传统为根基，扩充多种来源的知识兼方法，建设富有中国文化内涵的民间艺术学。至 1949 年以前，民俗学者与广大从事绘画、音乐、舞蹈等多门类艺术的工作者和研究者，还积极地运用民间艺术，投身到争取国家民族独立解放的运动中去，推动了民间艺术学的建设。1942 年毛泽东《在延安文艺座谈会上的讲话》的发表，从现代政党和政权文化的角度评价民间文艺，将民艺建设党建化，乃至在 1949 年以后，民间文艺工作的理论与实践成为强势话语，所涉及的问题，包括党群关系、党的舆论工具和党的执政文化建设，民间文艺获得了社会主义国家文化要素的地位，这是前所未有的局面。高校民间文艺学的新建设也在展开。这种政治建设与学术建设并行的形势，为学术建设提供了有力的保障，不过也有它的副作用，就是由政治"父母包办"，压制了许多非政治的民间文艺现象的研究和传承。改革开放后，我国兴起民俗学与民俗文化学，正是对这种弊端的纠正。这时民俗学和民间艺术学所遇到的共同问题是，由于研究对象的过于宽泛和学科分类的限制等原因，两个学科对艺术现象的理论研究还相对滞后。

总的来说，钟敬文的民间艺术学思想覆盖了以上历史过程，因此值得注意。钟敬文晚年主编出版的高校文科教材《民俗学概论》，还专设"民间艺术"一章，以民俗学主动靠近艺术学的姿态，勾勒了民间艺术学的资料体系，搭建了研究框架。现在这种局面已成定势，我们对他提出的观点和方法更需要给予梳理和解释。其实以往民俗学界对钟敬文的民间艺术学缺乏关注，艺术学科对他的这方面贡献也比较生疏，现在讨论这个问题，还有利于了解他把握这一趋势的长期预见和思想发展的历史，而没有历史便没有新知。

本文主要讨论三个问题：一是钟敬文民间艺术学的理论构成与地位；二是他在民间艺术学上提出的一些基本问题；三是他研究民间艺术学的个案与留给我们的启示。

第一节　民间艺术学的概念与地位

对钟敬文的民间艺术学思想，迄今尚未进行系统整理，故本文首先列出他在这方面的主要文章与发表时间，以便以下开展讨论。①

1. 中山大学民俗学会展览室说明，1928 年。
2. 为西湖博览会部分展品写的话，1929 年。
3. 关于民间艺术——《艺风·民间专号》卷头语，1933 年。
4. 前奏曲——《人类学、考古学、民族学、民俗学专辑》前言，

---

① 关于钟敬文的民间艺术学论文，为方便读者查询，以下统一说明原始出处和已收入《钟敬文文集·民俗学卷》的页码。钟敬文：《钟敬文文集·民俗学卷》，安徽教育出版社 1999 年版。

1934 年。

5. 中国古代民俗中的鼠，原作于 1936 年。

6. 民间图画展览的意义——为民间图画展览会作，1937 年。

7. 关于民间戏剧——写在《浙江的民间戏剧》 （小丛书）之前，1937 年。

8.《民间艺术专号》序言，原作于 1937 年，《民间文艺谈数》，第 248—253 页。《文集》，529。

9. 民间艺术探究的新展开，1939—1940 年。

10. 被闲却的民间艺术，1943 年。

11.《民俗》（季刊）编余缀语，1943 年。

12.《民俗》（季刊）编后缀话，1943 年。

13. 进一步挖掘和发扬人民固有的艺术——庆祝第一届全国民间音乐舞蹈会演大会，1953 年。

14. 看了乐亭皮影以后，1963 年。

15. 马王堆汉墓帛画的神话史意义，1973 年。

16. 谈框子——周总理六月十九日讲话读后随笔，1979 年。

17. 论民族志在古典神话研究上的作用——以《女娲娘娘补天》新资料为例证，1980 年。

18. 建立具有中国特点的民间文艺学——在昆明《思想战线》编辑部召开的座谈会上的讲话，1980 年。

19. 民间美术与民间文化的问题——在山东高密民间艺术展览座谈会上的讲话，1984 年。

20. 从文化史角度看《老鼠娶亲》，1987 年。

21. 傩戏面具的展览、研究与保存——在贵州傩戏面具展览上的讲话，1987 年。

22. 节日的情趣，1988 年。

23. 关于《民俗美》，1989 年。

24. 关于民俗艺术——《〈中国民俗艺术〉序言》，1989 年。

25. 中国民居漫话，1994 年。

26. 致山西国际会议：写给"中国的祭仪、音乐与戏剧及其社会环境学术研讨会"的贺信，1997 年。

27. 文艺研究中的艺术欣赏和民俗学方法——1997 年 10 月 6 日在中

国社会科学院文学所庆祝《文学评论》创刊 40 周年纪念会上的讲话，1997 年。

28. 略论巴赫金的文学狂欢化思想——1998 年 5 月 14 日在《巴赫金全集》中译六卷本首发式上的讲话，1998 年。①

---

① 在本文所讨论的钟敬文民间艺术学论文 28 篇，凡已收入《钟敬文文集·民俗学卷》者，其出版地、出版社和出版年，均为"安徽教育出版社 1999"。详见注释 1。以下为节省篇幅起见，不再一一重复列这一出版地、出版社和出版年信息。凡未标注《钟敬文文集·民俗学卷》者，有两种情况，一是该文只有原始出处，并未收入钟敬文其他集；二是该文收入钟敬文其他集，而未收入钟敬文：《钟敬文文集·民俗学卷》。钟敬文：《中山大学民俗学会展览室说明》，《民俗》周刊第 25、26 合期，1928 年 9 月 19 日，第 27、28 合期，1928 年 10 月 3 日。钟敬文：《为西湖博览会部分展品写的话》，原作于 1929 年 7 月 8 日，收入钟敬文：《钟敬文文集·民俗学卷》，第 610 页。钟敬文：《关于民间艺术——〈艺风·民间专号〉卷头语》，原作于 1933 年 10 月 18 日，收入钟敬文：《钟敬文文集·民俗学卷》，第 534 页。钟敬文：《前奏曲——〈人类学、考古学、民族学、民俗学专辑〉前言》，原作于 1934 年，收入钟敬文：《钟敬文文集·民俗学卷》，第 495—502 页。钟敬文：《中国古代民俗中的鼠》，原作于 1936 年，最初在日本发表，中文本发表于《民俗》季刊，1937 年第 1 卷第 2 期，收入钟敬文：《谣俗蠡测》，巴莫曲布嫫、康丽编，上海文艺出版社 2001 年版，第 66—80 页。钟敬文：《民间图画展览的意义——为民间图画展览会作》，原作于 1937 年 2 月，收入钟敬文：《钟敬文文集·民俗学卷》，第 277—280 页。钟敬文：《关于民间戏剧——写在〈浙江的民间戏剧〉（小丛书）之前》，原作于 1937 年春节，收入钟敬文：《民间文艺谈薮》，湖南人民出版社 1981 年版，第 254—256 页。钟敬文：《民间艺术专号》（序言），原作于 1937 年，收入钟敬文：《钟敬文文集·民俗学卷》，第 529 页。钟敬文：《民间艺术探究的新展开》，原作于 1939—1940 年，收入钟敬文：《钟敬文文集·民俗学卷》，第 301 页。钟敬文：《被闲却的民间艺术》，原作于 1943 年，收入钟敬文：《钟敬文文集·民俗学卷》，第 289 页。钟敬文：《〈民俗〉（季刊）编后缀语》，原作于 1943 年，收入钟敬文：《钟敬文文集·民俗学卷》，第 544 页。钟敬文：《〈民俗〉（季刊）编后缀话》，原作于 1943 年，收入钟敬文：《钟敬文文集·民俗学卷》，第 548 页。钟敬文：《进一步挖掘和发扬人民固有的艺术——庆祝第一届全国民间音乐舞蹈会演大会》，原作于 1953 年，收入钟敬文：《钟敬文文集·民俗学卷》，第 296 页。钟敬文：《看了乐亭皮影以后》，原作于 1963 年，收入钟敬文：《钟敬文文集·民俗学卷》，第 278 页。钟敬文：《马王堆汉墓帛画的神话史意义》，原作于 1973 年，收入钟敬文：《钟敬文民间文学论集（上）》，上海文艺出版社 1982 年版，第 121—147 页。钟敬文：《谈框子——周总理六月十九日讲话读后随笔》，原作于 1979 年 2 月 7 日，收入钟敬文：《民间文艺谈薮》，湖南人民出版社 1981 年版，第 45—52 页。钟敬文：《论民族志在古典神话研究上的作用——以〈女娲娘娘补天〉新资料为例证》，原作于 1980 年，钟敬文：《钟敬文民间文学论集（上）》，上海文艺出版社 1980 年版，第 148—172 页。钟敬文：《建立具有中国特点的民间文艺学——在昆明〈思想战线〉编辑部召开的座谈会上的讲话》，原作于 1980 年 7 月 5 日，收入钟敬文：《民间文艺谈薮》，湖南人民出版社 1981 年版，第 53—61 页。钟敬文：《民间美术与民间文化的问题——在山东高密民间艺术展览座谈会上的讲话》，原作于 1984 年 6 月 16 日，收入钟敬文：《钟敬文文集·民俗学卷》，第 613 页。钟敬文：《从文化史角度看〈老鼠娶亲〉》，原作于 1987 年 2 月 7 日，收入钟敬文：《钟敬文文集·民俗学卷》，第 226—229 页。钟敬文：《傩戏面具的展览、研究与保存——在贵州傩戏面具展览上的讲话》，原作于 1987 年秋，收入钟敬文：《钟敬文文集·民俗学卷》，第 617 页。钟敬文：《节日的情趣》，原刊于《光明日报》1988 年 2 月 21 日，收入钟敬文：《话说民间文化》，人民日报出版社 1990 年版，第 57—60 页。钟敬文：《关于〈民俗美〉》，原作于 1989 年 5 月 13 日，收入钟敬文：《钟敬文文集·民俗学卷》，第 476 页。钟敬文：《关于民俗艺术——〈中国民俗艺术〉序言》，原作于 1989 年 6 月 10 日，收入钟敬文：《钟敬文文集·民俗学卷》，第 460 页。钟敬文：《中国民居漫话》，原作于 1994 年 7 月下旬，收入钟敬文：《钟敬文文集·民俗学卷》，第 270—276 页。钟敬文：《致山西国际会议：写给"中国的祭仪、音乐与戏剧及其社会环境学术研讨会"的贺信》，原作于 1997 年 6 月 10 日，收入钟敬文：《建立中国民俗学派》，黑龙江教育出版社 1999 年版，第 97—101 页。钟敬文：《文艺研究中的艺术欣赏和民俗学方法——1997 年 10 月 6 日在中国社会科学院文学所庆祝〈文学评论〉创刊 40 周年纪念会上的讲话》，董晓萍整理，原载《文艺研究》1998 年第 1 期，收入钟敬文：《建立中国民俗学派》，黑龙江教育出版社 1999 年版，第 145—151 页。钟敬文：《略论巴赫金的文学狂欢化思想——1998 年 5 月 14 日在〈巴赫金全集〉中译六卷本首发式上的讲话》，董晓萍整理，原载《光明日报》，1999 年 1 月 28 日，收入钟敬文：《建立中国民俗学派》，黑龙江教育出版社 1999 年版，第 152—158 页。

从钟敬文的民俗学学说的整体看，可分为三部分，即民俗学、民间文艺学和民间艺术学。其中，民间文艺学指民间文学研究，民间艺术学指民间艺术现象研究，包括民间造型艺术、表演艺术和物质艺术。民俗学者经常谈论他在 1935 年提出建设民间文艺学，却忽略了他于 1933 年提出建设民间艺术学①，而这比民间文艺学还要早两年。他后来的学术思想也经常回溯至此，所以，不研究民间艺术学，很难全面解释他的民俗学。在他毕生的学术历程中，先提出建设民间艺术学和民间文艺学，然后提出建设民俗学②，这一时间表也是有内涵的。虽然他创建的民间文艺学早已产生极大的社会影响，民俗学也后来居上，民间艺术学却一直黯淡无光，不过现在民间艺术学终于引起重视，这也说明学术规律却始终是公正的裁判者。

一　"民间艺术"的概念和建"学"的构想

钟敬文的民间艺术学发展分三阶段：一是 1929—1943 年；二是 1953—1963 年；三是 1979—1998 年。在这三阶段中，他起初受西方人文学科的启发关注本国民间艺术，后来转向建立中国的民间艺术学，中间经历了一个复杂的过程。他的转变，主要取决于他的"接受期待"的本土视角，而不是政治环境的原因。在某种政治环境中，这种视角可以做出调整，调整到合适的时机，但不会改变视角。这是一种由社会史形态所规定的学者意识形态的样式。

钟敬文的民间艺术学的要素形成，主要有三点，即给民间艺术以社会分期、文化属性和社会关系。

（一）给民间艺术以社会分期

1928 年，钟敬文在中山大学开办"风俗物品陈列室"，并撰写说明文

---

① 钟敬文：《关于民间艺术——〈艺风·民间专号〉卷头语》，《钟敬文文集·民俗学卷》，第 534—538 页。

② 钟敬文使用和讨论民俗学的概念的时间为 20 世纪初，在民俗学上的研究，也早在 1927年就开始了（参见钟敬文《我与浙江民间文化》，董晓萍整理，原载《北京师范大学学报》1988年第 21 期，收入钟敬文《话说民间文化》，人民日报出版社 1990 年版，第 138—158 页）。但是限于历史条件和学术机遇，他正式提出建设民俗学学科，以及提出民俗学的结构体系和方法，却一直等到改革开放后，是于 1979 年 8 月 18 日在北京师范大学暑期民间文学讲习班上提出的，当然，在当时刚刚思想解放的情况下，由于可以理解的原因，他还将民俗学与民间文艺学合在一起阐述。详见钟敬文《民俗学与民间文学——在北京师范大学暑期民间文学讲习班上的讲话》，《钟敬文民俗学论集》，上海文艺出版社 1998 年版，第 230—251 页。

字，字里行间洋溢着对民间艺术品的兴趣。他同年发表《为西湖博览会部分展品写的话》，解释这种兴趣的由来。原来从前不被看好的民间艺术品被送到世博会上展览，与发达工业国家的技术产品摆在一起，触动了他的敏感的神经，他看出了两点：一是工业时代的先进技术产品与前工业时代的民间艺术品原来也可以产生某种联系；二是童年阶段的民间艺术品可以承担国家的"文化职责"。他为此"感到相当的喜悦和有用"。他出于民俗学的知识，把民间艺术品界定为一种民俗形式，而我们知道，形式总是比内容更早被认识的。

钟敬文在1933年正式提出建设民间艺术学，论文题目叫《关于民间艺术——〈艺风·民间专号〉卷头语》，这是建立中国民间艺术学的宣言。可能是标题的原因，它没有像民间文艺学那样引人注意，对这篇文章的重要性也讨论较少。但实际上，此文是不能忽略的。钟敬文在这篇文章中首次提出"民间艺术"和"学"的概念，正式开始了对民间艺术的探索之旅。

> 什么是民间艺术呢？
> 一个国家或民族里，一部分人的文化生活，已经达到了相当的高度，而其他大部分的民众，则仍然停滞在文化生活的童年时期或比较接近这种童年时期。这种民众自己所产生和流传的艺术，就是所谓"民间艺术"——本义的（或狭义的）"民间艺术"。①

这是从五四进步学者的接受期待中分离出来的一种概念。他关注"澳大利亚土著人的团体踊舞"，"穴居民族绘画在洞壁上的'野牛图'"②，将之视为低级社会的低级艺术，正是在接近西方人类学。他没有看不起民间艺术的意思，他所接受的西方学说在当时是先进的。他评价民间艺术是"停滞在文化生活的童年时期或比较接近这种童年时期"的艺术，是看到西方学者限定在童年文明的范畴内，给了民间艺术一个理论位置，他的期待目标是要找到这个公认的位置，然后承认它和研究它，于是

---

① 钟敬文：《关于民间艺术——〈艺风·民间专号〉卷头语》，《钟敬文文集·民俗学卷》，第534—535页。

② 同上书，第535页。

他接着提出建"学"的问题。

　　艺术史和艺术学的研究者，为了更清楚地探究艺术的性质、起源、发展和机能等重要问题，不能不很费功夫于荒古社会和后进民族艺术的探究。因为倘使舍去了这些，对于那些问题的解决，是否能够完全成功，是很难断定的。跟考古学和人种学的资料一样地有助于那种重要问题的解决的，还有民俗学的资料——即民间艺术。新的、科学性更高的艺术史和艺术学，正在被要求着从"绪论"写起。在这当儿，谁把自己或别的民族的这方面的资料提供得最丰富，谁就是对这种新的"史"和"学"的建设上很有功劳的人。

　　"民间艺术"的被发现，在人类的文化史上看来，还是比较新近的事。这种发现，在我们中国又更迟缓些。我们的歌谣研究会成立的历史，到现在还不过十余年。而且它老早就关门大吉了。至于民间绘画、木刻、舞蹈之类，简直就很少人注意到，更莫问那专门从事于它的搜集或研究的机关了。从整个的社会情况看，这原是相当自然的事。即使有少数较明白的学者，留意到这种可宝贵的东西，但是他们又哪里去找到那多余的闲暇和经费呢？自然，有钱的和有闲的人是多的，但他们不是这种清苦的学术工作的担当者。①

　　现代民俗学者评价原住民的艺术已有不少新解释，而他当时借用外援的方法，是因为中国自己没有。我们衡量一门新学问的建立，也需要考量它的学术史的起点。钟敬文当时使用的西方人类学正是当时的高起点，至20世纪60年代，这些学说已经变旧，钟敬文本身后来的思想也有变化，但我们仍要提到这篇文章，是因为他创建民间艺术学的历程是前后有联系的。这种联系的存在，就在于他的接受目标是建设中国自己的民间艺术学，而不是把自己变成别人。我们对他在此文中表达的另一种思想倾向也要注意，就是他号召民俗学和艺术学的学者共同建立中国民间艺术学，鼓励大家说："新的、科学性更高的艺术史和艺术学，正在被要求着从'绪论'写起"，结果他一个人真的干了一生。

———————————

　　①　钟敬文：《关于民间艺术——〈艺风·民间专号〉卷头语》，《钟敬文文集·民俗学卷》，第537—538页。

钟敬文在 1934 年发表的另一篇文章同样重要，题目叫《前奏曲》，副标题是"《人类学、考古学、民族学、民俗学专辑》前言"①。这是上文的姊妹篇，它告诉我们，钟敬文如何找到做这门学问的切入点。

> 中国一部分的知识分子，因为世界革命潮流的刺激，为了自国家民族动向所决定，颇致力于民族过去所经由的历史足迹的检讨。他们的努力是可尊敬的，他们的成绩也不仅是一张白纸。但因为他们所把握的史料，大抵局限于某些特定的文献上，至多也仅及于上代一部分考古学的资料的缘故，结果便难于达到怎样完美之境，甚至或陷于意外的错误。假如他们能够更广泛地应用人类学、民族学及民俗学等的资料，乃至于它们的某些方法，那么他们著作的结论上比当有更为优越的成就，是可以预言的。②

他不满足于一些中国学者所持的保守的治学方法，也并不是专门的提倡外来的人类学、民族学和民俗学。他要把这些外来学说当作知识兼方法去吸收，扩大研究的范围和认识，而不是"局限于某些特定的文献上"，然后去独辟蹊径。但早期的钟敬文还没有区分人类学、民族学、民俗学和考古学诸学问的各自侧重点，对它们的推介还是十分笼统的。从他要尽量开放吸收的整体倾向看，他对以上学科的相邻关系更为关注，而对中国社会怎样接受这几门学科的分析是粗略的。

> 在我国这个占据着纵横广阔的陆地的国度里，有使用石器、信奉图腾、过着先史时代生活的原始部落，有聚族而耕、有无相通、保持着原始共产制度遗痕的冷僻农村，同时也盛行着手工业、商贩、限于近地的中世式的古旧市镇，更有铁骨建筑、煤烟冒天、聚全世界的商品于一隅的最摩登的大都会。一部纵的人类文化史，差不多都可以在握的国境里明确地读到。在那些欧、美学者要劬劳地坐着轮船或火车，到老远的地方去才能搜集到的资料，在我们，只要肯伸一伸手，

---

① 钟敬文：《前奏曲——〈人类学、考古学、民族学、民俗学专辑〉前言》，《钟敬文文集·民俗学卷》，第 495—502 页。

② 同上书，第 499 页。

那结果便无疑是满握的了。①

此文告诉我们，在当时的外来学说中，人类学所给予钟敬文的一个最重要的启示，就是让他有了社会分期的概念。前面谈到，他看到人类学把民间艺术放到童年文明的社会分期中，让民间艺术有了学术价值。那么他同样可以想到，把中国现存的民俗和看似不符合现存社会的其他民俗等，也都放到不同的社会分期中去，这些不同的民俗不也就获得了各自的学术价值吗？于是他豁然开朗。他谈到，在中国，找出西方人类学所说的从"原始社会"到近代工业文明的各社会分期发生的民俗现象俯拾即是，简直"是一部纵的人类文化史"。他由此被一种心底的"热忱所掀动"，并一发而不可收。但正如我们现在所知道的，他用人类学的社会分期法与民俗学的方法类比，又不无冒险。因为民俗学是现在学，要依靠现实调查资料做研究，在一些由古至今长期流传下来的民俗上，社会分期上要模糊化，这与早期人类学搞确定时间的社会分期是不同的。民俗学不是完全不能使用社会分期的方法和资料，这要视具体资料而定。早期人类学所依靠的考古学资料，很多是史前至前工业化时期的文物，适合做分期研究，但这不是民俗学的长项。钟敬文晚年治民俗学，也使用了考古文物，如后面将要谈到的出土马王堆汉代帛画，不过他要补充现代调查资料，以给出民俗学的解释。总之，在民俗学发展的早期，究竟怎样研究民间艺术？怎样给自己定位？他还需要职业理论家的储备，单纯的社会分期法并不能帮他包打天下。

（二）给民间艺术以文化属性

钟敬文民间艺术学思想的发展得益于日本民俗学。钟敬文赴日留学后，1937 年，他看到日本民俗学者江南二郎的《原始民俗假面考》一书②，大有收获，当年他写了三篇文章做回应。日本民俗学给他的启示是，给民间艺术以文化属性，再做跨社会分期的传承研究。他开始从文化

---

① 钟敬文：《前奏曲——〈人类学、考古学、民族学、民俗学专辑〉前言》，《钟敬文文集·民俗学卷》，第 450 页。

② ［日］江南二郎：《原始民俗假面考》，东京：地平社书房，1929 年版。关于钟敬文援引此著的背景，参见钟敬文《傩戏面具的展览、研究与保存——在贵州傩戏面具展览上的讲话》，第 618 页。

属性的角度，而不只是社会分期的角度，讨论民间艺术学。这让他对人类学与民俗学的关系有了进一步的认识。

钟敬文三篇文章中的第一篇是讨论民间绘画的，用他后来的分类术语说，这叫"造型艺术"。他认为，有些民间绘画的文化属性十分明显，如宗教造像，不用增加文化属性的方法加以研究就无法解释。它们也许没有考古学的价值，但却有文化学的价值。这种文化属性叫宗教性。学者要利用它们，就要换一种文化学的思维，而不是以现代"科学"思维对待它们，将之贬为"迷信"了之。此外，如再假以民俗学的类型方法，还有助于进一步揭示民俗绘画的知识系统和民俗文化意义。

> 它的价格，没有周金、汉瓦那么高贵，它的数量，也远比明瓷、宋画来得丰富。它不是一种难以得到的艺术品。但是，假使我们不能说凡是值得注意的东西，都应该是稀罕的、高价的，那么，对于民间图画，就不能因为它的习见或易得而怀疑到它的展览价值了。况且一种事物——特别是文化的事物，孤立地或分散地看起来，也许很少意义和价值，等到把它类聚而排列起来，那就变成一种不同的情形了。它再不像从前那样的平凡、简单，它具有新的、丰富的意义。一个粗劣的年代不明的古陶器，也许不会给我们的考古学以什么贡献。但是，同样或近似的东西（古陶器）如果发现或汇聚到 10 个甚至于 30 个以上，那么，结果便大异了。它也许竟要成为照明最黑暗的远古历史的一页火炬。民俗学的材料，也是一样。这种散布在广阔的民间的图画，单独地或分散地来看，是很平常的也未可知。但是，我们把它多量地搜集了而排列起来，便有一种新的意义了。它可以告诉我们某种画材要求的普遍，它也可以指示我们某种画风递变的过程，……总之，聚集的数量的丰富，使它变更了意义了。①

钟老写此文时年仅 34 岁，他这时提出关注民间艺术的文化属性，从民间艺术学的理论与方法构建来说，特殊重要。但他要用人类学、民俗学

---

① 钟敬文：《民间图画展览的意义——为民间图画展览会作》，《钟敬文文集·民俗学卷》，第 277—278 页。

和文化学去建设民间艺术学，补充早期人类学的不足，还需要提供两点：一是艺术品与使用者的社会关系，二是艺术品赖以流行的民族志环境；而他当时还缺这两点，于是他的此文就会有另外两种结果，一是直接用民俗学和文化学去补充人类学，二是把民俗本身看作一种理想化的文化价值系统。他到晚年发表马王堆汉墓帛画的研究论文，才对艺术品的社会关系的研究有了实质性的推进①，这时已事隔 36 年。他用民族志的观点研究古代史料的文章，如女娲神话研究，发表于 20 世纪 80 年代②，这时距他首次发表这类观点也有半个世纪，但至此将他 30 年代遗留的两个问题都做了回答。现在民俗学者大都知道钟敬文有研究马王堆汉墓帛画和女娲神话的两篇论文，但不了解它们在民间艺术学史上的来历，这就多少减轻了它们的分量。对于它们的开拓来说，锲而不舍地追求答案，正是一门学问成熟的过程。

钟敬文还提出，在研究造型艺术上，要正确评价它们的民间"技术"水平。要承认民间技术为其文化所制约，是另外一种技术知识系统。有人用现代专业美术或工业技术的观点去解释它们，便得不到任何东西。

> 有人要从技术学的观点，来否认这些民间制作被展览的意义罢。……没有疑义，从现代的眼光看，民间图画，它的技术大致上是稚拙的、简陋的。但是，……对于这些民间制作的技术的注重点，是要从这些作品中间，去领会中国民族及全人类的绘画技术在"青少年期"甚至于在"胎儿期"的真实状态。……它的色彩的简单，它的构图的呆板，它的笔致的拙朴，这些不是对于人类的、民族的艺术史的观察，给予很有益的知识吗？
>
> 民间的画家，往往能够用那简朴的线条，或单调然而是强烈的色彩，表现出民众所最关心、最感动的事物的形象。这些被构成了的有

---

① 钟敬文：《马王堆汉墓帛画的神话史意义》，《钟敬文民间文学论集》（上），第 121—147 页。

② 钟敬文：《论民族志在古典神话研究上的作用——以〈女娲娘娘补天〉新资料为佐证》，原作于 1980 年 10 月 22 日，收入《钟敬文民间文学论集》（上），第 148—172 页。钟敬文：《傩戏面具的展览、研究与保存——在贵州傩戏面具展览上的讲话》，《钟敬文文集·民俗学卷》，第 617—619 页。

力的形象，不仅能够激动或魅惑那般民众的心情，就是在我们，也要被唤起一种情绪上的波澜。在这里，民间图画的技术，就有着"现代的"意义，就是值得我们鉴赏甚至于学习的地方。……民间图画的技术学的意义，是历史的，同时也是现代的。

　　我们更简要地说，民间图画，是民众基本欲求的造形，是民众严肃情绪的宣泄，是民众美学观念的表达，是他们社会的形象的反映，是它们文化传统珍贵的财产。①

他认为，民俗学者要理解这种与职业画家不同的专业知识，这正是还原民间艺术的文化属性的一种方法。他还使用"民间图画的技术学"的概念来界定这种文化属性，强调具有这种属性的技术，本身就是另一种艺术，它们与现代人的技术观念的差别，是一种文化差别。

他将对造型艺术的看法扩大到表演艺术，在 1937 年的三篇文章中的另一篇文章中，他写道："戏剧，是艺术中最复杂的，同时也是艺术中最民众的。……它的演员，仍然是些临时杂凑起来的'寻常百姓'。演唱的技术等，看不到怎样高度的专门化。剧本是大家在习熟的和最关心的故事。观众差不多是全个村落或小市镇的民众。"② 他的谈论对象还有民间舞蹈和音乐。他认为，在民间表演艺术领域，从创作者到观众，都是集体，不像造型艺术那样，以个体为主、群体为辅。民间的表演艺人没有专业训练，只有民众需求，所以，研究民间表演艺术，更要注重民俗文化，而不是所谓的专业技术。我们看到，钟敬文在论及表演艺术时，对它的技术、文化和艺术混合传承的观点更为强调。在方法上，他将民俗学与文化学综合研究的倾向更为明显。他这时还接受了新的社会人类学观点和其他相关学说，包括法国迪尔凯姆（Emile Durkheim）的社会人类学说、德国格罗塞（Ernst Grosse）的艺术发生学和冯特（W. M. Wundt）的社会心理学著作等，而不只是日本民俗学。新的理论来源导致他对民间艺术的社会

---

① 钟敬文：《民间图画展览的意义——为民间图画展览会作》，《钟敬文文集·民俗学卷》，第 278—279 页。

② 钟敬文：《关于民间戏剧——写在〈浙江的民间戏剧〉（小丛书）之前》，钟敬文：《民间文艺谈薮》，第 255 页。

关系发生兴趣。①

（三）给民间艺术以社会关系

在钟敬文民间艺术学理论构成中，占有相当重要的位置的，是他对民间艺术相关的社会事件给予重视。有两个契机促进了这一转化：一是抗日战争，二是新中国成立之初的文化建设。我国广大艺术工作者曾利用民间艺术去参加国家民族独立解放的运动，去繁荣新文化事业，给钟敬文带来巨大的生命的感动。他运用民间艺术与社会事件发生关联的实证资料，探求研究民间艺术的实证方法。

《民间艺术专号》序言，是他于 1937 年发表的三篇文章中的末篇。他在此文中指出，观察人们在重大社会斗争和社会建设中利用民间艺术的方法，正是一种实证的方法。民俗学者研究民间艺术为谁所用的社会观念，可以揭示民间艺术的社会关系，深入民间艺术的生命力本质。他希望学者从这个角度关注民众"也有艺术"。

> 有些学者大声嚷着，中国一般民众，太缺乏活气了。他们终日终年死沉沉的，没有一丝笑声，没有一点狂态。他们是失掉艺术的和宗教的热情的国民。这种话，虽不是全无根据，但毕竟说得太大意了。中国现在一般民众的固有文化，纵然用近代的水准测量起来，是相当落后的。但是，谁也不能否认它的存在。他们有艺术，也有宗教；有教育，也有科学。假如真的缺少了这些，他们的生活史，便成为十足的奇迹了。②

50 年后，他在讨论贵州傩戏面具的文章中，重提以上观点。我国的

①　钟敬文：《被闲却的民间艺术》，《钟敬文文集·民俗学卷》，第 294—295 页。他在此文中直接谈到受法德学说的影响关注民间艺术学，原文为"抗战前两三年，我因为受到法国社会学和德国民俗学的触发，对于中国民俗学搜集和研究的范围，觉得有加以开拓的必要。因为民间各种制度（原始政治、法律、经济等），民间科学、伦理以及民间一般艺术和语言等，过去我们的搜集者和研究者比较忽略或者不理睬，而它们正是很重要的民俗事象。为了把这种意思传达给一般同道并自己亲做些示例的工作，我写了几篇'号召式'的短文和编了两三册专载这类民俗资料的书刊。这篇《被闲却的民间艺术》，就是当时写下的关于艺术方面的短文中的一篇"。关于钟敬文受冯特思想的影响，另见《钟敬文文集·民俗学卷》，第 549 页。

②　钟敬文：《〈民间艺术专号〉序言》，《钟敬文文集·民俗学卷》，第 530 页。

民间傩戏将造型艺术与表演艺术合一，将音乐、舞蹈与戏曲合一，将生活艺术与宗教仪式合一，长期在民间流传，使错综复杂的社会关系文化化，被民众喜爱千百年而不灭。它能证明携带社会关系的民间艺术最有活力。钟敬文认为，保护它们就是"保证其文化的整体性"。他的这一思想十分坚定，来自他对民间艺术的社会关系的连续考察。20世纪50年代，在阅读国内舞蹈调查资料时，他对自己在20世纪30年代的看法有所扩大。至20世纪80年代，他看到国内仍然保存傩戏，这种认识更为强烈。他回顾这段思想历程说：

> "文革"前的《舞蹈》杂志上，曾刊有对江西傩戏的记录。贵州这次大规模挖掘出的傩戏面具资料，这在建国以来还是第一次。要研究它们，不仅要具备较为丰富的人文科学知识，如民俗学、民族学、考古学、戏剧史、宗教史和原始文化史的知识等，而且要注意开展纵向和横向的比较研究。
>
> （研究傩戏面具）应同时发掘与其表演相关的民间戏剧、原始宗教活动和其他密切关系人民生产、生活及与傩戏有联系的民俗事象，以保证其文化的整体性。[1]

在这个问题上，他与舞蹈理论工作者董锡玖的看法不谋而合[2]。我们现在可以思考，在民间艺术学的建设上，民俗学能与艺术学分享什么？民俗学又能给艺术学提供什么？民俗学者研究民间艺术学，怎样从人类学的影响下独立出来发挥自己的独特作用？民俗学者利用社会分期、文化属性和社会关系等方法研究民间艺术，可以确立怎样的研究优势？怎样开展民俗学、人类学、文化学和艺术学的综合研究，才更适合我国多民族、多地区民间艺术研究的需求等等。

建设具有学科意识的资料系统，是钟敬文民间艺术学的构成之一。早

---

[1]　钟敬文：《傩戏面具的展览、研究与保存——在贵州傩戏面具展览上的讲话》，《钟敬文文集·民俗学卷》，第618页。

[2]　1987年秋，钟敬文先生与董锡玖先生在中国美术馆参观贵州傩戏面具展览时相遇，对民间表演艺术的发展交换了看法，后钟敬文先生发表《傩戏面具的展览、研究与保存——在贵州傩戏面具展览上的讲话》一文。在钟敬文先生生前，董锡玖先生与北京师范大学民俗学专业多所来往。

在 1943 年，他就在《被闲却的民间艺术》一文中提到了资料系统问题。他说，民间艺术学的资料范畴有四：第一是考古学的（Archaeological）资料，即地下和地上的古代遗物、遗迹；第二是文献学的（Philological）资料，即文书的记录等；第三是民族学的或人类学的（Ethnological or Anthropological）资料，即文化晚熟的人种的艺术；第四是谣俗学的（Folkloric）资料，即文明国的下层民众的艺术。它们合起来，就是我们所说的"民间艺术"的资料系统①。获取资料的方法，一是搜集和观察，二是整理和研究。

正是在此基础上，他提出将民间艺术划分文学艺术、造型艺术和表演艺术②，后来他又增加了物质艺术③，共分成四类。按照他的分类，民间文艺学主要研究文学艺术，民间艺术学研究其他三种艺术。在不同的社会环境中，这些种类可以分开，也可以按照民俗文化的内部规则，发生各种组合。民俗学正是承担这种规则的研究任务，而民间艺术学和民间文艺学需要互补，才能执行各自的研究任务。

二　民间艺术学的地位

在我国 20 世纪以来的国家现代化进程中，民间艺术几度成为关注对象，这不能不涉及民间艺术学的地位问题。从钟敬文的著述看，他在界定民间艺术学的地位时，有时也使用外部动力说，如抗日对敌斗争对发展民间艺术学的推动，但他并没有用外部动力说取代学术内部的驱动力。关于战争史与民间艺术学的联系，他认为，战争有利于利用艺术，却不利于研究艺术。战时"关于民间装饰、民间跳舞等研究论文，更是稀少得像凤毛麟角"④。所以，对于民间艺术学的地位的界定，他有两个视角。一个是民众的视角，提出民间艺术学的地位取决于与民众生活史的关系；一个是学术视角，提出民间艺术学的地位取决于自身的学术价值和社会功能。

---

① 钟敬文：《被闲却的民间艺术》，《钟敬文文集·民俗学卷》，第 293 页。

② 同上书，第 294 页。

③ 钟敬文对物质艺术的提法较晚，详见钟敬文《中国民居漫话》，原作于 1994 年 7 月下旬，《钟敬文文集·民俗学卷》，安徽教育出版社 1999 年版，第 273 页。原文为："民居既是一种实用的文化产物，同时又是一种艺术的文化产物。"为了较全面地阐述钟敬文的民间艺术分类，作者将物质艺术的讨论提前到这里。

④ 钟敬文：《被闲却的民间艺术》，《钟敬文文集·民俗学卷》，第 295 页。

他在个人著述中，对这两个视角加以综合运用，而不是判然分开。他以双视角讨论这门学科的地位的结果，是对民间艺术学的中国内涵的阐释更为明晰。主要有四点。

第一，民间艺术学的中国化地位。他认为，在中国这种开化较早的文明国家中，有大量现存的、同时也是"历史艺术"的民间艺术，中国学者不能一味跟在西方人的"未开化文明"的研究后面走。此外，中国的民间艺术，在长期复杂的条件下传承，具有多时期、多区域社会、多民族群体和多方言媒介的特征，中国学者也不能盲目追随西方人的单线进化论，必须面对中国的社会实际，研究中国自己的民间艺术学。

> 在文明国的上层社会中，早经消失了痕迹的，却往往可以在村落民众的生活中找到它，正如在晚熟的种族中可以发现它一样。中国近日的民众艺术中，一面有着随时代产生了的新鲜的东西，一面也有着承接着过去时代的传统的东西。而在分量上，后者似乎更超过前者。例如像灶君、龙神的绘画，石马、铁牛的雕塑，采茶插秧的杂剧，螺女、虎婆的传说，以至于治病的咒谣，赶鬼的音乐等。这些在内容上、形式上，往往是前史时代或古史时代的遗留文化，即使因岁月和人事的磨洗，中间不免有些面影上稍为朦胧的地方，但是，这不会是致命的伤害。①

他发表此文之际，正值我国抗战时期，正是多种类、多部门、多学科一起参与民间艺术事业的盛境。他的倡议的基本思想，就是要打通古今，整合艺术社会史。而这也是他逐步形成中国民俗学的整体框架的前奏曲。

第二，民间艺术学的综合学科性质。钟敬文指出，民间艺术各门类，如舞蹈、音乐和戏曲等，是单一的，但民间艺术学的学科性质是综合的。民间艺术学搞单打一，就会变成专业"技术"研究。只有建设综合学科，开展综合研究，才有理论前途。

就民俗学而言，研究民间艺术，不仅为己所用，还要提供多学科利用。钟敬文曾自信地说，在这方面，民俗学者的整理资料和撰写报告，对

---

① 钟敬文：《被闲却的民间艺术》，《钟敬文文集·民俗学卷》，第293页。

"那些文化史学者、艺术学者、人类学者、社会学者、文艺学者、教育学者们，正不乏深感到需要或兴味的"①。

第三，民间艺术学的教育功能。钟敬文认为，民间艺术学有两个功能，"第一，是关于学术的；第二，是关于教育的"②。在教育方面，民间艺术学的教育可以弥补现代学校教育的不足，因为它的内容"往往是和学校不怎样发生关系的"。民间艺术是民俗文化事象的组成部分，"他们的礼仪，他们的习尚，他们的禁忌，他们的艺术，都是他们具体的教义和教材"③，在此基础上建立的民间艺术学，正好可以补充现代学校教育所失落的东西。在发展民间艺术学教育上，钟敬文受到日本柳田国男的影响，强调用这种教育了解祖先历史。他还提出自己的观点，即选择一部分民间艺术的历史遗产进入新文化。在他晚年的看法中，还进一步提到，发展民间艺术学的教育，可以帮助国民增加认识中国文化特征。

第四，民间艺术学补充民间文艺学。钟敬文所创建的民俗学整体框架中，民间艺术学的学科建设，一个直接的功能，是补充和完善民间文艺学。在他1980年发表的《建立具有中国特点的民间文艺学》一文中，他仍继续呼吁建设具有"中国特点的民间文艺学"，所指新观点，包括重视民间艺术学。他提出，缺乏对民间艺术学的观照，民间文艺学也研究不好。民俗学者必须重视两个学科布局的整体性。

> 原始社会中某些思想文化（包括文学、艺术），彼此间具有相互关联，它们具有一定的"整体性"。大家知道，在原始社会里，舞蹈、音乐同诗歌，三种艺术往往是结合的——所谓"总体艺术"。我们记录或研究某些民歌的时候，如果把它跟相关的音乐、舞蹈方面完全抛弃了，那结果可能使它成为残缺不全的东西。……所以，我们一定不要把民间文学跟普通文学混同起来，并且应该把民间文学同其他意识形态、社会活动联系起来，特别要注意到在社会文化中它们相关的"整体性"。我们一定要看到民间文学是一种"特殊的文学"，同时又是一种与其他社会文化有密切联系的"文学"。认识这一点，对

---

① 钟敬文：《被闲却的民间艺术》，《钟敬文文集·民俗学卷》，第294页。
② 钟敬文：《〈民间艺术专号〉序言》，《钟敬文文集·民俗学卷》，第531页。
③ 同上书，第532页。

于建立科学的民间文艺来说是很必要的。否则，我们所建立的恐怕只是"一般文艺学"。它的科学性将是很可疑的。①

熟悉钟敬文学术思想的学者知道，他这个观点是对 1950 年接受苏联民间文学理论的部分修改，本文为了集中讨论民间艺术学，暂不对此点展开讨论②。但要特别强调的是，钟敬文晚年强调，民间艺术学与民间文艺学，在文化来源与传承对象上，两者同源共体，所以，民间艺术学对民间文艺学的"科学性"有支撑作用。

第二节　民间艺术学的结构

钟敬文的民间艺术学提出了一些基本问题。了解这些问题，对新时期民间艺术学的发展有益，也对建设现代民间文艺学和民俗学有启示性。

我国民间艺术学、民间文艺学和民俗学的发展虽然不平衡，但从人类文化知识系统的更大范畴上说，都属于口头传统研究。研究口头传统缺少了感性的、声音的、视觉的民间艺术，就等于折断了一只翅膀，在研究价值和目标上也会打折扣。概括地说，有以下基本问题，至今值得讨论。

一　比较民俗学的视角

我们也许不应该认为，钟敬文搞民间艺术学走了一条弯路，而应该认识到，他花毕生精力建设的是包括民间文艺学及包括民间文艺学在内的整体民俗学。在 1943 年撰写的《〈民俗〉（季刊）编后缀话》中，他的这种倾向已十分明显。他说："民间艺术的搜集和研究，无疑是民俗学领域内的一部分重要工作。"③ 而我们要强调的是，他在这方面提出的一个基本问题，是开展不同学科之间的比较研究。我们观察钟敬文此文和相关文章可以看到，他将他和一批同道在 20 世纪 20 年代已经开始的比较民间文学

---

① 钟敬文：《建立具有中国特点的民间文艺学——在昆明〈思想战线〉编辑部召开的座谈会上的讲话》，原作于 1980 年 7 月 5 日。收入钟敬文《民间文艺谈薮》，湖南人民出版社 1981 年版，第 58—59 页。

② 关于钟敬文对 20 世纪 50 年代接受苏联民间文学理论的反思，参见钟敬文《我与中国民俗学》，张世林编《学林春秋》，中华书局 1998 年版，第 50—51 页。

③ 钟敬文：《〈民俗〉（季刊）编后缀话》，《钟敬文文集·民俗学卷》，第 548—549 页。

研究，正在向民间艺术学的领域扩大，乃至向"民间宗教"学等深处层面去努力，这样看来，他建设民间艺术学，就是一个庞大而坚实的必要目标，成败的结果并不是重要的。

民间艺术的搜集和探究，无疑是民俗学领域内的一部分重要工作。过去的多数民俗学工作者，并不是完全忽略了这块田地，不过他们耕耘的地面太过有限罢了。他们只忙于收集歌谣，探讨故事，却没有多花精神去过问送灶的神马，娱神的社戏，庙里的菩萨塑像，道士的手舞足蹈，……而这些在民众的生活和心理的研究上，却至少具有和巫术仪式或故事类型相等的意义、价值。

他在当时不容分神的形势下，仍要在民俗学中辟出一块地，容纳民间艺术学，再用民间艺术学去扩充民间文艺学和民俗学，这从理论上说，没有问题，但我们还要看他的方法，才能认定他这种选择的深意。比如，怎样在国内不同地区和不同民族的民间艺术、"巫术仪式或故事类型"之间做比较研究？就是一个实际问题。在此文中，他力推许地山，而曾以翻译和介绍印度故事文学闻名的许地山，很早就给钟敬文带来了比较文学方法论的影响。钟敬文以大段文字记述许地山的贡献，称他为"我们的学界"中"不凡的新学者"。

中国的新学术运动，不过只有二三十年的历史，许多比较普通性质的学问，大都还没有十分强固地建立起来，冷僻一些的自然更不用说了。虽然这样，在这短短的年月里，我们的学界也产生了一些不凡的新学者。像前年在香港逝世的许地山先生，就是其中的一个。许先生早年虽然以文学创作被世人所知道，可是，他更大的成就却在于后来关于民间宗教史的研究上。他的"道教史"是一种开荒的工作，也是一种奠基的工作。如果他不在这壮盛的时期死去，那最后的成功，恐怕是谁也不敢臆断的。

今天，我们为了对这位已故的优秀学者表示敬意，更为了鼓舞那些埋头从事于比较冷门学术研究的学者的努力，特地在本期上刊出一些纪念的文章。在我们学术资料的土地上，民间宗教和民间迷信，是一个广阔的原野。希望同志们奋力去完成许先生没有完成的伟业。能够那样，更是一种对他有意义的"纪念"了。①

关于许地山与钟敬文的思想渊源关系，我们将在讨论钟敬文中印日比较故事研究的专论中去谈，这里只想简要指出两人的不同之处：许地山的比较研究是在中外之间，钟敬文的比较研究目标是在国内，这是另一种比较民俗学。钟敬文在本国民俗学的框架内进行民俗学、民间文艺学和民间艺术学的比较研究，在资料、理论和方法上交叉互补，其实里面的难题很多，次生问题也很多。这种工作今天也还要进行，才能深化我们对中国民俗文化内涵的认识。

二　民间艺术与社会史

钟敬文将民间艺术学、民间文艺学与民俗学通盘思考，在这方面，他提出的另一个问题是，以往民间文艺学和民俗学所关注的文学艺术，与民间艺术学所关注的造型艺术、表演艺术和物质艺术，在研究的过程和方法上，彼此有何不同？他的回答是，造型艺术、表演艺术和物质艺术三者，对民间日常社会的渗透更直接、更迅速，形成社会舆论的渠道也更直接，因此更适合做社会史研究。

以节日民俗研究为例。节日是享用文学艺术的社会现场，又是造型艺术、表演艺术和物质艺术一齐登场的社会舞台。其实文学艺术正是在这个舞台上被形象地传讲的。相比之下，研究节日民俗，非文学的民间艺术分量更重，因为它的出场过程正是社会史本身。早在20世纪30年代，他已发现这个规则，他说"在新年佳节的时候，在迎神赛会的时候，在朝山进香的时候……这是民间艺术特别显身的机会"②，他的这种思想在抗战时期迅速发展。1939—1943年，在全国抗敌文艺高潮中，他连续发表4篇文章谈民间艺术，并将之与社会史结合研究。他从五四社会史开始，讲到抗战社会史，认为在群情激愤的社会史中，学者容易找到研究的方向。他还举例说，"像民间木刻、民间绘画及民间戏曲等，都受到以往不曾有过的关心和探究。目前这种运动正在不绝地急速向前发展"③。这些都可

---

① 钟敬文：《〈民俗〉〈季刊〉编后缀话》，《钟敬文文集·民俗学卷》，第549页。
② 钟敬文：《〈民间艺术专号〉序言》，《钟敬文文集·民俗学卷》，第530页。
③ 钟敬文：《民间艺术探究的新展开》，《钟敬文文集·民俗学卷》，第302页。

以成为民间艺术学研究的切入点。

　　那些本来集中在少数大都市的戏剧家、音乐家、画家和诗人等，都被迫成或自动地漂泊到偏僻的乡村，停留在古老的小城镇。他们成为"民间的人"。……现在许多地方都建立了艺术及文艺研究的团队，像漫画宣传队、演剧宣传队、歌咏队等。这些不是大可以发挥集体探究的力量吗？

　　为了工作扩展的方便，我以为必须有一种专门处理这种工作的组织。全国应该成立一个民间艺术研究的总会，而各地或性质上有关系的机关团体成立分会。这在搜集和整理资料工作上，在进行研究、讨论工作上，都有极大的必要①。

现在我们知道，二战艺术品本身也已成为特殊的文化产品，而他很早就看出了这个机会，他说："在这种意义上，今天民间艺术的搜集、研究运动，和抗战以前的比较起来，是有性质上的差别的。它是一个跃进。"②事实也是这样，在抗战时期，学者从事民间艺术研究的社会事件与社会团体，对建设进步的抗战社会文化发挥了积极作用。当时他提出建设民间艺术学的社会机构，是将民间艺术学建设制度化的最早呼吁。新中国成立之初，他又发表了《进一步挖掘和发扬人民固有的艺术》一文，对采用社会史方法的认识更为明朗。这是一篇为民间音乐舞蹈所作的专论。比起1949年前，他的看法增加了三点：一是将社会史看作人民的"生活和斗争"史；二是提到汉族和少数民族人民共同进行"艺术创造"，认为民间艺术有全民族性；三是将民间艺术视为社会史中"固有的艺术"，但这种固有艺术不是人类学和考古学所说的原始艺术，而是代表国家民族伟大历史的艺术。③

　　前面提到，他在20世纪40年代已接受法国社会人类学等学说的影响，把眼光转向现实社会。这时他在全国接受苏联影响的氛围中，又接受

____

① 钟敬文：《民间艺术探究的新展开》，《钟敬文文集·民俗学卷》，第305—306页。

② 同上书，第303页。

③ 钟敬文：《进一步挖掘和发扬人民固有的艺术——庆祝第一届全国民间音乐舞蹈会演大会》，《钟敬文文集·民俗学卷》，第296页。

了苏联的社会史方法。但他这时要肯定的是人民的艺术史，而不是早期人类学所说的史前艺术史，他要肯定的是人民不仅拥有现实的民间艺术，而且也创造了"历史的、集体的"艺术①。他是在建设民间艺术学的这一阶段的探索中，接受了人民在全部社会史中承担主体角色的观点的，并在这一前提下，也接受了人民艺术的提法。他还直接引用了苏联加里宁的话，把人民艺术的地位提升为"艺术的最高形式"。这种夸张论断在他一生中都很少见。

　　　"毫无疑问，人民的艺术，是艺术的最高形式，是最有才华、最天才的艺术。这种艺术是为人民所铭刻、为人民所保存、人民经过数世纪加以琢磨、选出、保存和流传下来的只是最宝贵的、最有才能的东西。"加里宁同志这种卓越的见解，应用在我们汉族人民和兄弟民族固有的艺术上是完全恰当的。②

　　我认为，我们不需要用今天的观点说他在当时不得已而为之，而应该承认，他当时也是讲真心话的。他是在表达一种参与社会主义新国家文化建设的个人决心，他的态度比他的观点更真切。他当时的目的是在对早期人类学的弊病和我国传统正统文化压制民间艺术的偏见做双重否定。他在这种情况下高调地肯定人民艺术，符合他自五四以来一直为之奋斗的学术理想。他也按照这个态度去接受毛泽东《在延安文艺座谈会上的讲话》，这也等于他在为人民艺术的高度利用增加筹码。

　　　毛主席对于我们怎样接受人民的文化遗产及怎样使新文化民族化（即采取民族形式）等问题，已经一再地作了英明的指示。到了延安文艺座谈会的时候，毛主席更就文学、艺术方面作了剀切详明的发言。他指出人民有他们自己的文艺，例如民歌民间故事以及墙报、壁画等。为工农兵服务的文艺工作者，必须尊重这种"萌芽状态的文艺"，必须正确地对待它。不真心爱它，或者为着猎奇，为着装饰自

---

　　① 钟敬文：《进一步挖掘和发扬人民固有的艺术——庆祝第一届全国民间音乐舞蹈会演大会》，《钟敬文文集·民俗学卷》，第297页。

　　② 同上。

己的作品，甚至为着追求其中落后的东西而爱它，都是错误的，是小资产阶级的意识作祟的结果。由于这个指示，一般进步的文艺工作者才更加（或开始）重视人民固有的各种艺术，并把它跟自己的创作活动密切地结合起来。十多年来，特别是中央人民政府成立以来，我们的文学、艺术界在实践这种理论方面获得了光辉的成就。①

新中国成立初期，从国家性质和政党制度上，都把人民利益放在首位，全党全社会无论怎样抬高人民艺术的地位都不过分。其中提高少数民族艺术的地位，正是党和政府提倡社会主义文化意识形态和民族形式结合的最佳做法，钟敬文对此是举手赞成的，所以他的表态也成为他建设新国家民间艺术学的不可须臾忽略的步骤。

尽管如此，我们仍能从他的热情态度的背后，找到另一种思想真实。例如，他要求政府教育各级行政干部不要轻易指责或取缔某些民间艺术品种。他诚恳地说，看起来不合时宜、跟得不紧的民间艺术品，"尽管身上多少带着些锈。但是，这种艺术品，只要我们稍加擦拭，它的固有的美质就会放出毫光来"②。他还希望改变政府行政管理的思维方式，不要以行政手段处理民间艺术遗产。我们能看出，对待学术问题，他仍坚持他的学术态度。

钟敬文是引导我国传统优秀民间艺术进入"新的文化系统"以及高等教育的关键学者。他要求"必须使它生动地活在我们的新的文化系统中"，而"这种继承和发展，是跟我们广大人民和各兄弟民族的进步利益完全相适应的。这是我们目前建设祖国新文化任务的一个组成部分"。需要指出的是，50年代早期，他对民间艺术学的论述和推举，与他建立新中国的民间文艺学也是同步的，他当时在北京师范大学成立了全国第一个民间文学教研室。

20世纪80年代以后，钟敬文总结毕生治学之得失，指出艺术研究的特殊性。

①　钟敬文：《进一步挖掘和发扬人民固有的艺术——庆祝第一届全国民间音乐舞蹈会演大会》，《钟敬文文集·民俗学卷》，第299页。

②　同上。

> 艺文重欣赏，其次乃评论。倘若两兼之，品格自高峻。
>
> 真正的艺术产品不是普通的东西。曾经还有一种倾向，就是把文学艺术品仅仅当做思想资料来处理，那也是狭隘的。因为，艺术的内涵，远远超过思想。艺术品里固然有思想，这毋庸置疑；但是，它还有感情，还有专门的艺术象征等其他方面的性质。①

他所概括的一些基本观点，比如艺术大于思想、艺术的核心是情感、艺术的性质是象征和艺文重欣赏等，都是相当精彩的。其次，他提出，马克思主义社会史理论应该是开放的思想体系，"中国改革开放后，在经济政治战线，它也正在被加以发展。我认为，这个原则，对文学评论界同样适用。就是说，对那些有益于马克思主义文艺理论的发展、丰富和强化的其他理论与方法，也应该为我国所适当地吸收。只要它们对我们理解和阐释文学现象确有帮助，我们就应该实事求是地予以借鉴"②。在这个问题上，他不是柳田国男，柳田国男本人吸收了欧洲民俗学理论，但却在日本抵御西方的东西。再次，钟敬文提倡，采用民俗学的方法，其实也是民俗学与民间文艺学和民间艺术学可以通用的方法，如类型学的方法、民俗社会史的方法，开展研究。

> 我个人曾设想进行这方面的尝试。我记得，我年轻的时候在杭州，很喜欢看李商隐的诗。李诗中采用了不少神话传说的典故，我想就此写一本书，后来因为事忙，没有写成。不过，至今回想，这个动机还是有道理的。因为，即使像李商隐这样被认为是唯美派的诗人，其作品里还有很多同民俗文化相关的东西，何况历代其他诗人文学家的作品呢？所以，我觉得，现在的文学研究，既然路子很宽，应该有

---

① 钟敬文：《文艺研究中的艺术欣赏和民俗学方法——1997 年 10 月 6 日在中国社会科学院文学所庆祝〈文学评论〉创刊 40 周年纪念会上的讲话》，董晓萍整理，原载《文艺研究》1998 年第 1 期，收入钟敬文《建立中国民俗学派》，黑龙江教育出版社 1999 年版，第 148 页。

② 钟敬文：《文艺研究中的艺术欣赏和民俗学方法——1997 年 10 月 6 日在中国社会科学院文学所庆祝〈文学评论〉创刊 40 周年纪念会上的讲话》，钟敬文：《建立中国民俗学派》，黑龙江教育出版社 1999 年版，第 149 页。

同志从民俗学的方面开辟一块领域。①

西方民俗学理论，包括类型学，能够在中国逐步被接受，是因为中国也有相似的文艺思维模式。中国文学与民俗有天然联系。从他所给出的依据看，在一部中国文学史中，即便唯美的艺术文人，往往也有民俗感觉。"像李商隐这样被认为是唯美派的诗人，其作品里还有很多同民俗文化相关的东西"。中国古代文人使用故事母题进行诗歌、小说和戏曲创作，再添加地域性或民族性的民俗描写，已形成源远流长的传统。当西方的类型学理论输入后，经过中国学者实施中国化的改造过程，便能够用来容纳中国的丰富文艺遗产。

三　造型艺术、表演艺术与文学艺术

自 20 世纪初以来，曾有不少学者涉足皮影戏的考察和研究，其中的一个分支对象是河北乐亭皮影。钟敬文也有专谈皮影戏的文章，题目就叫《看了乐亭皮影以后》②。这是他在 1963 年应邀观摩人民大会堂的乐亭皮影社晋京会演后撰写的文章，当时的演出剧目有传统皮影戏《五锋会》《乾坤带》和《盘丝洞》，还有新编革命剧目《刘胡兰》。30 年后，我带研究生去河北乐亭地区调查皮影戏，再看老艺人表演《五锋会》，回京后撰写了调查报告和论文，钟先生还提出过指导性意见③。

不用说，关注乐亭皮影，是我国现代学术史上的老话题。钟敬文在此文中，概括了新中国时期河北皮影戏变迁的一些具体问题。其中，有关民间艺术中的造型艺术、表演艺术与文学艺术融汇流传的问题，是一个基本问题。截至 50 年代初，在西方和苏联传入的民间艺术和民间文学理论中，都强调口头性特征，不谈民间文本。至 50 年代中期，在苏联民间文学理

---

① 钟敬文：《文艺研究中的艺术欣赏和民俗学方法——1997 年 10 月 6 日在中国社会科学院文学所庆祝〈文学评论〉创刊 40 周年纪念会上的讲话》，钟敬文：《建立中国民俗学派》，黑龙江教育出版社 1999 年版，第 151 页。

② 钟敬文：《看了乐亭皮影以后》，原作于 1963 年 2 月 21 日。初刊于《民间文艺谈薮》，第 257—265 页，收入《钟敬文文集·民俗学卷》，第 281—288 页。

③ 此指我本人撰写的河北皮影戏的影卷和传统剧目流传现状的调查报告，此外，还曾指导研究生庞建春完成专题硕士学位论文《〈五锋会〉调查研究》，答辩时间：1999 年 5 月。导师钟敬文先生对这个报告和论文的写作提出了很多宝贵的指导意见，并参加了该生的论文答辩。

论的中译本中，偶尔指出群众文化活动有文本创作现象，但也不是我们所说的民间艺术主动借助文本进行表演的传统。而在我国的皮影戏传承史上，民间艺人使用影卷学习和演唱，使民间戏曲与文学艺术融通一体，却是一个长期的历史现象，河北乐亭皮影戏也不例外。没有文学艺术的皮影造型艺术和表演艺术是不可想象的，它是中国百花齐放的民间艺术史上保留下来的一个特色品种。钟敬文指出，皮影戏的这种生态形式具有极强的兼容性，引来多学科学者的兴趣，但要取得较好的成绩，"戏剧家、音乐家、画家、图案家、工艺美术家、文学家、民间文学研究家等的通力合作是必要的"①。

这时他已经历尽政治挫折，在 20 世纪 60 年代的政治氛围中，他对皮影戏所表现的社会功能给予真诚的理解，但这是他的态度，不能完全等于他对学科的理性建设。在学术上，他还是谈他的民间艺术学。他从"画家"与"图案学"的关系中切入分析，让我们还能看到他早年提出民间绘画的宗教属性的观点的影子。当然，比起 30 年代，这时他讨论民间艺术的文化属性的视野是开阔的。他采用了新的表述模式，有以下几点：第一，民间的造型艺术、表演艺术与文学艺术相结合，与其内部文化的"技术"知识是吻合的，包括纱幕技术、影人操纵技术等，改编皮影戏也需要对此加以维护和发展；第二，皮影戏的全国分布，遍及南北城乡，不止河北乐亭皮影，因此也要关注其他地方皮影戏的特殊知识和技术，如陕西皮影和北京皮影等；第三，皮影戏的文献化传统和国际影响。他指出，清人富察敦崇《燕京岁时记》就已对皮影戏有所记载。中国的皮影戏还被写入外国的学术著作和文学书籍，如《世界傀儡戏年鉴》《世界各国的傀儡戏》和《秘密的中国》。正是对各类民间艺术广泛融汇的特点，使皮影戏成为"有世界声誉而又在新社会里继续发挥着作用的民间艺术"②；第四，提倡开展比较民俗学的研究，他将中国皮影戏与印度尼西亚的皮影戏、韩国皮影戏做了初步比较；第五，个人观看皮影戏的现场体验描述。

这类题材在我国传统的及近代的人民创作中又是一个取用不竭的宝库，其中有许多还是经过别种艺术形式（如说唱等）或别的剧种

---

① 钟敬文：《看了乐亭皮影以后》，《钟敬文文集·民俗学卷》，第 286 页。

② 同上书，第 287 页。

运用过，并取得成功的。增添这类剧目，在内容的加工上较少障碍（因为原来就是经过千锤百炼的艺术品），在制作皮影片和演技上也较有传统的依据。

传统剧目的唱词，大都是从过去继承下来的。在这方面，我们自然不应该随便改动，以致使它失去原有的表现力量与谐和的风格。[1]

他是极富观察力的学者、诗人和文学家，在个人体验与理性构建的转化之间没有障碍。我们应注意他对当时皮影戏的改造方向提出的三点意见：①保留传统剧目和优秀的传统唱词；②将童话和动物故事引入皮影戏，培养儿童一代的兴趣；③保护表演传统的传承过程，这对于磨炼好戏有积极作用。

在那种政治条件下，他还是强调改造民间艺术作品的学术性，认为改造的目标，在于"要改得的确胜过原来的，有没有明显的副作用（破坏剧情的统一性或固有风格等）才好"[2]，不然不如不改。对他的这些意见，我们也要会读。

在发表《看了乐亭皮影以后》17 年，他又对社会主义文艺建设提出意见[3]，有两点。第一，新中国成立初期"所针对的重要问题，还没有较好解决"[4]。对民俗学和民间艺术学这种学科来说，用政治观点去管理，会造成很多损失，他称之为"狭隘的马克思主义"。

有好些人（我相信他们大都出于好心），对民间文学，往往拿我们现在社会的政治、法律、道德、风习和思想的标准去衡量它，要求它。如果不是这样做，好像就不能达到古为今用的目的。我们以为，这是不大理解民间文学的性质特点的想法和看法。

大家知道，民间文学，特别是那些产生于远古的神话、传说和史诗之类的作品，是跟我们现在很不同的社会环境的产物，它所反映的

---

① 钟敬文：《看了乐亭皮影以后》，《钟敬文文集·民俗学卷》，第 284—285 页。

② 同上书，第 285 页。

③ 钟敬文：《谈框子——周总理六月十九日讲话读后随笔》，原作于 1979 年 2 月 7 日，钟敬文：《民间文艺谈薮》，湖南人民出版社 1981 年版，第 45—52 页。

④ 钟敬文：《谈框子——周总理六月十九日讲话读后随笔》，钟敬文：《民间文艺谈薮》，湖南人民出版社 1981 年版，第 45 页。

社会现实（政治、经济、风俗、道德和当时人们的思想、感情、想象和希冀等），都跟现在我们的不同，甚至于完全相反。

　　　　如果我们稍微具备民族学、原始文化史、比较神话学和民俗学等科学知识，这些，本来是不怎么难理解的①。

他因此强调民俗学和民间艺术学的研究应保持相对独立性，他还再次谈到要开展比较研究。

　　第二，去除盲目学苏联造成的框子。他没有动摇对理想社会史的追求，但对非理性的学苏联理论的教训进行了反思。他肯定新中国成立初期学苏联的一些文学理论是有用的，"它跟解放前的这方面的情形比较起来，不能不说是一种进步"②。他也感受到新国家社会建设和文化建设关系的复杂性。他要求不要用一般文学理论同化民俗学、民间文艺学和民间艺术学，而要正视中国民间文艺产品的具体特点，要求建设"特殊文艺学"。"对于文学、艺术这种精神产物，也许特别是这样"③。

四　面具艺术与宗教

　　1998 年，钟敬文继 1987 年谈贵州傩戏之后，第二次谈这种造型兼表演的综合艺术，但有一点不同，就是在思想解放的氛围中，他重新讨论民间艺术与宗教的关系。这也是一个基本问题，与民间艺术的思想价值、社会功能与文化传承渠道都有关系。

　　他指出，在世界四大文明中，中国的民间戏曲独有地位。以流传久远的傩戏为例，与它具备这种宗教文化属性有关。

　　　　现在国内外学者所探索的民俗文化的热门课题：傩戏及萨满教，两者不但在今天中国境内分布十分广阔，而且前者的消息远在两千多年前，就在文献中出现了，以后不断有历史文献记载产生，后来它从

---

　　①　钟敬文：《谈框子——周总理六月十九日讲话读后随笔》，钟敬文：《民间文艺谈薮》，湖南人民出版社 1981 年版，第 47—48 页。

　　②　同上书，第 50 页。

　　③　同上书，第 51 页。

原始的宗教仪式（驱魔）发展到广泛流传的南中国的民间戏剧，历史线索显然可见。①

他坚持认为，对这类民间艺术，应与民间宗教作为一体文化进行研究。与他早年研究的民间艺术的宗教文化属性相比，现在他对傩戏的观点是有连续性的。他还发展了早年的观点，指出，节日中最有情趣的是"宗教艺术"②，宗教艺术对枯燥无味的、理智的、实用的生活成分进行反叛，激发了生动的、富有情趣的节日活动，他还在这个意义上提到了根据月兔故事制作的兔儿爷手工艺玩具。

五　节日艺术与狂欢文化

在1999年发表的《略论巴赫金的文学狂欢化思想》一文中，钟敬文借鉴西方的狂欢理论，使用中国资料，从这个角度，对民间艺术的性质和特征做了较为完整的论证。他曾在1937年谈到中国人有愉悦的狂态③，至这时谈中国人狂欢中的艺术活动，由此发展他的民间艺术学理论和方法论，中间相隔60年。

他使用比较民俗学的方法，将中国民间艺术活动与巴赫金的狂欢理论做比较，提出，两者是可以比较的对象。

所谓"狂欢"一词，我国过去在学术上还不曾作为术语来使用，但在中国的社会史和文化史里面，的确存在着这种现象。

中国文化中的狂欢现象，从历史和现实的情况看，都是存在的。至于巴赫金的狂欢文化理论，同中国的文学作品和文学理论，能不能挂上钩；如果能，彼此之间又是一种什么样的联系；或者说，中国文学中的狂欢描写是以什么样的中国风格体现出来的，这些都需要给予

---

① 钟敬文：《致山西国际会议：写给"中国的祭仪、音乐与戏剧及其社会环境学术研讨会"的贺信》，原作于1997年6月10日，原载《随笔》1998年第1期，收入钟敬文《建立中国民俗学派》，黑龙江教育出版社1999年版，第100页。

② 钟敬文：《节日的情趣》，原刊于《光明日报》1988年2月21日，钟敬文：《话说民间文化》，人民日报出版社1990年版，第58页。

③ 钟敬文：《〈民间艺术专号〉序言》，《钟敬文文集·民俗学卷》，第530页。

切实的回答。①

他指出，研究中国人的狂欢文化中的民间艺术，应该注意几个特点：一是在狂欢文化中，富有民间艺术产品，"像中国保留至今的民间社火和迎神赛会，其中的一些比较主要的传统活动和民俗表演，就同世界性的狂欢活动，在一定程度上，具有一致性"②；二是在狂欢文化的精神现象中，有民间艺术的情感成分，"洋溢着心灵的欢乐和生命的激情"③；三是在狂欢文化结构中保留着宗教成分，"中国的这类活动，保存着宗教法术的性质，它们与现实的崇拜信仰，依然有着比较密切的关联"；四是狂欢文化的社会网络"还带有民间娱乐、民间商业等种种其他因素"，与社会人群的联系更为复杂；五是民间艺术展演是象征性的表达，其中的丑角，"是由先秦的俳优发展而来的。但在狂欢生活中，丑角，却扮演了对既定的社会秩序或规范进行嘲讽、抨击，甚至反抗的鲜明角色"；六是狂欢文化具有社会整合的功能，"暂时缓解了日常生活中的阶级和阶层之间的社会对抗，取消了男女两性之间的正统防范等"④，同时也起到文化自律的作用；七是狂欢文化对基层社会和上层社会的生活方式都有调节功能。

> 整个一部《水浒传》，差不多都可以叫做狂欢文学。其他像《红楼梦》，也有狂欢情节的描写。《红楼梦》里面写到的许多宴会，就是一种狂欢化的象征。即贾宝玉不喜欢做官，追求男女平等，在他的个性化的生活方式中，就有一些狂欢行为。类似的例子，在《儒林外史》等其他古典小说中也有。⑤

---

① 钟敬文：《略论巴赫金的文学狂欢化思想——1998 年 5 月 14 日在〈巴赫金全集〉中译六卷本首发式上的讲话》，董晓萍整理，原载《光明日报》，1999 年 1 月 28 日，收入钟敬文《建立中国民俗学派》，黑龙江教育出版社 1999 年版，第 154 页。

② 同上。

③ 钟敬文：《略论巴赫金的文学狂欢化思想——1998 年 5 月 14 日在〈巴赫金全集〉中译六卷本首发式上的讲话》，收入钟敬文：《建立中国民俗学派》，黑龙江教育出版社 1999 年版，第 153 页。

④ 同上书，第 155 页。

⑤ 同上书，第 157 页。

　　总之，狂欢文化对全民族的精神世界都有塑造作用。钟敬文的这些观点，无疑深化了民间艺术学，是他晚年学术思想集大成的结果。

六　物质艺术与技术民俗

　　在钟敬文的文章中，物质艺术的范围，包括民居等实体性的民用建筑和剪纸等平面艺术加工物品。他于 20 世纪 80—90 年代发表《民间美术与民间文化的问题》和《中国民居漫话》等文章①，集中谈到这方面的意见。钟敬文一生谈物质艺术的文章不多，但他却在有限的文章中谈到物质艺术的观点，同样值得讨论。

　　钟敬文晚年在很多场合下谈物质艺术，与适逢祖国改革开放，民间艺术搜集和展览活动增加，民间艺人也在展览中频频露面有关。他的文稿大都是根据在地方民间艺术展览会上的讲话稿修改而成。这类讲稿有几个特点：一是提到他关注民间艺术是有连续性的，"从年轻时就比较重视它"。在改革开放的社会环境中重视传统民间艺术的复苏传承，"不仅是保留下过去的东西"，"更重要的是使它作为我们民族文化的根本，精神力量的一种支柱"。但同时也要注意在外来文化的冲击下保护它和传承它，而"世界上有些国家有过这种事例和教训"。注意分析新形势，才能正确处理"保存、发展和吸收的关系"②；二是扩大民间艺术的关注种类，他提到了扑灰画等"30 个品类，1000 多件物品"，都是他过去未曾提起的；三是提倡发展地方民间艺术研究，指出"本地人研究本地的文化物产最方便，最有利。民间艺术是一个地区整体文化的一部分"③。他还在很多场合下，对以会展和专题博物馆形式等保存民间艺术的做法给予肯定，认为这有利于在世界文化的交流与竞争中建设我国民间艺术文化的主体地位。

　　在新时期，钟敬文重新界定了民间艺术的概念。1989 年，他在为四川人民出版社出版的《中国民俗艺术》（汉民族卷）一书撰序时，使用了

---

　　①　钟敬文：《民间美术与民间文化的问题——在山东高密民间艺术展览座谈会上的讲话》，原作于 1984 年 6 月 16 日，《钟敬文文集·民俗学卷》，第 613 页。钟敬文：《中国民居漫话》，原作于 1994 年 7 月下旬，文集，第 270—276 页。

　　②　钟敬文：《民间美术与民间文化的问题——在山东高密民间艺术展览座谈会上的讲话》，《钟敬文文集·民俗学卷》，第 614 页。

　　③　同上书，第 615 页。

他不大使用的"民俗艺术"一词，大概因为书名所致，但在此文中，他还是使用了"民间艺术"的概念。不过，与20世纪30年代比较，他在概念界定上已有所不同。在此，他不仅将民间艺术与民俗事象并论，而且提出民间艺术有自己的独立性，还能成为民俗的载体。这种看法，对此前认为民俗是艺术载体的观点，是有所修正的。

> 民间艺术是各个民族文化的有机部分，同时它也是民俗事象的一个构成部分。
>
> 但是，从另一方面看，民间艺术又有自己相对的独立性——其实民间艺术内部各个种类，如民间绘画、民间雕刻及各种民间实用工艺品，也大都各有其相对的独立性。因此，民间艺术，既在民俗事象（广义的）之内，又在民俗事象（相对狭义的）之外。两者的关系是复杂而又密切的。在许多场合，民间艺术的活动或出现，不仅跟其他民俗事象联结在一起，它往往还是许多民俗事象的载体，是附着物。①

他强调，在民俗学研究中，不能用民俗事象代替民间艺术，而要发现民间艺术的内在规律，这样民俗学就成为一种方法，而不是用民俗的内容去覆盖民间艺术的内容。这是他的新观点，比起单讲民间艺术是民俗的组成部分的观点更为全面。他的物质艺术的观点是在此基础上发展而来的。1994年，他为央视《中国民居漫谈》纪录片撰写序文，首次使用了物质艺术的概念。他围绕这个问题讲了三点，简明地勾画了他在这方面长期探索的思想历程。一是他从20世纪20年代开始搜集考古学、民族志等资料，当时已看到法国学者摩尔庚《历史以前的人类》一书，建立了最初的人类学视角的民间艺术概念。二是他受到日本老师西村真次博士的《技术进化史》一书的影响，了解到这类研究是"综合工艺学"的一种②，从此建立了工艺艺术的意识。三是在后来的中国民俗研究中，认识到民居是有艺术设计的物质实体。民居不是单纯的建筑物，还是具有审

---

① 钟敬文：《关于民俗艺术——〈中国民俗艺术〉序言》，原作于1989年6月10日，《钟敬文文集·民俗学卷》，第460—461页。

② 钟敬文：《中国民居漫话》，《钟敬文文集·民俗学卷》，第271页。

美、伦理、宗教和社会阶层性的艺术品种。他在这次论述民间艺术研究的深度之后，反思自己一生未及过多涉猎物质艺术研究的遗憾。

> 由于上述的情形，我感悟到自己过去在民俗学的意识上和实际作业上，对于民间的物质文化，特别是人民生存的基本文化：民居，不够重视；而这不管从我的专业思想说，或从个人的文化观说，都不免是一种缺点。它实在有待于今后自己的补过。①

在晚年的教学活动中，或在其他场合的谈论中，他都经常提到民间艺术与民间工艺品、民间医学和民间社会组织都有关系，应该从整体文化的角度去认识。现在他的后学已在物质民俗研究方面从事后续建设。

第三节　民间艺术学的研究个案

钟敬文对民间艺术学的研究过程和成果，主要体现在他所建立的三种个案中。它们是：天国神话、女娲神话和老鼠嫁女型故事。他通过这些个案，在学术研究的基础理论和方法论上，奠定了民间艺术学的框架，也拓展了民间文艺学和民俗学的研究。

一　天国神话

1973 年，在经过半个世纪的探索积累之后，钟敬文使用中国考古学者发掘马王堆汉墓的帛画进行研究，发表《马王堆汉墓帛画的神话史意义》一文②，建立了民间艺术学研究的第一个完整个案。从他 1928 年对中山大学民俗学会展览室的神马展品开始讨论起，到 1973 年，中间历经近半个世纪。他在这一个案中，对帛画图案的上半部分内容，主要是月亮神话，使用中国民俗学的观点给予解释。对照他早期使用的人类学观点，

---

①　钟敬文：《中国民居漫话》，原作于 1994 年 7 月下旬，《钟敬文文集·民俗学卷》，安徽教育出版社 1999 年版，第 272 页。

②　钟敬文：《马王堆汉墓帛画的神话史意义》，原作于 1973 年，《钟敬文民间文学论集》（上），第 121—147 页。钟敬文最早研究女娲神话，见于其 1931 年发表的《中国的地方传说》，《钟敬文民间文学论集（下）》，上海文艺出版社 1985 年版，第 74—100 页。

他已有了重要突破。以下是主要观点。

为古墓藏画图案研究提供神话学的依据。据他的列举，他研究这幅汉墓帛画，参考了其他考古学资料，包括湖南长沙地区陈家大山出土的凤夔人物帛画、孝堂山石室和武氏祠石室的刻像、南阳汉画像、江苏徐州汉画像、重庆沙坪坝石棺画像、陕西米脂官庄墓门刻像、新疆吐鲁番的绢画等。这些考古学资料中的古老绘画图案，被他当作民俗学考察的对象。他按中国神话特点，集中考察这幅帛画的上部，即天上部分。他使用先秦、魏晋和唐代民俗文献，如《天问》《淮南子》《吕氏春秋》《山海经》《玄中记》梁任昉《述异记》、徐整《五运历年记》和司马贞《三皇本纪》，也参照考察了吐鲁番绢画等其他年代相近的艺术品，然后对该画像中的神祇身份进行认定，最后提出，这位站在帛画天国中央的大神似为伏羲。①我们可以猜想，整幅帛画是整体，他只论上部、不谈整体，是出于某种谨慎。但可以肯定地说，他所谈的帛画上部是他比较有把握的部分。他未发表意见的部分，如帛画中的现世与来世图案等，也是迄今为止民俗学不单独考察的对象。一般来说，民俗学要与考古学和人类学等合作，共同解决墓葬绘画的复杂问题。钟敬文开辟了用中国民俗学补充考古学和人类学的先河。当然，民俗学的解释对考古学和人类学的解释不是取代关系，而是互补互证。

用现代民俗志资料补充考古发现，并提出新说。民俗学者解释考古文物知识，需要援引历史文献，但有时历史文献也不是万灵解药，也有也自相矛盾的地方。从钟敬文对帛画的研究中，我们看到，他还使用了现代民俗志的调查资料，而这正是他年轻时代无法解决的。民俗志的方法，是提供现存相关风俗资料，用活风俗还原死历史。在这幅汉代帛画上，出现了天上月宫蟾兔并存的实物绘画，至少以一地一墓之实例，叫停了以往学界对月中只有蟾、或只有兔、或蟾兔并存的争论。这是考古实物最雄辩的地方，连历史学和民俗学的解释都要多少为之改写。但钟敬文的研究证明，民俗学也有自己的独门知识可以补充考古学。一地一墓的考古资料并不能证明月中蟾蜍神话的历史地理分布。钟敬文却可以用文化史料予以辅助证明。他列举了浙江、山东一带的宋明古诗所记载蟾蜍史料，还举述广东口

---

① 钟敬文：《马王堆汉墓帛画的神话史意义》，《钟敬文民间文学论集》（上），上海文艺出版社1982年版，第129页。

头用语中所保留的"蛤蚧"词语，并做了实地调查，"问过一些生长在南方别的省份的朋友，据说他们那里也有这种叫法"，然后提供了新的解释。他说，他同意闻一多的考证，而不赞成一些外国研究和中国学者的其他说法①。他指出："神话、传说本来是用口头语言创作和传播的，它很容易出现歧异的现象。何况在不断的扩布和流传的过程中间，必然要受到那些转述者自觉或不自觉的修改呢！……如果我们从民间口头创作的特点来考虑，就好理解了。"②

运用比较民俗学方法研究故事类型。他在帛画中的伏羲化生和月兔神话分析上，提到了中印故事类型比较这个老话题。在这个问题上，对一些中印相似故事类型，在20世纪的学术史上，在不同学科中，是有中国自生说和印度来源说的不同争论的。钟敬文的比较民俗学是证明中国自生说。他承认，这幅帛画出现的故事类型，如宇宙变成型故事，其实是"人物（神、魔之类）身体的某部分变成的或某种活动造成的"创世神话，而"这类型式的神话，古代印度、巴比伦、北欧以至日本等，都曾产生和流传过。不过，神话的主人公和变化事物的种类，彼此各有不同罢了"③。他的看法是，在这些共有故事类型上，各国学者的任务，是用各国的民族志资料，考察各国的宗教仪式等，解释各国故事类型本身的含义。以他解释伏羲为例，他把这位湖南出土的大神图像，界定为在河南和两湖地区形成的陈楚文化圈的产物，说"他本来大概是陈地一个部落的主神"④。不过有了民俗实证定位法，还不等于可以下结论。他还要把故事类型与历史典籍和社会史资料梳理成一个系统加以讨论，再得出相对可靠的分析意见。他说"这种绘画的用意"，是使墓中的贵族女主人"在天国那里继续享受人世的华贵生活"。这样他就解释了这个天国故事群对于权力者延续来世生活的意义。以下是他的论证过程。

首先，因为他在古代神话、宗教和传说的古史里的显赫地位。他

---

① 钟敬文：《马王堆汉墓帛画的神话史意义》，《钟敬文民间文学论集》（上），上海文艺出版社1982年版，第136页。

② 同上书，第131页。

③ 同上书，第123页。

④ 同上书，第125页。

本来大概是陈地一个部落的主神，或竟是一个以蛇为图腾的氏族的传说祖先（从现代民族志的材料看，这种蛇图腾的氏族或部落并不是罕见的）。在我国上古民族大融合的过程中，他的神话和宗教礼式被吸收了，在新的社会意识里被给以新的安排。我们现在所能看到的有关的资料里，对他有种种说法，有的说他是继天为王的第一位人皇，有的说他是位春之神兼主管东方的天帝。自战国以后，他在人间（传说的历史）和天上的位置都相当显耀，并且陈（传说中的他的都城）和楚（长沙）在地望上又是比较接近的，他的传说容易流通。因此，他的形象就很有可能被郑重地描绘在侯爵妃子陪葬的帛画的天国图中。（这种绘画的用意，是要使她在天国那里继续享受人世的华贵生活。①）

其次，伏羲的形象常见于汉代及以后的坟墓等的石刻以至绢画中，……连边远的新疆，也在墓穴里埋藏着这种形象的绢画。这说明伏羲这个人物对死人的密切关系，说明他在汉代及以后的显赫地位和重大影响。难怪自李唐到清朝的一千多年间，他在国家祀典里占着稳固的地位了。②

复次，是伏羲与太阳、月亮神的密切关系。③

他的这个观点与他的研究方法是一致的。他使用的比较民俗学方法，实际上，是一种实证民俗定位法。在哪里发现这种民俗，就可以在哪里对共有故事类型进行区域定位。大约 20 年后，王邦维据对《周礼》《山海经》和《南海寄归内法传》等历史文献的比较研究，讨论自清代以前以河南为天下中心的正统观点与神话故事和文化史有联系④，这种看法与钟敬文提出的伏羲神话出自陈国，在思考方向上，殊途同归。

---

① 钟敬文：《马王堆汉墓帛画的神话史意义》，《钟敬文民间文学论集》（上），上海文艺出版社 1982 年版，第 124—125 页。

② 同上书，第 125 页。

③ 同上书，第 127 页。

④ 参见王邦维《"洛州无影"与"天下之中"》，《四川大学学报》（哲学社会科学版）2005 年第 4 期。王邦维《"都广之野"、"建木"以及"日中无影"》，《中华文化论坛》2009 年 S2。另见王邦维《"天下之中"与"日中无影"：神话、想象、天文学及其文化意义》，2011 年 4 月 16 日在北京师范大学的讲稿，未刊稿。

钟敬文提出了中印月兔故事类型比较问题。对兔子型故事，他不赞成印度来源说，他的反驳资料，有先秦汉唐文献，如《易经》《灵宪》《法苑珠林》《初学记》和《太平御览》，并参考了日本出石诚彦《上代中国的神话及故事》①，还援引了天文学对阴影的解释。他对少数东方学者所主张的印度先有月兔故事的说法，提出了比较激烈的反对意见。

近代国外有些所谓东方学者，认为中国古代的民族和文化是西来的，甚至以为连某些神话、传说的东西，也是从外国输入的。有人看到中国古代有月亮住着兔子的神话，因为印度也有相似的故事，就不管三七二十一，断定中国的月兔是一种舶来品。（主张这种说法的，如 W. F. 梅耶斯。）不错，古代印度有一个关于月兔的故事，大意说，一只有善行的兔子，因为不能取得肉以供天帝的需求，便毅然投身火里，成了焦兔，天帝把它放到月亮里，以昭示他的高行。这个传说，在唐代曾被收录在一部佛教经典的类书里②，但是，像有些学者所指出，月亮里有兔子的传说，不但中国有，印度有，就是和我们远隔重洋、很少交往的古代墨西哥也有，南非洲的祖鲁兰德那里一样流行着这种传说③。产生在中国纪元前的月兔神话，为什么一定是从印度输入的呢？

自然，我们知道，比邻民族间文化（特别是传说、故事之类的口头创作）的交流是常有的现象，古代中、印间学术、文化的互相影响，也是不可否认的事实。但是根据考古学的新材料，在我国西汉初年就已经流行的月兔神话，却未必是从次大陆传来的进口货。除了从东半球到西半球各民族都有这种传说，和它在中国流传时代比较早的理由之外，从传说的内容看，尤其不能承认印度输入说，因为印度传说带有浓重的佛教说教色彩。中国早期关于月兔的说法，却不见有这种痕迹。中国的传说，原来没有比较具体的故事，后来虽有"月

---

① ［日］出石诚彦：《上代中国的神话及故事》（上代支那に於ける神話及び説話），东京：岩波书店 1934 年版。

② 在这里，钟敬文原文注释为："指唐代李俨撰《法苑珠林》。月兔传说，见该书卷七《日月篇》。"《钟敬文民间文学论集》（上），上海文艺出版社 1982 年版，第 137 页。

③ 钟敬文在此原文注释为："见出石诚彦《上代中国的神话及故事》第二节"，《钟敬文民间文学论集》（上），上海文艺出版社 1982 年版，第 137 页。

中捣药"的文献和实物的图像，但时代较迟，而且也跟"修菩萨行"的印度兔子不相类（它倒是近于本土道教思想的产儿）。这是判定月兔是否输入品问题的关键。①

他提出了两个观点需要注意：一是中国自西汉初年已流行月兔故事，早于遣使张骞西行与和尚法显赴印度的时代，这在时间上就不大存在印度倒挂中国的可能；二是印度的月兔故事是佛教故事，中国的月兔故事近似道教故事，两者思想文化的来源差距甚大，而我国尚未发现西汉道教已被佛教融入的先例。所以，他认为，无论从历史地理上，还是从文化比较上，都应该不会是印度向中国输入兔子型故事。

比较民俗学的研究是依靠比较的资料和比较的方法的科学研究。持不同观点的学者，有时也使用了其他资料和方法，如使用中梵文对照的资料和语言学的方法，或使用中印药方对照的资料和自然科学史的方法等。钟敬文也曾参考国际学者（如日本）的研究成果，但他对比较语言学和比较医药学的资料与方法均尚未涉及。不过，无论如何，比较研究的好处，在于它能提供不同文化系统的知识与多元文化思维，促使学者去理解自我和别人的文化，而这正是现代民族志或民俗志理论的核心。

比较民俗学的研究的目的，是对国家民族文化主体论的一种守望。它的民族文化中心论的叙事模式，不等于学者的研究结论。不过民俗学者要自觉区分这种内外观才好。但是，怎样才能做到既对民族文化中心论的故事类型资料做解释，又能对各国历史上都广泛存在的民族文化中心的叙事模式做符合文化多样性的逻辑解析，同时还能进行学者的理性批评，这才是对民俗学的考验。应该说，承认并批评民族文化中心的叙事模式，对民俗学是个坎，开展比较研究的过程，正是民俗学过坎的途径。钟敬文是开拓者，后学还有大量工作要做。

比较民俗学的研究不可能没有国家民族的立场，这也是社会史研究的一部分。新中国成立后，钟敬文曾有把马克思主义认作理想的社会史的态度。但他毕竟是学者，以帛画研究为例，他就不能用马克思主义分析与汉代贵族女主人的墓葬民俗直接对话。他还需要采用民俗学的方法来解释。

---

① 钟敬文：《钟敬文民间文学论集》（上），上海文艺出版社1982年版，第136—137页。

这是他虔诚地接受马克思主义，又不能取消民俗学的原因。马克思主义能帮助他解释"古神话到了新的社会（初期封建社会）里，它在起着什么作用，为什么人效劳"的一部分问题，但不能帮他解决非社会政治现象而属于文化现象的民俗问题，他说："它（特别是天国部分）是要死者的灵魂升上天国（'人死魂气归天，形魄归地'，这是中国古代人们对死者的想法），在大神的尊严和日月的光明中继续她生前的繁华的生活（甚至于比生前所享受的还要美好的生活）。太阳和月亮，本来是自然现象，但是在原始社会里，它们已经不能摆脱和人们的关系了。关于它们的原始神话（乃至于相应的法术行事），就是一种证明"。钟敬文不是以马克思主义为全部主义的，他还要用民俗学解释帛画："当时这种神话是属于整个部落人员的，是为他们大伙服务的。"① 他要说明墓葬女主人是集体性文化中的一个具体个例，他要处处使用马克思主义便有牵强之处，这在他上面提到的另一篇文章《谈框子》里做了反思。

二　女娲神话

钟敬文利用民族志资料，使用民族志的方法，发表《论民族志在古典神话研究上的作用》一文②，是他的另一重要研究个案。前面提到，他在 20 世纪 30 年代的论文中已谈到女娲③。此文之重要，并不在于他谈多少民间艺术，尽管女娲也有遍布各地的大量画像存在，而在于他回答了青年时代遇到的民族志问题。这个问题最初是由研究民间艺术的现象提出来的，但对这个问题的解决，也帮助民俗学者更自觉地开展民间艺术学研究。他提出了以下观点。

民俗学者使用现代民族志的任务，是在严格科学的指导下，具体描述民族风俗。描述是民族志的第一大法。对用现代民族志解释古代文献的价值和方法，他提出两点：第一，利用现代民族志处理古代资料的价值，在

---

① 钟敬文：《马王堆汉墓帛画的神话史意义》，钟敬文《钟敬文民间文学论集》（上），上海文艺出版社 1982 年版，第 145 页。

② 钟敬文：《论民族志在古典神话研究上的作用——以〈女娲娘娘补天〉新资料为例证》，原作于 1980 年，钟敬文《钟敬文民间文学论集》（上），上海文艺出版社 1982 年版，第 148—172 页。

③ 钟敬文：《中国的地方传说》，钟敬文《钟敬文民间文学论集》（下），上海文艺出版社 1985 年版，第 74—100 页。

于"对于我国乃至于世界文化史及一般科学的研究和发展，是极其宝贵的"①；第二，现代民族志资料具有广泛分布的特征，"居住在五大洲的大小民族（特别是那些文化晚熟的民族和地理上靠近我国或文化上跟我们有历史关联的）都能提供这种宝贵资料，如印度、越南、日本、朝鲜以及南洋群岛等地区的民族社会、文化的记录，对于我们的古典神话研究，都可能产生一定的有益作用"②，民族志考察，可以为考古学的古代文化实物提供现代流传的状况与地点，推动这方面的研究。具体方法有几种。①比较法。吸收国外民族志，也撰写和利用国内多民族民族志。他说，在这方面的工作上，印度、古希腊做得好，中国"跟古希腊、印度等民族比较起来，我们在这方面的资料，大都是分散的、零碎的"。②综合法。为取得更高的成果，民俗学"必须求援于古文字学、考古学、民族史、民族志及原始文化史"③，开展综合研究。③类型法。钟敬文此文中，对女娲神话的研究，便使用了类型学的方法。我们已经知道，类型学的方法是建立在印欧语系故事分析基础上形成的整理和研究故事文本的通用方法。但从钟敬文的研究看，对中国故事来说，"尽管材料不少，记录却很分散，且大都是断片的。许多活动事象没有形成比较完整的、系统的神话形象、神话组织，像我们在古代希腊、印度神话及日本《古事记》里等所看到的那样"④，还存在这样那样的故事讲述方言差别和民族差别，但同样需要采取类型法。

我们能从他的这一个案研究中看出，现代民族志，可以提供故事研究的历史地理资料库，故事类型学的方法，可以提供故事叙述模式研究的框架。他将这个从在区域上邻近印度的云南迪庆藏族自治州的故事，在县域地点为单元，进行定位分析；再补充汉魏历史文献《风俗通》《淮南鸿烈》《礼记》和《山海经》等，考察它的文化渊源，然后做故事类型研究。他最后高度评价民族志对保存这个古代故事资料的巨大力量"是这样惊人"！

---

① 钟敬文：《论民族志在古典神话研究上的作用——以〈女娲娘娘补天〉新资料为例证》，钟敬文《钟敬文民间文学论集》（上），上海文艺出版社1982年版，第149页。

② 同上书，第151—152页。

③ 同上书，第151页。

④ 同上书，第155页。

在中国这样广袤的国土上，有大批像女娲一样的故事。它们在长期流传中，被历史化、哲学化和文学化，"三种'异化'作用，固然各有一定范围，但是，事实上却往往结合在一起。这对于神话就起着更大的损害作用了"。如果不使用民族志处理这样残破的故事，它"在学术上是不会有多少用处的"①，它会被闲置一旁，乃至掩埋殆尽。

我们看他在此文末尾的留言，能发现，他回顾 20 世纪以来研究女娲神话的学术史，以是否使用民族志资料为界，还讨论该项研究方法上的差异。他指出，比起"抗战中洪水传说的探究"，"我们现在进行学术研究的条件，比他们强得多。只要我们认识到民族志资料可能发挥的作用，并科学地去运用它，就能取得前人所不能取得的成绩"。

三　老鼠嫁女故事

钟敬文研究老鼠嫁女型故事，一并涉及剪纸和年画，缘起于 1936 年他发表于日本的论文《中国古代民俗中的鼠》②。后来由于战争的原因，他放下了这项研究。他发表老鼠嫁女年画和剪纸研究的时间为 1987 年，登载在《中国文化报》上③。他最终完成该故事类型研究是在 1991 年发表的《中日民间故事比较泛说》中④，此时已时隔半个多世纪，但他仍强调这项研究属于 30 年代，自己是"重新温一温多年冷却了的学艺梦想"⑤。在钟敬文的治学意图中，这三篇文章的连续性是相当明显的。从本文的研究目标上说，此个案的价值，除了对研究对象的开拓之外，还有方法论上的重要地位，即创造了民俗学、民间文艺学和民间艺术学比较研究的完整个案。

老鼠嫁女是一个由民俗、故事主题转为艺术题材，并具有节日风俗的

---

① 钟敬文：《论民族志在古典神话研究上的作用——以〈女娲娘娘补天〉新资料为例证》，钟敬文《钟敬文民间文学论集》（上），上海文艺出版社 1982 年版，第 161 页。

② 钟敬文：《中国古代民俗中的鼠》，《民俗》季刊，1937 年第 1 卷第 2 期。钟敬文《钟敬文文集·民俗学卷》，第 212—225 页。

③ 钟敬文：《从文化史角度看〈老鼠娶亲〉》，原作于 1987 年 2 月 7 日，《话说民间文化》，人民日报出版社 1990 年版，第 67—70 页。

④ 钟敬文：《中日民间故事比较泛说》，钟敬文《钟敬文学术论著自选集》，首都师范大学出版社 1994 年版，第 367—400 页。

⑤ 同上书，第 369 页。

有趣事象，在我国广为流传。钟敬文的研究方法是：首先，使用民俗学的
方法，对我国南北各地都有的民间崇鼠风俗进行研究；其次，使用民间文
艺学的方法，对鼠故事类型开展中、日、印度同类故事的比较分析①；再
次，使用民间艺术学的方法，以承载这种风俗和故事类型的民间剪纸和年
画为对象，研究民间图像中的猫、鼠造型艺术主题与变迁，指出不同时期
的社会文化史所赋予这个动物风俗故事的丰富内涵。以下摘录他使用三个
学科的方法分析老鼠嫁女剪纸和年画的一段话。

　　　　从文化史的角度考察起来，这无疑是人类与动物关系变迁思想史
的一种体现。在遥远的古代，人们对于老鼠是抱怨和惧怕的，因为它
虽然体形不大，但为害却不小，经常要偷吃人们的粮食和损害衣物。
它精灵而又狡猾。在人们智力还幼稚，实际上是还不能有效地制御它
的时候，就只有尊敬它，甚至亲热它，以冀"和平相处"。既害怕它
又尊敬它，这的确是一种矛盾。但这又是人们那时心理活动的一种真
实辩证法。直到近代，我国一些南方省份，在除夕或正月的某晚，居
民还要用食品奉祀家鼠，并且戒小儿女早睡，不要惊扰它们的好事。
这是远古对老鼠崇拜或表示友好的遗俗。在民间艺术家开始创作
《老鼠娶亲》图景时，它们的思想、感情上还和广大群众一样存在着
那种尊敬和友好心理。他们的艺术图像，只是那种心理风俗的提炼和
形象化而已。

　　　　但是，社会是不断前进的，人们的智力（对待自然和完善生活
的能力）也随着前进。对于老鼠这种害人的小动物，人们终于发明
了那些控制它们的办法（例如养猫去捕吃它）。到了这时候，传统的
艺术题材和艺术表现，虽然还在人们的审美上起着作用，但是那种新
的现实因素（猫捕鼠）也不能不闯入艺人的意识。这样一来，就自
然要在传统的画面上添上那个令人瞩目的猫公了。这里，艺术的审美
心理和表现形式在一定程度上出现了革命！②

---

　　①　关于钟敬文对老鼠嫁女类故事的中日印比较研究论文，参见本书"中编"。
　　②　钟敬文：《从文化史角度看〈老鼠娶亲〉》，钟敬文：《话说民间文化》，人民日报出版社
1990 年版，第 68—70 页。

钟敬文民间艺术学研究的个案，体现了他对民间艺术学的理论构建与方法论的特点。总体来说，他对他所借鉴吸收的中外学说的突破有两点：一是本文在开头提到的，经典人类学以考古学为理论基石，而民俗学如何从考古学中发掘资料，给予民俗学的解释，建立民俗学的理论框架，这是一个学术史问题。他是中国民俗学界解决这个问题的第一人；二是中国民俗学要摆脱西方人类学的影响，需要本土现代民族志和民俗志学的支撑，这是民俗学在中国站脚的关键。对解决这两个问题，钟敬文于1933年提出建民间艺术学的"学"和建"史"的设想，1935年提出建设民间文艺学，至1979年提出建设民俗学，在这方面独辟蹊径，实现了前所未有的创造。在这一过程中，钟敬文对民间艺术学、民间文艺学和民俗学的内在联系与比较研究的方法，做了长时期的探索和验证，为民间艺术学的发展铺垫了相当坚实的学术基础。

钟敬文也有尚未完成的工作：一是由于时间和精力的限制，尚未来得及获得中国东南和西南地区以外的其他地区多民族个案；二是在物质民俗和社会组织民俗领域的调查研究资料；三是对民间艺术学下的各门类的具体研究。他晚年主编高校文科教材《民俗学概论》中，其中专设"民间艺术"一章，包括"民间音乐"、"民间舞蹈"、"民间戏曲"和"民间工艺美术"四节，已开始弥补了这一不足。

20世纪以来，中国民间文艺学、民间艺术学和民俗学的各自发展和互动发展，有不同的阶段，但它们最终都得到了发展。从民间艺术学的方面说，它的建设，对我国民间文艺学和民俗学的建设，都起到了重要的支撑作用。从民俗学的整体框架说，拥有民间文艺学和民间艺术学两个支柱，它的独立性才能逐步确立。

第四章 民俗教育学

  钟敬文是开创我国民俗学教育事业的一代宗师，从事民俗学教育的时间很长，但他在这方面的学科建设工作是在北京师范大学开始的。

  北京师范大学（以下简称"北师大"）是我国高校民俗学学科的发源地。1979 年，钟敬文在北京师范大学全国暑期民间文学讲习班上正式提出成立"民俗学科"①。此后，他以北师大为阵地，指导全国同行院校，发展民俗学高等教育理论与创新实践。1988 年，北师大民俗学科成为国家级重点学科，由此陆续进入学校的"211"、"985"工程和教育部人文社科重点基地建设，成为全国高校民俗学教学科研的中心，在国际上也产生了相当的影响。

  本章主要使用《北京师范大学学报》多年连续刊发的文章对此开展研究。自 1991 年至 2011 年，由钟先生与《北京师范大学学报》原主编潘国琪教授的合作和后来主编的坚持，《北京师范大学学报》连续 20 年为民俗学学科开办"民俗学专栏"，共发表文章 99 篇，逾 80 万字，形成一批特殊的理论资源。它们以论文的形式，呈现出我国民俗学高等教育在学科化方面的理论体系和教育创新实践。钟先生晚年也曾投入了极大的精力从事这项工作。在理论体系上，它们以钟敬文的民俗学说为核心，以钟敬文的民间文艺学说和国内高校已建立的民间文学学科为参照，以中国优秀传统文化为根基，吸收中外相关人文社科学科的先进成果，确定了中下层文化的研究对象和方法论，形成了民俗学专业的学科结构体系和知识传播框架。钟先生为此发表了一批文章，产生了重要的学术影响。他还邀请季

---

  ① 钟敬文于 1979 年 3 月上书中央，建议恢复中国民俗学会的学术社团机构。同年 8 月 18 日在北京师范大学暑期民间文学讲习班上提出成立"民俗学科"，详见钟敬文《民俗学与民间文学——在北京师范大学暑期民间文学讲习班上的讲话》，收入《钟敬文民俗学论集》，上海文艺出版社 1998 年版，第 230—251 页。

羡林和张岱年先生等撰写了专稿，并推荐刊发了外国同行中的一些知名学者的最新研究成果。这种文章始终是不会过时的。它们对我国进入现代化和全球化时期需求民俗学教育程度有深刻的思考和超前的准备，是以民俗学为主的学科群对话的厚积薄发之作，同时具有在当时历史条件下理解中西方学术趋势的前沿实力，因此至今具有启示性。在教育模式上，它们展现了我国高校民俗学科的教育理念和人才培养方式，建立了民俗学的高层专业化教育、地方教育、民族教育和普及教育等不同模式。在这批专栏文章中，有相当数量的来稿是钟先生指导的门下中青年后学之作，也有一些是在北师大进修或访学的地方院校和民族地区的青年学者的文章，还有的专稿是向国内高校同行征集而得。将之与此前的民间文学学科教育相比较，新发展的民俗学科教育坚持高层专业化教育，也拓宽了人才培养渠道。在发展步骤上，这批专栏文章伴随着我国高校民俗学科的建设历程，是对其从成立到发展的进程和理论创获的较为系统的记录。

钟先生曾在此专栏刊行 10 周年时，总结这批文章有三个特点：一是在民俗学理论上，提出了"一些对学科具有重要意义的问题"和"次要问题"，都"具有较高的学术价值，也在学术界起到一定的作用"；二是在学科团队建设上，"有力地锻炼了我们教研室的同志（特别是年纪较轻的同志）"；三是确定了以本国为主，了解世界同行的研究方向，"扩大了我们的学术视野，启发了我们的学术交流"①。本章对这批资料开展系统研究，重点讨论民俗学科高等教育的理念和理论的发展，论述这段学术史。

第一节　高校民俗学学科建设

1979 年"民俗学科"成立后，在北师大率先进入课程系统和招生计划。很快，国内院校的民俗学教育发展势头后来居上。钟敬文在《北京师范大学学报》民俗学专栏发表了首篇文章，指出，在学报开辟专栏，发表民俗学研究的前沿成果，是树立民俗学科建设示范性的必要措施②。

①　钟敬文：《十年纪念——〈民俗学研究〉专刊刊行和成果的回顾》，原载《北京师范大学学报》2000 年第 6 期，第 30—32 页。

②　钟敬文：《民俗学特辑·前言》，《北京师范大学学报》1991 年第 2 期，第 1—2 页。

他在相继发表的这类文章中主要解决两个问题。

一是对民俗学科的时间和内涵的界定。钟敬文对此采取了整体历史化的态度。他认为，从教育制度上说，民俗学科建于1979年国家改革开放后的新时期，但在界定民俗学学科史的时间上，也应该追溯至五四兴起的民俗学研究，并将之作为准备期纳入。在界定民俗学科的内涵上，还应将之与民间文学学科的教育史联系起来考察。事实上，如众所周知，钟先生以一人而兼这两个学科的学术研究和高等教育的奠基工作，这也使他在对两个学科的理论表述和教育事业构想上，多有互通性。对于这两个学科的发展轨迹并不连贯的问题，他宁愿用历史的曲折性加以表述。他倾向于将之放在我国20世纪的社会历史条件下讨论，描述两个学科既有联系、又有发展阶段上的不同侧重点的进程。为此，他强调民俗学科与民间文学学科既有联系，也有区别，可以互补发展，但对民俗学科的历史，要与民间文学学科放到一个整体范畴内进行观察和评价。

二是对民俗学科的独立性的界定。在民俗学科已经制度化10年后，钟先生发表文章，决定将民俗学与民间文艺学分开发展①，这是他的民俗学高等教育思想发展的结果。

我国高校的民间文学学科曾得到较为充分的发展。新中国成立初期，根据社会主义高校教育方案，受苏联教育学的影响，北师大以民间文学学科为发展方向。在教育理念上，强调培养高级专业人才，只招研究生，不招本科生。研究生生源从高校尖子生中选拔，毕业后分配到高校从事民间文学教学，或者分配到专业机构搞研究。这种高层专业化的理念和工作模式延续到"文革"前。在此期间，钟先生曾遭受了种种政治挫折，他所领导的教研室也曾有分有合，但这些坎坷都没有改变这种培养理念。在这种高级尖端专业化教育的导向下，民间文学学科的高等教育开口小，专业化标准高，所要求培养的合格人才在中国民间文学、作家文学、史学、哲学和外国相关理论上都要博而通，再行中国民间文学资料的搜集整理和研究，这要付出极大的辛劳，花相当长的时间。钟先生为此倾注了极大的心力。钟先生在20世纪50年代也接待过外国学者，但主要是苏联留学生和苏联驻华使馆的学者，在国别和人数上都屈指可数。

---

① 钟敬文：《关于民俗学结构体系的设想》，《北京师范大学学报》1992年第2期，第2—9页。对这篇文章的价值和意义，本文以下还会谈到并做具体讨论。

　　1979 年以后，钟敬文和国内其他人文社科界的许多前辈学者一样，回到了高校执教。在随后的 30 年中，北师大本学科围绕钟先生的工作进行了许多改革，其中的最重要的改革，就是高等教育理念的转变。其中，核心的转变是建立民俗学高层专业人才教育，与此同时，也发展民俗学的地方教育、民族教育和普及教育，在国际交流上也扩大了范围。

　　按照钟先生的规划，民俗学科的教育以民间文学学科的教育为基础发展，但也很快对民间文学学科所属的文学学科的对象论、范畴论、结构论和方法论加以突破。这种做法，将以往民间文学学科的教育所难以独立担当的重担"减负"，如在哲学、历史学、通俗文学、社会人类学、民族志学和比较文化学方面的博通训练的压力，将之转入民俗学，这就使民间文学的文学属性及其研究特殊文学的学科特点更为明晰，也使民俗学的学科任务更为明确。对民俗学科来说，这种改革，由于符合中国文化传统和国学特征，还给它的发展壮大提供了内部理论支撑。

　　钟先生曾在北师大学报的民俗学专栏中发表过几篇长文，对这种教育理念转变的背景、特点和必要性进行了阐释。读者可重点看他的《七十年学术经历纪程——〈钟敬文学术论著自选集〉自序》和《从事民俗学研究的反思与体会》[①]。他在这些文章中指出三点：一是 20 世纪前半叶我国民间文艺学与民俗学混合发展；二是 20 世纪 50 年代在社会主义意识形态和民族形式教育的需求中，主要受苏联影响，民间文学的学科教育有成绩，也有理论偏差；三是改革开放后解放思想，应对民俗学科教育的必要性和可能性作实事求是的分析和论证。

　　时隔 20 年，国内院校的民俗学科教育已经有了大发展。读者现在看这些文章，能从一个更远距离的时间点上，了解它们所记述的钟敬文等我国高校的人文社科大家在"文革"后所取得的历史成就，包括他们重建学科、构建专业理论和改革教育模式。钟先生本人还在抓紧这些工作的同时，提出民俗学进入社会主义现代文化体系建设的一系列基本问题，使民俗学科产生了较大的社会影响和国际关注。

　　以下仅就民俗学科教育理念的改革内涵作简要分析，一并指出在学报

---

　　① 钟敬文：《七十年学术经历纪程——〈钟敬文学术论著自选集〉自序》，《北京师范大学学报》1993 年第 4 期，第 1—6 页。钟敬文：《从事民俗学研究的反思与体会》，《北京师范大学学报》1998 年第 6 期，第 12—17 页。

民俗学专栏上刊登的重点论文和相关文章。

一　高等专业教育

1986 年，钟先生开始招收首届博士研究生，至 2000 年，他一共招收了 8 届博士生。在培养博士生的层面上，他坚持高层专业化人才的教育理念和工作模式，这在北师大民俗学科延续至今。

在博士生的培养上，钟先生强调提高研究生导师的素质和生源质量，还为此发表了不少文章①。我国改革开放后，在高校建立了本、硕、博多层人才培养体系，这也为钟先生呼吁和坚持的高层培养模式提供了条件。在高层专业化教育方面，他认为，在中国高校教育对外开放的新的历史条件下，应该借鉴外国知名高校的专业教育经验，以其较早建立的多层级研究生培养体系为参照，建立符合我国实际的民俗学博士学位人才培养模式。在学报的专栏中，陆续刊登了我国高校赴海外高校的访问学者撰写的文章，如《美国和加拿大高等院校民俗学专业及课程设置情况》和《欧美民俗学略说》等②，都是经他组稿发表的。

从钟先生本人的文章看，结合他以往创办民间文学学科高层教育的经历，再思考他延续这种高层专业化教育传统的目的，我们能看到，他有他的思想连续性，也有在新时期建设民俗学科高等教育的新想法，但更主要的，是他在晚年延续和推进这种民众学问教育的强大动力。没有这种动力，就没有创新。主要有三：一是与国际一流同行比较和合理吸收外来先进经验，建立我国民俗学高层专业教育的国家级规范标准；二是强调民俗学高等教育的学术使命和社会责任；三是将他长期从事民间文学学科的高校教育的历史经验加以发展，他说："十多年来，我们教研室培养了几届

---

① 钟敬文强调提高研究生导师质量的相关文章，参见钟敬文《一项具有战略意义的工作》，原载《群言》1987 年第 8 期，收入《钟敬文教育及文化文存》，董晓萍编，南海出版公司 1991 年版，第 65、67—68 页。关于钟敬文在改革开放后我国建立研究生多层培养体系中的工作，参见《钟敬文谈民俗学现状》（宫苏艺访谈录），收入钟敬文《话说民间文化》，人民日报出版社 1990 年版，第 161—162 页。

② 董学艺：《美国和加拿大高等院校民俗学专业及课程设置情况》，《北京师范大学学报》1991 年第 2 期，第 38—41 页。阎云翔：《欧美民俗学略说》，《北京师范大学学报》1997 年第 6 期，第 27—35 页。另见 [日] 渡边欣雄《在中国民俗学会讲演》，朱丹阳译，《北京师范大学学报》1994 年第 6 期，第 22—24 页。

研究生，并不断接受着东西洋的留学生。……由于上述国内学界的形势和本校在这门学科中所处的位置，我们在感到荣幸之余，更深觉责任的重大，必须竭尽力量，才能不负国内外学术界的期望。""民俗学建设的工程是巨大的。它需要花费大量的人力和较长的时间。这个特辑只是这方面的一个开始，以后我们希望有机会能在本刊（以及其他学术阵地）上继续作出这种绵薄而切实的贡献。"① 钟先生的大师榜样对北师大民俗学科后学的影响是相当深刻的。

二　地方教育和民族教育

1994 年以后，面对国内科研院所、地方高校和民族地区的日益扩大的民俗学研究需求，钟先生提出，可以增加培养地方高校和民族地区的研究生与中青年师资。他还特别关注少数民族生源，强调应加强培养，在招生条件上也适当放宽。在学报专栏发表的这方面文章中，反映了北师大民俗学科对由这个渠道引入的研究问题的关注。民俗学的专业教育，指向中央和地方、汉族和少数民族青年学者共同培养的方向拓展。对于地方高校和少数民族出身的研究生，钟先生鼓励他们在本地区和本民族民俗研究方面发挥作用，成长为民俗学的一颗种子，生根发芽。学报的民俗学专栏曾发表了地方高校或少数民族青年学者的文章，如《在口头传统与书写文化之间的史诗演述人——基于个案研究的民族志写作》②。这对他们来说，这是个人学术的新起点。他们回到本地区或本民族研究领域后，都承担了中央院校或汉族同人所不能承担的课题，做出了各自的学术成绩。

三　社会公益教育

20 世纪 80 年代中期以后，根据新中国民俗学运动的发展和中国民间文学三套集成搜集整理工程的需要，钟先生在《民族传统文艺的巨大作用——在民族传统文艺十套集成志书工作会议上的讲话》和《编纂地方民俗志的意义》等文章中，对他指导北京师范大学民俗学科开展的另一

---

① 钟敬文：《民俗学特辑·前言》，《北京师范大学学报》1991 年第 2 期，第 2 页。

② 萧家成：《景颇族创世史诗与神话》，《北京师范大学学报》1995 年第 6 期，第 30—41 页。巴莫曲布嫫：《在口头传统与书写文化之间的史诗演述人——基于个案研究的民族志写作》，《北京师范大学学报》2008 年第 1 期，第 74—84 页。

项工作进行了阐述，即高校民俗学教育成果应服务于国家社会的重大文化需求，开展民俗学普及教育。他指出，近年我国不少省市开始编纂地方民俗志，并出版了著作。它们与中国民族民间文艺集成志书在一起，成为民族民间文化的巨大长廊①，为此，应提倡民俗学的普及教育。他率领北师大民俗学科举办了多届民俗学讲习班，开办了各种专题讲座，吸收地方文化团体骨干到北师大民俗学专业学习。在他的倡导下，北师大民俗学学科增加了对新时期民俗民间文艺搜集整理运动的参与，促进了田野作业理论的提升。学报民俗学专栏也开始发表这一类的综合性理论文章和田野调查报告，如《民俗文化调查中的理论思考》、《陕西泾阳社火与民间水管理关系的调查报告》和《传统乡村社会中家庭的权益与地位——黄浦江沿岸村落民俗的调查》等②。

四　留学生教育

自 20 世纪 80 年代起，至 90 年代末，钟先生招收了多名外国留学生，他们在北师大民俗学专业攻读研究生，完成并通过了自己的硕士或博士学位论文。还有一批国外知名高校的博士研究生和教授等以"高级访问学者"或"高级进修生"的身份来访，跟随钟先生学习，学习的时间为一个月、三个月、半年、一年或两年不等。多人回国后仍与钟先生保持长期的通信往来，这些都扩大了北师大民俗学学科的国际交流。学报专栏也因此陆续刊登了一些"外稿"。这些留学生和海外汉学家都是这些外稿的作者，他们有的与钟先生有多次的学术对话，也有的上过钟先生的课。在这些文章发表前，钟先生都与对方做过讨论或交流，有的对方做了认真的修改；有时钟先生也在不同程度上吸收了对方的有价值的见解，双方再重新考虑在中国高校学报上发表这类具有外来文化渊源和学术背景的译文，所应该注意的读者对象和理论目标，所以这些文章无一是把外国理论"生猛"地搬到

---

①　钟敬文：《民族传统文艺的巨大作用——在民族传统文艺十套集成志书工作会议上的讲话》，《北京师范大学学报》1994 年第 6 期，第 1—3 页。钟敬文：《编纂地方民俗志的意义——〈绍兴百俗图赞〉》，《北京师范大学学报》1997 年第 6 期，第 36—39 页。

②　陈子艾：《民俗文化调查中的理论思考》，《北京师范大学学报》1992 年第 5 期，第 20—30 页。董晓萍：《陕西泾阳社火与民间水管理关系的调查报告》，《北京师范大学学报》2001 年第 6 期，第 52—60 页。刘铁梁：《传统乡村社会中家庭的权益与地位——黄浦江沿岸村落民俗的调查》，《北京师范大学学报》2001 年第 6 期，第 61—69 页。

中国，而是能让读者看到彼此的互补性，与北师大民俗学科建设贴得很紧。在这些外稿中，比较重要的，如日本人类学者小南一郎的《壶形的宇宙》、日本民俗学者加藤千代的《关敬吾先生与中国民俗学》、美国历史学者欧达伟的《"人勤地不懒"：华北农谚中的创业观》和日本来华博士生桐本东太的《福田氏〈日本民俗学方法序说〉简介》等。还有一组介绍德国民俗学的文章，如廖居甫的《德国民俗学》，它的来源，与20世纪二三十年代钟先生参加中国民俗学运动，与德国学者艾伯华对话的一段学术史相接续，但侧重阐述第二次世界大战后德国民俗学的发展，它的约稿者正是钟先生自己。还有一位到钟先生府上造访的德国后辈傅玛瑞（Mareile Flitsch），在一次来访期间，钟先生特为她安排了讲座，内容是关于德国民俗学界继承和发展《格林童话》的搜集研究传统及其研究方法和问题，教研室全体师生参加，钟先生在会上作了点评。后来她寄来了《中国民间文学及其记录整理的若干问题》一文①，引用钟先生主持的"中国民间文学集成"项目的县卷本，就中欧民俗学者搜集整理和研究民间文学的方法做了进一步比较，继续向中国同行介绍德国民俗学的研究动态。

　　钟先生本人及其同时代重要学者对外来学说与本国优秀传统文化思想的比较研究，在视角、观点、方法和成果的表述形式上，也有学报专栏文章可读，如钟敬文《读后附记》、季羡林《丝绸之路与中国文化——读〈丝绸之路〉的观感》、张岱年《中国优秀文化传统内容的核心》和赵沨《重视中国民族音乐、提高民族自信》②。

---

　　①　［日］小南一郎：《壶形的宇宙》，朱丹阳、尹成奎译，《北京师范大学学报》1991年第2期，第28—31页。［日］加藤千代：《关敬吾先生与中国民俗学》，朱丹阳译，《北京师范大学学报》1992年第5期，第37—38页。［美］欧达伟：《"人勤地不懒"：华北农谚中的创业观》，董晓萍译，《北京师范大学学报》1993年第4期，第26—34页。［日］桐本东太：《福田氏〈日本民俗学方法序说〉简介》，何彬译，《北京师范大学学报》1991年第2期，第35—37页。廖居甫：《德国民俗学》，《北京师范大学学报》1991年第2期，第42—44页转37页。［德］傅玛瑞：《中国民间文学及其记录整理的若干问题》，《北京师范大学学报》2005年第5期，第57—66页。

　　②　钟敬文：《读后附记》，《北京师范大学学报》1992年第5期，第35—36页。钟敬文此文标题中的"读后"，指读德国学者阿尔文·P. 科恩《怀念东方学者W. 爱伯哈德》一文，杨利慧译，参见同期《北京师范大学学报》第31—34页。季羡林：《丝绸之路与中国文化——读〈丝绸之路〉的观感》，《北京师范大学学报》1994年第4期，第2—20页。张岱年：《中国优秀文化传统内容的核心》，《北京师范大学学报》1994年第4期，第21页。赵沨：《重视中国民族音乐、提高民族自信》，《北京师范大学学报》1994年第4期，第22—24页。

　　总体说，北师大民俗学科教育理念的转型，确保高层专业化教育的制高点，也重视发展民俗学的地方教育、民族教育和普及教育，积极推进对外交流。由于学报专栏的设立，读者还能在 20 年后，系统地看到这种教育理念改革的过程，包括制定学术目标、理论内涵和所长期从事的实践探索。这些工作是钟先生本人和北师大民俗学科在"文革"前做不到的。而些学科建设的设想和实践能很快转化为理论创获，没有学报的配合也是不行的。

　　北师大民俗学高等教育理念的发展产生了三种结果：一是从制度上和学理上，都实现了民俗学科独立发展的目标。从民俗学科的角度说，承接历史传统和符合现实需求的建设，扶起了民俗学，也巩固和补充了民间文艺学。民俗学科的独立发展，因为具有对现代化社会运行的更大适应性，还进入国家文化实力建设，开展跨文化对话，大幅度地提升了研究空间，也给民间文艺学带来许多新课题，使民俗学与民间文艺学双赢；二是发展民俗学与社会学、历史学、人类学、民族学和语言学的交叉研究，而在相关学科群的交流与融合中，在带有各自特征的独立学科的同步建设中，民俗学科的概念和特征也逐渐明晰；三是在全球化和现代化时期思考民俗学研究的基本问题，包括在传统向现代转型中的民俗学的地位、功能和趋势，民俗学的现代知识体系、民俗学搜集民俗和研究民俗的方法论的启示性等。这些都是十分扎实和具体的专业问题。民俗学科的发展经历了这些步骤，才能获得前所未有的速度和高度。

第二节　民俗学高等教育理论

　　在北师大学报民俗学专栏文章中，钟先生提供的论文，都是原创性著述，具体分布在民俗学、民间文艺学和民俗文化学三块。钟先生将它们首先送交学报发表，然后经过一段时间的考察和充实，再丰富成书。其中也有些学术观点，后来发展成为北师大民俗学科的集体项目，如根据他将民俗学与民间文艺学分开建设的思想，在他生前立项和指导后学参加的国家社科基金项目"中国民间文艺学史"和"中国民俗学史研究"等。钟先生门下后学发表的文章，从当时的情况看，这些文章不一定完全成熟，但由于身处钟先生教学科研的氛围中，也都有一定的问题针对性。以下仅从钟先生指导北师大民俗学科建设的角度，简要分析这批科研成果的理论收获，也会适当涉及学科点后来的发展。

一 民俗学教材

在我国高校中建立民俗学学科，马上面临民俗学理论的体系化和民俗学高校教材的编撰问题。1998 年，在北师大学报民俗学专栏创刊 7 年之后，钟敬文主编并出版了《民俗学概论》[1]，解决了这两个核心问题。对《民俗学概论》本身的价值，研究文章已经不少[2]，这里仅指出钟先生的另一篇不大容易与之联系起来讨论的学报专栏文章《关于民俗学结构体系的设想》[3]。

在《民俗学概论》出版之前，1991 年，钟敬文在学报专栏创刊号上发表了这篇重头文章，这是他在提出建设民俗学科的同时，向高校提供的一份专业教学大纲，他本人就曾使用此文在中国民俗学会和北师大民俗学科试行演讲。

他在此文中，提出民俗学的结构分为六方面，包括民俗学原理、民俗史、民俗志、民俗学史、民俗学方法论和民俗资料学。他对这六方面的命名，是他从民俗学作为一门学科的角度，所创用的第一批教学科研基本概念。这些概念，有的后来被他用作博士生专业课的名称，如"中国民俗史与民俗学史"，他还亲自担任了此课的主讲。这门课现在成为北师大民俗学科博、硕研究生的必修课。有的概念在后来北师大民俗学科中青年教师开设的专业课中用为课名，如"民俗学原理"、"民俗志"和"现代民俗学田野作业的理论与方法"等。这些概念还成为国内同行使用频率极高的专业术语，乃至在相邻学科和交叉学科中也广为使用。

在此文中，他提出民俗学可按三个分支发展，即理论民俗学、历史民俗学和民俗志学（即"方法及资料的民俗学"）。这种设计，因为符合民俗学的理论方法和资料系统的特点，符合教学科研的规律，现在都已成为北师大民俗学科研究生的招生方向和理论研究新分支。

---

① 钟敬文主编：《民俗学概论》，上海文艺出版社 1998 年版。后高教社出版了此书的修订版，参见《民俗学概论》（第二版），高等教育出版社 2010 年版。

② 仅以《民俗学概论》研究为例，参见童庆炳《高质量、高水平的厚重之作——评钟敬文教授主编的〈民俗学概论〉》，《北京师范大学学报》1999 年第 6 期，第 34—35 页。

③ 钟敬文：《关于民俗学结构体系的设想》，《北京师范大学学报》1992 年第 2 期，第 2—9 页。关于此文产生的经过，参见文末《作者附记》。

学报专栏文章后来还讨论过一些与民俗学科建设有关的其他问题，如民俗学的高层专业教育、地方教育、民族教育和普及教育的衔接，民俗学国际化的范围和目标等。这些问题的产生和推进解决，都是由《关于民俗学结构体系的设想》的理论系统投入教育实践后，再度产生的思想性成果，这些新成果也都不同程度地渗透到后来出版的《民俗学概论》中。《民俗学概论》出版多年来，在学界、教育界和其他社会各界使用，也产生了相当的国际影响，这些都不能不提到《关于民俗学结构体系的设想》的奠基作用。

近十年来，在民俗学研究方面，学报专栏又刊登了一批将文献与田野个案综合研究的论文，如《节水水利民俗》、《流动的代理人：北京旧城的寺庙与铺保（1917—1956）》、《现代商业的社会史研究：北京成文厚（1942—1952）》和《民俗志研究方式与问题意识》，也有的文章以从民俗学视角研究历史文献为主，如《黄石与中国现代早期民俗学》和《社日与中国古代乡村社会》等，它们的撰写和发表，是中青年后学在钟先生的民俗学理论体系框架内做了一些填充的工作，也卓有心得。①

二　民间文艺学课程

钟敬文在1936年已提出"民间文艺学"的概念，到1991年学报民俗学专栏创办时，他已更有信心把民间文艺学单独拿出来，与民俗学科分开建设。实际上，这时他从民俗学的角度看民间文艺学，民间文艺学的特征也更加突出。

1991年，许钰在学报专栏上发表文章，题为《民俗学和民间文艺学》。此文对我国民间文艺学与民俗学的特殊关系做了分析。文章指出，"我国民间文艺学在'五四'时期和二三十年代是同民俗学混合在一起的"。这种看法从钟先生的思想中来，不是他的个人新观点，但他的以下

---

① 董晓萍：《节水水利民俗》，《北京师范大学学报》2003年第5期，第126—133页。董晓萍：《流动的代理人：北京旧城的寺庙与铺保（1917—1956）》，《北京师范大学学报》2006年第6期，第35—44页。董晓萍、［法］蓝克利（Christian Lamouroux）：《现代商业的社会史研究：北京成文厚（1942—1952）》，《北京师范大学学报》2010年第2期，第20—31页。刘铁梁：《民俗志研究方式与问题意识》，《北京师范大学学报》1998年第6期，第44—48页。赵世瑜：《黄石与中国现代早期民俗学》，《北京师范大学学报》1997年第6期，第5—12页。萧放：《社日与中国古代乡村社会》，《北京师范大学学报》1998年第6期，第27—35页。

看法是自己独立思考的体会，在学术圈中也是第一次发表。按他的说法，现在应该换个角度去看民间文艺学，因为现在的情况不同了。现在"我们认为，只要以各类民间文学为对象，作为一个独立的学科进行学术活动，就属于民间文艺学"。他还将准备独立后的民间文艺与民俗学比较，说明"这一分立不涉及民俗学领域的广狭，它是在民俗学之外另辟蹊径，从文艺学着眼，把民间文艺学作为一般文艺学的一个特殊的分支"①。以我的理解，按照这种布局，可以把民间文艺学划归中国文学理论，但强调是其中的特殊文艺学。把民俗学规划社会文化理论范畴，可朝着新方向发展。民俗学本身的范围，不管是广义的，包括民间文艺学；还是狭义的，不包括民间文艺学，都是民俗学的问题，它不影响民间文艺学的独立建设。

我们将钟先生 90 年代完成民俗学科建制后的思想变化的因素纳入进来，再看许钰此文，会对我们的理解有新的帮助。民俗学科自 70 年代末到 90 年代初快速发展，钟先生经过十年左右的观察，又比较、吸收了国外同行的学说，加上业已到来的全球化思潮，他发现，两个学科各自独立发展，条件已经成熟。特别是在全球化和现代化时期，它们在知识结构、研究对象和未来趋势上，已彼此不能包办承担。将它们混合建设，像 20 世纪二三十年代那样，还会对两者都造成束缚。而在民俗学已相当红火的情况下，钟先生实际在考虑的，是把民间文艺留在中国文学理论范畴在内的命运。在一篇题为《谈谈民间文学在大学中文系课程中的位置》的学报专栏文章中，他这样描述道，民间文学是民族文化的重要组成部分，也是民间长期传统教育的重要教材，应在中文系课程中开设这门课程。同时，由于它区别于文艺学和作家文学的特征，也不能将之与文艺学、古代文学和现代文学课合并②。这时他对民间文艺学的性质的阐述，使用了"民族文化"的概念，这在以往很少使用。他将民间文艺学与民族文化共同讨论，与他此前更多地将民俗学与民族文化相提并论，从社会实践上讲，是让民间文艺学借民俗学的势；而从学术观点上讲，是他反观民俗学的学科建设所产生的思想变化。这样他的视野更开阔、目光更长远，故而

---

① 许钰：《民俗学和民间文艺学》，《北京师范大学学报》1991 年第 2 期，第 14—18 页。

② 钟敬文：《谈谈民间文学在大学中文系课程中的位置》，《北京师范大学学报》1996 年第 6 期，第 61—65 页。

能更明确地指出民间文艺学科应该如何设置，如何发展，而不是民间文艺学的学理应该怎样讨论。

民间文艺学是北京师范大学民俗学学科的传统优势领域，在民间文艺学与民俗学作为两个学科发展后，北师大学报民俗学专栏所发表的民间文艺学论文的分量，不但没有削弱，反而得到加强。如讨论民间文学与口头传统的关系、故事类型、故事与禁忌、神话与仪式、女性传说、中国故事集成研究等，在研究问题的具体性和讨论的深度上，都有进步。①

三　民俗文化学与交叉学科研究

民俗学科与我国现代社会文化环境中产生的其他新学科有很多融汇点，民俗学既具独有价值，也往往会与其他相邻学科之间界限不清。为此，在民俗学科的建设中，有两个问题需要解决：一是将民俗学历史价值化，使之有传统，能扎根；二是将民俗学政策导向化，使之对现实社会有用。于是钟敬文引入了文化学。1992 年，钟敬文发表文章《民俗文化学发凡》②，为民俗学量身定做"文化"的内涵外延，并称这门学问为"民俗文化学"。

对"民俗文化学"的性质，可以有不同的理解。连树声在《〈民俗学说苑〉编后记》中，指出它是一门新学问，他将钟先生的毕生学说分为三部分：一是民俗学；二是民间文艺学；三是民俗文化学的新概念和新理论③。钟先生本人也将"民俗文化学"界定为"是民俗学与文化学相交叉而产生的一门学科"④。连树声的理解是符合钟先生本人的初衷的。钟先

---

① 刘魁立：《关于中国民间故事研究》，《北京师范大学学报》1994 年第 6 期，第 18—21 页。许钰：《口头叙事文学的流传和演变》，《北京师范大学学报》1994 年第 6 期，第 4—8 页。董晓萍：《民间文学体裁学的学术史》，《北京师范大学学报》1999 年第 6 期，第 20—26 页。万建中：《钟敬文民间故事研究论析——以二三十年代系列论文为考察对象》，《北京师范大学学报》2002 年第 2 期，第 24—32 页。杨利慧：《仪式的合法性与神话的解构和重构》，《北京师范大学学报》2005 年第 6 期，第 61—68 页。万建中：《神话的现代理解与叙述》，《北京师范大学学报》2009 年第 1 期，第 74—79 页。刘守华：《〈中国民间故事集成〉的特色与价值》，《北京师范大学学报》2010 年第 2 期，第 41—46 页。

② 钟敬文：《民俗文化学发凡》，《北京师范大学学报》1992 年第 5 期，第 1—13 页。

③ 连树声：《〈民俗学说苑〉编后记》，《北京师范大学学报》1994 年第 6 期，第 25—27 页。

④ 钟敬文：《民俗文化学发凡》，《北京师范大学学报》1992 年第 5 期，第 2 页。

生的另一篇文章《传统文化随想》，正对民俗学的历史价值做了有目标的阐述①，

从新学科上说，民俗文化学的成立，要有自己的对象特点和性质，但在这方面，钟敬文对民俗文化学与民俗学的表述并没有实质性的区别②。这就毋宁说，民俗文化学的成立，是给了民俗学一种方法。这个方法的用途，是使民俗学能从文化现象的角度分析民俗，从而能用文化分层的方法划分民俗事象。这个方法的导向，还能使民俗学接受以往民俗学所不接受的部分研究对象，如在上层文化中的民俗、手工技术文化中的民俗等。总之，有了本民族文化这个大平台，民俗学的发展就活了，路子就宽了。如此我们也好理解钟先生的另一句话："民族文化的涵盖面当然大于民俗文化"③。他还有一篇文章《五十年来民间传承文化研究的新收获——〈中国民间传承文化学文集〉导言》，则讨论了在相邻学科中，民俗学既保持特色，又开展跨学科研究和综合性研究的可能性④。

再换个角度说，如果将"文化学"当作一座桥，这样民俗学就可以成为过桥的军队，突破以往的不少禁区，去很多以往民俗学研究的死角攻城拔寨，如从前讳谈的"迷信"、"落后"和"民间宗教"等。现在不同，如果承认文化的民俗学是一门科学，就可以把这类民俗作为文化现象重新加以解释。此外，民俗学还可以关注一些具有深厚传统的事象的现实活动，把死学问做得鲜活。更重要的是，从文化视角切入，民俗学能够介入国家民族整体文化的分层研究和交叉研究，手握历来为经典所不屑的民俗，从中下层文化的层面，从容地进行资料重构、个案描述和理论颠覆。现在我们看钟先生在《民俗文化学发凡》中所讲的"民俗文化与其他社会科学的关系"就很受用⑤。最精彩的是"民俗文化学的效用"一节，钟先生在文中说："民俗文化学的效应，概括地讲，有两方面：一是保存现有的民俗遗产。……二是研究民俗、认识国情（包括广大民间文化和民

---

① 钟敬文：《传统文化随想》，《北京师范大学学报》1994 年第 4 期，第 25—29 页。

② 钟敬文：《民俗文化学发凡》，《北京师范大学学报》1992 年第 5 期，第 3—5 页。

③ 同上书，第 5 页。

④ 钟敬文：《五十年来民间传承文化研究的新收获——〈中国民间传承文化学文集〉导言》，《北京师范大学学报》1999 年第 6 期，第 5—9 页。

⑤ 钟敬文：《民俗文化学发凡》，《北京师范大学学报》1992 年第 5 期，第 6—7 页。

众心理在内），以利脚踏实地参与现实改革。"① 我们应该能够理解，了解民俗学通过民俗学文化学产生社会功能的迫切性，其实大于追问民俗文化学的学理的本身。

在北师大学报民俗学专栏的早期论文中，带有"文化"和"遗存"立题的论文大都与突破"文革"前的思想禁区有关，如《中国傩文化的流布与变异》、《从古俗遗存谈妇女地位的变迁》和《民间记录中的僧道度劫思想》。在学报专栏的后期文章中，有的作者开始探讨民俗文化学对我国民俗学研究产生的影响，如《钟敬文"民俗文化学"的学科性质及方法论意义》《非物质文化遗产与民俗评估》《传统节日：一宗重大的民族文化遗产》《非物质文化遗产调查中的主体意识——以民间文学为例》和《全球化、反全球化与中国民间传统的重构》等②。不管怎样，民俗文化学的出现，使我国的民俗学成了我国人文社科群中最有弹性的学科。

四　大师价值与团队精神

钟敬文通过带领北师大团队建设学报民俗学专栏，它的收获不仅在北师大，也在全国同行。钟先生曾肯定地评价此专栏说："它显然是我国民俗学活动的一个重要据点"。今天回顾它的成绩，还要看到它的强大的内在动力。主要谈以下两点。

什么是新时期民俗学国家重点学科的特质？有两点不可缺少，即大师与传统。有国家级重点学科标准的学科是有大师的学科，也是有大师奠定的学术传统的学科。一个学科的学术大师是拥有极为特殊的个人价值的个体。学术大师决定着一个学科的命运。在大师之下，其他不同层次的高级

---

① 钟敬文：《民俗文化学发凡》，《北京师范大学学报》1992 年第 5 期，第 11—12 页。

② 张紫晨：《中国傩文化的流布与变异》，《北京师范大学学报》1991 年第 2 期，第 19—27 页。陈子艾：《从古俗遗存谈妇女地位的变迁》，《北京师范大学学报》1994 年第 6 期，第 8—17 页。董晓萍：《民间记录中的僧道度劫思想》，《北京师范大学学报》1995 年第 6 期，第 15—23 页。刘铁梁：《钟敬文"民俗文化学"的学科性质及方法论意义》，《北京师范大学学报》2002 年第 2 期，第 15—23 页。董晓萍：《非物质文化遗产与民俗评估》，《北京师范大学学报》2005 年第 5 期，第 43—49 页。万建中：《非物质文化遗产调查中的主体意识——以民间文学为例》，《北京师范大学学报》2005 年第 6 期，第 57—60 页。萧放：《传统节日：一宗重大的民族文化遗产》，《北京师范大学学报》2005 年第 6 期，第 50—56 页。杨利慧：《全球化、反全球化与中国民间传统的重构》，《北京师范大学学报》2009 年第 1 期，第 80—86 页。

优秀人才也都是有其个人价值，但这种个人价值要在大师的榜样陶冶中化育，要在学科的优秀传统中养成。以往受到极"左"思想的干扰，个人与团队经常被对立起来。个人价值的作用不能被充分地、彻底地承认，也不能完整地发挥大师个人价值的作用，造成科学事业的极大损失。另一方面，也有个人价值与团队集体融合的问题。学术大师是最优秀的个人价值拥有者，就在于他的价值有对国家科学文化事业的高度融合性。这种个人能够在国家最需要、事业最困难的时候，勇敢地担当和坚定地付出，是能够带动整体团队建设的人。大师为团队牺牲并不影响他的个人价值的存在，而大师帮助团队取得成功，那么这种个人价值就更为高尚和持久。

北京师范大学民俗学科由老中青教师构成，钟先生与中青年教师共同组成一个团队。在钟先生率领和长期指导的时期，这些中青年后学的跟进和接力是十分重要的，其过程就是团队组织的构建和团队精神的塑造。

在新时期之初钟先生倡建"民俗学科"时，正是中国科学文化事业解决青黄不接问题的过渡期。"文革"之后，我国高校的老学者进入了厚积薄发的辉煌岁月，同时后继人才不足，矛盾十分突出。于是，由老一代学者发挥作用，与在老学者带领下进行团队建设，进入"双轨制"。钟先生正是在这方面充分展现了他的作用，他在民俗学、民间文艺学和民俗文化学等多方面，完成了学术思想建设，同时也亲手建设了一支中青年学术团队。

1997 年，国务院学位办将民俗学划归社会学，同时在中国语言文学一级学科下保留了民间文学。钟敬文向教育部有关领导致信说明，可以在社会学一级学科下建设"民俗学（含民间文艺学）"，同时考虑到社会学一般不研究民间文学，也建议在中国语言文学一级学科下保留民间文学的位置。到了这一阶段，钟先生所培养的后学团队，还可以在民俗学与民间文艺学分开建设后，在两者都已制度化并活动发展后，他又作了新的设计，即可以进行两个团队的建设。但他也说明两个团队是有联系的。他在《谈谈民间文学在大学中文系课程中的位置》一文中阐述了个人的这种观点，包括民间文艺学团队如何在开展新建设，以及如何在体制变迁中巩固已有的课程体系和师资队伍。

一个往往被忽略的问题是，学报也是重点学科建设的一种团队构成，学术大师就能看到这一点。当然，学报是一种特殊的团队构成，是在学科成果的发表渠道上工作的团队。它的价值就在于，它能为学科团队提供成就感与激励性。在钟先生晚年的奋战中，学报的民俗学专栏成就了他的一种学术规划，学报专栏也为树立团队精神提供了平台。以往学者的研究对大师学说及其教育活动多所肯定，但不大讨论他们所与发表渠道的关系，如大学学报，其实这是不够的。

就学报而言，《北京师范大学学报》还陆续开办过其他学科的专栏，不止民俗学一门，但民俗学专栏的开辟时间最早，也历时最长，这也是学报的眼光。特别是在 20 世纪 90 年代初，开办这种纯学术的专栏，探索与风险并存。在当时由计划经济向市场经济的管理体制转型之际，任何纯学术之举都会带来不小的压力，但是，北师大学报始终不渝地为民俗学科提供条件，并在钟先生身后坚持多年。这种学报编刊的过程，就成为一种独立于经济利益之外的学报学术品质的彰显。我们应该也承认，办好学报，要懂学术，也要懂管理、懂成本，但一份优秀学报的根底，在其学术质量，而不在其他。北师大学报的民俗学专栏创办 20 年，对民俗学科不取分文，只要质量，它的意义还不能仅用"发表"概括，也不能仅用"非营利"评价。这种尊重传统而注重创新，追求科学真理的发现过程而不是它的一时成败的学报精神，应该是现代中国大学精神的一部分。

中编：中日印故事类型个案研究

第五章　中日印故事类型的编制与比较

钟敬文从事中日印故事类型个案研究开始得最早，自1927年至1991年，发表论文的时间前后达64年，所讨论的故事类型也几乎涉及20世纪中国故事研究的各种主要问题，其中有的中国类型讨论也被国际同行吸收后发展为新的研究成果。当时参与翻译和评介中日印故事作品的中国学者曾是一个多学科群体，但钟敬文是其中唯一以译介印欧故事类型为肇始，又长期从事故事学研究的民俗学者。在1927—1937年间，因五四前后出现的"日本窗口"的作用，钟敬文的中日印故事类型研究是经由日本桥梁进行的。在1948年以后，特别是在恢复工作的1978年以后，钟敬文与季羡林交往日多，在中日印故事类型研究上出现了较大的跃进。最重要的是，这段中国故事学史的早起和早动，酿成我国民间文艺学的早熟，而民间文艺学又成为中国民俗学兴起和发展的历史基础，所以，不能忽视中日印故事类型研究史。遗憾的是，这段学术史长期被忽略，在我国民间文艺学和民俗学者中，对印欧故事类型研究的走向，长期关注中日对话部分，对钟敬文的故事学研究也一直关注他的留日活动，却对钟敬文与印度故事文学的渊源联系不大提及，而东方文学的研究者，主要是中日印比较文学研究者，也不大了解民俗学者的研究方法和进展，这是很可惜的。实际上，这个问题是值得关注的，因为它所涉及的三个问题今天都值得重新关注：一是故事类型学在比较民俗学和比较文学研究中的地位；二是故事类型学在早期困境中产生的西方方法论所带来的"水土不服"所引起的历史反思；三是正确评价故事类型学史对拓展前人已开辟的本领域研究的学术价值和社会现实意义。

在解决这类问题上，研究中日印故事类型学术历程的本身是个关键，在研究途径上，能够较为充分地说明这一点的，是1927—1937年的一段学术史。当时钟敬文无论在中国，还是在日本，引发和建立他的民间文艺学思想的资料和方法，都是印度故事类型。他也通过对印度故事类型的讨论，取得与中日学者对话的机会。特别是他在 1927—1937 年间与日本学界的对话，主要都是从印欧故事类型的问题移植过去的。此后，季羡林从德国返回，钟、季之间就中日印故事类型开展了新的对话，但如果没有中日民俗学者之间的前期讨论的基础，钟、季对话也不可能马上介入专题。

本章重点以 1927—1937 年时限，主要讨论三个问题：一是以钟敬文为代表的故事类型学如何以译介印欧故事类型为起点，找到编制中国故事类型的方法，二是钟敬文中日印故事母题和主题分析的个案研究，三是钟敬文与季羡林所讨论的中日印故事类型的观点和方法的再评价。本章所使用的资料，以钟敬文和季羡林的相关著述为主，也使用同时期其他中外学者的论文，也参考了中国故事资料。在研究方法上，主要从上述不同著述所共同涉及的动物故事研究切入，开展整体研究。本章尝试通过对这段中国故事学史讨论，促进中日印故事类型研究走向深化。

第一节　印欧故事类型的翻译与制作

一　翻译印欧故事类型

钟敬文于 1927 年与友人杨成志合作翻译了《印欧民间故事型式表》①，这是中国民俗学者最初接受西方民俗学者专业方法的一种标志。但在当时的历史条件下，钟敬文的印欧故事资料来源并非印度，而是与印度殖民史相关的英国。钟敬文从英国民俗学者班恩所撰《民俗学手册》中获得了这份印欧故事类型，又参考了日本学者冈正雄的日译文，再将印欧故事类型研究的方法介绍到中国。

钟敬文等所译印欧故事类型的中文名称如下：1. 丘匹特与赛支式，2. 麦罗赛那式，3. 天鹅处女式，4. 皮涅罗皮式，5. 哲诺未亚式，6. 判赤京或生命指南式，7. 叁孙式，8. 赫剌克利斯式，9. 蛇儿式，10. 恶魔罗伯特式，11. 金小孩式，12. 利尔式，13. 侏儒式，14. 里亚·塞尔米式，15. 杜松树式，16. 和尔式，17. 卡斯京式，18. 金发式，19. 白猫

---

①　[英] 库路德（Rev. S. Baring— Gould）编、约瑟·雅科布斯（Joseph Jacobs）修订《印欧民间故事型式表》，钟敬文、杨成志译，1927 年冬完成，中山大学民俗学会小丛书之一，中山大学语言历史研究所印行，1928 年。

式，20. 辛得勒拉式，21. 美人与兽式，22. 兽姊妹夫式，23. 七只天鹅式，24. 孪生兄弟式，25. 从巫术逃出式，26. 白太式，27. 哲孙式，28. 谷德纶式，29. 悍妇驯服式，30. 脱刺是卑耳德式，31. 睡美人式，32. 赌婚式，33. 约克和豆茎式，34. 旅行地狱式，35. 杀巨人者约翰式，36. 波力飞马斯式，37. 斗法式，38. 巧智退魔式，39. 大胆约翰式，40. 预言实现式，41. 法术书式，42. 盗魁式，43. 勇敢的裁缝匠式，44. 威廉退尔式，45. 忠心约翰式，46. 茎勒特式，47. 报恩兽，48. 兽、鸟、鱼式，49. 人得到支配兽类的法力，50. 亚拉丁式，51. 金鹅式，52. 禁室式，53. 贼新郎式，54. 骸骨呻吟式，55. 白雪姑娘式，56. 拇指汤式，57. 安德洛麦达式，58. 蛙王子式，59. 刺谟皮斯地理忒士京式，60. 动物语言式，61. 靴中小猫式，62. 狄克喜亭吞式，63. 正直与不正直式，64. 死人报恩式，65. 笛手皮得式，66. 驴. 桌及棍棒式，67. 三蠢人式，68. 替泰鼠式，69. 老妇与小豚式，70. 亨利坟尼式①。

　　钟敬文在这次译文中附加的工作有两项，一是给印欧故事类型以中文命名，二是在部分命名中使用了中国色彩的名字，如"睡美人式"、"报恩兽"、"禁室式"和"骸骨呻吟式"等，它们后来都成为中国民俗学界常用的类型名称，乃至为日、韩民俗学同行所借用。该类型的编修者约瑟·雅科布斯，从此也经常出现在钟敬文和其他亚太民俗学者的著述中。

　　从理论和方法论上说，这次翻译工作至少带来了四个结果。

　　第一，钟敬文了解到西方民俗学者正在编制故事类型，并由此打开了方法论的眼界。他明白这不是对故事内容进行加减的文字游戏，是西方民俗学者衡量是否学术专业化的分野。他也知道日本民俗学者已率先拿到印欧故事类型表②，这也许是他不久便关注印度和日本研究的一种机缘。

　　第二，钟敬文与顾颉刚同时发现把民众熟悉的民俗事象做成学问的门径。顾颉刚在钟敬文的印欧故事类型中译文完稿后，立即撰序予以赞扬，顾颉刚对类型法可以成为民俗学的支架作用给予了热情的肯定。

---

　　①　参见文末所附《表1　钟敬文等译约瑟·雅科布斯印欧故事型式一览》。
　　②　钟敬文已在《付印题记》中说明这次翻译曾参考日本学者冈正雄的日文译本，详见钟敬文《付印题记》，原文写于1928年1月24日，[英]库路德编、约瑟·雅科布斯修订《印欧民间故事型式表》，钟敬文、杨成志译，1927年冬完成，中山大学民俗学会小丛书之一，中山大学语言历史研究所印行，1928年，第5页。

民俗可以成为一种学问，以前人决不会梦想到。他们固然从初民以来早有许多生活的法则，许多想象的天地，可怜他们只能做非意识的创造和身不由主的随从，从来不会指出这些事实的型式和因果。……现在我们的眼睛已为潮流所激荡而张开了，于是陡然看见沃野膏壤可以做我们的田地，许多嘉卉珍果可以做我们的农产；我们心知在这很近的时期之内可以收获到一笔大产业，哪里禁得住不高兴，哪里禁得住不呼喊道："我们要开辟这些肥土！我们要在这方面得到丰盛的收获！"①

从顾颉刚这段充满激情的文字中，我们可以看到，这份印欧故事类型表在本国历史学者中也有反应。对出身文学、民俗学和历史学而锐意革新的一批中国学者来说，故事类型方法让他们顿时"开窍"。从 1918 年的五四歌谣学运动到 1928 年的中山大学民俗学研究，10 年间，他们接触和使用民俗概念和资料日久，方法问题日蹙。现在他们认为拿到了钥匙。我们也看到，从北大到中大，两者之间的重要转折，除了从歌谣到故事和民俗的领域拓展，就是这次方法论的变化。它让这些中国学者有信心把治民俗学当成学问的正途。

第三，钟敬文找到了中国与印欧故事的相似类型。1928 年 2 月，钟敬文发表《中国印欧民间故事之相似》②，他在文章的开头说，在翻译印欧故事类型时，他已发现"其间颇多和中国民间故事相似者"③。他一下制作了 10 个中国故事类型，它们是：1. 类型三，天鹅处女式，2. 类型十五，杜松树式，3. 类型十六、和尔式，4. 类型十九、白猫式，5. 类型二十一，美人与兽式，6. 类型四十七，报恩兽，7. 类型四十八，兽、鸟、鱼式，8. 类型五十四，骸骨呻吟式，9. 类型二十六，白太式，10. 类型

---

① 顾颉刚：《民俗学会小丛书前言》，原文写于 1928 年 1 月 29 日，［英］库路德编、约瑟·雅科布斯修订《印欧民间故事型式表》，钟敬文、杨成志译，中山大学语言历史研究所印行，1928 年，第 1 页。顾颉刚原文中"那里禁得住"中的"那里"，兹作者根据原意改为"哪里"。

② 钟敬文：《中国印欧民间故事之相似》，《钟敬文民间文学论集》（下），上海文艺出版社1985 年版，第 240—244 页。

③ 同上书，第 241 页。

六十七，三蠢人式①。

在本文以下将要讨论的钟敬文于 1927—1937 年撰写的论文中，曾计划对 70 个印欧类型做逐一对应研究，惜因抗日战争爆发，他只完成了其中 5 个类型的长篇研究论文，在另一些中、短篇论文中讨论了 37 个类型，共 42 个类型，总计占这批印欧故事类型总数的 60% 左右。

第四，动物故事类型研究占半数以上。在钟敬文已完成的论文中，动物故事占 34 个，其中动物助手 7 个，动物丈夫 9 个，动物妻子 2 个，动物儿子 1 个，动物报恩 3 个，动物对手 7 个，其中很多动物都能开口说话。在他本人制作的 10 个中日印欧相似类型中，动物故事类型占 8 个，达 80%，所举述中国对应动物达 90%。但在他制定的中国相似故事类型中，动物丈夫类型稍少，动物妻子类型较多，动物助手类型更多。也有的不属于动物故事类型，如傻子型或呆女婿型（在印欧故事类型三叫"三蠢人式"），在钟敬文后来制作的中国故事类型中，它被归入"云中落绣鞋型"②，或称"呆女婿型"（附五个异式）③。还有 2 个类型属"后母型（灰姑娘型）"和"歌唱的骸骨型"，也都是 AT 中的重要类型，钟敬文在其晚年的学术著述中进行了补充研究④。他未涉及的印欧故事类型有两种，即盗贼式和鬼类型，它们也都是中日印欧故事中的共有类型，但并未引起钟敬文的兴趣。

钟敬文对中日印故事的考察，夹在中日印欧故事群中，以现在的学术条件看，其中的印度故事数量并不多，但他已对印度故事给予由衷的赞美。1928 年 9 月，他写了一篇书评，叫《花束》。原著的作者是法国人，在书中讨论印度文学和戏曲故事。钟敬文说，某天，他与赵景深去上海书

---

① 关于印欧故事类型中的 10 个中国相似类型，参见文末所附《表二、钟敬文中国印欧故事情节与角色关系一览表》。

② 关于钟敬文将"印欧故事类型中"的"三蠢人式"归入中国故事类型"云中落绣鞋型"，参见钟敬文《读〈三公主〉》，钟敬文：《中国民间故事型式》，收入《钟敬文民间文学论集》（下），上海文艺出版社 1985 年版，第 454 页。

③ 钟敬文：《中国民间故事型式》，收入钟敬文《钟敬文民间文学论集》（下），上海文艺出版社 1985 年版，第 354—355 页。

④ 钟敬文对"灰姑娘型"和"歌唱的骸骨型"故事类型的研究，参见中日故事比较泛说。钟敬文对不到黄河心不死的故事类型研究，参见钟敬文《中日民间故事比较泛说》，载钟敬文《钟敬文学术论著自选集》，首都师范大学出版社 1994 年版，第 374、377—383 页。

店，偶得拉姆贝尔的论文集《花束》①，爱不释手，于是对书中法国人所喜爱的印度戏剧《沙恭达罗》从旁附和。

> 我对于戏剧，没有多大的兴味，自然更不必说到研究，所以第一篇文章《沙库泰拉和印度的戏剧》，没有什么话说，只微觉得那部名著所演述的本事，很可作世界各国（尤其是我们中国）古代戏剧取材的比较研讨而已②。

1928 年的钟敬文，是文学家兼民俗学者，绝不是印度戏剧文学的研究者。此时他谈起《沙恭达罗》（沙库泰拉）在印度故事文学史上是名篇，态度是谨慎的。但通过钟敬文在圈外的描述，我们还是能多少感受到当时国内热捧印度文学戏剧的氛围。后来季羡林曾概括《沙恭达罗》在我国早年流行的这段历史说："印度最伟大的诗人迦梨陀娑（Kālidāsa）的杰作《沙恭达罗》在解放前已经有八九个中译本。"③ 我们试想，文学家钟敬文是应该了解这个戏讯的，这一氛围又会有助于他与印度故事文学建立好感。这样我们便容易理解，他怎样从一个法国人的书中一眼认出了《沙恭达罗》，并收罗于自己的笔下。他坦言，让他更为喜爱的，是印度故事的神奇瑰丽的想象力，此点使他对印度故事形成"初恋"。

> 他绘写了一幅世界光荣的古国之印度的风土图，太可爱了，不由得我不摘抄下来。有人说到印度的名字，便立刻提醒听者一大堆闪烁的图画。这使他们记起了印度诸神所居的喜马拉雅山的广大的屏障；记起了圣恒河和圣雅满懦河（Jamuno）所慷慨地灌溉着的宽大的肥沃的平原；记起了沉重地压在大自然的上面，人和兽的上面，使他们

---

① 对于《花束》的法国原著作者的注释，在钟敬文此文中有专门注释，原文为："《花束》，法国 Ch. 拉姆贝尔著，鲁彦译，光华书局出版，一九二八年。"钟敬文：《花束》，载钟敬文《钟敬文民间文学论集》（下），上海文艺出版社 1985 年版，第 442 页注①。另，第 443 页说明拉姆贝尔的原文全名为：Ch. Lambert。

② 钟敬文：《花束》，《钟敬文民间文学论集》（下），上海文艺出版社 1985 年版，第443 页。

③ 季羡林：《印度文学在中国》，季羡林：《比较文学与民间文学》，北京大学出版社 1991 年版，第 116 页。

的贪恋非常稀有的雨和在高台上过夜的酷热的夏天；记起了用极流畅的汁液给植物以奇特的生命的力，用灿烂的花盖住高大的树木，用各种强烈的香气充满了那辉明的田野的那青春的至美；记起了那森林，在高耸入云的树下，第二层浓密的植物用厚的影覆着地，底下生活着、爬动着、相爱着或拥挤着、战争着无数的昆虫和小兽，同时，蛇侦探着自己的食物，和平的象群如哲学家似地散着步，狮和虎使周围的东西起恐怖的战栗，温和的羚羊轻快地跳过了空谷，或者，在为圣母牛的肥料所遮蔽的印度的小屋旁边不断地跳着舞，为爱而陶醉的蓝色的孔雀。①

法国人美妙的文字让钟敬文激励不已，他通过摘引法国人的引文，表示自己对绚丽烂漫的印度风情和印度故事情迷心折。在这篇书评中，他还对印欧故事类型的价值做了具体说明，并对胡适和顾颉刚所用的比较研究法做了对比，还把当时追随许地山的赵景深也拿来一起讨论。这些都成为他接近印度文学的新收获。

　　（法国学者书中）第三篇《睡美人和神仙故事》，这是讲欧洲一个最著名的"有翅膀的故事"，和连带及于一些别的故事的文章。他把许多国度、时间参差的材料，聚拢了来，细细考究它转变的迹象及原因。在此中，我们可以看出这个故事流传的地域、形态的差异，以及一切关于它的历史的背景、民族的心理等等。顾颉刚先生研究孟姜女故事，用的就是这种方法。年来胡适之先生也颇注意及此，他曾写过一篇《狸猫换太子故事的转变》，登载于《现代评论》上。他最近又有一篇名叫《建文逊国传说的转变》，将刊入《中央语言历史学研究所季刊》中。深兄对这个尤为努力，去年出版的《童话论集》中的几篇文字，想大家已见到，他的第二论集《童话新论》也已编成，将由复旦书店出版，这集里尤其注意于故事异同转变的探究。我自己在过去也杂写了几篇这类的文章，但大都太过草率，难当人意。今读了拉姆贝尔教授的文章，心里更形愧怍了，将来如兴趣不变动，环境

---

① 钟敬文：《花束》，载钟敬文《钟敬文民间文学论集》（下），上海文艺出版社1985年版，第445页。此段引文中有个别排印错误，本文作者已经更正。

也能好好地容许我工作，当尽力之所及，把中国若干比较重要的故事、传说，一一加以整理、探究，以有助于中国民俗学一部分的工作的建设。[1]

　　我们对钟敬文当时对印欧故事类型的世界影响的认识程度的估计，也可以通过他使用的日本学者著作的线索进行。当他得知日本著名民俗学者松村武雄也翻译《印欧民谭类型》一文后，很有同道之感，后来还发生他与松村武雄就此对话的学术事件[2]，他雄心勃勃地表示："关于中国的乃至于世界的这型式的故事，我希望将来有较详细地讨论一下的机会。"[3]槃瓠故事类型研究，由松村武雄提出，由钟敬文加以补充和发展，这已成为中日学者从接触印欧故事类型后所形成的一个共同问题。两人在中日不同国家，做了同样的事情，彼此都有赞佩之意。他们还就这个中国动物故事类型展开了丰富详赡的资料比较分析和类型研究探讨，引起当时亚太国家民俗学者的纷纷效仿。不久钟敬文留学日本，将松村武雄视为"私淑"老师。

　　从现代专业学术标准看，钟敬文等译印欧故事类型也有明显不足。由于约翰·雅科布斯的原文没有注明故事类型的出处，故钟敬文等的中译本同样没有注明故事出处。钟敬文不久发表《中国与印欧故事类型之相似》一文，也未能给出所使用印欧国家故事的原文注释。但这种局限在当时是不能避免的。尽管如此，钟敬文运用有限的印欧资料，已提出了初步的中日印比较研究的设想，就是"把许多国度、时间参差的材料，聚拢了来，细细考究它转变的迹象及原因"。他还大致描述了比较方法的内容，即"（通过比较）看出这个故事流传的地域、形态的差异，以及一切关于它的历史的背景、民族的心理等等"。他的下一步打算是"把中国若干比较重要的故事、传说，一一加以整理、探究"。我们似可看出，他在民俗学探索方面，看重它的方法，更重于印度故事本身。

---

[1]　钟敬文：《花束》，载钟敬文《钟敬文民间文学论集》（下），上海文艺出版社 1985 年版，第 444 页。

[2]　钟敬文：《槃瓠神话的考察》，载钟敬文《钟敬文民间文学论集》（下），上海文艺出版社 1985 年版，第 103 页。

[3]　同上。

现在我们已经知道，在我国与邻国开展故事类型比较研究上，整个20世纪都争论不休，其中的原因，有理论方法的欠缺，也有在理论方法的指导下发掘充分资料的问题。

多年后，在季羡林率后学团队编译的印度故事文学著作中，在中日印佛经故事交流方面，出现了大量新线索，如印欧类型的"第二十六则白太式"和"第六十七则三蠢人式"，在王邦维选译的《百喻经》中，就有《食盐》、《挨打》、《认兄》和《赞父》等作品，被证实是来自印度的故事，这类研究，对打破钟敬文早期工作的历史局限，全面判断印欧故事类型的历史价值，是有新的作用的。①

二　制作中国民间故事类型

一般认为，钟敬文受到印欧故事类型的启发，撰写了中国故事类型②。但持这种观点的学者，忽略了另一个层面，即钟敬文翻译印欧故事类型，后来又使用了印度故事，在这一过程中，许地山和赵景深都起了一定作用。对这段学术史，我国民俗学界很少谈及，实际上又不能不提。印度文学研究者对许地山比较熟悉，但又很少提到他对故事类型学的影响，这个空白也需要补上。

钟敬文几度走近许地山。1928年6月，许地山出版译著《孟加拉民间故事》，至1935年，他又出版了三本相关的著作，还介绍了印度两大史诗和三大故事集《佛本生故事》、《五卷书》和《故事海》。这些都对钟敬文产生了影响。季羡林从德国返回之前，德国拥有的印度学传统还不能影响中国。郑振铎对印度文学研究也颇着力，却不如许地山对梵文和印度更为精通。加上赵景深在钟敬文和许地山之间搭桥，这就更加能把钟敬文对印度故事的兴趣吸引过去。季羡林曾在三十多年后的一篇文章中肯定许地山在译介印度故事文学方面的能力和功夫。

---

① 印欧故事类型"第二十六则白太式"和"第六十七则三蠢人式"等，已进入中国佛典的印度故事作品，参见王邦维选译《佛经故事》，《一、百喻经》，《食盐》、《挨打》、《认兄》、《赞父》，中华书局2009年版，第2—4页。

② 钟敬文：《中国民间故事型式》，收入钟敬文《钟敬文民间文学论集》（下），上海文艺出版社1985年版，第342—356页。后收入钟敬文《钟敬文文集·民间文艺学卷》，安徽教育出版社2002年版，第620—636页。

　　小说家和梵文学者许地山对印度文学有特殊的爱好，他的许多小说取材于印度神话和寓言，有浓重的印度气息。他根据英文翻译过一些印度神话，像《太阳底下降》(*The Descent of the Sun*) 和《二十夜间》(*A Digit of the Moon*) 等等。他也曾研究过印度文学对中国文学，特别是中国戏剧的影响。他的结论我们虽然不能完全同意，但是其中有一些意见是站得住的，这一点大家都会承认。此外，他还写过一部书，叫做《印度文学》，篇幅虽然不多，但是比较全面地讲印度文学的书，在中国这恐怕还是第一部。它从吠陀文学讲起，一直讲到近代文学，印度文学史上的主要作家作品，主要的都讲到了。对想从事于印度文学研究的人来说，是一部有用的书。①

　　我们站在距离季羡林和钟敬文更远的地方，可以发现，在季羡林的评价中，许地山未必是顶尖的印度文学批评家，但却称得上是一位印度情结最浓的中国先驱，季羡林甚至说他"比较全面地讲印度文学的书，在中国这恐怕还是第一部"。从钟敬文的工作看，许地山只翻译而未研究印度故事类型，钟敬文填补了这个空白，许地山译介的印度作品则成为钟敬文最早的专业食粮。

　　在许地山之前，郑振铎是介绍印度故事的主将，早在 1921 年，他就在《小说月报》上翻译并介绍了泰戈尔的诗。1927 年，他发表《民间故事的巧合与转变》一文，指出故事相似说的几个流派②。1928 年，钟敬文在自己的文章中采用了他的部分说法。

　　钟敬文与赵景深的来往更多。他在 1928 年写《中国印欧民间故事之相似》时，已与赵景深互通音问。在写到"天鹅处女"类型时，他还在此条下，附出赵景深的补文，原文是："景深按，比较近似一点的，我以为还是牛郎和织女的故事，此故事也曾编成戏剧《鹊桥相会》，在七夕延长；并且拙编《中国童话集》中也收得有这个故事"③。1929 年钟敬文撰

---

① 季羡林：《印度文学在中国》，载季羡林《比较文学与印度文学》，北京大学出版社 1991 年版，第 114 页。

② 郑振铎：《民间故事的巧合与转变》，《矛盾月刊》1932 年第 1 卷第 2 期；又见《郑振铎文集》第 6 卷，人民文学出版社 1988 年版，第 255—258 页。

③ 钟敬文：《中国印欧民间故事之相似》，载钟敬文《钟敬文民间文学论集》（下），上海文艺出版社 1985 年版，第 241 页。

写中国的故事类型时，赵景深也提供了自己的意见。

　　民国十六年的冬天，我和友人杨志成先生合译了库路德那被修正过的《印度欧罗巴民间故事型式》（*Some types of Indo-European folk-tales*），当时想，把中国的民间故事照样来整理一下，该不是无意义的吧。次年（民国十七年）春，国立中央研究院历史语言研究所，在粤成立，谋出《集刊》第一期。主持其事的为傅斯年、顾颉刚先生，承邀分题做文，我即提出"中国民间故事型式"的题目。但只在忙碌中草就了数型，即因故中断进行。后来，赵景深先生曾来函提议过大家奋力合作；我也有时想起此事中断的可惜。但兴味既弛，课务又忙，因之，便长期悬搁。

　　去年夏，以神经衰弱为甚，不能应付较忙的课务，便决然辞去浙大文理学院的教职，来就省立民众教育实验学校"民间文学"的讲席。因为常常浏览国内民间故事一类书籍之故，所以整理型式的心思又形诸活动。高兴时，即信手草写两三个，以填塞此间《民俗周刊》的空白。①

这项工作至 1931 年完成。钟敬文在多种场合都提到赵景深的工作。

钟敬文这次共制作 45 个中国故事类型，它们是：1. 蜈蚣报恩型，2. 水鬼与渔夫型，3. 云中落绣鞋型，4. 求如愿型，5. 偷听话型，6. 猫狗报恩型，7. 蛇郎，8. 彭祖型，9. 十个怪孩子型，10. 燕子报恩，11. 熊妻型，12. 享夫福女儿型，13. 龙蛋型，14. 皮匠驸马型，15. 卖鱼人遇仙型，16. 狗耕田型，17. 牛郎型，18. 老虎精型，19. 螺女型，20. 老虎母亲（或外婆）型，21. 罗隐型，22. 求活佛型，23. 蛤蟆儿子型，24. 怕漏型，25. 人为财死型，26. 悭吝的父亲型，27. 猴娃娘型，28. 大话型，29. 虎与鹿型，30. 顽皮的儿子（或媳妇）型，31. 傻妻型，32. 三句遗嘱型，33. 百鸟衣型，34. 吹箫型，35. 蛇吞象型，36. 三女婿型，37. 择婿型，38. 书呆子掉文型，39. 撒谎成功型，40. 孝子得妻型，41. 呆女婿型，42. 三句好话型，43. 吃白饭型，44. 秃子猜谜型，45. 说

---

① 钟敬文：《中国民间故事型式》，收入钟敬文《钟敬文民间文学论集》（下），上海文艺出版社 1985 年版，第 342 页。

大话的女婿型。

在钟敬文毕生的学术活动中，这是第一次、也是最后一次全力制作纯故事类型。所谓"纯"故事类型，是从严格学术规范上讲的。这批类型都是故事情节单元的缩写，此外并不提供历史文献和现代调查故事资料，未标出故事流传地，没有学者的研究信息。现在我们看 AT 著作可知，在每个母题类型之后，都是附有长篇的文献索引，也附有研究者的分析提示。所以，这种借用西方的方法很快出现"水土不服"的症状，受到了同时代人的批评。

从学术原创上讲，钟敬文制作的中国故事类型又是相当重要的。这批中国类型即出，立即在日本引起反响，能说明当时的学术史需求：一是提出第一批中国故事母题和主题；二是由此开始，围绕西方方法在中国的"水土不服"问题产生了争论；三是这批中国故事类型角色以动物为主，此点成为比较故事学研究的钥匙。这些工作，即便今天看，也有不可替代的学术价值。

钟敬文编制的这批中国故事类型，其中有动物故事类型 26 个，占半数以上，它们是：1. 蜈蚣报恩型、2. 云中落绣鞋型、3. 求如愿型、4. 偷听话型、5. 猫狗报恩型、6. 蛇郎型、7. 燕子报恩、8. 熊妻型、9. 龙蛋型、10. 皮匠驸马型、11. 卖鱼人遇仙型、12. 狗耕田型、13. 牛郎型、14. 老虎精型、15. 螺女型、16. 老虎母亲（或外婆）型、17. 罗隐型、18. 求活佛型、19. 蛤蟆儿子型、20. 怕漏型、21. 人为财死型、22. 猴娃娘型、23. 虎与鹿型、24. 百鸟衣型、25. 吹箫型、26. 蛇吞象型①。它们共涉及动物 14 种，分别是蜈蚣、龙（龙王、龙子、龙女）、蛇、猫、狗、燕子、熊、蜜蜂、鱼、牛、田螺、青蛙、鸟（云鸟）、猴。其中虎出现 4 次、龙 4 次、蛇 2 次、鸟 2 次、狗 2 次，其余均出现 1 次。钟敬文不久进行的中日印日动物故事研究奠定了他在东亚和东南亚民俗学界的地位。

需要指出的是，钟敬文在故事类型比较研究中，通过周作人等人，还接受了英国人类学、法国社会学和欧洲古典文学思潮的影响。钟敬文也研究了中国民俗学的其他范畴，如民间信仰、民间组织、民间节日和民间艺术等。但与同时代的其他中国民俗学者相比，他之所以对中国民俗学的理

———————————

① 详见文末所附《表3　钟敬文制作中国故事类型与动物要素一览》。

解全面和深入，就是他做了故事类型研究，并在社会历史所允许的条件下，由故事类型学走向多元文化背后的极为广阔的跨文化民俗天地。

民俗有很强的民族、地区、语言和仪式文化特质，其实很难相互比较。但是，人类不同民俗中的故事类型却可以比较，比较的目的，不仅是发现相似性而且也发现差异性。钟敬文晚年指出，其实差异更重要，这是他晚年提出民俗的活力在于维护文化差异的观点是一致的。

三　争论问题

在钟敬文翻译和制作故事类型时，对这种西方方法的争论就爆发了。但钟敬文的进取决心没有动摇。

> 自《印欧民间故事型式》由国立中山大学语言历史学研究所刊行之后，有些人珍爱备至，常用以为写作民间故事论文援引的"坟典"。但也有些人，却很鄙薄它，以为全无用处，甚至把它视为断送中国民俗学研究前途的毒药。这两种"偏敧"的结果，都是我们翻译那"款式"时所遥未及料的（关于此事，另日当作专文论之，此处不详谈）。这篇文字发表时，不知要惹起如前或更严重的反响否？我这样预想着，不免有些惴然了。①

他与沈雁冰就《马头娘传说辩》产生了争论。沈雁冰是当时用进化人类学的学说考察神话故事的作家兼学者。钟敬文认为沈之不妥在于要求神话传说也能"进化"。现在我们知道，沈雁冰所持观点是后来被翻盘的直线进化论，这个就不去多说它了，因为处于同时代的钟敬文也未能彻底摆脱进化人类学的影响。我们要指出的是，在相同的研究条件下，故事类型学能帮助钟敬文做些什么？钟敬文指出，故事类型在时空分布上是先后错落的差异的，故事叙事中的"事物常因空间与时间的差异而呈现变态，这是普通的原则"，"如孟姜女故事，在重'天人感应说'的汉代，则谓她'哭倒杞城'，到了人民苦于兵役的唐朝，则说她'万里寻夫'，这不是件很可证明的事吗"？那种认为故事解释比较怪诞的看法，也是要求符

---

① 钟敬文：《中国民间故事型式》，收入钟敬文《钟敬文民间文学论集》（下），上海文艺出版社 1985 年版，第 343 页。

合后人的合理性思维所致，从故事思维本身看，故事已经"解释得十分清楚"①。我们看到，钟敬文因维护故事类型的价值，而维护它的"合理性"。实际上，故事类型的存在，是把长时段的生活故事元素集合起来呈现，又总是能在现实日常中把它"解释得很清楚"，这就同与时俱进的短时段社会事物是两码事。看不见这层差别的学者，是因为他们抱有"后人的合理性思维"。钟敬文能看见这层差别，就能顺藤摸瓜，看见更多的故事类型，以及故事类型之间的瓜葛。在两年后撰写另一篇讨论青蛙儿子型的论文中，他再次引用约瑟·雅科布斯的印欧故事类型，指出青蛙儿子型"第二式的中间一部分，竟与沈雁冰质疑的马头娘故事类型相近"②。钟敬文还特别分析这种动物故事类型的共性说："这类故事的主要相同点，是异类（狗、马、蛙等）应国王之募而立战功，目的在尚公主，虽收梢略有差歧，而大干上初无二致。在这种地方，我们可以见到一点原始时代的背景——尤其是那时代的思想和信仰"③。他是先认可故事思维特点，再去探索社会时代的思想信仰，然后再具体解释两者的关系的。简单说，沈雁冰是先社会而后故事，钟敬文制作是先故事而后社会，这是两人的差别。

1928 年 4 月，钟敬文发表《读〈三公主〉》一文。他指出，文学家与民俗学者对待故事类型是有区别的。我们从他这时的认识可以看到，故事类型的出现，标志着民俗学有了对某种叙事文本的独立研究方法，标志着当时民俗学界的"全球化"思潮。他还再次引用雅科布斯所作印欧故事型式表与中国的相似故事《云中落绣鞋》、《小龙报恩及猫犬鼠仇杀故事》和《蠢夫买猪的故事》作比较，说明民俗学者使用故事类型，正是民俗学科的构建过程。但各国民俗学者的人数还不多，是"最近一二世

---

①　钟敬文：《中国民间故事型式》，收入钟敬文《钟敬文民间文学论集》（下），上海文艺出版社 1985 年版，第 249—250 页。

②　钟敬文：《中国民间故事试探》，载钟敬文《钟敬文民间文学论集》（下），上海文艺出版社 1985 年版，第 221 页。

③　关于钟敬文引用印欧故事类型指出马头娘与蛤蟆儿子型故事的相似，参见钟敬文《中国民间故事试探》，载钟敬文《钟敬文民间文学论集》（下），上海文艺出版社 1985 年版，第 221—222 页。

纪中少数有意于民俗的保留与研究的学人"①。

他认为，对文学家来说，只是改造利用民间故事"以表达自己的感情、思想及艺术"。但是，如果是撰写儿童读本，这种文学作品与民俗学著作在功能和撰写上的立场是有差别的。在这方面，他举了日本池田大伍编译《支那童话集》的例子②，指出用故事写儿童读物另当别论。

第二节　中国故事类型的母题与主题

钟敬文在这方面的开辟性工作，是以中国人的方式，根据中国历史文献和现代搜集口头故事，对中国故事类型制作的方法做了调整，对中国故事类型研究提出了"母题"和"主题"两个概念。这些工作都是创造性的。所谓"母题"分析，指钟敬文在中日印欧日故事类型研究中，找出并制作、研究的中国故事相似母题。所谓"主题"分析，指钟敬文把中国文献和地方口头资料中所包含的同类母题的不同异式，编成互有蘖生关系的一组，成为母题与异式群的关联性结构，然后以其共有叙事情节为题目，为这组的异式群命名，再把从印欧故事类型中得知的对应母题，转化成中国故事类型中的相似而有自身特点的主题。这种母题和主题，都有国际性，也有本土性。钟敬文所讨论的类型有：马头娘、呆女婿、蛇郎、老虎与老婆儿、蛤蟆儿子、田螺精、中国的地方传说和中国的植物故事③。我在多年前出版的一本书中，将钟敬文创用的这套方法称为："民俗志分类法"，"它的特点是根据中国民俗志特点和民俗志修辞用语分类，奠定了中国故事分类学的历史基础"④。

钟敬文使用印欧故事类型，根据中国历史文献和现代搜集资料，建立适合中国的母题和主题分析样本，对以下母题和主题进行了研究。

---

① 钟敬文：《读〈三公主〉》，载钟敬文《钟敬文民间文学论集》（下），上海文艺出版社1985年版，第454页。

② 钟敬文：《支那童话集》，载钟敬文《钟敬文民间文学论集》（下），上海文艺出版社1985年版，第460—461页。

③ 详见文末所附《表4　钟敬文故事类型的母题与主题制作与分析一览》。

④ 董晓萍：《现代民间文艺学讲演录》，广西师范大学出版社2008年版，第380页。

一　马头娘

1927 年 11 月，钟敬文发表《马头娘传说辩》①。他指出，这个蚕神由来的神话故事，与约翰·雅科布斯《印欧故事类型》中"蛇儿子"类型的第二式相似②，但在选择故事类型的中心角色上，应确定为"马"，而非"蚕"。

二　傻丈夫

他于 1928 年撰写《呆女婿故事试说》③。这是分析这类主题故事的开篇之作。他首次为这类故事命名，并给出定义："呆女婿故事，在我国民间传说中，可说是很通行的。它之集合关于人性愚呆方面之故事之大成（是所谓箭垛），正犹如徐文长集合关于人性尖刻方面的故事之大成一样"④。他还指出，呆女婿主题包含"数式"，如牵绳线教动作、说吉利话、吟诗或行酒令、性行动的外行、买纸衣、走错路、认僧为鹅、放鸭下水、跳下茅厕、打破大人家的东西和学话失败等。这是约由 11 个单纯的故事联合组成的"复合的故事"⑤，即前面所说的异式群或"主题"。他还指出，印度也有傻丈夫故事，"记得在印度寓言中，也有和这很相似的一个故事"，如牵绳线教动作的异式⑥。

三　蛇郎

钟敬文研究蛇郎型母题的文章发表于 1930 年。从他的研究看，即便是单一动物的母题类型，在流传形态上也有差异。蛇郎母题可分为"原形的"、"变态的"和"混合的"三型，其中"混合型"的粘连类型有老

---

① 钟敬文：《马头娘传说辩》，钟敬文：《中国民间故事试探》，钟敬文：《钟敬文民间文学论集》（下），上海文艺出版社 1985 年版，第 245—251 页。

② 关于钟敬文引用印欧故事类型指出马头娘与蛤蟆儿子型故事相似，参见钟敬文《中国民间故事试探》，钟敬文：《钟敬文民间文学论集》（下），上海文艺出版社 1985 年版，第 222 页。

③ 钟敬文：《呆女婿故事试说》，钟敬文：《中国民间故事试探》，钟敬文：《钟敬文民间文学论集》（下），上海文艺出版社 1985 年版，第 235—239 页。

④ 同上书，第 235 页。

⑤ 同上书，第 237—238 页。

⑥ 同上书，第 237 页。

虎外婆型、螺女型和灰姑娘型等。在叙事中，有时会夹杂人兽问答和鸟的咒言等。钟敬文还两次将这个蛇的故事与印欧故事类型做比较分析，这在其他故事类型分析中，并不多见。其中，对小妹被害变形的情节，他认为是印欧故事类型的一种：

> 欧洲民间故事中的"杜松树式"（Juniper Tree Type）（格林童话集中，有这个故事的记录），云前妻子被继母所杀，灵魂回生：第一次变成树，第二次变成鸟，卒以歌唱之力，换到一具磨石，把后母击死，而自己从烟火中仍回复为人，与父、妹、重叙天伦之乐。大体上与这故事极相近。①

对女子与蛇丈夫结婚的情节，他指出，与其他人兽婚故事相比，"与蛇结婚的似乎很不普遍"。但在两年前，他已经注意到它的世界扩布现象，指出中国的蛇郎故事很像印欧故事类型中的"美人与兽型"。

> 两年前，我曾把《印欧民间故事型式》，与中国民间故事作一比较探讨。文中有这样的话："这故事［按指《美人与兽》（Beauty and Beast）］自一至四（指表中所列）所述的情节，和我国流传的民间故事《蛇郎》，真符合极了。"《美人与兽》的型式如下：
>
> 一、三姊妹中最小的受轻蔑。
> 二、父出旅行，应承给她们一种赠物。最小的只要求一朵花。
> 三、取花时，父陷于危险，他应许交出女儿以赎他的生命。
> 四、因此女儿极富饶，并得了一个漂亮的爱人。
> 五、姊妹们谋害爱人，几置于死地。
> 六、最小的女儿救了他的生命。
>
> 这故事型式的标题下，有这样一句小注："与第一对照"。所谓第一者，即《丘比特与赛支》，是欧洲古代一个很有名的恋爱故事。故事中谓女主人公以美名触怒了女神。父亲为女儿求丈夫于天神。神告以她当穿着丧衣，去嫁给可怕的蛇。后女主人公的两位姊妹见她家

---

① 钟敬文：《蛇郎》，钟敬文：《中国民间故事试探》，钟敬文：《钟敬文民间文学论集》（下），上海文艺出版社1985年版，第201页。

很富贵，思谋害她，使其偷窥丈夫的脸。这是她丈夫所叮咛禁戒的。约誓既破，她便离去了。她经历了许多困难，才复得到了他。这故事中虽然说到嫁蛇，但事实上她的丈夫乃是很美丽的爱神丘比特。在故事产生的初期，或许那丈夫真是一条可怕的大蛇也未可知。①

钟敬文对这个母题采用多个人物和兽类做中心角色的方法，如蛇郎、老头儿、三个女儿、蛇郎妻等，分别当中心角色，再对各中心角色的相关情节展开分析，指出它们的地方流传特征，这种分析十分独到，能为母题的文化史分析提供思维空间和资料。这种方法完全被艾伯华所采纳，在他编撰的《中国民间故事类型》中全部挪用。

现在我们还要指出钟敬文的一种方法，就是采用20世纪初被介绍到中国来的格林童话，将格林童话与印欧故事类型比较，指出中国和印度、欧洲都有同类母题流传。

据季羡林的研究，其实格林童话和很多欧洲名著都有印度故事来源。这个信息告诉我们，钟敬文引用格林童话和其他欧洲故事越多，大约靠近印度故事来源的可能性也就越大。以下是季羡林的分析。

> 欧洲中世纪的故事集像《罗马事迹》（*Gesta Romanorum*）里已经收入《五卷书》里的寓言。其他许多著名的寓言家和童话家像薄伽丘（Bocaccio）、斯特拉帕罗拉（Straparola）、乔叟（Chaucer）和拉芳丹（La Fontaine）都借用过《五卷书》里的寓言和童话。德国格林兄弟的童话集，虽然是采自民间，但里面也有不是的《五卷书》里的童话，甚至欧洲各处的民间传说都受了《五卷书》的影响。②

钟敬文在分析这些动物故事时，曾三次使用格林童话，分别用对照蛇

①　钟敬文：《蛇郎》，钟敬文：《中国民间故事试探》，钟敬文：《钟敬文民间文学论集》（下），上海文艺出版社1985年版，第204—205页。

②　季羡林：《梵文〈五卷书〉：一部征服了世界的寓言童话集》，载季羡林《比较文学与民间文学》，北京大学出版社1991年版，第30页。

郎、青蛙儿子和田螺娘母题①，其中，除蛇郎母题在约瑟·雅科布斯的印欧故事型式表之内，其余都在型式表之外。对照季羡林的研究，我们能推测钟敬文借助格林童话是一种接近印度故事的途径，它与直接使用印度梵文和故事文学的研究途径，也很有可能是殊途同归的。

四　虎精与工匠

1930 年 8 月间，钟敬文完成对老虎母题的研究，发表了论文《老虎与老婆儿故事考察》②。虎精，在我国南方很多地区的故事中也称"猪哥精"。钟敬文使用"民间语源学"的方法，对该类型中的动物命名做了统计。在广东，命名猪哥精，比命名虎精，比例是四比三，猪哥精胜出一筹③，我们从中能看到，民间语源学的分析对掌握故事类型的地域分布地域状况是有辅助作用的。在虎精母题分析上，钟敬文还抓到了另外两点，并做了重要发挥。

第一，行业工匠问题。钟敬文指出，老虎精母题的特征是有多个过路人成为帮助者。在帮助者中，行业工匠和工匠手工制作的器具是中心角色。它们能变形为精怪，组合在一起，产生强大的力量，战胜一般不可战胜的强悍对手。

种种过路的帮助者，他们是组成这故事的重要成分之一种。这些帮助者，大概可分为两类：

一、帮助者，为各种物精（生物的、器物的），而用以为助之物，即其本身。

---

① 钟敬文在蛇郎、青蛙儿子和田螺娘母题分析中引用格林童话，参见钟敬文《蛇郎》，钟敬文：《中国民间故事试探》，钟敬文：《钟敬文民间文学论集》（下），上海文艺出版社 1985 年版，第 201 页。在此处分析中，钟敬文与约瑟·雅科布斯的印欧故事类型中的"类型十五、杜松树式"作了比较。另见钟敬文《中国民间故事试探　一、蛤蟆儿子》，钟敬文：《钟敬文民间文学论集》（下），上海文艺出版社 1985 年版，第 221 页。钟敬文：《中国民间故事试探　二、〈田螺精〉后记》，钟敬文：《钟敬文民间文学论集》（下），上海文艺出版社 1985 年版，第 231 页。

② 钟敬文：《老虎与老婆儿故事考察》，钟敬文：《钟敬文民间文学论集》（下），上海文艺出版社 1985 年版，第 209—217 页。关于该文的撰写时间，第 217 页文末记为 1932 年，但在同页"附记"中说明是两年前的作品，则应为 1930 年。

③ 钟敬文：《老虎与老婆儿故事考察》，钟敬文：《钟敬文民间文学论集》（下），上海文艺出版社 1985 年版，第 210 页。

　　二、帮助者是各种行业的人，而用以为助的，是他们行业中的
物品。

　　属于第一组的例子，如正文中（老虎与老婆儿）的纺车精、蝎
子精、炮仗精、西瓜皮子精、溜柱精、蛤蟆精、碾子精。属于第二组
的例子，如潮州的（若水君记）卖摇鼓的、卖猪屎的、卖蛇的、卖
甲鱼的、卖蟹的、卖鸡蛋的、开井的、糊纸眠床的、卖牛的。

　　……

　　如果我们把各篇的帮助者的本身或赠品，列举了出来，做种种比
较详细的研究，那结果也是很有意思的。可是，我们现在似只被容许
来做点示例的工作。如在帮助物中，最多见的为卵（凡九处），针
（凡七处），鳖（凡五处），蟹（凡五处）。但考其故事流播的区域，
都在海滨的广东境内。这也不是全无道理的吧？①

　　钟敬文的这个发现很重要，与 AT 的工匠母题不谋而合②，钟敬文还
指出这些母题的中国命名和行业，如木工，这是 AT 没有做过的工作。钟
敬文将这种分析发展为鲁班型研究③，提供了一个有再生性的现代命题。

　　工匠故事类型富有中国文化传统，据语言文字学家研究，至迟在东汉
时代，号称我国古代字库的《说文解字》，已对手艺工匠及其制作器物有
了解释。经解释，工匠具有神秘性、奇迹性和巫算性。参考《说文解字》
这部典籍，结合我国流传至今的工匠故事，我们对中国古代文明理念中的
工匠和器具认识，大体可以概括出四点，即工匠通鬼神的巫巧、手艺技术

　　①　钟敬文：《老虎与老婆儿故事考察》，钟敬文：《钟敬文民间文学论集》（下），上海文艺
出版社 1985 年版，第 210—211 页。

　　②　AT 工匠母题类型约 4 个，如 A729 樵夫和金斧子，［日］池田弘子（Hiroko Ikeda）：《日
本民间故事类型与母题索引》（*A Type and Motif Index of Japanese Folk-literature*），董晓萍译，在
《芬兰国际民俗学会通讯》第 209 号（FFC. No. 209），赫尔辛基：芬兰科学院（Helsinki: Finish
Academy of Science），1971 年，第 169 页。另如 A563 型，参见［德］艾伯华《中国民间故事类
型》，王燕生等译，商务印书馆 1999 年版，第 174、176 页。［美］丁乃通：《中国民间故事类型
索引》，郑建成等译，中国民间文艺出版社 1986 年版，第 198 页，另参见第 190—199 页的相关
类型。

　　③　钟敬文主编：《民间文学概论》，上海文艺出版社 1980 年版，第 191 页。

的神巧、工具算数的能巧和器具制造的精巧①。

季羡林于 1948 年指出木匠故事有印度来源，对记载"班输"能工巧匠的《列子》所存质疑，认为是对的。季羡林还认为，明清至民国时期以来，已有学者发现《列子》的某些篇章符合印度佛典，这也是正确的。他说，"《列子》剽掠了佛典"②，中国的机关木人故事"不但是从佛典抄来的，而且来源就正是竺法护译的《生经》"。在成书时间上，季羡林推断：

> 《列子》既然抄袭了太康六年译出的《生经》，这部书的纂成一定不会早于太康六年（公元后 285 年）。③

季羡林对《列子》的其他证伪暂且不论。让民俗学者兴奋的是，季羡林从印度文学研究领域，传来西晋时期已有印度工匠故事传入中国的消息。民俗学者大都知道，春秋时期的《墨子》已记录了"公输班"的故事，现在加上《列子》，可以看到，中国很早有传播神奇木匠故事的三条渠道：一条是古老口传，一条是先秦文献记载，一条是印度故事。十几年后，季羡林翻译出版《五卷书》，指出在第一卷第八个故事里，就讲了织工"骑着木头制成的金翅鸟飞到王宫里"的这类故事。季羡林还指出，在宋《太平广记》二八七卷、宋吴兴韦居安《梅磵诗话》和江盈科《雪涛小说》中，有同类故事。

江盈科《雪涛小说》的收录本，已为郑振铎《中国文学研究》所谈论④。约 40 年后，季羡林通过研究新疆丝绸之路文献，又提出印度故事与中国故事通过丝绸之路交流的新观点。他说："在古代很长的时间里，

---

① 关于"工"和"匠"的古文字解释，本人使用了王宁等《〈说文解字〉与中国古代文化》的观点，参见王宁、谢栋元、刘方《〈说文解字〉与中国古代文化》，河南人民出版社 1994 年版，抽印本，第 15—16 页。关于工匠民俗分析，参见拙著《说话的文化》，《能人之道》，中华书局 2008 年（第三版），第 72—85 页。

② 季羡林：《〈列子〉与佛典》，载季羡林《比较文学与民间文学》，北京大学出版社 1991 年版，第 83 页。

③ 同上书，第 89 页。

④ 季羡林译：《五卷书》，人民文学出版社 1958 年版，2001 年重印本，《译本序》第 15—17 页。

新疆是东西各国文化交流的枢纽，许多国家的文化，包括世界上几个文化发源地的文化，都在这里汇流，有名的'丝绸之路'就是通过新疆。……在新疆许多民族中流传的民间故事，比如阿凡提的故事等等，也同样是进行比较文学研究的好材料。"① 他又举述两个《木师与画师的故事》，也都指出它们都有中日印来源，包括汉译大藏经的《杂譬喻经》和《根本说一切有部毗奈耶药事》。它们被德文和英文所译西藏文本中，也有同型故事。在德国藏吐火罗语 A（耆那语）的译本中，也有这个故事。最后一个吐火罗语的译本是他根据德国导师 Sieg 的德文译本转译而成的②。

季羡林说，比较这些从不同外文翻译过来的译本有方法论的意义，而读取原文是最重要的基本方法。对此，季羡林有特别的解释：

> 我琐琐碎碎写了一大篇，目的只在指出，同一个故事的中文译本，当然别的译本也一样，可以帮助我们了解吐火罗译本，这是研究这些新发现的古代语言的很重要的方法。今后的研究仍然要走这条路。成绩的好坏全看我们发现译本的多少和利用这些译本的本领而定。③

前面谈过钟敬文使用的"民间语源学"方法，现在从这里可以看到季羡林使用的比较多种语言译本的方法。在中日印故事比较上，民俗学者和印度文学学者各自使用自己发明的方法，针对从不同渠道得来的资料，按不同层次、不同语言做理论分析，结果他们产生了别人没有的思想发明和成果创造。

欧洲的 AT 方法虽然晚出，但也能提供世界其他国家同型故事的佐证。2010 年，我指导学生写了一篇讨论 AT 工匠器具母题的本科论文，以北京故事为例，对我国传统工匠与手艺制品型故事做了初步研究④。事后

---

① 季羡林：《新疆与比较文学的研究》，载季羡林《比较文学与民间文学》，北京大学出版社 1991 年版，第 142—143 页。

② 同上书，第 148 页。

③ 同上书，第 148—149 页。

④ 2010 年，我指导北京师范大学文学院本科生刘洋撰写学士学位论文《〈北京故事〉AT563 型手工制品故事的整理与初步分析》，答辩时间：2010 年 5 月 23 日。

再回头看当年钟敬文提炼工匠故事的观点仍十分信服："我觉得原人或近原人对于生物与无生物的认识、制造及应用等学识，我们也可以从这故事中略窥一斑。"① 季羡林所揭示的木师故事也令人鼓舞："类似《木师与画师的故事》这样的故事，不但在焉耆语里有，在新疆其他古代语言和现代语言中，估计还会有很多。"②

第二，食人魔助手问题。钟敬文指出，在食人魔该母题中，人成为动物的助手，还指出印度的《五卷书》有同型故事。

> 印度的古文献《五卷书》中，有雀和啄木鸟、苍蝇、蛙等协力杀象的故事，恐怕是此型民间故事中较古的记载了。其型式可约述如下：
>
> 一、雀儿苦于象。
>
> 二、雀儿求助于啄木鸟。
>
> 三、啄木鸟为求助于苍蝇。
>
> 四、苍蝇为求助于蛙。
>
> 五、蛙设定了分工合作的毙象办法。
>
> 六、它们各依计做去，象卒毙命。
>
> 依上列的型式看，从"二"到"五"的辗转求助，及由最后的一位帮助者（蛙），设定整个毙象的计划等节，和我国及日本等的说法，虽稍有出入的地方，但在大体上，仍可说是同属于一个型式的故事。例如此型民间故事最重要之点，是各帮助者以自己的特长，去诱致或伤害当事者的敌人，而造成了美满的大团圆。这种情节，在这故事中。是明显存在的。……又这种型式的民间故事，其造成全体故事的起因，大都是由于弱者的无力抵抗其敌人，以悲哭而引起物类或人类的援助。这一点，它也一样具备着。③

① 钟敬文：《老虎与老婆儿故事考察》，载钟敬文《钟敬文民间文学论集》（下），上海文艺出版社1985年版，第215页。

② 季羡林：《新疆与比较文学的研究》，载季羡林《比较文学与民间文学》，北京大学出版社1991年版，第149页。

③ 钟敬文：《老虎与老婆儿故事考察》，载钟敬文《钟敬文民间文学论集》（下），上海文艺出版社1985年版，第214—215页。

季羡林译《五卷书》对此讨论，他说：

> 《五卷书》第一卷第十八个故事讲的是麻雀、啄木鸟、苍蝇和虾蟆四个身体极小的东西，联合起来，同心协力，利用计策，竟杀死了一头大象。[①]

据王邦维研究，印度佛典也有相似的故事母题"王子投虎型"，题名《王子摩诃萨埵》[②]。原来我就一直纳闷，人类为什么会怜悯看上去远比自己强大的老虎？老虎直接吃人为什么反被人所帮助？看了印度佛经故事，方知这是佛陀舍身护生的训谕。然后再看母题中的动物（包括食人魔）承载的"哭"的习俗，或者是由食肉者以哭声获取帮助者的情节，才能对从前的疑惑有所化解。现在读钟敬文早年所写"以悲哭而引起物类或人类的援助"的故事情节，已能更多明白母题中的帮助者为何能具备神奇功能。

钟敬文在文末还借助当时欧洲和日本流行的文化学理论，将这个问题解释为"人牲献祭"的古老习俗[③]。我认为，这不能说没有一点道理，但与此前肯定的工匠母题是有矛盾的。"人牲献祭"中的"人"，指非工匠或非印度佛经故事中的国王权威身份的人类，他只是通神的工具。而在虎精母题中，工匠或印度国王却是通神者，能与鬼神对话，而不是工具。所以，这两种角色是有差别的。

五　青蛙儿子

钟敬文原题为《中国民间故事试探一、蛤蟆儿子》[④]，这是他与虎精型同时完成的母题分析论文，在撰写格式上也有相似之处。他以该母题为

---

① 季羡林译：《五卷书》，人民文学出版社 1958 年版，2001 年重印本，《译本序》第 7 页。季羡林对麻雀、啄木鸟、苍蝇和虾蟆战胜大象故事的翻译见该译著第 120—123 页。

② 王邦维选译：《佛经故事》，《十五、贤愚经》，《王子摩诃萨埵》，中华书局 2009 年版，第 153—157 页。

③ 钟敬文：《老虎与老婆儿故事考察》，载钟敬文《钟敬文民间文学论集》（下），上海文艺出版社 1985 年版，第 215 页。

④ 钟敬文：《中国民间故事试探一、蛤蟆儿子》，载钟敬文《钟敬文民间文学论集》（下），上海文艺出版社 1985 年版，第 218—224 页。

例，使用文献法追溯，得出中国故事类型中有两种青蛙儿子式的结论。他认为，在印欧故事类型中，它们有可能是两个母题或两个主题。

中国两式。钟敬文将中国故事类型中的青蛙儿子类型分成蛙郎和蛙王两种，认为这是"两种稍微不同的型式"①。我们从他的区分中能看到，蛙郎，近似蛇郎，即动物丈夫，但比起蛇郎，蛙郎的"最重要的一点，是人类生产或抚养小动物或别的小物类"。对这种蛙郎异式的分类，他所使用的中国历史文献是《搜神记》、《续搜神记》和《稽神录》中的三条记载，所记小动物分别是蛇、虾鱼和狼。

蛙王，指故事中的人类"生产或抚育的不是异物，却是躯体异常渺小的人类"，后来当了国王，这种异式是与格林童话《蛤蟆王子》相似的。对这种分类，他使用的中国历史文献是《后汉书》记载的马头娘故事，如前所述，他指出其中的马立战功的情节②，能证明中国这种异式流传的历史久远。相关动物如狗、马、蚕的作用，我们在前面分析马头娘型时已谈过，这里就不多说了。

钟敬文分析中国汉魏小说所记蛙郎故事的书面记载后，指出了印欧故事的同类类型，原文如下。

　　　　这故事的第一式几乎全与前文所说欧洲的蛇儿子式故事相同。它的型式，据约瑟·雅科布斯的"修正表"所述如下：
　　　　一、一个母亲无子女，她说只要有一个，即使是一条蛇、一只兽亦好。
　　　　二、她果在床上产生了一个小孩，竟如她所希求的。
　　　　三、她把小孩嫁给一个男子，或娶一妇人，在夜里能变成人形。
　　　　四、她脱弃其皮而焚烧之。以后，她的小孩脱离兽的形态。③

与虎精型母题分析一样，钟敬文在对青蛙王子型分析中，也使用了"民间语源学"的方法，但这次不是分析动物命名，而是分析开口说话在

----

① 钟敬文：《中国民间故事试探一、蛤蟆儿子》，载钟敬文《钟敬文民间文学论集》（下），上海文艺出版社1985年版，第218—219页。
② 同上书，第221—222页。
③ 同上书，第221页。

动物故事中的作用和相关语言民俗，甚至指出开口说话与"法术、祈祷、谶兆、禁忌"的关系。这段分析相当精彩，兹抄录如下。

> 原人对于"语言"的观念，颇不像我们现在这样平凡。他们以为话语一出口（尤其偶然的或虔心的），往往要发生某种可喜的或可怕的结果。法术、祈祷、谶兆、禁忌的盛行，都不能说和这没有某种限度以内的关系。我们做小孩子时，母亲对于我们的口，是非常注意的。无论对于神、鬼、山川、草木，都不容许我们乱说话，尤其是在年节的时候。好像我们的话，真的会像所谓"出必应验"的"圣旨"。①

他对以口吹蛙退敌、祈祷求子、咒语变形、禁忌难题等情节的民间文化元素，也做了简要分析②。我们知道，在中外故事中，动物开口说话的母题都是普遍存在的，中国也还有大量的动物开口说话故事，它们还都有不同的民族化、地方化和仪式化的异式。但是，迄今为止，这些故事还未被给予很多的关注。在这个程度上说，钟敬文开创此课题仍是新问题。

六　田螺娘

钟敬文原题《中国民间故事试探二、〈田螺精〉后记》，是与老虎精、青蛙儿子同时完成研究的三母题之一。他对田螺娘母题的划分，以是否有动物妻子情节为界，分成人兽婚和人兽未婚两种异式。他指出，几乎同时记载该故事母题的两种文献《搜神后记》和《述异记》，都记载了这两种不同的异式。依据这个细心的发现，他还对这类母题的研究观点上，提出了三点值得注意的观点。

第一，对母题异式与文献记载不同时态的解释。我们注意到，在这个问题上，郑振铎的看法是从文献文本出发的，他的讨论是从民间故事和历史文献两头进行的。他从民间故事方面指出，田螺娘母题有两个异式，但因为民间文学有时空变异型，所以"仍不妨当它做同一个'类型'的故

---

① 钟敬文：《中国民间故事试探一、蛤蟆儿子》，载钟敬文《钟敬文民间文学论集》（下），上海文艺出版社 1985 年版，第 222 页。

② 同上书，第 223 页。

事看"①。他从历史文献方面指出，学者在对待文献记载的故事上，应该先提出问题，即"我们要先问的是，螺女的故事，本身是否在未被著录前已经是一个流行民间的传说"②，这样才能对书面记载与民间口头的不同时态的判定问题，不去轻易地采取断然的态度。他对赵景深用文化进化论所做故事形态歧异的解释，也持不同意见，提醒说"不能概括地用时间来区分"，"还要留心地同时而'地域'不同，同地而'阶级'不同"③。这些看法都讲得很扎实。

第二，田螺娘与印欧故事类型。赵景深认为，田螺娘属于印欧故事类型中的"天鹅处女式"。钟敬文却认为，田螺娘和天鹅处女属于两个母题。因为在田螺娘的两式中，只有人兽婚的异式与"天鹅处女"相似。而田螺娘还有另一人兽未婚式，该异式的情节更接近于格林童话中的《罗仑及五月鸟》，这时与田螺女相近的五月鸟，虽然与人相处，但结果是未婚的④。

在此文的最后，他对 1930 年内所作的这三个动物故事的母题分析文章做了一个小结。他指出，在虎精、青蛙和田螺娘母题中，其中有两点是重要的，即变形和人兽婚。

变形的思想，起于何时，虽然不很容易确知，但灵魂主义时代，该已有它的存在了吧。许多原始人都相信人会变成各种动物（如虎、狼、鳄鱼之类），以捉弄人或残害人；同时也相信各种动物，能幻形为人（老婆子、少女等），与人类婚媾或吃掉他们。这故事的重要思想之一，就是动物之精灵幻为人形，与人类结合。这种故事的类似者，差不多在各民族中都可以找到。⑤

他这个学术总结是半个世纪前做出的，大多看法现已成为常识。但他

① 钟敬文：《中国民间故事试探 二、〈田螺精〉后记》，载钟敬文《钟敬文民间文学论集》（下），上海文艺出版社 1985 年版，第 227 页。

② 同上书，第 228 页。

③ 同上书，第 228—229 页。

④ 同上书，第 231 页。

⑤ 钟敬文：《中国民间故事试探 一、蛤蟆儿子》，载钟敬文《钟敬文民间文学论集》（下），上海文艺出版社 1985 年版，第 232 页。

在句末所做的概括"（动物故事）在各民族中都可找到"，这句话在今天看来，仍然是要紧的。我们也可以这样理解：在这里，他启发我们把动物当作民俗学的一种文化符号来研究。

七　地方传说

1931 年 5 月，钟敬文发表《中国的地方传说》①。对于此文，以往我们民俗学界看成是研究地方传说的发轫之作，其实这也是他对有地方风物色彩的群组故事类型的关注。他所言之"地方"，指区别于西方的中国故事。他在文章的副标题上，写了"对于这个巨大的课题，试做开端的探险"，由此可见他正在进行主题故事研究的新尝试。他也声明，自己仍然在循着班恩的《民俗学手册》做研究："C. 伯恩女士（Miss Burne）曾说过：'英国诸岛极富于地方传说。'这句话，移用到我们的国度里，也是非常得当的。"② 但他也提到，同样赞成赵景深的看法，把地方传说看作故事，以便于开展适合本国本地的分析。他这样阐述道：

　　赵景深先生也说过和这极近的话。他说："这（按：指地方传说）是特殊的童话，只有一处地方有，不是普遍的；但有时也有借用。"比较这些略详细的，我们想引用几行刚好在手边的伯恩女士的语句。她说："……这等传说（按：指地方传说）的大部分，在那非历史的事项中，包含着历史的事实之片段。其大多数是原因论的故事（setiological stories），民间语源学（folk etymology）及其他类此的。又其中亦有如比德喀拉德故事、威兰德冶工的洞穴故事、斯哇非哈姆的行商故事，是地方化了的民间故事。这等传说采集者不要企图依其构成的要素来分类，只照发现时的形态，当它做'地方传说'而记录较好。这等传说在观察敏锐的外来的，探访特异的自然物、粗糙的石碑或历史上有兴味的地方之时，是很容易采集到的。"这段话，自

---

① 钟敬文：《中国的地方传说》，收入钟敬文《钟敬文民间文学论集》（下），上海文艺出版社 1985 年版，第 74—100 页。原文将"班恩"里作"伯恩"。

② 同上书，第 76 页。

然仍是颇简略的，但关于这个名词的要点是相当地说明了。①

他在后面申述了对这种类型研究的目的。

> 我们想来叙述地方传说中一些比较显著的"类型"——自然这叙述只是"举例式"的。……地方传说中，一部分固然不但对象是地方的，便是故事的性质，也是"地方地"独立的。例如，阿继潭、仰忠街等的传说。但，半数或近半数的这类故事，是各地方大致相似的。②

可以推理，他要做的故事类型和分析，是与特定地点相关的故事类型，这样容易使用各地搜集的故事资料按主题归纳，同时保存地方文化史。我们还要注意到，在他新开辟的这个领域中，仍然有动物故事。

在地方性主题故事中，钟敬文列出 5 个类型与动物相关，它们是：1. 鸡鸣型，2. 动物辅导建造型，3. 竞赛型，4. 石的动物型，5. 物受咒型。这些动物故事占他整理地方故事的 50%。所涉及的动物有龙、鸡、龟和青蛙③。

钟敬文这时使用的理论是过渡性的，班恩的《民俗学手册》仍是他的理论家底之一。在印度故事类型上，他借用了赵景深的《童话概要》中的《童话的分系》的观点④。在对东亚国家故事学著作上，他使用了日、韩学者的故事著作，包括高木敏雄的《日本传说集》和清野编译的《朝鲜传说》。在西方人类学上，他使用了安德鲁·朗（Andrew Lang）的《风俗与神话》和《神话、仪式与宗教》，乃至早期唯物主义者费尔巴哈

---

① 钟敬文：《中国的地方传说》，收入钟敬文《钟敬文民间文学论集》（下），上海文艺出版社 1985 年版，第 78—79 页。方便读者阅读，此处在保持原文不动的原则下，对这段引文的格式略有调整。

② 钟敬文：《中国的地方传说》，收入钟敬文《钟敬文民间文学论集》（下），上海文艺出版社 1985 年版，第 87 页。

③ 参见文末所附《表5 钟敬文地方性故事中的主题类型与动物要素一览》。

④ 钟敬文：《中国的地方传说》，载钟敬文《钟敬文民间文学论集》（下），上海文艺出版社 1985 年版，第 78 页注④。

和早期马克思主义者恩格斯的书①，在西方故事资料上，有《希腊神话》和《旧约创世纪》②。

他在该文中的研究进展有以下几点。

第一，他用使之"地方化"的办法使之中国化，这使他同时触摸到民俗学的地方性特征。

第二，在对动物故事的研究方法上，他对前面提到的"民间语源学"方法做了界定，他说：

> 地方传说的最大特点，如大部分的神话特点一样，它对于其对象之物事，十分之七八是带着说明性的、解答性的——即所谓"原因论"及"民间语源学"。这种解释或说明，有的是从对象的形态上着眼的，有的是从对象的名号上着眼的。③

对考察植物命名所能揭示的问题，他说：

> 波格达诺夫的意见，似乎给予了我以了解原始人的另一种观念和行为的意见。这，就是关于他们的"语言的神秘化"的问题。语言，在原始社会中，被看成为有非常超越的神奇的能力，这是稍读过人类学和民俗学等一类书籍的人，大都晓得的。但这种严重的观念的形成，它的社会根据在哪里呢？我记起了波格达诺夫关于解释"灵魂主义"的由来的话，窃以为，若把那种理由（在共同工作的时候，族长命令的绝对性及其效果性）移做这种观念（语言的神秘化）的来源的说明，恐怕不是十分胡闹的吧。我主要想说的是在这集子里，有着好些语言的神秘化的实例，象因为牛（天上的星宿）曾一度误传了天帝的话，人类便永远要日吃三餐（《牛的故事》），玉帝因为小失信于牛，不免应了誓言，眼睛掉落在田亩里，变为田螺（《牛的故事》之二），以及桔藕的经冬落叶（《莲和桔藕树换居的故事》），蜜

---

① 钟敬文：《中国的地方传说》，载钟敬文《钟敬文民间文学论集》（下），上海文艺出版社 1985 年版，第 96 页与当页注①和注②。
② 同上书，第 74—76 页。
③ 同上书，第 83 页。

蜂的蜇人必丧命（《蜜蜂何以会蜇人》），水仙花只开花于一定的沙坝上（《水仙花》）等，都是些表明语言（誓言、咒讖等）的超自然的能力的故事。①

第三，他强调故事与历史有区别，但也不否认"有书为证"的故事具有狭义的历史性。

地方传说，自然大部分是神话性的，但有如某些学者所说，其中也往往包含着"历史的事实之断片"。要从地方传说中去寻找出真的历史事实（狭义的），有时可也并不见得很容易。因为民间对于某事物，往往喜欢把它附会在一二有名人物的身上。那种人物或擅长于某种工作，或与其地方有相当关系。前者如鲁班（或作般）师者之于工程，后者如王羲之之于绍兴，韩昌黎之于潮州等。而那些说法，有时固一望而知其为"乌有的"，但有时也不能如此容易辨识。例如苏轼曾谪贬岭表，因之在现今广东境内，与他有关系的古迹之被记载于地方志书中的，依张冠英君搜集的报告，共有五十七处。其中大部分自然是"有书为证"，无可置疑的。但像下面所举一类的资料，不能能否决定其是否可靠呢？

……东坡井——在元妙观西庑，东坡所凿。据风鉴云，当凿时，得石，肖龟形，又名龟井。

……我们并不一般地否认地方传说中有狭义的历史性，不过觉得有些地方分别上相当地困难罢了。

从发生上看，地方传说，也可以作相当的类分。第一，是纪述性的；第二，是创造性的；第三，是借用的。

纪述的，是指原本有其事实，一般人，不过照事实说出，或稍加渲染一类。这一类，可算是"历史的"或"近历史的"。……借用的，是指那假用民间本来独立流行的神话、民间故事而略加可以附会

---

① 钟敬文：《中国神话之文化史的价值》，载钟敬文《钟敬文民间文学论集》（下），上海文艺出版社 1985 年版，第 360 页。

的一类。……螺女型的故事，在一部分的地域中也被做为关于某地名起源的说明性的故事看。①

在他看来，民俗学者要了解故事纪述历史（狭义的）的性质和历史借用故事的地方过程，这是很必要的。

第四，在中国化研究的观点上，对顾颉刚 1928 年所撰《两广地方传说》"序"中的民间以命名作为解释的意见表示认同，但又增加了阐述，推进顾颉刚的学说。

> 顾先生的文章，虽然在量上不过是一篇未及两千字的短篇，但内容，对于中国地方传说比较重要的两三方面（关于它的产生及形态等），都曾相当地触动到。现在把他关于"产生"方面的意见，提出在此略加探论。顾先生说："人们对于一切事物，都有作解释的要求，大而日月星辰，小而一木一石，都希望懂得它的来历，这是好奇心的驱使，这是历史兴味的发展。但一般人的要求解释事物和科学家不同，科学家要从旁静观，徐徐体察它的真实，一般人则只要在想象中觉得那种最美妙、最能满足自己和别人的情感，便是最好的解释……"顾先生这段话的意思，是以为科学家和一般民众对于事物解释的不同，乃由于两者去观察和说明它的态度之不同所致。这可说是一种平面的看法。但依社会学、心理学等去加以考察，他们（科学家和民众）对于事物解释结论的不同，与其说是由于同时代的解释者的态度不同，毋宁说是由于时代阶段的不同，解释者的智力与稚幼与成长之差所致较为妥当。这就是说，把平面的看法，换为直线的。②

前面已多次说过，上文所述进化人类学的观点，现在已经过时了。但我们今天还要讨论这段话。是因为我们要看到的是，他对顾颉刚学说的推进。这种推进思想不是外来的，而是他自己的创见。他强调科学思维与民

---

① 钟敬文：《中国的地方传说》，载钟敬文《钟敬文民间文学论集》（下），上海文艺出版社 1985 年版，第 85—86 页。

② 同上书，第 99 页。

众思维有差异，这对他当时论断"地方性"故事类型及其内容特征是十分有意义的。他还提出，民众思维是民众的"理智"并非为了满足"情感"和"美感"而装饰，在这点上，他与顾颉刚的看法是有分歧的，这也正是他发展顾颉刚处理故事资料的思想的地方。他的这段话很重要，我抄在下面。

> 在我们现代看来，富于怪诞想象的述说，实在是"原始科学者"所认为"合理"的解答。他们的态度，大多是严肃的，不是游戏的；主要是理智的，而非限于情绪的；主要是实用的，而非只是美感的。把他们的那种解答，以为是出自他们"美感"的要求，这恐怕是我们误用了现代人的进步心理去揣测的结果。此意，质之顾先生及其他好学深思之士，不知以为怎样。①

年轻的钟敬文在理解外来的人文科学理论上，有的一时不能甄别，也有的当时就可以甄别，这段话是他的甄别之论。

第五，在用地方知识解释动物故事及其变形情节上向前迈进了一步。

> 许多关于动植物等之"种"的起源，或它们身上某部分特征的由来之解答，普通是该归在"解释神话"部门之下的。……现在为什么独抽出一部分安放在这"地方传说"里呢？原因是，有一部分动物及植物，只生长于某地，或生长在某地的，独具着与一般不同的状态，或一般的物类在某地却有特殊的名称。②

他对动物故事的变形情节解释如:

> （我）曾引申了德国学者枯奴的意见，以说明表现在那些神话中的"物体变形"的原始人的观念。那种由某种物体转变为别种物体的思想，在这集子里的许多神话中，也可找出如若干的例证来，像蝇

---

① 钟敬文:《中国的地方传说》，载钟敬文《钟敬文民间文学论集》（下），上海文艺出版社 1985 年版，第 100 页。

② 同上书，第 82 页。

和蚁，是土地伯公和观音老母用小纸团、泥土咒化成功的（《蝇与蚁》），米粒是观音娘娘的乳汁和血变成的（《米粒的来源》），这都是极好的证明。又像老虎的牙爪，是鲁班先师的斧头削木所造成的说法（《虎的故事》），也是显然地属于这一类的。①

他很早就能用地方知识解释动物故事，这在当时是少见的。

八　植物起源

此指钟敬文于 1932 年 11 月发表的《中国的植物起源故事》，同年此前发表的还有《中国的天鹅处女型故事》，在两文之中，一篇谈动物，一篇谈植物，合起来观察，不妨说，钟敬文对动物故事和植物故事关系有一些整体认识。他在此文《引言》中提到，黄石在《青年界》发表植物资料 7 种，说明他对人类学者的工作是关注的。他的关注点还有赵景深前一年发表的《孟加拉民间故事》中所谈"生命指示物"中也有植物。钟敬文指出，植物神话与植物故事是同样的含义："都是属于解释性方面的"，可以"予以'故事式'的说明"②。

我们知道，植物故事研究的问题之一是"森林广场"问题。从钟敬文此文中，我们能看到，当时我国学者在"森林广场"问题上的初步认识，以及他们由此与印度故事发生的紧密联系。从这点看，钟敬文撰写此文有三个意义：一是从社会文化史上看，中国故事与印度故事对植物描述的丰富和想象力强不同，中国故事的叙述相对简约，历史文献也记载简约，但这不等同于中国人过于务实而不能创造伟大美丽的故事，而是因为"缺少著作家较详尽的记述及辐射保留伟大的民俗诗人之歌咏"。我们把他的这个观点再发挥一点说，就是中国的故事与文学结合的程度不如印度。不如此结合又怎样呢？那就是民间有庞大繁复的故事群，但被比较详细地记录下来的极少，结果造成中国故事的"劫难"③；

①　钟敬文：《中国神话之文化史的价值》，载钟敬文《钟敬文民间文学论集》（下），上海文艺出版社 1985 年版，第 360—361 页。

②　钟敬文：《中国的植物神话》，载钟敬文《钟敬文民间文学论集》（下），上海文艺出版社 1985 年版，第 149 页。

③　同上书，第 160 页。

二是从民俗学上界定"森林广场"中的树木含义，指出中日印有相同的"生命树"。以枫树为例，他说："枫木在中国民俗学上，是一种很占有位置的植物。例如老枫化为羽人，枫人可以作咒物等传述。"他同时还举述了其他富有中国特点的生命树类型，如夸父的桃林，还提醒大家注意"化林故事的被古著述者们所注意的程度"①。季羡林也谈过印度史诗《罗摩衍那》中有《森林篇》，婆罗多就是到森林里去找罗摩②。罗摩也在森林中与食人魔罗刹相遇③，好像小红帽的妈妈在森林中被狼欺骗一样。我们看到，经他们的分析，故事里的"森林广场"意义日渐清晰，它是神权广场，是神祇变形或人兽中心角色转换的空间。现在中外民俗学者已能经常讨论"森林广场"的话题，但在钟敬文讨论动植物故事的早期涉及这个问题还很少见；三是指出在植物故事中，所发生的变形情节，是一种"物体转变"的变形，或称"物体变形"。这与我们将要讨论的钟敬文分析的"人体变形"和"人兽变形"都有所不同，也不是钟敬文所说"无中生有"变形。再缩小一点范围说，仅从"物体变形"看，钟敬文还讲过"器具的变形"，如在虎精或猪哥精母题中，那些器皿化精当人类助手的情节，还有聊斋故事常用的"建筑变形"情节。但钟敬文在此文中说明，植物的"物体变形"是单独一类，他为此表述的观点是"推而至于世界各自然民族同性质的东西，大抵都是以为某植物为某人或某物所变成的"④，这是他吸收外来学说发展中国民俗学的总结性意见。

九　日藏中国文献中的故事辑录与类型整理

1936 年，钟敬文在日本期间，利用查阅日藏中国古籍的机会，做了

---

①　钟敬文：《中国的植物神话》，载钟敬文《钟敬文民间文学论集》（下），上海文艺出版社 1985 年版，第 157—158 页。

②　季羡林译：《五卷书》，人民文学出版社 1958 年版，2001 年重印本，第 396 页。

③　季羡林：《罗摩衍那》，载季羡林《比较文学与民间文学》，北京大学出版社 1991 年版，第 258—259 页。

④　钟敬文：《中国的植物神话》，载钟敬文《钟敬文民间文学论集》（下），上海文艺出版社 1985 年版，第 161 页。

《古传杂钞》两种、《古传杂钞之一（八则）》和《古传杂钞之二（六则）》)①，并根据这些资料编制了 14 个母题文本。这些故事母题虽然没有都像以上论文那样直接提到印欧类型，但还是间接涉及的。我们通过他编制的这些母题，能发现动物故事仍很抢眼，如他在附记中所说："数年来，我从古文献中搜索说明神话，前后共得数十则，而其中关于动植物的占多数。"② 这些母题类型的篇名是：1. 石马型，2. 初夜权，3. 王质遇仙型，4. 歌仙刘三姑，5. 借地，6. 人柱，7. 胡人识宝型，8. 人牲型，9. 蝉，10. 吴王余脍鱼，11. 缢女，12. 牛尾蒿，13. 一捻红，14. 念珠树。

从学术史意义看，他在这批类型中所谈以下内容值得注意。

第一，编制这批类型的用途是补充自 1927 年以来他所编制和分析的中国故事类型论文观点。例如，石马型是对《中国的地方传说》中的主题类型和洪水型母题的补充③，人牲型是对《老虎与老婆儿故事考察》中的虎精母题的补充④。

第二，指出一些很有价值而尚待研究的新课题。他早年在杭州编辑出版《妇女与儿童》时，已提到"胡人识宝型"故事，这次在日藏明谢肇淛的《五杂俎》中又发现了一则记载"仙香木"宝物的同类型文献，当即予以录入，以备后用。他在文章中指出这个母题的研究意义说："胡人识宝型故事，在古代交通史、民族心理学等研究上，是一种颇值得重视的资料。中国的这个'故事群'，虽然曾经日本中国学研究家一再地加以论述，……但待搜集的资料和待阐发的意义上颇丰富。"⑤后来他指导研究生程蔷完成了对该主题故事的研究⑥，中间等待的时间

---

① 钟敬文：《古传杂钞之一（八则）》，钟敬文：《钟敬文民间文学论集》（下），上海文艺出版社 1985 年版，第 505—513 页。钟敬文：《古传杂钞之二（六则）》，钟敬文：《钟敬文民间文学论集》（下），上海文艺出版社 1985 年版，第 513—514 页。

② 钟敬文：《古传杂钞之二（六则）》，钟敬文：《钟敬文民间文学论集》（下），上海文艺出版社 1985 年版，第 514 页。

③ 关于石马型补充地方传说研究的看法，参见钟敬文《古传杂钞之一（八则）》，载钟敬文《钟敬文民间文学论集》（下），上海文艺出版社 1985 年版，第 506 页。

④ 钟敬文：《古传杂钞之一（八则）》，载钟敬文《钟敬文民间文学论集》（下），上海文艺出版社 1985 年版，第 512 页。

⑤ 同上书，第 511 页

⑥ 程蔷：《中国识宝传说研究》，上海文艺出版社 1986 年版。

竟达 40 年。

第三，为开展比较民俗学研究寻找新线索。他在所编辑《民俗学集刊》一书收有松村武雄《地域决定的习俗与民间故事》一文，里面分析了"借地"类型的故事。这次他从日藏《云南通志》和《台湾府志》中辑出"借地传说"二则，为该类型研究提供了中国的新资料。我们从钟敬文所辑录的《云南通志》记录中，还能找到故事的中心角色有"观音"，而在"观音"故乡印度佛经故事中也有借地类型。他当年说"把自己所搜集的两则资料，献给松村氏及一般的同道"①，其实我们也能从中受惠。

第三节　中日印故事类型的个案研究

钟敬文在 1927 年翻译《印欧故事型式表》时参考了日本学者冈正雄的译本，中日双方学者也多少因印欧故事类型研究而相聚。他于 1928 年编制中国故事类型，于 1931 年在日本以《中国民谭型式》为题发表②，都引起了日本同行的反应。在日本期间，他的研究也以日本民俗学界研究中国故事的学者的学术问题为切入点开展，引起了日本学者的呼应。双方共同致力，促进了中国与东亚和东南亚故事交叉研究的个案研究领域的建设。

自 1931 年至 1937 年，钟敬文共发表 5 篇与日本同行对话的重头论文文章，主要就日本研究中国故事的学者的观点和方法，提出中国学者反馈，表达不同意见。在这场讨论中，双方学者都以印欧故事类型和印度故事研究为基础进行。从文化渊源上说，东亚和东南亚国家都是深受印度文化影响的国家，钟敬文通过中日对话的渠道，加深了对印度故事的理解和阐释，这点也反映在他的论文中。当然，对他在日本学术活动的评价，中

---

① 关于石马型补充地方传说研究的看法，参见钟敬文《古传杂钞之一（八则）》，载钟敬文《钟敬文民间文学论集》（下），上海文艺出版社 1985 年版，第 510 页。

② 钟敬文：《中日民间故事比较泛说》，载钟敬文《钟敬文学术论著自选集》，首都师范大学出版社 1994 年版，第 372 页。

日学者从各自的出发点有不同角度的积极反响，但这不是本节讨论的主旨①，我就不在这里多谈了。

　　他在当时最具影响的研究中国故事的个案中选择个案，在中、日、朝、越等国家作国别文化史研究建立了一组中国故事类型讨论个案，他的理论和方法也因此在东南亚国家产生了相当影响。他在与日本学者对话论文中，以丰富的中国文献和现代口头资料为依据，这种工作，无论许地山、郑振铎或赵景深都没有上手②。他对洪水型、天鹅处女型、槃瓠型和老獭子型的研究③，成为他一生的代表作。他的工作启发了德国学者艾伯华，艾伯华后来在芬兰出版了《中国民间故事类型》④。

　　以下讨论这些个案。

一　洪水型与乌龟

　　1931 年，钟敬文利用日本学者小川琢治在《支那历史地理》一书中提出的假设，即中国史料中的故事"女娲止淫水，精卫填东海，蜀王化杜鹃、伊母化空桑"等，"也许有眷属的关系，或竟是由于同一故事的'异传'"；参考日本历史学者石诚彦《有关中国古代的洪水故事》一文，再将小川琢的假设，改造成一个洪水故事异式群在不同时态中变迁传承的"主题"，完成了《中国的水灾传说》的论文，这篇论文产生的价值有三：

----

　　①　20 世纪 30 年代前后钟敬文制作的中国故事类型和故事文本分析，中日学者从各自角度有不同的看法。中方学者认为，日本学界对此给予很高评价，日方撰文的学者有直江广治、泽田瑞穗、铃木健之等。参见马昌仪《求索篇——钟敬文民间文艺学道路探讨之一》，上海民间文艺家协会编《民间文艺集刊》1983 年第 4 集。她的看法是"自'五四'至今，我国还没有一部民间文学著述在国外引起过如此广泛的注意，时间竟长达半个世纪之久"。日方学者认为，钟敬文留日期间发表文章达 32 篇，其中译述 17 篇，有关日本的不过 4 篇，真正的论文 5 篇。所以，他的中日比较研究目标是"着眼世界而不着眼日本"，参见［日］加藤千代《钟敬文之留学日本——成果及其地位》，载杨哲编《钟敬文生平·思想及著作》，河北教育出版社 1991 年版，第747 页。

　　②　在钟敬文补充现代口传民间文学资料，在表四各文中皆可见到。兹仅举他补充的个人在浙江搜集故事资料《民间传说丛稿》（未刊）为例，参见钟敬文《老獭子型传说的发生地》，收入《钟敬文民间文学论集》（下），上海文艺出版社 1985 年版，第 142 页注①。

　　③　参见文末所附《表 6　钟敬文故事类型个案与中日印日朝越故事文学比较一览》。

　　④　［德］艾伯华（Wolfram Ebtrbard）：《中国民间故事类型》，王燕生、周祖生译，商务印书馆 1999 年版。

一是解决历史文献与民俗资料的矛盾，创造了异式群有不同时态传承变迁的观点，为中国民俗学者从历史学中寻找资源空间，提出了不同时态分层法；二是解决民俗学与故事学的矛盾，提出同一情节故事异式建组分析的个案，避免将中国文献和故事的复杂联系的研究变得简单化；三是在故事类型学上，首次完成中国洪水故事类型的系统研究。

日本学者小川琢治的研究颇与顾颉刚相契合。他使用了中国人不大注意的古史文献，兼及史料中夹带中的大禹、女娲、精卫等故事记载，并没有随意地删除它们。但这位日本学者又不是顾颉刚，他对中国古代史料中的故事问题唯假设而已，未做历史与民俗矛盾的处理。他是不把民俗学作本行对待的。钟敬文说，顾颉刚的不同在于，顾颉刚并不回避历史与民俗的矛盾，相反对历史文献辨伪、疑古，还"曾把笔尖触动过这事件"（见《古史辨》第一册）①。

国内此时顾颉刚的历史地理研究法已经建立，这给年轻的钟敬文以充足的底气。钟敬文还可以用当时国际先进的民俗学理论，包括运用日本学者洪水故事研究成果，从民俗学方面侧应顾颉刚。到了 1931 年，小川琢治的假设带了历史与民俗的双重问题而来，自然被他纳入视野。小川琢治的学术倾向更像顾颉刚，而不是沈雁冰。当然他不是民俗学者，但在当时中国民俗学界多学科参与的氛围下，小川琢治就成了合适的讨论对象。钟敬文以此为背景"来做这篇小文论述的起点"②。需要说明的是，中国洪水故事是一篇大文章，钟敬文写了近 60 年，并没有到水灾传说一文止步。1990 年 4 月，钟敬文再撰《洪水后兄妹婚再殖人类神话》一文，又对这个假设做了新的补充，并继续与日本学者伊藤清司和大林太良展开对话③。

为从总体上认识钟敬文对洪水故事类型的研究观点与历史贡献，兹将前后两文一起分析。

钟敬文将小川琢治的问题改造成对中国洪水故事异式群的假设，原文

---

① 钟敬文：《中国的水灾传说》，载钟敬文《钟敬文民间文学论集》（下），上海文艺出版社 1985 年版，第 163 页。

② 同上书，第 163—164 页。

③ 钟敬文：《洪水后兄妹婚再殖人类神话》，收入钟敬文《民俗文化学：梗概与兴起》，中华书局 1996 年版，第 220—247 页。

如下：

> 本文的任务在于述说一些自战国（指被记录的时间）直至现在仍活在民间的"水灾传说"。这些传说并不仅限于题目的共同，在传述上，似也有着源流的关系。退一步说，后起者倘不是先行者的嫡系子孙，最少也有某种程度上的"瓜葛"。这不是我有意的牵合，从它们的主要形态上考察，实在不容许我们不承认其有着血统或亲眷的关系。自然，从其已变化的方面观之，它们各自的相貌却已是那么歧异异常。①

钟敬文对中国洪水故事类型所提出的异式群，由 20 个相同情节的不同时代故事异式组成，描述了这个类型的叙事特色、历史文献形态和现存口述传统的整体状况。

伟人奇异出生型。钟敬文称之为"伟人（或英雄）产生的神话"，此指上古名人伊尹在洪水空桑中诞生的故事，同类异式有简狄生契、姜嫄生稷、夜郎侯生水中竹木、孔母生孔丘于空桑等。它们在先秦至汉代文献中被记载。钟敬文认为，这些异式的流传时态，要比文献记录的时间更早，他将之归纳为"初期的"洪水故事②。

地方传说型。它们由神话故事变为地方传说，在同类异式中，还有神物启示、妇人避难、陆地沉没、治水型和下沉型等。它们在汉魏文献中记载，延至唐宋，不过故事记录的时间与文献传抄的时间彼此错出。钟敬文指出，这部分洪水传说在异式流传过程中，已被地方化。它们"被解释的'对象'和'人物'（伟人、英雄）转为'地方'"，拥有地方性新特征。他把这群异式归为洪水故事的"第二期"③。

现代洪水故事。钟敬文把现代意义上的 Folktale 中的洪水故事称为第三期。分两类：一类是普通民间故事，在同类异式中，有傻子型、云中落绣鞋型和石狮子型；另一类是人类毁灭及再造神话，在同类异式中，有姐

---

① 钟敬文：《中国的水灾传说》，载钟敬文《钟敬文民间文学论集》（下），上海文艺出版社 1985 年版，第 164 页。

② 同上书，第 169 页。

③ 同上书，第 168 页。

弟婚型、再造人类型、肉团型、城陷型、恩将仇报型等。对现代故事，钟敬文强调它们有两个特点：一是它们有文化耐力，能"从上古一直传播下来"；二是它们有社会黏性，能附着在不同社会中，延续为"后裔或变形物"，或"颇有瓜葛"的情节①。

钟敬文在20世纪90年代续写的洪水故事论文中，就1931年的遗留问题进行了补充探讨，主要有三：一是这类故事的背景是血缘婚的禁忌期还是解禁期；二是洪水母题和兄妹婚母题是否是复合性主题；三是起预告和报恩作用的石狮子和石龟，两者原是并存的动物，还是后者衍生前者。

禁忌故事。讨论上述第一个遗留问题。钟敬文的看法是，这是洪水故事中的婚姻异式群，在汉族和少数民族中都有流传。它们是血缘婚制度的非禁忌与禁忌背景彼此连接的超时间叙事，又分三个异式组：①人类两性自动结合型；②在神或动物助手的劝导下，在举行占验仪式后，人类完婚型；③人类占卜成婚，但回避性关系，以捏泥人造后代。其中，第②种异式的文本居多。后两种异式中的卜婚情节，是这类长时段传承异式在后世被文献或口传"加以修改、增益的结果"。持此时态观视之，"也就不必在学术解释上再绕弯子了"②。

兄妹婚故事。讨论上述第二个遗留问题。在同类异式中，有洪水为灾型、兄妹婚再殖人类型。钟敬文认为，这是汉族和少数民族共同传承的类型，洪水型与兄妹婚型两者，可分可合，没有统一的定式，分开居多，而两者结合在一起的故事反而"比较少见"，"很可能是由于后来的拼合"③。

石狮子和石龟故事。上述讨论第三个遗留问题。钟敬文通过文化史分析和故事文本比较的方法，提出，在中国的洪水故事中，狮子和乌龟曾经发生角色更替。"乌龟是原始的角色，狮子则是后来者"④。同类异式有河伯型、鳖驮大山型、龙伯国大人钓大龟型等。

钟敬文通过洪水故事研究所回答的理论争论要点如下。

---

① 钟敬文：《中国的水灾传说》，载钟敬文《钟敬文民间文学论集》（下），上海文艺出版社1985年版，第178页。

② 钟敬文：《洪水后兄妹婚再殖人类神话》，收入钟敬文《民俗文化学：梗概与兴起》，中华书局1996年版，第230页。

③ 同上书，第235、236页。

④ 同上书，第238页。

对故事异式群不同时态传承与历史文献记载的矛盾，钟敬文说，从文献上看，存在汉魏笔记杂纂从别人抄书和互相抄书的现象，不过也有前代流传下来的本土文献。

> 现本《搜神记》，自然已非干宝的原书，但证以唐宋古书所引，其大部分的材料，必出自原著是无疑的（其中有拉杂地抄入别的古书的地方，如第六、第七两卷，全抄《续汉书·五行志》，前人已经指摘过；但大部分，仍是辑录自前世类书所引的——即等于"辑佚"性质）。所以，除了一部分外，大都不妨信为晋代人的记述。①

他使用了《搜神记》二十卷中的第十三卷和第二十卷所记录的三则洪水故事，认为这是相对可靠的参考资料。季羡林则对我国六朝以后抄书的印度背景做了研究，指出汉魏志怪小说与印度文学的相似性②，这对民俗学者是大有启发的。

从口头传统上看，钟敬文指出这三期洪水故事的不同时态异式群结构的差异在于其叙事的"注重点"不同。"第一期的伟人产生神话，若说它是注重'人'的，那么，第二期的地方传说是注重'地'的，这第三期的'民间故事'则是注重在'故事的本身'的。"③ 现代洪水故事记录文献与民俗思维传承，在不同步时态分布上，差异反而极大，文字功能与民俗功能的反差也大，他说："到了现代，一方面变为失掉严肃性的民间故事，另一方面却衍成了极具'原始性'与'认真性'的'人类毁灭及再造的神话'。"④ 这种观点为他人所未道。

对故事文学与民俗思维的矛盾，他以洪水中的动物为对象，做了两者关系的分析。在《中国的水灾传说》中，他分析了一组动物，如龟、龙、鱼、蛇、猴、乌鸦、蚂蚁、鼠和蜂，指出，它们都是预言洪水的神异灵

① 钟敬文：《中国的水灾传说》，载钟敬文《钟敬文民间文学论集》（下），上海文艺出版社 1985 年版，第 169 页。

② 季羡林：《印度文学在中国》，载季羡林《比较文学与民间文学》，北京大学出版社 1991年版，第 103 页。

③ 钟敬文：《中国的水灾传说》，载钟敬文《钟敬文民间文学论集》（下），上海文艺出版社 1985 年版，第 172—173 页。

④ 同上书，第 177 页。

物，但有两种情况，一种是借助童谣谶语预言洪水的动物，包括龟、龙、蛇和鱼；一种是动物报恩式预言洪水的动物，包括猴、乌鸦、蚂蚁和鼠。这让"我们明白同一'母题'的故事、神话，以时间与地域之不同，而相当地变异其形态，是一般的通例"①。在《洪水后兄妹婚再殖人类神话》中，他分析了另一组动物，如（石）狮和（石）龟。这组动物与中国和东南亚文化传播有关，但它们在中国扎根后，更具有中国特点。故事异式的时空变迁多种多样，只用人类早期文化进化学说去说明这些变迁，是没有足够的解释力的。此外，文学家还要接受由民俗思维的变异性造成的故事异式群之间不可思议的离合现象，他说："这种变化，竟至使现代一些拘泥于文学作品（其实是作家个人的书面文学作品）创作原则的学者，不敢承认后者是前者故事的蜕变。这种地方就不能不让我们感叹那些汉、唐等古代学者的更有见解和胆识了（因为他们敢于把她的前后传说汇集在一起，承认彼此是有关系的）。"② 他的这种意见对现代作家是一种婉言批评，但是，现在看，对汉唐文人接受民间故事的态度，除了钟敬文的肯定评价，我们还应该参考季羡林从另一角度的评价，即对汉唐抄印度假设③。我们需要把两者的评价综合起来，可能会得到更全面的认识。

对故事中的古老观念与现代思维的矛盾。他认为，可以将故事与谚语做综合研究，发现其中蕴含的智慧。有些古老谚语在初民时期和现在看来都是"合理的"，而谚语往往是故事的内容。他说：

> 尽管初民以及近初民的思想、观念等，有许多是我们不免发笑的，但并不是整个如此。就是说，初民的思想、观念，有好些是在我们现代看去也仍然"合理的"。我国从古代传下来的关于事物的谚语，不合理的（从我们现在的眼光去看）虽然很多，但近于真理的见解的，并不是没有。譬如"础润而雨"这个谚语，即使它的确实性是有限制的，但却不是闭着眼睛的胡说。……（洪水故事情节单

---

① 钟敬文：《中国的水灾传说》，载钟敬文《钟敬文民间文学论集》（下），上海文艺出版社1985年版，第170页。

② 钟敬文：《洪水后兄妹婚再殖人类神话》，收入钟敬文《民俗文化学：梗概与兴起》，中华书局1996年版，第236页。

③ 季羡林：《印度文学在中国》，载季羡林《比较文学与民间文学》，北京大学出版社1991年版，第103—104页。

元）第一条的白出水，当即"础润而雨"之意。①

对动物故事中的动物功能的分析。钟敬文在洪水故事中提到 14 种动物，包括鸟、狮子、狗、巨鱼、鲤鱼、石龟、龙、蛇、石狮子、猿猴、乌鸦、蜜蜂、蚂蚁和鼠，动物故事是洪水故事异式群结构的有机组成部分，这种现象是十分显眼的。从另一方面说，在洪水故事中，动物的组合关系，动物的传统文化含量，与动物在空间场合中的作用轻重等，也表现十分复杂，仅研究洪水中的动物就是一个重要课题。我们看到，钟敬文对此颇为留意，经过长期思考，他在《洪水后兄妹婚再殖人类神话》一文中，对动物故事做了较长篇幅的阐述。

　　熟悉神话、传说以及民间故事的学者，大都知道在这些种类的民间传承中，常常要出现动物（或其精灵）及神灵的角色。在故事中，他们有时是配角，有时却是主角。中国洪水后兄妹结婚传衍人类的这种类型神话，就现有的汉族大量民间口传的记录看，作为配角的动物（或其精灵），一般就是石狮子或石龟。这种情况在中原地区的神话资料中表现尤其明显。这类神话的配角，尽管还有传说是别的动物，如野猪等，也有的说是神仙的，如太白星君、洪钧老祖之类，但是占较大数量因而也较有意义的，却是它们两类。

在目前几乎传播到我国大陆各地（实际上也并及隔海的我国台湾地区）的这种类型的神话里，石狮子与石龟是同时在各种异式里扮演着同样角色的。在故事较完整的形式里，它们的任务约有三项：1. 对主人公（兄妹或姊弟）预告灾难将来临的信息；2. 在灾难中救助他们（或预告避灾的方法）；3. 劝导他们结婚以传衍后代（有的还在此点上给以助力或充当媒人）。在故事比较简略的形式里，它们也担任其中的两项或一项任务（例如只进行预告、救助或只劝婚、当媒人）。这类神话，如果没有它们的参与，该不仅是减声减色，而且会比较难以构成故事的相对完整形态

---

① 钟敬文：《中国的水灾传说》，载钟敬文《钟敬文民间文学论集》（下），上海文艺出版社 1985 年版，第 180—181 页。

（自然，在少数记录里，它们的任务是被别的"人物"——如神、仙等代替的）①。

在与洪水有关的所有动物中，他特别对乌龟和狮子两种动物的作用感兴趣，进行了长篇讨论。

我认为，现在故事呈现的这种情景，是它们（石狮子和石龟）在历史发展过程中身份更替的结果。而从两者更替的时间顺序看，乌龟是原始的角色，狮子则人后来者——它的替身。

乌龟是我国历史上出现的古老和它在文化上的显著足迹，是稍有史学常识的人都知道的。它被认为是能预知自然变化及人类吉凶、祸福的灵物，被看作是长生不老的表征。人们给它以高贵的称号：灵龟、神龟及宝龟，又把它去跟其他一些神异动物龙、凤、麒麟结合起来，合成"四灵"。

被认为能预知事物变化及人类吉凶，是乌龟在文化史上的一大特点。从殷墟大量出土的龟甲卜辞看（"先商"出土文物中已有陶龟，但未见有占卜用的龟甲），可以知道殷商的统治者，不论国家大事或日常风雨，都要凭藉龟甲、兽骨去占卜。周代以来，用龟甲占卜吉凶的事，史传不绝于记载。我国最伟大的史学家司马迁在他的《史记》里，就专门设了《龟策列传》。随着时间的不断进展，历史不知翻过了多少篇章，但是，直到现代，我们依然能在古庙闹市或街头巷尾的卖卦先生的小桌子上，看到那些被认为有关人生命运的龟壳和金钱。这点大概足以说明乌龟与我国传统文化关系的长久和密切了。

这种传统心理和文化现象的灵物，自然要反映到民间传承中来。在有关这方面资料的古代典籍记录里就早有它的踪迹。例如《庄子》所记宋元君夜梦清江使河伯（乌龟）告以将为渔人豫且所获的故事，《列子》所记上帝命十五匹大龟（鳖）首戴五座大山及龙伯国大人钓走六匹大龟的故事，都是很著名的。秦汉以后，关于龟（或龟精）的传说更是枚举不尽。在现代汉族口头传承中，也有不少是说乌龟帮助人的。这大概是关于它的比较古老的观念的反映。但也有一些是说

---

① 钟敬文：《洪水后兄妹婚再殖人类神话》，收入钟敬文：《民俗文化学：梗概与兴起》，中华书局1996年版，第237—238页。

它偷吃东西或侵犯民间女子而受罚的，这就说明它已经由神圣的灵物变成邪恶的精灵了。

……

狮子在我国历史上的出现是比较迟的；它在文化史上经历的足迹也是比较稀疏的（特别是中古以前）。……能够使我们较为安心承认的，还是像史书上所说汉章帝时，西域安息贡狮子一类的事情。自东汉以后，直到元代，都有外国（主要是西域）进贡这种动物的史实，而且有关它的记载也逐渐多起来。当然，谈到它跟中国人民生活、文化、信仰等的关系程度，它到底比不上龙虎或龟蛇。有关这一点，只要看唐代学者欧阳询所编纂的著名类书《艺文类聚》的兽类部分里没有"狮子"这个项目，就可以参透其中的信息了（同时代徐坚编的另一部类书《初学记》，所收录的也不过《尔雅注》等文献及一些诗文罢了）。

尽管如此，这外来的异兽狮子，终于进入中国人民的生活圈、文化圈了。如名画师顾光宝所画的狮子，就为治疟疾；谗人诬李泌受人金狮子而终于受到惩罚的传说或历史故事等在文献上出现了。但是，大概由于时间的及实物接触的限制吧，在民间传承方面到底不多见，像宋代官修中国古代小说之海的《太平广记》，记录龙、虎一类传说，故事多到八卷，而狮子却只寥寥三则。……

情况终于有了变化。像前文提到了，明代那位无名氏所编著的《龙图公案》中便载有《石狮子》一篇。尽管这种小说情节并不是与现在汉民族广泛流传的洪水后兄妹婚再殖人类神话的说法没有出入的地方，如石狮子不是灾难的预言者，结局也不是兄妹结婚传人类（它的主题是清官审判负心汉）等。但在这个故事里首次出现了石狮子眼中流血预兆水灾的情节，并有洪水泛滥广大生灵受害，以及善良人因善行得到救助的情节。它与今天民间所传的洪水后兄妹结婚再殖人类类型的神话，在基本上有相当多的类似之处。这无疑是我们今天研究此类型神话应当注意的一种历史资料。……我以为，现在汉族流行的这种类型的神话，部分记录中石狮子及其预告灾难等情节，是从较早时代地陷传说中的石龟角色及其作用所蜕变而成的。而明代小说中的石狮子及其预兆作用的叙述，正是现在这种故事有关情节的较早形态。在同现代同类型神话的另外记录里，那角色仍然是乌龟，这是原始说法的遗留。它说明故事情节的演变并不是一刀切的。[①]

钟敬文将动物与故事异式群的关系分成三种：①动物是宗教神族的变形成员，如太白星君、洪均老祖的化身，或是神灵发布预言、进行占卜和给人类传信的使者；②动物和人都是创世故事的主体；③动物是人类创世或人类传后代的助手。

他还特别指出洪水故事与印度同类故事的关系。他提出，中国的洪水故事异式之一《狸猫换太子》，在印度也有，原来它"是流播于东西洋（尤其是东洋的印度、波斯等国）各地的民间故事。（关于此事，胡适之作《狸猫换太子故事的演变》时，未曾提及，暇当为文专论之。）"[②] 到1990年，钟敬文再撰《洪水后兄妹婚再殖人类神话》，他还再次强调，有洪水故事记录的国家，包括"巴比伦、希腊、罗马、印度和希伯来"，洪水故事在亚洲的地理分布，"也不限于中国境内，而是扩展到东南亚等地区"[③]。

钟敬文在乌龟故事分析中，对后起的某种文本中龟与女子之间的人兽婚，解释为失去神性的邪恶者。季羡林通过翻译和研究印度《五卷书》等，持大体相同印度来源说，但他在讲到乌龟一类的动物都是积极角色[④]。这是两人的不同。

钟敬文把包含以上6个主题的故事编成一组，创用了"水灾传说"的中国概念，为这组洪水类型故事命名。他把从印欧故事类型中得知的洪水主题，变成中国故事类型研究的分析问题。他把经印度佛经渠道来到中国的动物故事，把经中日印僧人传抄与文化化再流入中国民间传播的动物故事，以及把中国已有的洪水神话，统统纳入洪水故事的研究对象。他从撰写《中国的水灾传说》开始，到完成对洪水后兄妹婚再殖人类故事的研究为止，前后花了近60年的时间，终于为这个庞大而复杂的类型研究

① 钟敬文：《洪水后兄妹婚再殖人类神话》，收入钟敬文《民俗文化学：梗概与兴起》，中华书局1996年版，第238—242页。

② 钟敬文：《中国的水灾传说》，载钟敬文《钟敬文民间文学论集》（下），上海文艺出版社1985年版，第174页。

③ 钟敬文：《洪水后兄妹婚再殖人类神话》，收入钟敬文：《民俗文化学：梗概与兴起》，中华书局1996年版，第220—221页。

④ 季羡林译：《五卷书》，人民文学出版社1958年版，2001年重印本，"译本序"第7页。

奠定了理论基础，丰富了研究成果。多年来，他和季羡林从两个侧翼进行的工作，也推动了对洪水类型和相关类型的研究。

二　洗澡型和鸟

1932 年，钟老发表《中国的天鹅处女型故事》一文。此文的起源，是日本学者西村真次的同类型研究和问题。钟敬文说，西村搜集了世界同类型故事近 50 个，仅有 1 个是中国故事，"并且是蒙古族的，这至少在我们中国人，是要感到相当的遗憾"[①]。但是，他撰写此文所用理论和方法却自印欧故事类型而来。他直接提到了雅科布斯（Mr. Joseph Jocobs）的名字，使用了他的原文。下面是钟敬文的原话：

> 在约瑟·雅科布斯氏（Mr. Joseph Jocobs）所修正的哥尔德氏（S. Bring Could）的《印度欧罗巴民间故事型式》中，也载了这故事的型式，它的情节如下：
>
> 一、一男子见一女在洗澡，她的"法术衣服"放在岸上。
> 二、他偷盗了衣服，她堕入于他的权力中。
> 三、数年后，她寻得衣服而逃去。
> 四、他不能再找到她。[②]

钟敬文使用这段资料，不是直接从许地山的翻译本中来的，也不是直接看雅科布斯的原著，仍是对班恩手册的移植品。钟敬文在"天鹅处女型"故事的引文注释中说："原文见班恩女士（Miss Burne）编著的《民俗学手册》附录 C，中文有我和友人杨成志先生合译的单行本出版（国立中山大学语言历史学研究所印行）"。我们从钟敬文在印欧故事类型和日本故事研究之间的选择中，能看到两点信息：一是他研究天鹅处女型故事个案的准备要更早，是在 1927 年翻译印欧故事类型时开始的，此前他已经在中国民俗学界搜集、编辑和研究故事资料，这是他敢于与西村对话

---

① 钟敬文：《中国的天鹅处女型故事》，载钟敬文《钟敬文民间文学论集》（下），上海文艺出版社 1985 年版，第 36 页。

② 同上书，第 38—39 页。

的本钱；二是他以天鹅处女型故事为学术问题，却是从西村真次开始的①，西村的《神话学概论》和《人类学泛论》给了他新的启发。他还要通过撰写此文，要用民俗学研究的结果，声援顾颉刚的历史地理研究法，他因此在此文的副标题上写道："献给西村真次和顾颉刚两先生"②。当然，从此文中还能看到，如我们在上面多次说过的，钟敬文所受到的学术影响是多方面的，他还吸收了西方人类学理论，在这方面要借助周作人译著，他在谈到对天鹅处女型故事中的中国原型"毛衣女"分析时，就表示同意周作人在《儿童文学小论》中的分析③。他还使用了日本的松村武雄、德国的格林兄弟和英国的弗雷泽的著作④，可见他的理论来源渠道比较复杂。

不论钟老这一个案化的论文怎样以日本问题发展，我们能看到，在他脑子里，当时有一个中、印、日、英学者在一起讨论的大圈子。印度故事在钟老的思考中是有位置的，正是在这篇天鹅处女型故事的研究文章中，他指出他所了解的印度古童话集《佛本生故事》，指出：

> （天鹅处女型中的"难题"母题，正如）古代印度的故事中，耶沙怕尼王误听了恶臣的谗言，使正直的和尚去做种种超越人力的工作。⑤

在这篇论文中，钟敬文通过研究鸟（天鹅），首次对动物故事做了比较系统的分析，对动物故事的森林空间，包括草和树（竹），钟敬文也给予留意。对这些植物在故事类型所具有"生命指示物"特征，如赵景深在半年前发表评述许地山译印度故事中所提到的，钟敬文在此文中补充了赵文所没有的中国文献。同年不久，他还专门撰写《中国的植物起源故

---

① 钟敬文：《中国的天鹅处女型故事》，载钟敬文《钟敬文民间文学论集》（下），上海文艺出版社 1985 年版，第 39 页，注释②。

② 同上书，第 36 页。

③ 同上书，第 40 页，注释⑤。

④ 同上书，第 66—68、72 页，并见这几页的注释。

⑤ 同上书，第 72 页，与本页的注释①。

事》一文，讨论动植物故事的关系①。

他对动物故事的变形性质做了独到分析，指出，在中国故事中，动物变形对故事体裁产生影响，从动物变化而成的对象成分看，它可以在宇宙中，变幻天地万物，无所不包，最后因中心角色身份的转化，造成动物故事体裁的转化。这些动物故事大体可以转化为：①历史人物传说；②自然神话；③人文神话②。在变形的形式上，可分为自动变形和被动变形，中国动物故事大都自动变形，产生人兽婚的情节；西方动物故事大都被动变形，是动物受到魔法的作用或惩罚所致。西村真次将之解释为洗澡的理由，而钟敬文则拿出广东海丰流传的人脱蜕重生的故事为例提出，按照民间解释，将脱毛变形理解为动物蜕皮发育的过程，也是说得通的③。这些看法，在国内没有第二个学者提出相同的看法。

他还提出动物故事的母题组合问题，主要是一系列相关可以独立成篇或彼此粘连的母题类型，包括"洗澡"、"动物或神仙的帮助"、"仙境的淹留"、"季子的胜利"、"仙女留居人间"、"缘分"、"术士的预测"和"出难题"④，我们从这些命名中，看到洗澡型、禁忌型、动物助手型、狗耕田型、仙妻型和难题求婚型。特别值得提出的是，钟敬文对其中的三个中国故事类型，与印度故事和佛教文化对照，做了比较分析。

第一，中日印洗澡型故事。他指出，洗澡的情节具有民俗学意义，可以将之与"许多印度欧罗巴民族间多有相似的风习"做比较，他使用许地山翻译的《孟加拉民间故事》中的《豹媒》，指出：

在印度，也有王女到外面的池里洗澡，遇着了豹的一类故事。⑤

他分析说，对这类故事，可以帮助理解我国历史文献上记载的"野浴"风俗，也乃至与人类学者的所谓向神"献贞或净化"的方向上，推

① 钟敬文：《中国的植物神话》，载钟敬文《钟敬文民间文学论集》（下），上海文艺出版社 1985 年版，第 149—161 页。

② 钟敬文：《中国的天鹅处女型故事》，载钟敬文《钟敬文民间文学论集》（下），上海文艺出版社 1985 年版，第 62 页。

③ 同上书，第 63—64 页。

④ 同上书，第 67—72 页。

⑤ 同上书，第 65 页。

测"或多或少地带着这种意味也未可知"①。

第二，中日印缘分型动物故事。他说，在动物故事中，出现人与动物结缘的情节，有宿命论意识；有儒家观念支配下的男子拒绝仙妻爱意的特例，但也有很多情节含有印度佛教思想。他举了洪振周在辽宁奉天搜集的《牛郎》和孙佳讯在江苏灌云搜集的《天河岸》说明。

> 中国天鹅处女型故事中关于缘分的情节（洪振周、孙佳讯二君所记述的），是很近于通常的形式的。本来缘分的思想，不是中国的固有物，这只要查考一下汉、魏以前的神话、传说便了然了。它大约是跟佛教一道传入中国的。所以，六朝以来的故事中，多浓郁地带着这种色彩。自然，我们晓得一种思想或制度，由甲地传至乙地，在那里所以能够发育滋长，是要有相当的土壤的。②

第三，中日印难题求婚型动物故事。在该类型中，钟敬文引用印度的《佛本生故事》（Jātaka），再与中国故事《李太白识破蛮书》和《孔子穿九曲明珠》做比较，同时也与日本故事《大国主命逃出根坚洲国》做比较，说明这类故事的特点是，主人公被要求做常人根本做不到的事情，或承受常人无法承受的苦难，或猜测对常人生死攸关的谜语，最后依靠动物帮忙，解决难题，摆脱困境，获得成功。这种类型在中国和东亚与东南亚国家是普遍流传的。

> 古代印度的故事中，像耶沙怕尼王误听了恶臣的谗言，使正直的和尚去做种种超越人力的工作，也是这种故事的适例。关于试验智力一类的故事，中国现在民间颇丰富。要求和女子结婚的青年，被女子的家族课以种种困难的工作或可怕的危害，但他卒因女子（或超自然者）的帮助，得以成功。这是所谓有名的"求婚故事型"。我国古代记录中，如杨伯雍求婚于著名徐氏之女，徐氏故索白璧一只为聘仪，杨氏因超自然者的助力，终于达到他的目的。虽然这故事的一部

---

① 钟敬文：《中国的天鹅处女型故事》，载钟敬文《钟敬文民间文学论集》（下），上海文艺出版社1985年版，第65—66页。

② 同上书，第70页。

分情节，和一般的求婚故事型略有出入，的因求婚而被课以辐力量上多难办到的事物，而终由于"他力"的帮助解除了那困难，这种要点是赫然存在的。天鹅处女型故事的古记录中，田章被召回的时候，有解答奇异问题的情节。这大体上可看作"答难题故事"一类的说法。①

他的这些工作引来了后世中日几代学者的追随。如日本学者伊藤清司对难题求婚型故事的研究②。

三　风水型和鱼

1932 年钟老完成天鹅处女型故事研究之后，接着研究跨国境流传的故事类型，撰写了研究风水文化与鱼的类型的重要论文《老獭子型传说的发生地》。此文在国内起草，1934 年在日本写完并发表③。在此文中，他根据在中国搜集的故事，编辑民间文学杂志和个人搜集所掌握的资料，与日本研究此类型故事的重要学者松本信广进行对话。

20 世纪初，日本学者鸟居龙藏对这个故事类型展开日韩比较研究。故事讲，乌龟精变成男子，与女子同居，生下一子，儿子长大后，将父亲龟骨放入水中龙穴，自己当上皇帝。30 年代，另一日本学者今西龙将之扩大到中日朝比较研究，提出该类型源自朝鲜。1933 年，日本学者松本信广以从越南获得的新资料，推翻了今西龙的朝鲜说，认为该类型在朝鲜和越南都有流传，并假设其中与风水皇帝有关的异式出自中国，再流传到朝鲜和越南。钟敬文再次迎接挑战，对松本信广的假设再改造，提出新的假设，认为中国是该类型在东亚和东南亚国家异式群的共同起源地。

钟敬文参加这场对话的背景是，日本学者已开始了对日、朝、越、中故事的比较，但缺乏中国故事资料。此前他已有洪水故事和天鹅处女型故事的中日比较研究基础。他除了熟悉日本学者的资料和理论，还准备了中

---

①　钟敬文：《中国的天鹅处女型故事》，载钟敬文《钟敬文民间文学论集》（下），上海文艺出版社 1985 年版，第 72 页。

②　［日］伊藤清司：《中国古代文化与日本——伊藤清司学术论文自选集》，张正军译，云南大学出版社 1997 年版。

③　钟敬文：《老獭子型传说的发生地》，载钟敬文《钟敬文民间文学论集》（下），上海文艺出版社 1985 年版，第 131 页，注释①。

国与朝鲜故事相似类型文本①，搜集了越南故事和文化资料②。他在1933年6月10日写给艾伯华的一封信中，踌躇满志地透露了一个"少壮学者"的心迹。

> 我近日颇注意于中国和日本、印度、朝鲜等邻国的神话、童话的比较研究。关于这一类的论文，我已答应了日本神话学者松村武雄博士盛情的要约，写成的时候，将发表在他们所主持的《民俗学》月刊上。
>
> 总之，中国今日一些少壮学者，在这类学问上，是已经深感到有自己起来动手的必要，而且事实上已经在努力地进行了。③

我们可以看到，比天鹅处女式的单纯故事类型研究，在该文中，钟敬文的文化史意识十分突出。他还干脆把这种类型研究的实质，称为"人类文化演进史"的研究。

他认为，老獭子型母题，从风水思想判断，这个故事类型起源于中国。

> 我们以为，这三个分布在亚细亚的东南部的同型式的传说，它发生的低于以位置于中国境内为适宜。
>
> 我们支持这论断的根据在哪里呢？
>
> 第一，因为中国的这个传说，比于朝鲜和越南的，较近于原始的形态。关于这，我们试举出几点看看：
>
> 一、中国这传说中，把水里的灵物（龙穴）说是活龙（或有灵

---

① 关于钟敬文撰写中国和朝鲜故事类型比较的文章，参见钟敬文《老獭子型传说的发生地》，收入《钟敬文民间文学论集》（下），上海文艺出版社1985年版，第147页，注释③，原文为："详见拙著《中鲜共同民谭的探究》（未刊）。"他使用的其他朝鲜故事资料，见本页注①所举述孙泰晋编《朝鲜民谭集》和中村亮平编《朝鲜童话集》，另见第146页注释②使用僧一然《三国遗事》。

② 钟敬文使用越南故事和文化资料，如李根仙《越南杂记》，钟敬文《老獭子型传说的发生地》，收入《钟敬文民间文学论集》（下），上海文艺出版社1985年版，第147页，注释②。

③ 钟敬文：《与W. 爱伯哈特博士谈中国神话》，载钟敬文《钟敬文民间文学论集》（下），上海文艺出版社1985年版，第496页。

的龙），这比于越南传说中的说是马形物（或神马），朝鲜传说中的卧龙石，都较近于原始的意味。

二、中国这传说中，说水獭骨殖的埋葬，从灵物（活龙）的口中送进去，比于朝鲜传说中说是挂在角上，显然更属于传说的原来的型式。

三、中国传说中，后来成为天子的，是水獭的亲生的儿子，而在朝鲜传说中，他却成为老獭的孙子，后者无疑是被变形了的结果。

四、朝鲜这传说中的女子试夫一段情节，从这类型式的故事看来，实是一种添附的成分，所以在中国传说中便看不到，越南传说中也一样。

……

再次，因为老獭子型传说中所表现的"风水思想"，是中华民族的最有特征的民俗信仰之一种。

自然，关于风水思想的发源地及其流布的区域等问题，这在没有做过精密的学术上的检察的现在，我们是不能够随便武断的。但是，至少我们可以大胆地这样说：风水思想即使不是发源于中国，即使不仅仅流行于中国的整个的民间，但它老早已在中国人民的思想中占着势力（这是从文献上便可以考知的），它流传的广泛和深入，也恐怕要以在中国境内为最。①

我们应该考虑到，钟敬文在探索文化史含义中使用故事类型方法的作用，从当时看，这两者结合的倾向，有助于他加强文化史研究，促使他扩大利用中国历史文献，并将之用在故事传承史本身的解释上。这还有助于他大量使用同类型的故事现代调查记录本，将历史文献和现代口传资料综合利用，以解决该类型的国别传承问题。但是，我们已经知道，民间传承论的"中心圈"观点是杜撰的，它的发明者、日本民俗学之父柳田国男，后来为此受到了激烈批评。这一20世纪30年代流行于日本的中心圈观点，也容易转化为民族主义中心论，这点在钟敬文此文的结论中也有端倪。他要寻找老獭子类型的最早起源地，这是日本民间传承理论的"中

---

① 钟敬文：《老獭子型传说的发生地》，载钟敬文《钟敬文民间文学论集》（下），上海文艺出版社1985年版，第139—141、146页。

心圈论"的通病。

四　始祖型和狗

钟老于 1936 年写《槃瓠神话的考察》一文。这篇文章是他在日本期间，对松村武雄所撰《狗人国试论》观点的补正与发展①。在此文中，他的文化史看法更坚决。

从他的这篇论文可以看出，在这个类型分析上，印欧故事类型对他有两个意义。

首先，他通过故事类型的途径，体验到民俗学的民族性特征。他这时已经认识到，自我想象优势文明的汉族古人，在记录和评价少数民族故事时，表现出了傲视的态度和"理性"民族的优越感。而此时钟敬文通过中日印日故事类型研究，已接受少数民族故事类型中的怪诞母题，不再用汉族文化的优势文化眼光评价少数民族类型，也不同意以非理性的说法贬低少数民族故事类型的价值。在此文中，他再次使用班恩手册作为他提到印度故事的思想基础②。他指出，槃瓠与印度故事相关的例子是马头娘故事，他在文章的"引言"中说，早在 1928 年，他在为友人余永梁写的一份《后记》中，就已经考虑"槃瓠故事与马头娘的传说"的关系。而马头娘传说是有印度影响的中国故事。他说：

> 一九二八年，我的朋友余永梁首先在《西南民族研究专号》上发表了《西南民族起源神话——槃瓠》，我在为他写的论文《后记》中指出这篇文章提出了两个问题：一个是"槃瓠故事与盘古故事"，另一个是"槃瓠故事与马头娘传说"。余文的断论虽然未必是定论，

---

①　钟敬文：《槃瓠神话的考察》，载钟敬文《钟敬文民间文学论集》（下），上海文艺出版社 1985 年版，第 103 页。在此页中，钟敬文就撰写此文与松村武雄就槃瓠神话展开讨论的原文是："去年松村武雄博士的着笔而比较有力地展开了。博士那篇《狗人国试论》的论文中，引用了关于这个神话的历史文献及其他记录，从而推断说槃瓠是某个南方少数民族的图腾。……看到这一情况，我不敢偷安，决心要尽力来耕耘那些尚未开拓的部分。"另，在第 120 页，他也阐述了与松村武雄在干宝《搜神记》的文献使用的讨论意见。

②　关于钟敬文在日本期间研究槃瓠神话时使用班恩书，参见钟敬文《槃瓠神话的考察》，载钟敬文《钟敬文民间文学论集》（下），上海文艺出版社 1985 年版，第 117 页注⑥，第 124 页注②。

但是这种探讨是一种开创性的而且合理的研究。余文发表两年之后，我在起草《种族神话起源》一文时，除了引用《搜神记》中关于这个神话的记录之外，还引用了明代邝露及近人某君的记述，希图证明槃瓠原是南方少数民族的动物祖先——自认为血统所由来的"图腾"。但是我那篇文章只不过是简略的论述。①

这时他研究少数民族动物故事的自信心很强。他怎样在故事类型资料以外证实自己的观点呢？他没有继续通过日本的传承说去分析，而是使用松村武雄本人使用的欧洲人类学和民俗学分析印欧故事类型的观点，分析类型与图腾的密切关系，在两年前，他就开始从这个角度关注松村武雄。

松村博士在他的《印欧民谭型式》译注中，说世界上这类同型的故事从童话学者麦考劳克氏的称呼，可叫做"蛙女婿型"（Frog-Bridegroom Type）。他又说这类故事的产生，在文化低的民族里，是有着下列的民俗背景做根据的。

一、相信自己的祖先是某种动物，即所谓图腾（Totem）的信仰。

二、相信人、动物都能够自由地变形为自己所喜欢的东西。

三、事实上存在，部落的少女被类人猿一类的动物抢夺，而成了它的妻子。

——见《童话教育新论》一〇六页

关于中国的乃至于世界的这型式的故事，我希望将来有较详细地讨论一下的机会。②

两年后，他果然实践松村的办法。而这种做法帮助他找出槃瓠类型中的动物图腾遗痕，发展了他的思想，他说：

---

① 钟敬文：《槃瓠神话的考察》，载钟敬文《钟敬文民间文学论集》（下），上海文艺出版社 1985 年版，第 102—103 页。

② 钟敬文：《〈中国民间文学探究〉自叙》，载钟敬文《钟敬文民间文学论集》（下），上海文艺出版社 1985 年版，第 404—405 页。

本文主要论证两个问题，即对槃瓠神话诸记录（文献的和口碑的）的搜集和比较研究，以及确定主人公槃瓠的图腾性质。①

这是怎样的新观点呢？他又说：

为什么会产生这种地域相隔较远，而其流传的故事却相似的情况呢？是由于人种迁移，还是由于故事本身的传播，或者还有其他的原因？探讨这类问题，对传承学的研究是有意义的。然而这不是本文的主意，因此不准备去讨论它。②

我们看到，他提出了自己的"修改说"。

一是产生和传承这个神话的少数民族，后来他们的文化发展到相当的高度（不论是全体或是一部分），所以一面承继着远祖的传说，一面又有意识或无意识地进行了修改。

二是当这个神话由少数民族传到汉族的时候，汉族人民不知不觉地把自己比较高级的社会文化色彩掺和进去，因而改变了它的原形。

三是出于记录者有意无意的改动。

上面所说的第一条，是造成各民族大部分是神话先后异形的一个重要原因。然而对于这个特定神话的变形考证来说，却不能作为主要的理由。

……

众所周知，神话、传说很容易变形，这是"传承学"上的一条规律。至于变化的程度、原因，却是各不相同的。无论如何，只要经过相当的时间或空间的流传，任何神话、传说恐怕都不可能完全保持着产生时的固有形态。一部族、一种族或者一民族的神话，必然分化成若干大同小异或小同大异的型式。流传的时间愈久、范围愈广，差

---

① 钟敬文：《槃瓠神话的考察》，载钟敬文《钟敬文民间文学论集》（下），上海文艺出版社 1985 年版，第 104 页。

② 同上书，第 111 页。

异也就愈大。①

他这时对故事的变异性认识有了新发展，也不再简单地使用日本的"民间传承"说②，这也影响了顾颉刚的看法。

他对狗祖先的看法，引用涂尔干的理论，用成年礼的神话和历史仪式加以解释：

> 狼氏族的少年战士达到成年的时候，用狼的皮包住身体，和其他同样装束的少年战士一齐把两手放在地上，做四脚走路的样子并且学狼的叫声。住在中国南部的黎族，传说着少年和犬配合而成为那一族祖先的神话，据前人记录："醉即群作狗号，自云狗种，欲祖先闻其声而为之垂庇也。"
>
> ......
>
> 如上所述，信奉图腾的民族，在举行宗教仪式时，通常都要学那图腾动物的各种举动。有的部落，其司祭者或全体，都要服用那种动物的皮革或羽毛（或身体的其他部分），把自己装扮得和图腾动物相似。这样做的目的，不用说就是为了表明或促进和图腾的密切关系。③

他的这些说法也肯定了我国西南地区苗、瑶、畲等少数民族存在动物始祖故事类型，指出了中国故事类型必备的民族性。他还由此推测到故事类型所具有的仪式性，这在当时也是先进的。他还有一种理想，就是通过社会制度研究，深化少数民族动物故事后面的文化史研究。

其次，他在少数民族动物故事分析中，表现出五四新文化运动的理想价值观，他在故事类型研究的目标上，有建设新国民素质运动和社会改革的理想化倾向。在这些问题上，他更像是五四科学精神的追求者和社会运动的革命者。他补充使用人类学理论，是要指出古人对少数民族有"误

---

① 钟敬文：《槃瓠神话的考察》，载钟敬文《钟敬文民间文学论集》（下），上海文艺出版社 1985 年版，第 113—114 页。

② 同上书，第 114 页，重点看注②。

③ 同上书，第 119、122 页。

解"。他批评古代学者持汉族的优势文明观，记录了它们，却"不能正确地理解"它们，以唯理论怀疑神话为无稽之词。这种观念渗透到国民中，国民听信这种误导，否定少数民族故事。这"正是造成学术不进步的最大原因"①。这是对长期封建社会主流意识的批评。这就把故事研究当成思想启蒙运动。我国后来的新中国社会主义文化体系建设吸收了五四传统的精华，加强汉族与少数民族文化的共同建设，从社会主义先进文化的角度认识和保护少数民族文化。在这些方面，在从五四到新中国中间的过渡阶段，民间文艺学和民俗学的研究做出了独立的贡献。在 20 世纪 30 年代，其他学科也在这个领域中作出了不同程度的探索，钟敬文把当时与民俗学相邻学科的重要论文都收入《民俗学集镌》中，共 32 篇文章，包括人类学者黄石的《满洲的跳神》，历史学者顾颉刚的《苏州唱本叙录》、民族学者杨成志的《川滇蛮子新年歌》和文艺学者刘大白的《故事拾零》等②。

第四节　从故事类型比较到文化史研究

在钟敬文的民俗学研究中，他是从故事找民俗的，他解释这样做的原因很早，从 1936 年就开始了，他那时已看到，讲述动物故事是一种从古延续至今的漫长的人类文化过程，古人站在这个过程的一端，现代人站在这个过程的另一端，对"全没有一点近代人类学、民族学、民俗学等常识"的现代人来说，动物故事至今是帮助理解"怪异的（在我们看来）观念、行为和叙述"的钥匙③。他晚年还是坚持这种观点的。我们从钟敬文的研究中可以看到，动物故事是世界扩布最广、传承最久的故事类型，比起神话传说，它才属于长时段的故事类型之最。我们由此也能约略看到中国民间文艺学和中国民俗学之间的内在联系。

钟敬文晚年对他的中日印个案研究做了总结，我们可将之归纳为

---

① 钟敬文：《槃瓠神话的考察》，载钟敬文《钟敬文民间文学论集》（下），上海文艺出版社 1985 年版，第 102 页。

② （钟敬文）中国民俗学会编：《民俗学集镌》，景山书局、开明书局 1932 年版，上海文艺出版社 1989 年影印版。

③ 钟敬文：《中国古代民俗中的鼠》，原文写于 1936 年，《民俗》季刊，1937 年第 1 卷第 2 期，收入钟敬文《谣俗蠡测》，巴莫曲布嫫、康丽编，上海文艺出版社 2001 年版，第 66—67 页。

几点。

一 从故事类型个案比较到文化史

他概括地看法如下：

> 1934 年晚春，我抛下浙江大学的教鞭，乘轮到了东京。记得那正是樱花盛开的时节。但我此行绝不是为了游览或访问、考察。我的目的是颇明显的：学习和探究。学习什么呢？学习民间文学和民俗学的主要理论和相关的各种人文科学知识。因为过去 10 年，我从事这两种学科的资料采录和理论探索（同时还从事这方面学术的组织、传播等活动）。不用说，多少取得了一些成绩（有些论文，后来被国际学人认为是"力作"），也坚定了在中国学术上牢固地树立这种学科的决心。东加王国当时也清楚地认识到，我的专业学识和能力还不足以担负起我要完成的事业。因此，我必须创造条件，填补这种缺陷。我必须正确把握机会，到国外去学习一段时间。这是我出国的主要目的。其次，因为从 20 年代末到 30 年代前 3 年，我在教授民间文学功课和写作民间故事等论文之余，阅读了一些日本语文的著作（包括高木敏雄自费出版的《日本传说集》之类）。我感觉到中、日两国（还有朝鲜）的民间故事、传说，类型和母题相同或者相似的颇多，值得联系起来研究；而且当时我国在人文科学里，比较研究的方法已相当时髦。所以，我想在学习之余，也进行一些研究，把题目定为《中日民间故事（包括传说）的比较研究》。……到了东京，……民间文艺学、民俗学的理论及其历史的著作外，还要涉及民族学、人类学、社会学、语言学等社会、人文科学的著作。①

他以日本民俗学界第二代代表人物关敬吾为例，说明中日学者对同类故事数量的看法比较一致，而他不仅注重型式，还注意母题、主题和类型细微差别。

---

① 钟敬文：《中日民间故事比较泛说》，载钟敬文《钟敬文学术论著自选集》，首都师范大学出版社 1994 年版，第 367—368 页。

日本这方面研究权威、已故关敬吾教授（日本民间故事类型索引等著作的编撰者）。他说，他重读了我在 30 年代前期在日本《民俗学》（月刊）上所发表的《中国民谭型式》一文（这是一篇未完成的著述，它只列举了 50 个左右的型式，尽管所取材的故事是比较重要的），认为"中国的民间故事有一半以上与日本民间故事相同或类似"（关氏的《寄语》——给他编著的《日本民间故事》中文选译本的序言）。关氏的话虽然是一种概说，但是所估计的数量，跟丁教授所说有明显的差异——升高了。然而他这话，没有明确指出所比较的是否仅限于相同类型的、或者还包括相同母题的在内。因为两者的分或合，估计结果相当不同。但是，从大体上说，我是比较倾向于他的估计的。①

钟敬文强调比较民俗学的复杂性，例如，不同国家之间的相似故事中，表面上看起来同型，但实际上存在着"相同类型的或者还包括相同母题的在内"，这"两者的分或合，估计结果相当不同"。另外，他还讲了很重要的一条意见，即对主题的重视。我们看到，他根据多年的经验和思考，考虑到相同母题在不同国家、不同时期纠缠串联成适应本国文化的故事的实际，认为这种形态应该称"主题"更合适，他说自己做到"记上主题或中国同型故事"的②。我们还注意到，他为此补充列举了一些中国主题，如"龟与雁（开口招害型）"。此型在季羡林的著作中，已指出是印度《五卷书》的故事：

　　《五卷书》第一卷第十六个故事的内容是：两个天鹅和一个乌龟做朋友。天旱的时候，两个天鹅让乌龟咬住一个木棒，它俩各叼一头，准备把乌龟运到有水的地方去。后来乌龟不遵约言，张嘴说话，从天空里掉下来，摔死。这个故事当然也是印度人民的创作，通过佛

---

① 钟敬文：《中日民间故事比较泛说》，载钟敬文《钟敬文学术论著自选集》，首都师范大学出版社 1994 年版，第 372 页。
② 同上书，第 372—373 页。

经传到中国来。①

　　季羡林此文写于 1958 年，不是与钟敬文同期的研究；季羡林的讨论对象是沈从文的小说，也不是钟敬文的故事学。但钟敬文在 40 年后与他隔时空相遇，并观点认同。季羡林还把这种故事类型的生成比喻为故事树，即"有一个主要的故事做骨干，上面穿插了许多小的故事"，这也类似于钟敬文所说"主题"与文化差异。

二　动物故事与印度佛教文化

　　我们在前面已多次指出钟敬文对动物故事研究意义的分析。在这里，还要补充一点，就是佛教文化意义。在钟敬文分析的动物故事中，在难题型的来源上，他指出印度的《佛本生故事》。而对于佛本生故事，季羡林指出，佛本生故事中的动物，"既然降生，必有所为，或善或恶，不出两途。有因必有果，这就决定了它们转生的好坏"。这些善报恶惩的思想，被活泼可爱的动物故事带到中国，给中国民俗带来深刻的影响，乃至今日还在发挥作用，这也是分析中日印动物故事的历史价值和现实作用。

　　不同专业的学者得出相同的结论，除了使用各自专业的科学方法，还要靠出示原文资料说话，将资料与方法相结合。季羡林就曾指出，印度是否影响中国，不能单纯根据文学艺术作品"某一'型'"相似与否，就决然做出论断。我们知道，在五四学者中，有些名家对《西游记》中孙悟空的一些情节，就做过这种大胆的判断，乃至产生了不少追随这类观点的著述。但终因资料不落实，那些大胆推测也成悬空之论。

　　　　（中日印戏剧类型）有没有直接的影响呢？少数的学者倾向于肯定的答复。他们想证明，某一"型"的中国戏剧是受了印度的影响，譬如"赵贞女型"。也还有人想证明，某一个杂剧受了印度的影响，譬如《陈巡检梅岭失妻记》。但是，我们必须承认，这些证明都是缺

---

　　① 季羡林：《印度文学在中国》，载季羡林《比较文学与民间文学》，北京大学出版社 1991 年版，第 115 页。

乏根据的。①

季羡林《"猫名"寓言的演变》一文，直接使用了自己从梵文翻译得到的第一手资料，分析令人信服。钟敬文在看到这篇文章后，改变了对老鼠嫁女第二式"异猫命名式"的推断。

> 我原以为中国第二式的猫及关于它的命名活动，是由印度故事传入后所产生的异文。现在觉得中国古代记录中的此类故事中的"猫"同样也是外来货。
>
> ……
>
> 中日两国民间传承中不但存在着同样类型的老鼠嫁女故事，并且同样具有鼠女择婿和异猫命名的两式。此种特殊现状，加上过去两国长期的一般文化及口头传承的密切关系的事实，就不能不使我想起它们之间的传播关系，更明白一点说，即我认为日本的这类故事是从中国传过去的。在没有得到相反的证据之前，暂时我们只能作此判断。因为对这一现象的解释上，任何"各自创造"和"偶然相似"的理由，都不大容易令人信服。同此道理，我们也推断两国这种类型故事的渊源大概都在印度和锡兰等处。②

钟、季两人的相遇，是因为研究对象、使用资料与学科方法建设的需求。在这类个案研究上，钟敬文在肯定印度影响之后，对印度故事落地中国后与中国原有故事结合的中国元素，会做补充研究；另外，对看似印度故事在中国变迁发生的异式，经对照印度原文，也会对其仍是"外来货"的成分，做出还原解释。在这两方面，民俗学者都是可以发挥专业作用的。

钟敬文从接触班恩的《民俗学手册》时，便对印欧故事类型十分敏感，然后上手去做，这是他的天分。他的学术路径是搜集中国相似故事的

---

① 季羡林：《印度文学在中国》，载季羡林《比较文学与民间文学》，北京大学出版社1991年版，第111页。

② 钟敬文：《中日民间故事比较泛说》，载钟敬文《钟敬文学术论著自选集》，首都师范大学出版社1994年版，第395、398页。

历史文献和口头故事，然后开展分析，并不断地发表文章，有的还是相当长的论文，相当于一本小书。印欧故事类型之于钟敬文，以其外来、简约和比较性，正好适合以他为代表的当时的中国民俗学者的素质，也符合中国民俗学运动起步时期的水平。通过这条路，钟敬文把故事类型方法引进中国。在这方面，他比其他任何学者都用力更勤，钻研更多。在这项工作的起点上，他碰到了印度故事。他到日本后，没有停止做中国故事类型，而是以中日印日故事类型比较研究作为切入点，吸收日本和西方人文社科理论，开展亚洲各国和世界文化史的比较分析。他在日本建立了中国民间文艺学，也建立了中国民俗学的雏形。他在日本也没有放弃对印度故事的关心，事实上，印度故事类型成为他与日本学者对话的一个认同点。他从这里走向故事类型背后的民众思维文化的研究。他在这条路上走得很踏实，并形成了自己的学术特点和治学成就。总的来说，钟敬文在中日印故事类型和民俗学研究方面的基本特点如下。

第一，民俗学的一半是"文学"。民俗学的研究本身是学术化的，但民间故事的传播靠文学。钟敬文提出，印度故事，特别是《五卷书》等经典故事，比中国故事更加国际化，因为它们已经文学化，所以才能更为流传广远，被多国文化所接受。

从文学角度看，印度的古寓言在艺术构思上是比较精巧的。这可能是原有的民间创作经过了记录文人的加工的结果。中日两国的同型故事大都比较朴素，大体反映了两国民间传承的一般现象。自然，有些被记录者润色了的，如《应谐录》所记的中国故事和蔡美连所译的日本故事，也在这里或那里多少映现着执我加工过的痕迹。它们也因此会跟广大群众创作和口传的作品有一定程度的差异。从科学（包括民间文艺学、民俗学、民族学、语言学等）研究的角度看，固然要求记录的民间故事绝对忠实于民众的口述，但从一般文艺创作和广泛阅读的角度看，则一定的加工，乃至于再创作，只要符合一般艺术的要求而能对读者产生预期的教养的、审美的效果，那也并不是什么坏事。①

---

① 钟敬文：《中日民间故事比较泛说》，载钟敬文《钟敬文学术论著自选集》，首都师范大学出版社1994年版，第399页。

季羡林从《五卷书》和《沙恭达罗》等成书和非口语化两方面，论证了印度经典故事被高度文学化的过程。

> 婆罗门祭司在印度古代是垄断文化知识的社会阶层，……靠给酋长、国王当帝师，举行祭奠谋取利养。从《梨俱吠陀》起，经过梵书、森林书、奥义书、经书，一直到《摩诃婆罗多》和《罗摩衍那》两部大史诗，以及后来的叙事诗和戏剧，这些典籍多半出自婆罗门之手。……据说印度近代大诗人泰戈尔，除了《沙恭达罗》以外，不喜欢其他梵语文学作品。这事虽然难免有点偏激，但是不能说是没有一点理由的。
> ……
> 《五卷书》现在流传的本子是用梵语写成的。
> 梵语是一种什么样的语言呢？到现在还没有定论。但是从种种方面看，它大概从来不是一种口头使用的语言。……梵语的复兴，这与婆罗门教的复兴是密切相关的。[①]

季羡林推断这些经典故事曾经与普通的民间故事有相同的题材、性质和叙事结构，但也有不一样的文学加工和特殊文献化处理。我们看到，经过这两道手续，印度经典故事才会插翅飞翔。季羡林不仅对印度故事的文学化程度有深入概括，而且指出印度故事文学的说唱形式特点。这应该不仅来自他的理论积累，也来自他的翻译体验。

> （《五卷书》）为什么在印度国内外这样受到欢迎呢？……大体分析起来，这一部书包括两部分，散文与诗歌。说故事的任务由散文担负，而诗歌（除了一个是例外）是分插在散文里面的。……从《五卷书》各种异本衍变的历史上来看，用诗歌形式写成的格言谚语这一部分大概是后加进来的。[②]

> 在古代印度，最受人欢迎的讲故事的形式是诗歌与散文相结合，估计佛本生故事也不会例外。后来收入《大藏经》的时候，只收了

① 季羡林译：《五卷书》，人民文学出版社 1958 年版，2001 年重印本，第 389、392 页。

② 同上书，《译本序》第 3 页。

诗歌的一部分。诗歌固然也有连续成为故事的；可是也有不少的诗歌，如果没有散文叙述，就不知道是何所指的。因此，宣传佛教教义的僧侣就只好根据自己的理解用散文加以补充。现在，在巴利文《佛本生故事》中，诗歌与散文常有矛盾，而诗歌的语言总比散文显得古老，原因就在这里。……汉译大藏经里有不少的经内容都是佛本生故事。……在 1000 多年以前，佛本生故事已经在新疆一带流行了。①

从季羡林的研究看出，在印度故事文学中，这种诗歌与叙事相间的特点，推动了印度故事的传承，连巴利文的佛本生故事也如此。钟敬文也认为，散韵相间的底本适合说唱，这是印度故事广泛流传的优势。我们应注意钟、季对印度故事文学特征的这种整体相似评价。而季羡林作为梵语文学专家，他更深刻的地方，还不在于指出这种散韵形式的本身，而在于他通过对照不同的翻译文本，与比较"各种异本衍变的历史"，进一步指出，印度故事文学的韵文部分"是后来加进来的"，这是需要民俗学者深思的。为什么呢？中国是多民族民歌的海洋，中国也是故事的海洋。民歌唱故事、故事进民歌，说唱变戏曲，戏曲讲故事，总之散韵相间是故事天生的特点，这是民俗学者头脑中不争之概念。虽然经过 20 世纪的学术史，民俗学者也了解印度变文对中国宗教宝卷和民间文学的散韵结合形式的影响，但会以为，这不等于说中国自己没有散韵结合的原生态东西。季羡林的结论，给民俗学者指出了另一条思路，就是在印度故事叙事中的韵文诗歌原来是文学化的过程之一，而且这是从各种翻译文本的具体比较中来的结论，这就引导我们凡事也不能先入为主，而是要去分析具体资料，然后再对中国故事散韵结合的形式来源维持原判或做重新评价。我们不能说得太多，还是要回到文学化上来，我们从这个角度看，季羡林还有一个观点值得参考，就是印度故事被文学化后，附加了人类共同精神遗产的元素，符合人类听故事的基本需求规律，即寻找"智慧"和"娱乐"②，有了这

---

① 季羡林：《关于巴利文的〈佛本生故事〉》，载季羡林《比较文学与民间文学》，北京大学出版社 1991 年版，第 125—126、128 页。

② 季羡林译：《五卷书》，人民文学出版社 1958 年版，2001 年重印本，《再版新序》第 2 页。

两个元素，"文学化"就成了把传统故事转为未来文化载体和国际文化载体的功臣。

第二，民俗学的一半是"历史"。钟敬文在学术思想发展上的重要一环，是实现民俗资料历史化。这中间有一个相当艰辛的过程。他从孟姜女开始，到天鹅鸟、槃瓠狗、老獭子鱼和娶亲鼠的重要个案研究，一直在做这项工作。特别是在对天鹅、狗、鱼和鼠的动物故事类型的研究上，他所引用中国的文献成倍增加。钟敬文本人也正好出身文学家，富有文学才能，能将历史文献中蕴藏的丰富故事资源，解释为简体白话中文，并制成准确而简易的故事类型。但把历史文献与故事类型对接的方法，在中国这个历史文献大国中，要得到学术认同，也不是很容易的。钟敬文曾借助评价黄石的艰辛谈到此点。

> 最近友人黄石先生，在《青年界》上发表了一篇关于植物的神话传说的论文，我读了深感愉快。黄先生为了要证明中华民族的神话资料，在质或量上，并不像近人所揣测的那样穷乏，于是，便把个人在杂记中所辑出的关于植物神话传说方面的材料揭示于众。黄先生文章的末段说："以上七节，是作者费了不少的工夫才勾稽出来的。"或者有人要怀疑这话的过于夸大也未可知，但我却因为这而更敬重作者努力于这门学艺的苦心。①

使用中国历史文献长期是史学家和民俗学家的共有专利。五四以来与历史学者结合来开展这项工作的。但民俗学者不是与保守的历史学者结合，因为保守的历史学者是不能接受故事讲怪力乱神的内容。民俗学者要同有创新性的历史学者结合，双方共同使用现代学术观点去处理这批资料，实现双方方法论上的革命。在这方面，钟敬文与顾颉刚的学术合作，就成为带有开创意义的学术建设工作。

在现代科学意义上的民俗学资料系统建设，在"历史化"中，还要考虑外国文化的输入对中国历史文献和口头文学的影响，需要采用比较民俗学的方法，处理书面和口头资料，这时需要民俗学与比较文学等领域学

---

① 钟敬文：《中国的植物起源神话》，载钟敬文《钟敬文民间文学论集》（下），上海文艺出版社 1985 年版，第 149 页。

者的交叉研究。例如：经前辈学者开拓，现在我国民俗学已习惯使用的汉魏志怪小说就存在印度文学影响的问题。前面提到，季羡林已指出大多汉文献的印度出身。

> 到了六朝时代，印度神话和寓言对中国文学影响的程度更加深了，范围更广了。在这时候，中国文学史上出现了一类新的东西，这就是鬼神志怪的书籍，只要对印度文学稍稍涉猎过的人都能够看出来，在这些鬼神志怪的书籍里面，除了自秦汉以来中国固有的神仙之说以外，还有不少印度成分。……
>
> 从内容方面来看，这些鬼神志怪的故事里面有一些对中国来说是陌生的东西，最突出的是阴司地狱和因果报应。我们当然不能说，在佛教输入以前，中国就没有阴间的概念，但是这些概念是比较渺茫模糊的、支离破碎的。把阴间想象得那样具体，那样生动，那样组织严密，是印度人的创造。连中国的阎王爷都是从印度来的"舶来品"。
>
> 六朝时代有许多小说，全部书都谈的是鬼神的事情，譬如荀氏《灵鬼志》，祖台之《志怪》《神怪录》，刘之遴《神录》《幽明录》，谢氏《鬼神列传》，殖氏《志怪记》，曹毗《志怪》《祥异记》《宣验记》《冥祥记》，等等。这些书，只要一看书名，就可以知道内容。其中的《宣验记》和《冥祥记》主要是谈因果报应。里面宣传信佛善报，不信得恶报。有一些故事已经中国化了，也有正在中国化的过程中，有的才开始，印度气息还十分浓厚。谁也不会相信，它们与印度无关。①

这批志怪笔记小说是中国民俗学者熟悉的书目，但从前对它们的印度背景未必不熟悉。但正因为是常用书，所以吸收季羡林在这方面的研究成果是十分必要的。钟敬文借用季羡林的成果，发展了老鼠嫁女型故事的研究，便是一例。这无疑能增加民俗学者对印度文化影响的关注度，提高引用这类资料的准确性，避免随意性，也能在比较研究方面拓宽思路。

第三，民俗学的符号研究对象是动物故事。动物故事在钟敬文的比较

---

① 季羡林：《印度文学在中国》，载季羡林《比较文学与民间文学》，北京大学出版社1991年版，第103—104页。

民俗学研究中占有突出位置，成为民俗文化符号研究。他对动物故事的分析，采用了故事学的类型分析法，也采用了民俗学的精神民俗分析法。

　　动物和动物、动物和无生物，乃至动物和超自然者间可以自由变形的观念，是文化未成熟的民众所同具有，中国民众当然不会有什么例外。①

　　（在古代文化史中生活的人们），他们的想法和做法等，往往是要使我们很难于理解的……关鸟、兽、虫、鱼等动物的部分，占着颇大的数量。这原因很显明，就是，一般地，动物在他们那种阶段的生活上，是具有比较深广交涉的缘故。②

　　与钟敬文的方法不同的是，季羡林的研究采用多种语言译本词源比较的方法，在印度故事文学中的动物角色研究上也有显著效果。在他看来，《五卷书》整体特点都可以用动物故事来概括。

　　（《五卷书》）的特点是：在这些故事里，出现了各种的鸟兽虫鱼、狮子、老虎、大象、猴子、兔子、豹子、豺狼、驴、牛、羊、猫、狗、麻雀、白鸽、乌鸦、猫头鹰、埃及獴、乌龟、虾蟆、鱼、苍蝇等等都上了场，也是五花八门，应有尽有。

　　这些鸟兽虫鱼，虽然基本上还保留了原有的性格，比如狐狸和豺狼狡猾，驴子蠢笨；虽然还没有摆脱鸟兽虫鱼的样子，没有像《西游记》和《聊斋志异》上那样，摇身一变成人；可是它们说的话都是人的话，它们的举动都是人的举动，而思想感情也都是人的思想感情。因此，我们必须弄清楚，这些鸟兽虫鱼实际上就是人的化身，它们的所作所为也就是人类社会里的一些事情。③

---

　　① 钟敬文：《中国古代民俗中的鼠》，原文写于1936年，《民俗》季刊，1937年第1卷第2期，收入钟敬文《谣俗蠡测》，巴莫曲布嫫、康丽编，上海文艺出版社2001年版，第69页。

　　② 同上书，第67页。

　　③ 季羡林译：《五卷书》，人民文学出版社1958年版，2001年重印本，《译本序》第4—5页。

　　总之，动物不做动物的事，而是说人话和办人事，那就意味着不是动物在行动，而是文化符号在行动。在20世纪50年代的特定时期，季羡林曾用这些符号做过社会史的研究①，钟敬文早年和80年代以后用这些符号做过故事学和民俗学的研究。他们也曾在《五卷书》和《故事海》的有关动物故事类型研究上，还做过交叉研究。从他们的研究结果看，动物故事可分为六类，兹总结如下。

　　1. 动物星宿。很多中国故事类型中的牛、鸟和兔子都是天上的星宿，或神灵的下属，如狗耕田型和嫦娥奔月型。

　　2. 动物预言。能预言洪水灾害的神异动物是乌龟和狮子，有时是它们的石像代为发出预言，如洪水型。

　　3. 动物大王。指动物排序谁是第一，或者通过竞赛获胜称大王，例如十二属相型、黔之驴型、狐假虎威型和青蛙王子型；或者以智力斗胜，如狐狸偷篮子型、兔子判官型。

　　4. 动物女婿。蛇、青蛙、鼠、狗和鱼等动物成为人的女婿，如蛇郎型、青蛙儿子型、老鼠嫁女型、槃瓠型和老獭子型，或者猴子、熊、鸟、蛇和田螺等动物成为人的妻子，如猴娃娘型、熊妻型、天鹅处女型、白蛇传型和田螺娘型。

　　5. 动物命名。指给动物起名字的故事，如异猫命名型。

　　6. 动物助手。有两种情况，一种是动物给某中心角色当助手，如鹦鹉型等动物开口说话型；一种是弱小动物联合起来战胜强势动物，如老虎精或猪哥精型。

　　以上六类动物故事，肯定不能涵盖全部动物故事分类，但我们指出这些类型，是因为它们都被钟敬文等讨论过，指出它们大部分是中日印日相似故事。季羡林指出它们有印度经典故事文学和佛典故事的出处。季羡林还认为，这些动物故事源自印度，当然也会有相应的中国本土动物故事流传，但在受到印度影响后，会产生变异。钟敬文同意季羡林的意见，但又提出，这些动物从印度或印度的邻国锡兰传到中国，然后才是从中国传到日本去的。

　　这些研究，为后来的接续研究奠定了理论和方法论的基础，至少让我

---

　　① 关于季羡林用动物符号做社会史研究，如"我们可以说，这些故事里的鸟兽虫鱼所表现的思想感情，基本上是印度奴隶社会和封建社会里老百姓的思想感情"。详见季羡林译《五卷书》，人民文学出版社1958年版，2001年重印本，《译本序》第5页。

们看到，在跨文化传承上，动物故事有超强能力，往往更胜过人类的生活故事和社会故事。以中国为例，动物故事与人类生活故事结合所产生的类型，还会转化为信仰的力量，或成为宗教仪式，传承历久不歇。例如，中国家喻户晓的四大传说故事就是这样。在后世的传承中，里面的动物故事既有艺术魅力、也有仪式符号性，如"牛郎织女"中的牛和鸟，"孟姜女"中的鱼，"白蛇传"中的蛇和"梁祝"中的蝴蝶等。

日本学者加藤千代曾看到钟敬文从日本看世界[1]，但却没看到钟敬文从印欧看世界的轨迹。而推动他在印欧故事类型上嫁接日本民俗学的，有许多客观条件，其中就选择日本作为民俗学理论和文献实证研究的学术引路而言，周作人和顾颉刚都起到了重要作用。他还在日本找到了强大的民俗学阵容，这是当时中国所不具备的。推动他从中国故事类型向印度故事类型做比较研究的，许地山、赵景深和季羡林的治绩成为他的学术路灯。在这阶段的学术思想发展史中，他的学术问题有两个来源：一是印度语言文学研究者的问题，我国的印度梵文与佛典研究者已发现汉魏唐宋志怪文献源自印度故事文学的史迹，自从他接触这个领域后，利用民俗学和故事学的观点，梳理和阐述这类历史文献与口头传统的关系，挑选出中日印交流故事类型和中日印本土故事类型，提高了建设中国故事类型学的准确性，也促进了东南亚比较民俗学的建设。一是日本的中国历史地理和中国民间文学研究者的问题，自从他加入讨论后，补充了中国学者的观点和重要资料，增强了东亚国家比较民俗学的理论建设步伐。他在对这两种问题来源的综合研究中，揭示了印度、中国和日本等亚太国家故事传承的复杂路线和广阔空间。但他的基本问题还在印度故事上，那就是中国人怎样讲故事；以及怎样像印度故事国际化的历程一样，讲保持本土特色又让世界人民长久喜爱的故事。

在钟敬文等一代人奠基之后，对民俗学和民间文艺学的研究，必须顾及两个问题：一是跨文化研究，而中日印比较是个远未充分利用的大舞台，这里大家云集，值得投入；二是从故事中找到自己的文化符号，而文化符号就是给别人看的，让别人懂的，它还要通过深入研究，得到证实、巩固和发挥。

---

[1]　［日］加藤千代：《钟敬文之留学日本——成果及其地位》，载杨哲编《钟敬文生平·思想及著作》，河北教育出版社1991年版，第747页。

附：钟敬文中日印故事类型研究信息一览

表1

钟敬文等译约瑟·雅科布斯印欧故事型式一览①

序号	钟敬文等译印欧故事类型名称	钟敬文：《中国印欧民间故事之相似》(1928) 中国相似故事类型②	班恩《民俗学手册》对应类型命名③	钟敬文研究中国故事类型总计(1927—1991)	动物	动物与人的关系
1	丘比特和普绪刻式		丘比特和普绪刻类型			动物丈夫
2	密路西娜式		密路西娜类型			动物妻子
3	天鹅处女式	天鹅处女式	天鹅处女类型	√	鸟、天鹅、牛	动物妻子
4	珀涅罗珀式		珀涅罗珀类型			
5	格诺维娃式		格诺维娃类型			

① 《表1 钟敬文等译约瑟·雅科布斯印欧故事型式一览》，由作者据钟敬文、杨成志合译原"型式表"制作。详见［英］库路德编、约瑟·雅科布斯修订《印欧民间故事型式表》，钟敬文、杨成志译，中山大学民俗学会印行，中山大学语言历史学研究所1928年印行。《中国印欧民间故事之相似》所举10个类型编制，原载《钟敬文民间文学论集》（下），上海文艺出版社1985年版，第241—244页。

② 此列内容由作者根据钟敬文1928年撰写《中国印欧民间故事之相似》一文制作，详见钟敬文《中国印欧民间故事之相似》，收入《钟敬文民间文学论集》（下），上海文艺出版社1985年版，第240—244页。

③ 此列内容由作者据［英］查·素·博尔尼（Charlotte Sophia Burne）《民俗学手册》《附录三 印欧民间故事若干类型》，程德祺、贺嘏定、邹明诚、乐英英译，上海文艺出版社1995年版，第299—315页。查·素·博尔尼，早期译为"班恩"，在本表头中为一般专业研究者和读者阅读的方便仍称"班恩"。

续表

序号	钟敬文等译印欧故事类型名称	钟敬文：《中国印欧民间故事之相似》（1928）中国相似故事类型	班恩《民俗学手册》对应类型命名	钟敬文研究中国故事类型总计（1927—1991）	动物	动物与人的关系
6	潘奇津或"生命的标志"式		潘奇津或"生命的标志"类型	√	蛇	动物丈夫
7	萨姆森式		萨姆森类型			动物丈夫
8	赫尔库利斯式		赫尔库利斯类型			
9	毒蛇童子式		毒蛇童子类型		蛇	动物丈夫或妻、儿
10	恶魔罗伯特式		恶魔罗伯特类型			动物父亲
11	金童式		金童类型		狗、马	
12	李尔王式		李尔王类型			
13	矮子式		矮子类型			
14	瑞亚·西尔维亚式		瑞亚·西尔维亚类型			
15	杜松树式	杜松树式	红枞树类型		鸟	动物助手
16	和尔式	和尔式	霍勒类型			动物助手
17	卡茨津式		卡茨津类型			
18	金锁式		金锁类型			
19	白猫式	白猫式	白猫类型		猫	
20	羊得里拉式		羊得里拉类型		鱼	动物助手
21	美人与兽式	美人与兽式	美人和野兽类型		兽	动物丈夫

续表

序号	钟敬文等译印欧故事类型名称	钟敬文：《中国印欧民间故事之相似》(1928) 中国相似故事类型	班恩《民俗学手册》对应类型命名	钟敬文研究 中国故事类型总计 (1927—1991)	动物	动物与人的关系
22	野兽姐夫式		野兽姐夫类型			动物丈夫
23	七天鹅式		七天鹅类型		鸟	动物兄弟
24	孪生兄弟式		孪生兄弟类型			
25	逃避巫术式		逃避巫术类型			
26	白太式	白太式	勃萨类型		蛇	
27	雅森式		雅森类型			
28	哥德郎式		哥德郎类型			动物丈夫
30	烂嘴胡子式		烂嘴胡子类型			
31	睡美人式		睡美人类型			
32	新娘赌注式		新娘赌注类型			
33	杰克和贝安斯托克式		杰克和贝安斯托克类型			
34	阴间之行式		阴间之行类型			
35	杀人巨魔杰克式		杀人巨魔杰克类型			
36	波里菲摩斯式		波里菲摩斯类型		羊	动物助手
37	魔力对抗式		魔力对抗类型			
38	智斗恶魔式		智斗恶魔类型			

续表

序号	钟敬文等译印欧故事类型名称	钟敬文：《中国印欧民间故事之相似》(1928) 中国相似故事类型	班恩《民俗学手册》对应类型命名	钟敬文研究 中国故事类型总计 (1927—1991)	动物	动物与人的关系
39	无所畏惧的约翰式		无所畏惧的约翰类型		金鱼	动物助手
40	预言实现式		预言实现类型			
41	魔书式		魔书类型			
42	盗魁式		盗魁类型			
43	勇敢的裁缝式		勇敢的裁缝类型		苍蝇	
44	威廉·泰尔式		威廉·泰尔类型			
45	忠心的约翰		忠心的约翰			
46	格雷特式		格雷特类型		狗	动物助手
47	报恩兽	报恩兽	报恩的野兽		兽	动物助手
48	兽，鸟，鱼式	兽，鸟，鱼式	兽，鸟，鱼类型		兽，鸟，鱼	动物助手
49	人获取支配野兽的力量式		人获取了支配野兽的力量类型			动物对手
50	阿拉丁式		阿拉丁类型			
51	金鹅式		金鹅类型			
52	紫茎式		紫茎类型			
53	强盗新郎式		强盗新郎类型			
54	骸骨呻吟式	骸骨呻吟式	鸣冤类型			

续表

序号	钟敬文等译印欧故事类型名称	钟敬文:《中国印欧民间故事相似》(1928) 中国相似故事类型	班恩《民俗学手册》对应类型命名	钟敬文研究中国故事类型总计 (1927—1991)	动物	动物与人的关系
55	白雪公主式		白雪公主类型			
56	大拇指棠姆式		大拇指棠姆类型			动物对手
57	安德劳美达式		安德劳美达类型		龙	动物丈夫
58	青蛙王子式		青蛙王子类型		青蛙	
59	兰贝尔斯提尔金式		兰贝尔斯提尔金类型			
60	动物语言式		动物语言类型		动物	动物语言
61	有益的猫式		有益的猫类型		猫	
62	迪克·威廷顿式		迪克·威廷顿类型		猫、鼠	动物助手
63	真诚与虚伪式		真诚与虚伪类型			
64	感恩的使者式		感恩的使者类型			
65	乱吹的笛手式		乱吹的笛手类型			
66	驴子、某子和棍棒式		驴子、某子和棍棒类型		驴	动物宝贝
67	三蠢人式	三蠢人式	三个笨人类型（滑稽故事）		龙、猫、鼠、狗、猪	
68	提迪小鼠式		提迪小鼠类型（连珠滑稽故事）		鼠	动物成素
69	猪哥精式		猪哥精类型（连珠滑稽故事）		狗、牛、猫、猪	动物助手
70	母鸡似的贝妮式		母鸡似的贝妮类型（连珠滑稽故事）		公鸡、母鸡、鸭、鹅、火鸡、狐狸	动物流话

表2

钟敬文中国印欧故事情节与角色关系一览①

序号	原编号	故事篇名	动物	动物或其他关系	中国故事中的动物关系	中国文献
1	类型三	天鹅处女式	天鹅	天鹅被人"法力"征服，与人结婚	①广东《西游记》戏中的猪人戒偷天女衣服，和②田螺精③版景深补牛郎织女和七夕演剧《鹊桥相会》戏剧民俗	无
2	类型十五	杜松树式	鸟	另有儿童灵魂变树	①伯奇化鸟②蛇郎类型中的妻子化鸟和化竹	①曹植《令禽恶鸟论》②无
3	类型十六	和尔式	猫		后母虐待前妻女儿	
4	类型十九	白猫式	猫		季子得胜式/不详	
5	类型二十一	美人与兽式	兽	与人结婚	蛇郎/动物报恩	
6	类型四十七	报恩兽	兽	动物报恩	广东洪水故事戏中救蛇、鸟/动物报恩	
7	类型四十八	兽、鸟、鱼式	兽、鸟、鱼	动物报恩	小龙报恩及猫犬鼠仇杀的故事/动物报恩	《齐谐记》童昭救蚁故事
8	类型五十四	骸骨呻吟式			骸骨说话或暴露揭牙案作秘密	
9	类型二十六	白蛇式	蛇		同蛇郎，嫉妒者假扮新娘与蛇郎作夫妻	《民间趣事》
10	类型六十七	三蠢人式	龙、猫、狗、鼠、猪		与《小龙报恩及猫犬鼠仇杀故事》和《蠢夫卖猪》故事相似	《民间故事》（第一集）《愚夫卖猪》的故事

① 《表2钟敬文中国印欧动物故事情节与角色关系一览》，作者据钟敬文《中国印欧民间故事之相似》所举10个类型编制，原载《钟敬文民间文学论集》（下），上海文艺出版社1985年版，第241—244页。

表 3　　　　　　　钟敬文制作中国故事类型与动物要素一览①

序号	原类型名称	动物	动物或其他关系	中国故事/动物关系
1	蝼蚁报恩型	蝼蚁	人面蛇	蝼蚁是助手，蛇是敌人
2	云中落绣鞋型	妖怪		妖怪是樵夫的对手
3	求如愿型	龙女、龙公子	龙王	人兽婚
4	偷听话型	禽兽		禽兽给弟弟带来财富，给哥哥带来死亡或受苦
5	猫狗报恩型	猫、狗		猫和狗与人的关系，包括助手关系，猫狗结仇
6	蛇郎型	蛇	鸟	蛇是妹妹的丈夫，鸟是妹妹的生命象征物
7	燕子报恩	燕子		燕子是人的助手
8	熊妻型	熊		熊是人的妻子
9	龙蛋型	龙		人的儿子吞蛋变成龙
10	皮匠驸马型	蜜蜂②		蜜蜂是皮匠的助手
11	卖鱼人遇仙型	鱼		鱼是人的获利的工具
12	狗耕田型	狗		狗是弟弟的助手，是哥哥的惩罚者
13	牛郎型	牛	鸟	牛是天神的谪臣和弟弟的助手，鸟是天神的女儿和弟弟的妻子
14	老虎精型	虎	其他兽	人或动物精帮助虎

① 《表 3 钟敬文中国故事类型与动物要素一览》，由笔者据钟敬文《中国民间故事型式》所举 45 个类型编制，原载《钟敬文民间文学论集》（下），上海文艺出版社 1985 年版，第 342—356 页。

② 中国有些故事中提到得到蜜蜂的帮助获胜。钟敬文先生在这里制作类型简约，没有指出该动物情节。作者为了方便分析钟敬文类型起见，补出蜜蜂，特此说明。

续表

序号	原类型名称	动物	动物或其他关系	中国故事/动物关系
15	螺女型	田螺		人兽婚
16	老虎母亲（或外婆）型	老虎	狼	食人魔
17	罗隐型	骨		天子骨决定人当天子
18	求活佛型	动物		人是动物的助手，人替动物向佛提问得到解答，自己也随之获得幸福
19	蛤蟆儿子型	青蛙		青蛙是丈夫
20	怕漏型	虎	狼、猴子①	虎或狼、猴子上人的当
21	人为财死型	鸟	云鸟	鸟报恩和当人的助手
22	猴娃娘型	猴	喜鹊	猴子是人的丈夫，喜鹊是人的助手
23	虎与鹿型	虎	鹿、猴	鹿以大话吓走虎，让猴吃亏
24	百鸟衣型	鸟		鸟毛制衣，帮助夫妻团圆
25	吹箫型	龙		吹箫人得到龙王的宝物致富
26	蛇吞象型	蛇	龙	蛇因贪心被龙吃掉

① 在"怕漏型"中，笔者为方便分析起见，根据国内故事流传内容，增加狼和猴子。

表4

钟敬文故事类型的母题与主题制作与分析一览

序号	时间	故事篇名	动物	动物关系	母题/主题	主要历史文献	现代搜集口头故事资料	印欧比较
1	1927.11	马头娘传说辨	蚕、马、蛇、蛙、狗	①人兽婚 ②人变蚕神	母题	三国吴张俨《太古蚕马记》/《五朝小说》/《搜神记》/晋干宝《搜神记》/唐颜孙《玄中记》/宋《太平御览》《神女传》/元《鼠璞》/《三教搜神大全》/明郎瑛《七修类稿》/清姚福均《铸鼎余记》	北大研究所《国学门周刊》《孟姜女故事研究》	约瑟·雅科布斯《印欧故事类型》中"蛇儿子"型式①
2	1928	呆女婿故事试说	猪、鹅、鸭		主题		《I痴人》《傻女婿》《一女许三婿》《三个问题》《蠢夫卖猪的故事》《愚女婿的故事》《呆女婿的故事》	印度故事、希腊故事
3	1930.9	蛇郎故事试探	蛇、田螺、虎、鸟(画眉、黄雀、乌鸦、杜鹃)、蜜蜂、龙王太子	人兽婚	母题	《搜神后记》	叶恭绰记广州、东莞《蛇郎》，孙佳讯记江苏董云《花花小蛇郎》，钟敬文记广东陆安《陆安传说》，刘万章记广州《牛奶泉》，姚传悌记广东广州《金属歌谣》，一苓记四川直隶《大黑浪记》，曹松叶编《蛇郎》，姜子正述《蛇》，清水《疤妹和靓妹》，雪林述《采花蛇》，张荷述、黄诏年述、克罗尔曼述、静闻述《蛇郎精》，胡寄尘述《蛇龙哥》，徐静如述《嫁蛇》，翁国梁述《蛇郎》，静闻述《蛇郎君》，徐蔚南述《姊夫》，金竹述《爹爹》	荷马史诗、约瑟·雅科布斯《印欧故事类型》和中的"杜松树式"、波斯"蛇王子故事"、欧洲"美人与兽"故事

① 关于钟敬文引用印欧故事类型指出马头娘与蛤蟆儿子型故事相似，参见钟敬文《中国民间故事试探》，收入钟敬文《钟敬文民间文学论集》（下），上海文艺出版社1985年版，第222页。

续表

序号	时间	故事篇名	动物	动物关系	母题/主题	主要历史文献	现代搜集口头故事资料	印欧比较
4	1930.8	老虎与老婆儿故事考察	虎、猪精、狲狲、熊、猫精、牛、狗、乌鸦	虎吃人，但所制服动物器	母题	《左传》	西藏《亨得尔和小猫》、孙佳讯《老五虎》、文斐《猪哥精》、娄子匡《老虎精》、米星如《八客》、无名氏《秋瓜麻救老太太》、张乾目《猪哥精》、若水《老婆婆写蜊野孙》、静闻的故事》、刘万章《熊人婆》、袁洪铭《虎姑婆妈妈的故事》、陈清波《老虎同老婆子的故事》的故事》	格林童话、印度《五卷书》
5	1930.9	中国民间故事试探一，蛤蟆儿子	蛙、蛇、虾、鱼、狼、马、蚕、狗	①动物儿子 ②动物丈夫 ③动物国王	母题	《搜神记》/《续搜神记》/《搜神录》/无名氏《南蛮西南夷列传》/唐《神女传》	孙佳讯《蛤蟆儿子》、娄子匡《田鸡申珠桥》、清水《蟾蜍的故事》、米星如《青郎》、无名氏《养蛋》、赵熙《蛤蟆儿之蛤蟆郎》、叶德铭《鸭子变人》、放子《蛤蟆儿》、郑楚尧《蛤蟆儿子的故事》	格林童话、朝鲜史略中的青蛙儿子故事、约瑟·雅科布斯《印欧故事类型》、俄国故事
6	1930.8	中国民间故事试探二，《田螺精》后记	田螺、雄鸡、蛙、海蜊、鲤、龙王、龙女、狼、虎、鳄鱼、狗、天鹅	①人兽婚 ②人兽未婚	母题	《搜神记》/《博物志》/晋陶潜《搜神后记》/梁任昉《述异记》/《原化记》/（《说郛》本）/《广古今五行记》	孙佳讯《蛤蜊精》、无名氏《田螺精》；胡怀琛《螺壳中之女郎》；西谛《螺壳中之女郎》；袁洪铭《螺狮壳》；清水《海龙王的女儿》；蔡骊目《田螺精》；赵景深等《盒仙》；李元化、崔允升《九天玄女》	约瑟·雅科布斯《印欧故事类型》、格林欧童话

续表

序号	时间	故事篇名	动物	动物关系	母题/主题	主要历史文献	现代搜集口头故事资料	印欧比较
7	1931.5	中国的地方传说	蛇、鹿、鸡、龙、螺、狐狸、青蛙	动物与山石、植物的转化	主题	《华阳郡国志》/《会稽记》/《述异记》/《列仙传》/《搜神记》/《酉阳杂俎》/《搜神后记》/《幽明录》/《太平寰宇记》/《吴越春秋》/《清异录》/《水经注》/《吴越国本纪》/明陶宗仪《辍耕录》	钟敬文编《两广地方传说集》/萧汉君《扬州的传说》/中大《民俗周刊》/孙佳讯《娃娃石》/顾颉刚《论地方传说》	高木敏雄《日本传说集》
8	1932.11	中国的植物起源故事	马	秦始皇在峄浦下拴马	主题	晋郭璞《山海经》/《昭明文选》/张华或杨方《唐书·经籍志》/《宋玉集》/毕近校注《山海经》/郝懿行校注《山海经》/宋王灼《碧鸡漫志》/《晏子春秋》/唐段成武《酉阳杂俎》/明杨慎《丹铅续录》/清吴任臣《山海经广注》/《汉魏丛书》/明董斯张《搜神记》/习凿齿《襄阳耆旧传》/清屈大均《广东新语》/宋刘敬叔《异苑》		

续表

序号	时间	故事篇名	动物	动物关系	母题/主题	主要历史文献	现代搜集口头故事资料	印欧比较
9	1936	古传杂钞之一（八则）	马			清赵翼《瓯北全集》/明谢肇淛《尘余卷一》/宋《太平寰宇记》/《广东通志》/宋刘敬叔《异苑》/明谢肇淛《五杂组》/《云台新志》/晋干宝《搜神记》/《太平广记》	浙江海宁城外镇海铁牛传说，广东潮州初夜权传说，广西南宁刘三姝的传说、浙江杭州人柱传说，老虎精的故事	松村武雄《地域决定的习俗与民间故事》
10	1936	古传杂钞之二（六则）				崔豹《古今注》/晋张华《博物志》/《异物纪原》/宋刘敬叔《异苑》/《明皇杂录》		

表5

钟敬文地方性故事中的主题类型与动物要素一览①

序号	类型编号与名称	动物	其他动物	中国故事中的动物关系	中国历史文献
1	（一）鸡鸣型	鸡	鬼、狮子	已到鸡鸣时间，人工作没有完成，或者鬼无处藏身	《说郛》本《奉使俄罗斯日记》
2	（二）动物辅导建造型	应龙	马、龟	动物以摇尾路线帮助人建造某工程	屈原《天问》／朱熹《楚辞集注》／王逸《楚辞章句》／干宝《搜神记》
3	（七）竞赛型	鸡		其中有一部分与"鸡鸣型"有关	例如兑村的塔的传说
4	（九）石的动物型	石龟、石牛		石的动物在特定时间能走或报警，有超自然力 牛是天上的星宿	段成式《酉阳杂俎》／任昉《述异记》／《郡国记》／《启蒙记》／《南康记》
5	（十）动物受咒型	青蛙		动物故咒语所缚，失去鸣叫能力或身体留有印记	陶宗仪《辍耕录》

① 《表5 钟敬文地方性故事中的主题类型与动物要素一览》，作者据钟敬文《中国的地方传说》编制，原载钟敬文《钟敬文民间文学论集》（下），上海文艺出版社1985年版，第74—100页。

表6　钟敬文故事类型个案与中日朝越故事文学比较一览

序号	时间	论文题目	动物	动物关系	中国主要历史文献	现代搜集口头故事资料	比较国别	对话日本学者
1	1931.1	中国的水灾传说	鸟、狗、巨鱼、鲤鱼、龙、蛇、石狮子、石猴、乌鸦、蜂、蚂蚁、鼠	①动物预言 ②动物助手 ③猴鸦蚂蚁利鼠报恩	《列子》/汉班固《汉书·艺文志》/屈原《天问》/吕氏《吕氏春秋》/《吴越春秋》/王逸《楚辞章句》/伏生《尚书大传》/晋张湛《列子注》/任昉《述异记》/《后汉书》/唐欧阳询《艺文类聚》/《华阳国志》/太平御览《续博物志》/今本《搜神记》/《续汉书》/《广御览》/《续博物志》/《太平御览》/君子堂日询手镜《广博物志》/汉刘安《列仙传》/董斯元/唐李冗《独异记》/庄子《太平广记》/明无名氏子《列子》/《太平广记》/《初学记》/《尔雅》/《龙图公案》	《包公奇案》/胡适《狸猫换太子故事的演变》/《王大傻的故事》（林兰编《瓜王》）/太平订广潮州《石狮子》/铃儿记浙江富阳《石狮子》/叶镜铭记浙江诸暨《石狮子》/钱圣珠记安徽泗州《城陷故事》	日本印度波斯希伯来法国希腊北欧	《中国的水灾传说》(1931)：小川琢冶 铃木虎雄《洪水后兄妹婚再殖人类神话》(1990)：出石诚彦 伊藤清司 大林太良 松村武雄
2	1932.夏	中国的天鹅处女型故事	①天鹅 ②燕子 ③鹌鹑 ④牛 ⑤麋鹿 ⑥跳蚤 ⑦蚯蚓 ⑧孔雀	①人鸟婚 ②神的使者 ③神的谪者 ④神的化身 ⑤吃人精 ⑥吃人精 ⑦神的助手 ⑧神的女儿	晋干宝《搜神记》/晋郭璞《玄中记》/道兴《搜神记》（罗振玉敦煌文本，句道兴第一五页）/刘义庆《幽明录》/张敦《五行记》/《太平广记》引《搜神记》/《河东记》/《仙女化白鹤》/《西游记》/刘夏编《敦煌掇琐》	赵景琛、赵克章记四川《牛郎》/洪振周《牛郎》/赵景深编《中国童话集》第一册《牛郎》/孙佳讯记江苏嘉云《天河岸》/郑仕朝记浙江水磨军记闽南《七星郎》/孙佳讯记江苏《天河岸》/海上仙女《七月七的一件故事》/黄伯彦记广东梅县《华姑》/罗莎记广州《鬼哥哥》/孙倩诉记广东英记《天凤翔河岸》/黄伯彦记（林兰编《刘孝子要仙女》）/米星如记中国境内广为流传《孔雀衣》（米星如编《吹箫人》）	中国 日本 印度	西村真次 高木敏雄 松村武雄

续表

序号	时间	论文题目	动物	动物关系	中国主要历史文献	现代搜集口头故事资料	比较国别	对话日本学者
3	1934.8	老獭子型传说的发生地	水、獭、乌、龟、鳖、鱼	水中动物是人的始祖和统治者。	唐张读《宣室志》（曹氏父子故事）/清李调元《尾蕉丛谈》（柳树精故事）《通幽记》/刘敬叔《异苑》《太平广记》	孙佳讯记江蘸云《宋太祖出生的传说》（孙佳讯）/蒋昌声记浙江海盐《娃娃石》/落昌声记浙江海盐（钟敬文编《柳树精的传说》）民间传说丛稿《浙江》民间传说 刘万章编述《广州民间故事》/林培庐编述《李子长好画》	中国 日本 朝鲜 越南	松本信广 鸟居龙藏 今西龙
4	1936.夏	槃瓠神话的考察	狗	狗是创世神兼祖先神或动物祖先	《隋书地理志》《通典》唐樊绰《后汉书·西南夷列传》/唐罗泌《路史·发挥》/（在《汉魏丛书》书）/晋郭璞《蛮书》和《玄中记》（《山海经》/晋郭璞《宋《太平广记》/唐《艺文类聚》/宋《通志》、马端临《文献通考》/册府元龟》/无名氏《三才图会》（桂杨风俗记《南村辍耕录》/明宗仪《广东新露次云《峒溪纤志》/清屈大均《广东亚斋高要语》/清魏祝亭《两粤瑶俗记》/周处《小方壶斋舆地丛钞《赤雅》/清《山海经广注》/吴任臣	叶观记广东的槃瓠神话/杯清利瑶人箕记浙江南部畲族槃瓠神（浙江）/钟敬文编民间传说丛稿（钟敬文《无杨习俗调查报告》第五卷/台湾总督府习俗调查会出版《番族习惯调查报告》	中国日本	松村武雄
5	1928 1937 1987 1991	中国民间故事型式 中国古代民俗中的鼠 从人文化史角度看《老鼠娶亲》 中日民间故事比较泛说	猫狗 猫鼠 鼠猫 鼠猫	猫狗纠纷 猫鼠纠纷 猫优于鼠 鼠胜于猫	明刘元卿《应谐录》（据《雪涛谐史》《续说郛》）	中国民间故事集成市县卷本：《四川遂宁市卷》/《河北邯郸地区涉县卷》/关敬吾 /（日）《日本民间故事大成》/（日）赤松启介《非常民的民俗文化》/蔡美连译《老鼠嫁女》（《山西民间文学》1988 年第3期）/王树村《中国美术全集》/同年画《卷 "老鼠娶亲"/倣图广东海丰"老鼠娶亲"年画	中日 锡兰 中印	柳田国男、关敬吾 稻田浩二 松村武雄 南方熊楠 大岛达彦 小泽俊夫 伊藤清司 大林太良 君岛久子 百岛弥荣子

下编：学苏联与民间文艺学建设

第六章　苏联理论与中国民间文艺学

　　在跨文化的视野下分析"中国民俗学派"的发展，有三个关键阶段都对中国民俗学理论形态和学科建设的方向产生了重要作用：一是20世纪初的五四时期，二是新中国成立初期的学苏联时期，三是近40余年的改革开放时期。钟敬文先生本人是这三个阶段的亲历者。前面已经多次提到，在他的带领下，或者说在他的主要参与下，中国民俗学的根基是中国历史文明中的民间文化，当然不能完全脱离与民间文化交叉互渗的中国上层文化。钟敬文也主张放眼世界兼收并蓄。这两者合起来是他的主体性，这个主体性不曾动摇。

　　在第一阶段和第三阶段，钟敬文都借鉴了西方先进学说，还曾吸收了日本民俗学和文化史学的有益成分，用以丰富中国民俗学的理论与方法，为"中国民俗学派"的建立奠定基础。在这两个阶段中，他的主要特点是从文化学的角度建设民俗学，还曾在多元文化对话框架下开展故事类型个案的研究，站到了国际前沿[①]。他在这个特点和他的具体观点，在"上编"和"中编"各章中已做了分析。

　　第二阶段的特点，是在新中国成立初期引进苏联理论。当时我国已取得社会主义革命的伟大胜利，并已全面开展社会主义建设。这时期引进苏联理论的目的，说到底，就是要以苏联已经构建的社会主义意识形态学为学术主导，而不仅仅是以文化学为导向，建设民俗学中的民间文艺学。关于这一阶段学苏联的评价，有很多政治思想上的争论，不过至今缺乏的是，对社会主义意识形态学与民间文艺学共同建设的利弊得失的研究，其实这是不够的。历史有时不是滞后的，历史有时是以总结过去的方式照耀

---

　　① 关于钟敬文将民俗学与文化学结合研究，与在多元文化对话框架下研究故事类型，参见拙著《跨文化民间文艺学》、《跨文化民俗学》和《跨文化民俗志学》，中国大百科全书出版社2016—2017年版。

前路。我国当代社会建设和文化建设正在社会主义主流意识形态下进行，与此同时全球化下多元文化回归和跨文化学的研究也在如火如荼的兴起，这两者之间的关系究竟是支配？还是牵拉？还是互动？不研究，便无法预测，便不能正确地引导。很明显，对全球化时期出现的文化问题，要大力开展文化研究，但只从文化上研究不行，同时将社会意识形态差异做简单化处理也不行，为此我们需要回顾和反思第二阶段苏联理论的影响，进行科学有效的个案研究，这是十分必要的。

开展第二阶段的个案研究也有很多困难，在诸多困难中，比较突出的有两个：一是缺乏比较系统的学术资料，二是缺乏可资借鉴的研究方法。本章有幸能够进行这项研究，是因为钟先生生前保存了他在20世纪50年代撰写和授课的一批"未刊讲义"，今天看，这是他留给后学的幸运。他由于指导我的学习和工作，还给我讲过其中部分手稿的来龙去脉，现在看见这些手稿，我的耳边还能响起他的声音，应该说，这是我的偏得。我就想，什么是方法论呢？最好的方法莫过于互文法，就是如实地介绍钟先生的这批手稿，让广大读者能够准确地了解钟先生在建立中国民俗学派的这一阶段历程中，如何看待学苏联的理论问题，并观察他对当时建设民间文艺学的思考；我则是在整理钟先生每部手稿的同时撰写《编后记》，再后把这批《编后记》交给读者去审读，这样读者能够检查"师"与"生"两人的对话，也能顺便检查我在钟先生身后的学习是否略有进步。

自2011年起，获北京师范大学985工程项目支持，我忝为北师大民俗学国家重点学科的学科带头人，开始组织编纂和出版《钟敬文全集》，包括这批讲义，历时五年，经钟先生几代弟子团队的通力合作，以及有幸得到北师大多位前辈的亲临一线参与和指导，已全部完成工作计划。我的想法是，除了尽弟子之责，也希望能多少弥补对苏联理论与民间文艺学建设的关系缺乏研究的遗憾。

第一节　民间文学概论

一　民间文学与马克思主义文艺观
——《民间文学》（第一册）编后记

《民间文学》讲义，全两册，此为第一册。这是钟敬文先生1949年到北京师范大学执教后使用的首批教材，书末附钟先生 1948 年在香港达德学院执教时已写就的教材目录，拟出版，当时已定名为《民间文学概论》，可见钟先生认为这部教材已经成熟。目前读者看到的这本讲义，是他于 1949 年回国后对已成形的讲义继续加以补充的结果，讲课时间为 1949 年 5 月至 1952 年 6 月，讲课地点为北京大学、北京师范大学和辅仁大学，课程名称为"民间文艺"和"民间文艺研究"。在此期间，钟先生同时还开设了其他中国文学史类的课程，范围涉及中国古代文学和现代文学两个领域，课程名称有"古代小说选讲"、"现代诗选"、"现代诗"和"专书研究"等。听讲者不限年级，广纳学子。钟先生从中国的下层文学讲到上层文学，又从上层文学讲到下层文学，展现了五四大家饱学五车的学问气象。他将民间文学与整个中国文学史共同传授，一时传为杏坛佳话。

1952 年开始院系调整，此后的将近 6 年中，钟先生与许多留洋海归的学者一样，担任过校领导的职务，当过普通教师，也遭受过不公平的政治待遇。1958 年，他恢复讲授这门课程，课名叫"民间文学研究"，1959 年停课，讲义随之搁浅。不幸中的万幸是，这本讲义保留了下来，这就是后来我国高校民间文学经典《民间文学概论》的底本。

1978 年改革开放以后，钟先生重返高校讲坛，所讲的第一门课还是它，定名为"民间文学"。当年经教育部批准，钟先生还在北京师范大学举办了全国高校民间文学专业师资进修班[1]，他使用此讲义，边讲课，边指导进修学员继续将之扩充，终于在一年的时间内，扩编为两本全国高校文科通用教材：一本就是上面提到的《民间文学概论》，它是钟先生原讲义的理论扩充本，一本是《民间文学作品选》，它是钟先生原讲义使用的民间文学作品的扩充本，两本均由上海文艺出版社于 1980 年出版。

我们现在将钟先生的《民间文学》讲义与后来出版的《民间文学概论》相对照，就会看到两者在理论框架和资料系统上的诸多相似。《民间文学概论》的理论框架和资料系统还是老骨架。其实任何一部教材，或

---

① 关于钟敬文先生组织这次进修班的史料，详见北京师范大学教务处档案《1978 年各系教学计划试行方案及民间文学教师进修班材料》，档案号 1978—35，1978 年，第 119—120 页，1978 年。

者一本学术著作，最难写的不是它的"字"，而是它的这副"骨架"。它是至少要靠十年、八年的功夫才能"磨"出来，何况钟先生为它"磨"了半辈子。

《民间文学》讲义的"骨架"在哪里呢？这要从这部讲义原作的实际内容说起。本册《民间文学》讲义，根据钟先生的讲义手稿和手稿内涉及的理论参考教材与作品录入和整理，共分三编。

第一编是讲义，共十二章，这是《民间文学》讲义的核心部分。从结构上说，它又分四部分。第一部分，自第一至第七章，讲授民间文学研究基本理论，所阐述的主要问题有：研究民间文学的目的、意义、价值和方法，民间文学的定义和性质，民间文学的智力与伦理，民间文学与社会学、美学、文学史、文艺学、语言科学、文化史、文化学和心理学的联系与区别，民间文学的社会功能。第二部分，第八章和第九章，这部分介绍民间文学作品的体裁研究观点与方法，共介绍了六种体裁，包括神话、传说、故事、歌谣、谚语和谜语，重点从民俗学和民间文艺学的角度，讲授分析和使用这些体裁作品的理论知识，帮助学生建立方法意识。第三部分，第十章和第十一章，以中国文学史为宏观背景，分析上、中、下三层文学的关系，突出谈两个问题：一是民间文学与上层文学的关系，或者说民间文学与文人文学或书面文学的关系；二是民间文学与通俗文学的关系，或者说民间文学与市民文学或中层文学的关系。这两个问题都是贯穿五四、延安讲话和新中国社会主义文艺学的大问题，解决得好，就能对建设中国民间文学理论的特色部分产生辅助作用。第四部分，讲解民间文学搜集整理的理论与方法，介绍中外民间文学搜集工作的立场和专业训练要求，这是首次将民间文学搜集整理理论引入我国大学课堂之举。

第二编是理论参考资料，共 23 篇。这是钟先生配合讲课编定的教参本，其中有 20 世纪 50 年代前半期编成的 16 开油印本，三大册，近千页，装订书脊处有"北京师大印刷厂"字样。有的是散页，钟先生用纸绳捆起来存放。另有 20 世纪 50 年代后期编成的铅印本，包了牛皮纸的书皮，由钟先生自己保存，这些册子均为 32 开，也有上千页不止，内部使用。

第三编是阅读作品。这是钟先生在讲义中引用的神话、传说、故事、谚语、谜语、戏曲和曲艺等体裁的作品原件，钟先生将之刻印下发，引导学生重视实际资料，学做实证研究，成为会使用资料的民间文学研究者。

现在再谈《民间文学》讲义的"骨架"，它的要点有三：一是民间文学理论，二是口头文学与书面文学互促共生的理论，三是通俗文学理论。其中，通俗文学理论，由于客观原因，在 1952 年以后停讲，1978 年钟先生组织培训全国师资进修班和编写《民间文学概论》时也未能纳入。但恢复它是迟早的事。20 世纪 80 年代中期，我国文化热的总体形势已经形成，思想上的改革开放已走向深入，研究通俗文学理论的条件已经比较成熟，钟先生便在指导我做博士学位论文时补入这项研究。他指导我从明清文艺思潮切入，对明清时期呈现的通俗文艺资料加强搜集，在民间文艺理论与上中层文艺理论的整体关系中进行课题研究。他嘱咐我说："通俗文艺是个阵地，要守住。"总之，他从中国整体文学系统和资料实际出发研究民间文学理论，被事实证明是正确的。钟先生的这副民间文学理论"骨架"，也来自他掌握极为丰富的历史文献和口头资料的做法，来自他使用中外理论并始终从中国实际出发的立场。这些都是他们那一代人的不二之法。经由这种做法，他本人得出的结论，也许是长篇大套，如他引用的马林诺夫斯基；也许是三言五语，如我国传统国学的阿堵点睛之法，而要在使用自己的理论工具发现自己的资料中的问题时，进行思想独创，并为社会历史和科学实践所验证，此种创造便是春蚕丝新、玉锦流长①。

钟先生是学问大家，不讲燕雀之事。他教给学生的问题，都是他曾用生命体察过和用心血咀嚼过的题目。至于弟子成龙、成凤，便是不同代际的各种问题了，与钟先生本人无关。

本册末录"附录"七种，分别是钟先生在香港写好和准备出版的《民间文学概论》全书目录（附录一），钟先生撰写而未出版的《屈原诗赋与人民创作》一书的书稿大纲（附录二），钟先生指导北大学生搜集发表民间文学作品的签稿意见（附录三），钟敬文先生指导地方院校人员搜集民间文学作品的公函（附录四），钟敬文拟定的"文艺学"温课大纲（附录五），钟先生使用的《民间文学》教学资料卷宗（附录六）和本讲义手稿原件的影印本样页（附录七）。它们可以辅助说明钟敬文先生创设和讲授民间文学课程的各个侧面的工作，包括常年的科学研究与课后的学生辅导。在这些资料中，钟先生于 1949 年 4 月 26 日写定的《民间文学概

---

① 在此借用了北京大学哲学系杨辛教授的一句话。

论》全书拟目是一份极有价值的史料，正是在此日后的一周内，钟先生在我党领导和新政府高层的安排下，登上了从香港驶往天津的"总统号"海轮，由天津转道北京，进入和平解放的北京高校，开始了他作为新中国民俗学家和教育家的航程，从此不曾停泊。

历史是会"重复"的。现代人可能因为不清楚某些历史细节而遗忘某些东西，但只要对这方面的史实史料加以重视，善于利用，便可以使历史再现，然后让人躬身反思，促人奋发励行。

本册的原件共有11本手稿和22份卷宗资料，在夜以继日的抄写中，我仿佛跟随着一种神秘的力量，来到了钟先生的灯下文字中，那简直是一片细株连绵、密不透风的高山密林，里面有他挥汗如雨的日夜耕耘，也有他艰辛劳作后的独自发明。这种历程是不可复制的，但却能让后人慨叹人间某种治学方式的伟大，为什么伟大？因为这种工作不可能浮躁，还谨防虚假，更没有"现世报"的回馈。普通世人也不能忍受那种寂寞难耐，不能走完那条精神上的孤独之路。但是，有少数治学者为了追求真理超越了自我，经受了炼狱般的考验，终为一代成就者，也许正是这种学者和他炼成的学问，能磁石般吸引后人。

2014 年 8 月 1 日

二　民间文学与延安文艺新传统
——《民间文学》（第二册）编后记

《民间文学》全两册，此为第二册。从时间上说，这套讲义都是钟敬文先生 1949 年到北京师范大学执教后使用的首批教材内容，但本册又有所不同，原因是本册中的"第一编"曾经出版过，书名叫《民间文艺新论集》①，在此我们有必要了解它的出版背景。下面抄录他在此书出版 50 年后的一段回忆，他在这段文字中仍然保留了半个世纪前的理想和热情，也说明了提前出版此书的原因：

　　一九四九年五月，在庆祝过"五四"诗人节之后，我们住港的许多作家、学者，应党的邀请乘苏联的轮船转道天津，回到祖国大

---

① 钟敬文主编：《民间文艺新论集》，中外出版社 1950 年版。

陆。来到北平后，我们立即投入全国第一届文学艺术工作者代表大会
的筹备工作。大会结束时，我被选为全国文联候补委员及文学工作者
协会（后改为"作家协会"）的常务理事。十月一日，伟大的中华人
民共和国在人民雄壮的欢呼声中成立。在经历了多年苦难的生活之
后，看到这个新人民政权的太阳高高升起，我是饱含着喜悦之泪度过
那历史性的时刻的。

　　文代会后，不少广东文化界在京的同志，纷纷随人民解放军南
下，以便在家乡解放后，即刻走上岗位工作。我因为拟在北京建立民
间文艺研究的机构，暂时留下，并与对此事有兴趣的同志着手商议。
由于我们的请求和周扬同志的热心，经过一番筹划，终于在一九五〇
年春，建立了中国民间文艺研究会（八十年代改为"中国民间文艺
家协会"）。郭老被选为会长，老舍和我被选为副会长，并由我负责
主持会务。不久，我们就编刊了以理论研究为主的《民间文艺集
刊》，虽然仅出了三期，就因抗美援朝战争的爆发停了刊，但它对于
新中国的民间文艺学的研究及资料收集、整理工作，是起了倡导和促
进作用的。

　　与此同时，我在北京师范大学任教，兼任北京大学、辅仁大学等
校的教职。我教授民间文学等功课，并编辑出版了《民间文艺新论
集》。此书因为适应当时学界的需要，很快就再版了。在抗美援朝期
间，为了鼓励中国人民的爱国情绪，我组织力量，编印了一册《爱
国主义与文学》的文集。①

　　我在这套讲义（第一册）的《编后记》中说过，钟先生留下来的
"民间文学"讲义手稿有 11 本，还不包括数量还要大过几倍的理论参考
资料和民间文学作品选，但它们都没有正式出版过。相比之下，《民间文
艺新论集》（以下简称《论集》）不过是其中的一小部分。它的形成过程
和体例构成，钟先生本人也在这本《论集》中是有所交代的。原来这是
钟先生在香港教书时使用过的讲义，到北京后又做了补充。然后根据时势
的紧迫需求，抽绎部分内容合编成一本铅印出来，"除了供给同学们参考

---

① 钟敬文：《我与我们的时代、祖国》，原作于 1997 年，董晓萍整理，浙江人民出版社
2000 年版，第 17—18 页。

外，并且可以公开发售，因为现在各方面需要这种材料的人并不会很少"①。总之，这本书并不是钟先生"民间文学"讲义的全部，在选篇与体例上也有特定时代的限定，而它的价值就是真实地保留了钟先生在1948—1950 年使用"民间文学"讲义的部分原貌。

20 世纪 50 年代以后，钟先生还在不断地修改和完善他的"民间文学"讲义，后续讲义的主体部分，已收入《民间文学》（第一册）的第一编中。但第一册的容量不够，余下了很多成套的中外民间文学理论参考资料和民间文学作品选篇，于是我们就决定将它们编入本册的第二编和第三编中。

关于民间文学理论参考资料和作品选，在这里还要多说几句。经钟先生的安排和参与，北京师范大学中文系民间文学教研室编印了数批民间文学教学参考书刊的选本，其印行时间自 20 世纪 50 年代至 90 年代都有。现在国内院校的民俗学和民间文艺专业第一、第二的学术骨干还应该有印象的，或者说对他们影响较大的，是 1982 年编的那套《民间文艺学参考资料》，共三集，有一千多页，内中所收，都是在改革开放前，也包括出版《民间文艺新论集》时，因各种条件的不足，所未能选收的，而钟先生经常使用的中外民俗学和民间文学研究文章，以及国内其他相邻学科涉及民间文学的重要研究成果。还有一些资料本，辑录了我国历代文献中的民间文学作品，也有的是从新中国成立后历次搜集民间文学运动中遴选出来的资料本，钟先生曾将它们一次次地刻印，发给学生们学习。没有世界眼光的理论借鉴和雄厚的资料资本，遑论学术研究；后学叹服前辈大家的"厚积薄发"也无从谈起。本次选择它们的部分内容出版，可以帮助业内研究者和广大读者了解钟先生的"民间文学"学问究竟是怎样炼成的。

2014 年 8 月 1 日

三　民间文学与苏联教材
——《人民口头创作》（全两册）编后记

由钟敬文先生开辟并讲授的"人民口头创作"课，授课时间为1952—1964 年，授课对象为大学本科生和研究生。钟先生本人的讲课时

---

① 钟敬文主编：《民间文艺新论集》，中外出版社 1950 年版，《付印题记》第 1—3 页。

间集中在 1952—1957 年。

此课创设后，钟先生还于 1953 年春选拔中文系高年级学生成立了"人民口头创作研究班"，加强人才培养。

直至 1954 年，此课都被北师大教务处列为必修课。钟先生被错划为"右派"后，自己还在上这门课，直到 1957 年停止。再到 1964 年，这门课改由钟先生门下的其他中青年教师接续讲授。

这是我国高校民间文学专业于 50 年代"学苏联"所建设的课程成果。现在回头看那个时代，举国上下都在全方位地"学苏联"，钟先生要大力建设新中国社会主义意识形态的民间文学课程，照样离不开这个背景。但世上的事情又不是那么简单的，具有科学性的人文社会科学学问，如我们在这里讲的民间文学，它被政治化，是一个时期内世界社会主义阵营国家高校的民间文学教学的共有特色。在"学苏联"的风潮过后，反思这门课程，人们又会发现，尽管它被涂上了红色，但在红色之下，还是各国民间文学的本体，因其本体连着本土文化传统的母体，因此"学苏联"的结果是多样化的。从这些国家高校的实际情况看，学者们的目标都是提升和发展本国民间文学的学问，而不是把本国的民间文学变成苏联的民间文学。钟敬文先生也不会不是这样。我在钟先生《民间文学》讲义《编后记》中说过，当时钟先生讲授的课程并非一门，而是包括"民间文学""人民口头文学创作""古代小说选讲""现代诗"等在内的系列课程。"人民口头文学创作"即便从苏联输入，具有强势话语的地位，也要被钟先生放到他的深厚国学学养和五四以来的新文化思想中去消化理解。因此，当时的"人民口头文学创作"课是不会从实质上取代其他中国民间文学系统的课程的。有苏联背景的"人民口头文学创作"课的地位，即便有"指导性"，也与钟先生从中国文学整体上探索中国民间文学课程体系建设，彼此是共存关系。

这种判断是否有道理呢？我们来看钟先生本人 50 年后的自我评价，这在一定意义上是需要参考的。

　　我在北京师范大学任教，兼任北京大学、辅仁大学等校的教职。我教授民间文学等功课，并编辑出版了《民间文艺新论集》。此书因为适应当时学界的需要，很快就再版了。在抗美援朝期间，为了鼓励中国人民的爱国情绪，我组织力量，编印了一册《爱国主义与文学》

的文集。稍后，为了鼓励学习第一个社会主义国家的民间文学理论，又带领年轻同志，翻译了《苏联民间文学概论》、《现阶段的人民口头创作》等书，对于新民间文艺学的普及工作起了一定的作用。在那些时候（一九五三年），我还在北师大创建了"人民口头文学教研室"（即今"民间文学教研室"），招收了第一批民间文学研究生。他们后成为我国这方面教学和研究的骨干。这些建国初期以来的学术活动，一方面稍微补偿了我一向所抱的昌明这种人民文化新学科的夙愿，另一方面也为新中国的人民文化建设略尽绵力。

可惜好景不长，春花易谢。不久，就来了那雪虐风狂的季节！①

钟先生的自述与我们的假设是大体相合的。钟先生本人也对学苏联的经过写过反思文字，说明借鉴外来理论要有自主性，以下予以抄录：

我接触马克思主义的时间是比较早的。因为我年轻时，适逢本世纪初的所谓"大革命时代"，我又恰巧居住在当时为"革命熔炉"的广州。我怀着热血男儿的激情，诵读了一批马列著作，还对《向导》和《人民周刊》等进步期刊爱不释手，又亲眼目睹了当地如火如荼的工人、农民运动。因此，我的社会观，乃至于部分人生观，急剧地改变了。但我的学术观点彻底向马克思主义靠拢，时间上却要迟些。这是我的社会观、世界观与学术观还不能和谐一致的地方。是伟大的民族抗日斗争改变了民族的命运，也解决了我的人生观和学术思想的矛盾！我感谢现实女神对我的治学境界和情感的开拓、陶炼，也感谢那些活动在我身边的革命同志用他们的行为和思想震动了我，启导了我！我的学艺活动就此跟整个民族的步调、呼吸融洽了。它从此牢固的奠定了我一般学术的指导思想和工作态度。

1949 年 5 月，正当天朗气和的时节，我来到了刚解放不久的北京，马上兴奋地投入革命的文教工作阵营。学习马列主义理论，是当时每个公民的任务，特别是从事文教工作的知识分子的任务。我当然积极地参与了。苏联进入社会主义社会比我国早，在运用马列主义方

---

① 钟敬文主编：《民间文艺新论集》，中外出版社 1950 年版，《付印题记》第 1—3 页。

面是我们的"老大哥"，在民间文艺理论上也是如此。我不满足于当时学界这方面的介绍成果，就组织同志；加强译述工作。又在我所指导的民间文学研究生班中，请人专门讲授苏联民间文学理论。我自己当然全心学习这种新理论，并在教学和著作中加以应用，当时所写的文章，像《民间故事中的阶级斗争》、《歌谣中的反美帝意识》等，从题目上看，就可想见它们的政治化、苏联理论化了。有时自己也感到写作的不是文艺评论，而是政治等想评论。但是，在当时的政治气氛中，自己心灵中的一点反省的光芒是很微弱的，它像一些水藻，被淹没在汹涌的浪涛中。我在1976年10月以前所写的文章，多少保存着这时代思想的烙印。

天佑中国，"四人帮"被摧垮了。学界的思想随之解放了，并提倡贯彻"实践是检验真理的标准"的思想衡量原则。近十多年来，我跟学界一些同志一样，对过去走过的道路，不断做过反省。现在，我认为，马克思主义的一些主要理论，如历史唯物论、唯物辩证法等，是不可动摇的真理。但是，我们也要看到，多年来，整个人类社会都在迅速发展变化，自然科学、社会科学和人文科学，在不断开拓发展。马克思和恩格斯的理论也需要丰富和发展。这是人类学术进步的公理，是贤明的马克思主义本身应具有的精神和性质。它也是今天我们学界一般共有的认识。至于17年间我们奉为圣经贤传的苏联理论，像我在上面说过的，当时起过一定的启蒙、涤荡的作用，这不能一笔勾销。但是，它那种唯我独尊的精神和态度，以及我们自己在学习上缺少灵活的、比较的态度，也应该反省。况且，无论什么时候，那样对待外来的理论学术的态度，都是对学术进步发展不利的。今天我们回顾过去，既应该理解，也需要清醒。最主要的经验教训，是像在政治上和经济上那样，我们在学术上，应该走独立自主的道路。因为，国家与国家之间彼此的学术，固然可以、及至于必须互相借鉴，互相吸取营养，但也应该坚持民族的自主的态度，不能舍己之田而耘人之田。①

---

① 钟敬文：《我与中国民俗学》，张世林编《学林春秋——著名学者自序集》，中华书局1998 年版，第50—51 页。

他讲"学苏联"有教训、也有收获。作为一个持严肃科学态度的学者，不能学时捧场，不学时全否。一种前所未有的人文学科的建设，需要成功的经验，也需要失败的经验。这两种经验都需要，才能使学科走向成熟。

这些时期，在学艺上，我虽没有重大收获，但也不是一张白纸。在戴着不光彩的政治帽子的那段时期，我除了奉命与一位同事共同编注了一部《中国近代教育文选》（此稿已完成交卷，但在"文化大革命"中被失落了）之外，我还进行了我国近代民间文艺学史的开荒工作，先后写了几篇论文——《晚清革命派著作家的民间文艺学》、《晚清改良派学者的民间文艺见解》等。我国古代文献中，不但保存着比较丰富的人民口头创作（民间神话、传说、故事、民歌、民谣、谚语等），而且还记载着许多关于民间文学的观点、言论，乃至于出现过长编成册的典籍（例如《江汉丛谈》）。这方面科学史的整理工作是重要的和必要的。我只在它的狭小地带内挥了几锄，但这正是一种奠基性质的工作。①

今天看来，在新中国大学教育史上，"学苏联"是一个特殊时期的特殊概念；它在钟敬文先生本人的教育思想和学术思想发展中，也具有特定的意义和作用。从钟先生的整个人生经历和学术著述两方面看，他的"学苏联"的过程，对于我国民间文学课程建设的成功的经验和失败的经验，可以概括为四点。

第一，新中国成立伊始，对他这位从晚清和新旧民主主义中国过来的爱国高级知识分子来说，"学苏联"是他真诚拥护新中国的标志，是他决心接受马克思主义的历史性转折，他不可能没有这个转折。

第二，对新中国成立初期民间文艺和民俗学的社会定位来讲，"学苏联"是将民众学问纳入社会主义意识形态体系的必由之路，是将民间文学教学研究主流化的象征，他不可能不借助这个历史机遇。

第三，从学科建设上说，对于五四以来艰难发展的民间文学和民俗学

---

① 钟敬文：《我与我们的时代、祖国》，原作于1997年，董晓萍整理，浙江人民出版社2000年版，第25—26页。

运动，"学苏联"还有一种推动性，即将这种民众的学问的研究，由从前的"学院派"或"教授化"研究，转为1950年以后的高校教学"专业课程"建设和对"大学生"的人才培养。从此，中国民间文学才得以进入大学教学体系，成为一门培养高级人才的专业，他不能不促成这个重大转向。

第四，从教育体制上说，在当时"学苏联"的强势推进中，我国高校逐步形成在中文系纳入民间文学学科的格局，并成为制度。以北师大为龙头，国内部分院校通过在中文系开设民间文学课程，培养师资，编写教材，招收学生，还将这种体制落实到位。

现在谈谈本卷《人民口头创作》讲义的整理和编辑原则。

本卷共两册，全部保留了钟先生在20世纪50年代初讲这门课的课程大纲和理论参考资料。本册是其中的第一册，主要体现钟先生对"人民口头创作"课程的理论构建和讲义框架（第二册侧重于人民口头创作的体裁分论教学）。第一、第二册相通的地方，是钟先生一以贯之的教学风格和教学方法：他总是将讲义大纲、理论参考资料与民间文学作品阅读相结合。他在其他各门课程的讲授中也这样做，未曾因为"学苏联"而有所改变。

本册在按钟先生原稿录入的基础上，首设"前言"，下设三编：第一编，讲稿（大纲），共七章；第二编，理论参考资料，这部分由钟先生自己编辑，油印装订成册发给学生；第三编，民间文学作品阅读选篇。末附附录，收入钟先生曾安排连树声接替讲授此课时的讲义大纲，钟先生编写的此课温课提纲，钟先生保留的学生考卷，以及钟先生讲义原稿复印件。

第一册讲义的特点可以概括为二：一是体现钟先生在满腔热忱地吸收苏联民间文学理论时，所关注和引进的理论问题和教材类型；二是集中在他身上的四个点：五四、留日、延安讲话与"学苏联"，被他结合起来，去思考中国民间文学学科的特征，然后编成讲义大纲。

今天的中国还在继续对外开放，昨天的"学苏联"与今天的"学西方"未必没有某种共通之处，因此梳理这方面的教学科研活动和总结历史经验，应该对民间文学课程的未来建设有启示性。

（一）"学苏联"的理论引进背景与开展民间文学学科的制度化建设

当年北京师范大学协助钟先生翻译和整理苏联教材、并承担了协助讲课工作的当事人连树声先生健在，曾被钟先生留作青年师资。后来跟随钟先生工作的许钰教授也一直在北师大民间文学教研室工作；他们都撰写了这方面的文章，兹简要谈两点。

1. "学苏联"的理论引进背景

在"学苏联"的问题上，有一个比较关键的环节，是对苏维埃时期至50年代苏联民间文学理论的引进。这里有两个问题，一是苏联理论的引进途径，二是苏联民间文学理论的翻译人才。

关于引进途径，据钟先生生前跟我的谈话与我后来在工作中了解的信息，大致有四：①苏联驻华使馆文化参赞费德林提供的俄文书目和原版图书，他是著名的俄国汉学家，与钟先生的友谊自20世纪50年代保持到晚年；②中国对外友协主席林林先生提供的书目，他是钟先生的留日同窗和终生好友，他本人曾亲口告诉我这个信息，还称赞钟先生在中国民间文学理论的开放性；③钟先生在1952年后担任北师大副教务长和科学研究部主任，与在北师大的苏联专家一起工作，并获得他们提供的资料；④俄国科学院远东世界文学研究所的李福清教授，他于1953年首次访华，当时还是莫斯科大学的大学生，被派到北京大学进修，他当年就慕名而来，到北京师范大学访问钟先生，后来成为著名的俄国人研究中国民间文学的专家和汉学家。他与钟先生的交往持续了近半个世纪。鉴于他兼通俄文和民间文学专业，与中国民间文学"学苏联"的需求特殊对口，钟先生曾请他提供俄文专业书目，他对我说，他至少提供过三四批当时俄国同行最新的前沿研究书目。

2. 培养民俗学和俄文都懂的专业人才

有了俄国书，接下来就是翻译人才的问题。在20世纪50年代，翻译苏联著作不是难题，因为当时到处都在学俄语，人才济济，好像今天人人都在学英文一样。但是光懂俄文还是不够的，还要懂民间文学，还要能协助钟先生将苏联理论纳入五四、日本、西方学说和延安讲话综合思考中并在北师大建设民间文学教学的课程体系中，这样的翻译人才太难找了。这种人才不可能在一般条件下产生，要钟先生自己选拔才行，于是当年在北师大俄文学习成绩好，爱好民间文学，又跟随钟先生进入"人民口头创作"学习小组成员的连树声，成为不二人选。以下引用他近年撰写文章中的回忆：

> 1952年，先生又兼任了北师大副教务长，自然更忙了。但为了培养后学，他组织了四五个毕业留校同学，成立了"人民口头创作

学习会"。我当时在北师大附中二部任教，也应邀参加了此会。我们每两周的周日在他办公室活动一次，学习、讨论民间文学的基本理论问题，先生或直接讲述或提出问题，大家自由讨论。他还提出参考书目，要求大家阅读。①

钟先生怎样选择苏联民间文学理论成果？怎样选择苏联教材？连树声经过"人民口头创作"学习小组的专业学习后，怎样介入翻译？下面再摘引连树声先生的回忆：

> （1952年，钟先生）借到了一本苏联学者克拉耶夫斯基编著的文学教科书，让我翻译书中民间文学的部分，译出后，取名《苏联口头文学概论》，作为人民口头创作学习会主编的"人民口头创作丛书"之一，由当时在上海的东方书店出版。先生特为此书写了《序言》，先期发表在1954年的《新建设》杂志上。接着，我又翻译了苏联科学院阿丝塔霍娃博士等著的《苏维埃时期的俄罗斯人民创作》一书的《引论》，取名《苏联人民创作引论》，作为"人民口头创作丛书之二"，仍由东方书店出版（DXP上述苏联民间文学理论的时间在1953—1954年）。这两本书的译稿，都经先生详加审阅，他甚至一个标点都不放过。我在校对时，漏掉一个字，受到了先生的严厉批评，爱之深、责之严，我终生不忘。后来，先生又借到苏联师范学院教科书《俄罗斯文学》中的《俄罗斯人民口头创作》部分，交我翻译，这就是后来由中国民间文艺研究会刊印的《俄罗斯人民口头创作》一书。在这部书的厚厚的译稿上，同样到处留下了先生审阅的笔迹。

在我们整理的钟先生保留的这批译稿中，关于苏联民间文学理论翻译资料的打印时间是1952—1955年，关于苏联师范学院教材翻译资料的打印时间在1955年，连先生回忆自己在书目中所承担的翻译工作内容：

---

① 连树声：《温馨的回忆、永远的怀念》，学苑出版社2002年版，第346—347页。以下所引用连树声先生的回忆文字皆出自此文，恕不另注。

1. 苏联学者克拉耶夫斯基编著的文学教科书中的民间文学的部分，中译本《苏联口头文学概论》，连树声译，"人民口头创作丛书"之一，东方书店出版。1955 年左右出版，钟老《序言》，发表在1954 年的《新建设》杂志上。

2. 苏联科学院阿丝塔霍娃博士等《苏维埃时期的俄罗斯人民创作》一书的《引论》，连树声译，中译本名为《苏联人民创作引论》，"人民口头创作丛书之二"，东方书店出版。

3. 苏联师范学院教科书《俄罗斯文学》中的《俄罗斯人民口头创作》部分，连树声译，书名《俄罗斯人民口头创作》，中国民间文艺研究会刊印。

钟先生怎样从人才培养的长远考虑使用"学苏联"的翻译兼理论研究后备青年人才？下面再引用连树声的回忆：

大约在 1954 年，先生让我开设"苏联口头文艺学"课，这也是先生激励我更加深入地学习。每节讲稿，他都仔细审阅，多有鼓励，并嘱咐我以后将讲稿出版，"不然，就可惜了"。后来，我想把它再加丰富，却因他事拖宕，以至讲稿和另一部书的译稿在"文革"中同时丧失，留下了太多的遗憾。

所幸我在钟先生自己保存的教学资料中找到了连树声的讲稿大纲。钟先生这种爱才之心和尊重弟子成果的导师作风令人感动。

连树声在这一时期很快成为弟子阵容中的主力军。他不但翻译成绩惊人，而且能观察钟先生从五四以来一直从事中国民间文学和民俗学研究，又曾在日本留学，并在香港期间通过我党高级人士了解到延安讲话，他怎样在新中国成立初期建设社会主义意识形态下的民间文学思考中，坚持学习革命新理论，又将这些多元来源的理论进行整理和运用，在课堂上讲授。

（二）在"学苏联"中建设中国民间文学特色学科

许钰教授当时担任了钟先生的助教，下面引用他在《民间文艺学的开拓者和引路人——钟敬文先生教学和研究活动简介》中对这段教学活动的回忆：

钟先生的教学工作，50 年代初在师大、北大、辅仁大学等校主要给大学本科生讲授民间文学（当时叫"人民口头创作"）。当时国内开设这个课的学校很少，没有可资参考的现成的教学计划和大纲，钟先生经过几年教学实践，渐渐把课程内容的结构确定下来，它包括：关于民间文学的一般理论；各类民间作品分论。民间文学与作家文学的关系，搜集整理问题等。1979 年他主编《民间文学概论》教材，又作了一些调整和补充，成为一个尚不十分完满的体系。①

许钰教授怎样看待钟先生对"学苏联"这种外来理论的态度与实质？他也有简要而明确的总结：

他十分重视学习和运用马克思主义的立场、观点、方法，特别强调要以马、恩等导师为榜样，学习他们在科学工作中刻苦钻研、勇于攀登的精神和工作方法，要像他们那样善于批判地吸收和改造前人的学术成果。为此他十分重视研究生的外语学习，常常想直接派外语较好的年轻人到国外去学习，以便更好地了解当前世界民俗学和民间文艺学发展的趋势，改变我国民间文艺学教学和研究的面貌。

下面是许钰教授对钟先生教学活动过程的回忆：

从 50 年代初期开始，钟先生就主要担任培养民间文学研究生和指导进修教师的工作，虽然在 1957 年后的六七年和"文化大革命"期间，这项工作不得不中断，但这些年他还是培养了四批研究生，指导了许多进修教师，陆续为民间文学事业增添了新的力量。由于研究生和进修教师学习之后，主要都是从事教学和研究工作，因此在培养过程中，他一向强调要有坚实的理论基础和比较丰富的知识贮备。他常说，知识的积累和使用也和军队作战一样，不仅在第一线有兵力，在第二线、第三线也要有兵力，要有"纵深"的配备。为此他要求

---

① 　许钰：《北师大民间文学教研室的昨天与今天》，载钟敬文主编《民间文艺学论丛》，北京师范大学出版社 1982 年版，第 336—348 页。下文所引许钰教授的回忆皆出自此文，恕不另注。

学生认真阅读重要的理论著作和典范性作品，认为只有具备一定广度和深度的理论和知识的基础，才有可能在自己专攻的方向上有较大的发展。

……

他主张教学和理论工作人员一定要有比较系统、深入的理论修养，在这方面要花较大的力量，同时也要恰当安排他们深入实际进行调查和采风的工作，获得感性知识和第一手资料。他十分重视科学研究能力的培养，对于研究生的论文写作，特别强调实事求是的学风，要求一定要在坚实的事实和理论基础上提出自己的见解，即从正面着想，也要从反面检验自己的论点，力避思想方法的简单化。他经常向学生指出，研究和写作是相互联系而又各有特点的两个阶段。在研究阶段要求尽量多地掌握有关材料和前人已有的研究成果，以便确定自己研究的主攻方向和把结论建立在扎实可靠的基础之上。但在写作的阶段，则要求论述的逻辑性和材料的典型性。他总是告诉学生，一篇文章没有必要，也不可能把在研究阶段看过的材料、考虑过的一切问题、一切过程都写出来，文章只能运用典型的材料进行论证，把研究的结论按照一定的逻辑顺序表达出来。因此他常常用"得鱼忘筌"的话来形象地说明研究阶段和写作阶段的联系和不同任务，要求学生自觉地掌握科学工作的方法等等。

在我国进入 21 世纪的新时期，回顾和总结"学苏联"对新中国高校民间文学和民俗学教育的影响，是一件有重大学术意义的工作。前面提到，在世界环境中，特别是第二次世界大战后一度属于"苏联"版图的东欧许多国家的高校，"学苏联"也曾是一段历史，留下了一批学术资料。在我国，这段历史比较集中地体现在钟敬文先生和他创建的北京师范大学民俗学专业的"人民口头创作"教材中，在其他东欧国家高校，这方面的历史档案也始终没有被尘封。如何看待这段历史，如何不仅仅从政治上，也从学术规律和学科建设的方式上，客观地评价这段历史，已成为比较民俗学的一个课题。钟先生本人仔细地保留的这批讲义，对广大后学来说，它们不仅是教材，也有学术档案的历史价值。

2014 年 1 月 18 日

《人民口头创作》（第二册），是钟敬文先生撰写的《人民口头创作》

讲义的另一册，它是钟先生通过"人民口头创作"课的教学和相关科研训练，培养民间文学研究后备人才的教学过程和教学成果。

本册的整理和编辑原则有三：一是体现钟先生在"人民口头创作"讲义编写中所关注的苏联民间文学理论问题，包括苏联民间文学在神话学、故事学和歌谣学领域取得的研究成果，他当时还对苏联的"民间抒情诗"和"民间戏剧学"理论予以关注；二是钟先生在讲课期间，吸收高年级本科生和研究生参加，成立"人民口头创作学习会"，组织翻译出版"人民口头创作丛书"等教材，从中选拔和培养青年专业人才；三是在"人民口头创作"课程的教学中，贯彻课堂教学、理论研讨和课后作品阅读相结合的教学模式。

第二册的体例，根据以上原则确定，共分以下三部分。

首设总论，收入钟先生1954年组织的北师大中文系"人民口头创作学习会"翻译出版的"人民口头创作丛书"所撰写的序言（《学习苏联先进的口头文学理论》），1997年撰写总结学术人生中反思"学苏联"得失的一部分内容（《学习苏联理论的经过与反思》）；另附连树声先生撰写的《借鉴苏联民间文学理论的回顾与思考》。这几篇文章，从师生两人的角度展开讨论，梳理和归纳新中国高校民间文学教学"学苏联"理论的收获和不足，可以帮助专业研究者和广大读者从这一层面认识这段历史。

下设三编。第一编，讲义，在遵循钟先生手稿主旨的前提下录入和整理，共八章，分两块；第一块，共四章，阐述人民口头创作的基本理论，包括它的定义、性质、特征、地位和功能。第二块，共四章，介绍人民口头创作的诸艺术体裁，例如神话、传说、故事、歌谣、谚语、谜语、绘画、雕刻、舞蹈、音乐和电影等，计11种。另辟两个专章，介绍"民间叙事诗"和"民间戏剧"。钟先生的这部讲义，与他的其他民间文学教材和著述的分类不同，他在这个专题里，将民间文学与民间艺术合在一起，讲它们的各自特点和相互关系，如有的小标题是"神话与戏剧"，有的小标题是"故事与谚语、谜语"，这种题目很少在他的其他教材和著述中见到。他还将电影等现代艺术体裁也纳入其中讨论，这种情况也只有在这部讲义中出现过一次，后来再也没有过。这大概可以证明，他在"学苏联"时，在思考我国民间文学体裁结构上，还处在一个过程中，整个体系尚未圆满。

第二编，收入前述"人民口头创作丛书"两种，钟先生主编。还有他晚年交代给我的苏联民间文艺学理论著作《苏联民间文艺学四十年》，上面有他写的许多眉批。钟先生重视自己组织的苏联理论翻译工作，也重视其他专业学者对苏联民间文学理论的翻译成果。本编是本册的特色部分。

第三编，收入钟先生为学生补充提供的理论参考资料和课后阅读民间文学作品的选篇。

末附附录三种，分别是钟敬文撰写《人民口头创作》讲义原稿的影印件，钟先生制定的研究生教学计划，钟先生培养"人民口头创作学习小组"翻译出版"人民口头创作丛书"的封面。

对有志于从事新中国民间文学史研究的专业研究者和一般读者来说，阅读钟先生的未刊讲义，需要将他撰写或编辑的《民间文学》两册和《人民口头创作》两册对照起来看，这样才能较为恰当地评估《人民口头创作》的位置。例如，在本册中，在第一编的第六节，有一个题目叫"人民口头创作与作家书面文学"。这两者的关系在中国本来是十分密切的，但国外的民间文学研究者对其进行研究的不多，连苏联理论也很少谈到它，可是钟先生已经在这本讲义中予以讨论。对这个问题，他还在《民间文学》的两册讲义中反复讨论。从这个例子可以看出，他不是那种随波逐浪的人。有时历史是严峻的，但他总是会抖落灰尘、理清思路，一路前行，真正的学问之途哪个不是如此？

2014 年 2 月 25 日

四　神话学与文化史
——《女娲考》编后记

本册《女娲考：从这个神话考察我国的原始社会史》[①]，很多业内外学者都知道，这是一部没有完成的巨著，钟先生为此准备了大量的资料，花费了多年的时间，一直都想把它完成，当他终于迎来了国家的改革开放，有了宽松的政治和学术环境，极有条件完成这桩心愿时，他却毅然决然地放弃了。

钟先生在重返高校讲坛后，面临着人才青黄不接的危机，他感受到国

---

① 关于本册的书名，考虑到钟先生本人在其他文章中大都使用《女娲考》的简称，本文以下皆称《女娲考》。

家对培养学术后继人才的迫切需要。对于已经步入八旬，不容分心的他，是用最后的精力去完成个人著作，还是投入为他人"做嫁衣"的教书工作？这无疑是一个艰难的选择。他又一次面临了"历史的严峻"，最终放弃了为自己的写书，选择了给后学当"泥土"。

即便如此，我们仍有必要了解钟先生这部未完成的《女娲考》，为此，连树声老师和我本人还都写过文章，以为弟子纵然七十或三千也不能与巨匠之作的价值相比，不过，对《女娲考》的遗憾还应该有另外一个解释，那就是钟先生本人对这类科学著作极为重视，要求近乎苛刻，在达到标准时便不肯草就。怎样知道是不是这样？那还是要看他的《女娲考》。当我们整理完这部遗稿之后，对此有了更强烈的感受。在这篇《编后记》中所强调的，主要是两点：一是如何学习钟先生的人生境界和社会责任感，二是如何学习钟先生的治学思想和科学态度。

先说第一点。钟先生本人对放弃《女娲考》有一段说明①：

> 我现在已经是足足八十岁的人了。
>
> 近年来，我总觉得今后能够切切实实为社会主义祖国做点工作的时间委实不太多了。但是等待做的学术工作却是那么重要和那么多！我心里像火一样的迫切感是大家可以想象得到的！我反复想，除了不顾一切、争分夺秒去干，还有别的什么好办法呢？
>
> 我是一个长期从事民间文学的研究和教学的人。当年轻时候（那正是在被称作"中国文艺复兴时期"的"五四"文化运动之后），我就热心于搜集和探讨广大劳动人民所创造和传承的文学、艺术及风俗习惯。现在回顾起来，那种思想和活动，是跟当时我国人民（首先是知识分子）民族意识醒觉和要求民主科学的巨大社会思潮密切相关的。
>
> 从那以后，我立下心愿，要为祖国建立这种新的人文科学（民间文艺学及民俗学）而贡献自己的毕生精力。自二十年代中期到建国前夜的一段时期里，我的确曾经为实现这种早年的心愿而努力过。即使处在很困难的条件下，我也没有放弃这种冷门事业。但是，旧社

---

①　钟敬文：《我愿做培花的泥土》，原作于1983年3月20日，杨哲编《钟敬文生平·著作》，河北教育出版社1991年版，第129—133页。

会文化界对这种新学术不大重视，加上我个人在学术思想和方法上的缺点，因此，尽管始终坚持原有的志向，但成就却是微末的。

劫难过去了，但人也老了。体力、眼力、精神，都不能跟少壮时相比了。而当前，我所从事的学术，虽然呈现着一种葱茏景象，但它的根基并不太强固。学风有待进一步端正，队伍的质和量也有待提高和扩大。而学术资料的矿产还待大力挖掘，已经收获的资料，更有待于认真整理和研究。

……

近来，有些同志见我年事已高，又碌碌不肯自休，"南征北战"，任务满身，有的劝我尽量辞去那些职务，静下来整理整理过去的各种文稿（论文、散文及诗歌等），有的劝我专心写作那准备已久而终未着笔的科学著作（《女娲考：从这个神话考察我国的原始社会史》）或回忆录之类。我由衷地感谢他们的好意。但是，我不能这样做。整理过去的文稿，不管怎么说总是一种回顾的行动。在眼前正充满亟待动手的工作，我不能放开它去回顾过去。放弃今天，就将失去明天！那将是多大的损失！而且，自己过去的东西，如果真是有点用处，那将有后来的人（或同时代的年轻人）去整理、评定，不需要自己汲汲于此。至于写作那准备了多年的专著，是我所关心的。但是，我眼前的任务，是为了使更多的人能够写出有价值的专著。自己的东西是否写成，并不是很重要的。记得鲁迅在《未有天才之前》的讲话中，希望大家去作培花的泥土，这样可以使地上出现好花。这是伟大的教导！去年我在一个论文集序文的末尾，说了下面意思的话：我们在学术上希望看到的是"春色满园"，而不是一枝出墙的红杏。这和鲁迅先生谆谆教导的精神基本上是一致的。

我们的这个时代，是伟大的时代，是英雄辈出的时代。那些现实的而又神话般的英雄们，用他们崇高的品格和珍贵的劳绩凝成了时代的熊熊光焰，映照着祖国和人民前进的大道。

我是一个平凡的人。但是，时代的伟大的气氛感染着我，英雄们的光焰照射着我。我抱着"有一分热发一分光"的精神，要把所放射的微光，融入时代英雄们的强光里去！

这是我的心愿，也是我的责任！

上文是 1983 年写的，连树声老师从钟先生 1949 年初到北师大执教就是钟先生的学生，是钟先生后来培养众多弟子中的名副其实的"大弟子"。钟先生在文章中说的"有的劝我专心写作那准备已久而终未着笔的科学著作（即《女娲考：从这个神话考察我国的原始社会史》）"，应该包括他。他写文章说，钟先生准备《女娲考》从 20 世纪 50 年代就开始了，算到 80 年代，已有 30 多年了，最终放弃让他感到特别可惜：

> 1962 年，先生终于摘掉了"右派"的帽子，生活比较自由了，时间也多了一些，我就劝他抓紧写他早就搜集资料的"女娲考"，但他却与我谈起了中国民间文艺学史的事，想由近及远地做些专题研究。据我所知，当时在世界上，也只有苏联民间文艺学家研究过俄罗斯民间文艺学史，我听了先生的研究计划，自然非常高兴，这就是后来他发表在北师大学报上的关于晚清时期民间文艺学史的四篇著述，这是开拓性的工作，也是奠基性的工作。
>
> 谁知好景不长，"文化大革命"又开始了，知识分子自然在劫难逃。这较之"反右"自然是更大的灾难。先生在受到狂风恶浪的冲洗之后，于 1971 年下放到晋南"五七干校"劳动。十个月归来后，他把劳动中写作的旧体诗辑集起来，题名《晋南草》。他把有启功先生题签的诗稿交我手抄一份，我带回家后，用毛笔抄写，边读边抄，深为先生的革命乐观精神和诗人的博大情怀所打动。我将手抄本送请先生过目，他翻阅后，立即在扉页上用毛笔题名《晋南草》，下署"瑶华题"，并加盖刊有"静闻"的印章，然后交我收藏，说："这个集子有三种版本了。"后来，我经常阅读，每次都感到有一股炽热之情和清新之气扑面而来。①

我是在 1984 年第一次见到钟老的。1985 年在北师大获得硕士学位，钟老是考官。那时民间文学专业研究生的人数很少，搞古代民间文艺学史的人更少，我的硕士论文题目是写明清民间文艺学史的，因此得到了钟老的不少鼓励。后来跟随钟老读博士研究生，便继续做古代民间文学史的题

---

① 连树声：《温馨的回忆、永远的怀念 ——纪念钟敬文先生逝世一周年》，原作于 2003 年，见本书"附录一"。

目，这时我才体会到钟老做"史"的功夫实在厉害。在这前前后后的时间内，我多次听到校领导、周围的老师和社会上的记者谈到钟老放弃写《女娲考》的事，钦敬与惋叹都有，给我的印象很深。从我本人来说，我要研究的时段在明清，虽然与女娲神话所涉及的远古社会有着"光年"般的时差，但从研究方向上说，在宏观范围内，两者毕竟都属于"中国民间文学史"的范围，因此无论是我请教，还是钟老教书，这都是绕不过去的话题，于是我们之间谈了很多。后来北师大校史办公室的负责人王淑芳老师约我写一篇关于钟老教育思想的文章，我就把这件事写了进去。

　　1976 年拨乱反正后，钟老多么兴奋地从痛苦中解脱出来。然而，计算一下所余无多的时光，思索亟待恢复的学科建设，他毅然作出了献身的选择。

　　有人得知他酝酿已久的著作《女娲考》就差动笔了，就劝他还是去写书，他的回答是："我愿做培花的泥土。"有人劝他抓紧写个人传记、或者出国讲学，人过留名、雁过留声，他奋笔写下了"要将浓华饰暮春"、"掂斤论两是庸儿"的言志诗句。他倾尽晚年的心血，克尽厥职，甘为人梯，为着一个志而弥坚的信念："子女是我们肉体的继承人，学生是精神的继承人。我觉得精神的继承人甚至比肉体的继承更加重要。为着培养精神的继承人直至生命的最后一息，这是完全值得的。"①

我那时的看法是与连树声老师一致的。

《钟敬文全集》启动后，我又面对了《女娲考》。我知道整理这本书是硬骨头，曾想过有无其他更好的解决办法，但最后的结果还是要我自己去面对。连树声老师已年近九十岁，我成了目前唯一跟随钟先生工作时间最长并能了解此书的时代和资料的人。我不做，后面的人恐难再接手。没人接手，它会躺在故纸堆里长久地沉寂下去，那样我对钟先生又该是怎样的罪过？

既然要面对，我想我至少要恢复这部未遗作的外框和内质，否则还是

---

①　钟敬文：《一项具有战略意义的工作》，《群言》1987 年第 8 期。

不如不做。现在当这部书稿终于完成时，我好像从一个装满金银财宝又四处错置，每个缝隙都充满了令人窒息的蛛网灰土的大仓库中走出来，肯定是灰头土脸，但收获也是巨大的。

现在我说第二点，即如何学习钟先生的治学思想和科学态度。讲三条。

第一，经典著作的框架不一定不如完整的深描。由这部书稿可见，钟先生所要研究的《女娲考》，是一个综括中国人精神民俗和农业社会生产生活民俗的总体学问。他要驾驭的女娲，不是孟姜女，不是织女，也不是刘三姐，后三位都是天国或人间的女儿，女娲却是天人合一的女神，是补天之母、大地之母和生育文化之母。钟先生处理的女娲研究对象，是神话学、故事学和歌谣叙事诗学的问题，也是民俗学、人类学、社会学、古代史、原始文化史、语言学、考古学、艺术学、经济学的跨学科课题。他对有些考虑得比较成熟的分支问题，在框架与观点两方面都形成了完整的意见，写了文章发表，如本书"总论"所收三篇，它们因为有《女娲考》的资料积累和长期思考，所以都是重磅炮弹。

对于女娲本身的研究，不把问题想透，他决不会拿出半成品。但他毕竟留下了半成品，即《女娲考》的写作大纲和资料笔记。写作大纲是外框，或称图纸；材料笔记是工程材料，由材料铸就内质。可否借助钟老留下的这些东西，去按图索骥，大体恢复《女娲考》的原貌呢？我们做了这种尝试。在第一编中，录入钟老的写作大纲，即他研究女娲神话的理论框架和基本观点，这就是"框"和"图"；在第二编中，录入了钟先生日积月累所得女娲研究资料的索引，它们大都详细标出了章节、页码和观点，这是"工程材料"和要呈现的"内质"。外框和内质，图纸与材料，都是当时的经典，经过主人的精挑细选，皆已备好入库。现在60多年过去了，很多年轻人已经不知道它们的名字和作用了，但它们整体呈现的历史经典气象犹在，其价值独一无二。

第二，处理未完成遗作中的资料的方法。整理这部未完遗著，需要解决如何区别钟老观点与整理者观点的差异问题，以及在怎样的层面上展现钟老原著大纲的特有框架与资料内涵。为此需要采用适当的方法。本次使用的一般方法是，遵循钟老原写作大纲，编为现书稿的目录大纲。在目录之下，将钟老原抄录笔记或书目提要录入。有些资料未经整理，只有书目，本次按钟老大纲的逻辑进行整理，然后对应补入。详见《目录》和

《〈女娲考〉的研究大纲和分类》。本次难度最大的是《第二编 〈女娲考〉的理论框架和研究资料》，这一部分的工作量最大，需要对钟老提出的观点和使用的研究资料进行对号、补充和重新录入，但这部分也最能集中体现钟老日积月累、穷搜精剔资料的科学工作过程。为了再现钟老这一部分的重头工作，同时也标出经过补充整理的工作，以使学者和一般读者可以区分、核对和使用，我们采用了以下具体做法：

①凡钟老本人遗稿撰写的观点及所用书目，一律以"钟按"的字样做全文标示，明确提示此为钟老的观点。

②钟老标注的研究书目并已查到者，按此书目的出处复原做注；对钟老抄录的读书节录内容按原文录入；对节录不全者，按钟老的标注补文。对钟老引用原著中的原有注释，一律标注"原著注"；对钟老引用原著中的图表和文字无密切相关者，予以删除，并在注释中一一说明。这样能保持钟老使用书目的体例框架和资料内容，也能避免赘余。

③钟老标注的研究书目的版本有些尚未查到，其中有些是 20 世纪三四十年代的书，有些是工具书或前辈学者耳熟能详的古代名著，如《说文解字》、《尔雅》、《太平御览》和一些唐宋诗词与词话，藏于钟宅所存万卷书中，信手拈来，一时未注，但现在便成了困难。本次整理时，补入了书目，但存在使用版本不同的问题。对这种情况，本次在注释中做如下处理：在同一条出处注释中，将钟老原书目录入在前，将编者实际使用书目录入在后；对编者工作部分，一律标明"编者补录自（＋编者实际使用的书目）"。

④文末《附录》提供钟老手稿原作的样本，以利学者和广大读者进一步对照。

经过这些工作，我们将钟老原著的理论框架与资料基本合为一个整体。

第三，要紧的不是成功是伟大。钟老每当谈到放弃《女娲考》，往往会引用罗曼·罗兰的名言："要紧的不是成功，是伟大"，他在 20 世纪 40 年代就与这位西方作家成为心灵呼应的密友。在此后的 50 年代和 80 年代，他穿越了无数逆境，已成为名言中的伟人。像《女娲考》这样的书稿，在他的头脑构筑中原本就是一座大厦，他甚至画好了大厦的工程图，连金碧辉煌的飞檐斗拱、雕窗础柱的用料也都一一备好，放在了施工的工地上，只等那开工的一声哨响。但他却坦然地放弃了鸣哨。而我本人正是他做出这种选择后培养的第一个博士生。随着世事阅历的增加，我一年比一年懂得他的伟大，这次看了他的《女娲考》手稿，我更懂得他的伟大。

2014 年 7 月 20 日

五　革命领袖与民间文学
——《毛泽东与民间文学》编后记

钟敬文先生是我国高校中为数不多的见过毛泽东并与之有过亲切交谈的一级教授，本册《毛泽东与民间文学》是他在多次见过毛泽东之后编写的，授课时间为 1951—1955 年。

站在今人的立场看，这个题目不大被看好。在我跟随钟先生工作的日子里，他也很少提到这本讲义，更未在任何著作中收入过这本讲义，他的确是有意回避的。但是，他既然不喜欢这本讲义，为什么还要保留呢？因为他还有他的想法。他曾嘱咐我在他身后再整理这部讲义，他的态度是，如果经过时间证明还有点有益的东西，后人可以去利用；如果都是教训，后人也可以记取。他从一生中之留日、学西方、学苏联、学马列主义毛泽东思想，再到改革开放的漫长经历中总结出经验，认识到学者在任何情况下都要坚持独立思考，还要勇于接受学术批评，知错必改。他晚年曾在多种场合多次说过这个话，因此根本不存在任何"严防死守"的问题。钟先生是一位学术个性鲜明的前辈。

毛泽东是革命领袖，革命领袖与民间文学的关系，是 20 世纪第一次世界大战、第二次世界大战后民俗学领域的一种国际话语，但原来的话语权并不在中国。在这套"钟敬文全集"的其他卷本中，也包括在其他册的"未刊讲义"中，我们都能多处找到这个话语权的外来理论来源文章：英国的、芬兰的、德国的、法国的、俄国的、罗马尼亚的、匈牙利的、日本的，都有；不过是它们彼此间的"革命领袖"所指不同，社会意识形态各异而已。苏联民间文学理论界的贡献，是将"革命领袖与民间文学的关系"的话语权转为"党领导民间文学"和"党的领袖与民间文学的关系"的话语权，这样苏联就得到了社会主义国家民间文学界的话语权。在社会主义国家阵营中，苏联的话语权一度就是最高的话语权，比起民族解放、经济建设、传统文化推陈出新、劳动人民地位的提高等话语，党领导民间文学的话语就是高于一切的话语。直到苏联解体前，在很长的一段时间内，苏联民间文学理论的这个话语权都是十分强势的指挥棒，其支配力所至，绝不止中国，而是达到了今欧盟范围内的大片国家和亚太地区的一些国家。我国最密集地引进这个话语权的时间是在新中国初期的"学苏联"时代，钟先生当时是新中国民间文学学术研究的领军人物，也在这个话语权下开展工作，包括他的讲课和他的研究，因此他讲这个题目并不奇怪。退一万步说，他能不能不接受这个指挥棒呢？大概也不会。作为一位从旧社会、战争和社会动荡中过来的知识分子，他是那样地渴望和平、热爱新中国，信任共产党，寻求一张安静的书桌，他怎么能不接受带给他这一切的党的领导呢？他还要将自己的十八般武艺都献给党呢。人都是有世界观的，钟先生接受党的领导也是因为他有这种世界观。当然，有好的世界观不等于能够直接变成学术思想；这就好比一个工匠，一个农夫，一个纺织娘，都有健康的世界观，但不等于就能成为学者。学者从世界观的转变到产生专业理论要有一个过程，要经过内在学术规律的层层关卡和闯关者的功夫考量。我国引进了"党指导民间文学"和"党的领袖与民间文学的关系"的话语权后，经过了时间和热情的多年沉淀，现在可以对这个问题进行专业研究了，但钟先生在他的时代里做不到。

　　现在我们可以讨论，它究竟在什么程度上，产生了怎样的理论指导作用？其中有哪些成绩值得总结，有哪些口号可以删除？再看看曾与我国为伍的其他社会主义国家的作为，例如俄国，他们的民俗学者至今还在讨论"党指导民间文学"的话语体系，他们在学术上依旧重视这个功能。我们身处全球化下中国社会主义文化建设进程中，我们至今仍和钟先生一样仍在党的领导下进行民间文学建设，我们甚至还拥有比钟先生更为开放的政治环境和学术条件，我们便没有理由不去研究它。从这个角度想想钟先生留下的这册讲义，将它交给后人去重审和重评，其学术价值要远远大于他个人的际遇。我想他如果在世，他会同意我的这种解释。我们将本册讲义编辑出版，为继续开展这项研究提供基础，他也不会反对。

　　以下谈谈本册的编辑原则、方法、体例和需要交代的一些问题。

　　本册的编辑原则和方法是，按照钟先生的手稿原件录入，尊重当事人的原创成果。在录入过程中，为了保证讲义的准确性，我们曾与钟先生的其他遗稿进行了核对，并做了必要的整合工作。

　　本册的体例是，首设序言，正文三编；末设附录，收入钟先生撰写本册讲义的手稿等资料。

　　序言部分，由钟先生讲授此课前后五年内所撰写和发表的论文构成，共 3 篇, 包括《各族人民歌唱毛主席》在内。这是全书的框架大纲。钟先生介绍"党指导民间文学"和"党的领袖与民间文学的关系"的话语理论的社会背景、世界观因素和学术构想,都可以从这里开始考察。

第一编, 讲义。下设三部分: 一是讲义大纲, 二是对毛泽东歌谣的作品内容分析, 三是对毛泽东歌谣的主题与形式的研究。

第一部分的讲义原有几种不同的版本, 各版本内部的章节排列不一, 作品编号也较为分散, 这大概是与钟先生在讲课期间仍不断地搜集作品和替换例子有关。我们在本次整理中, 除了抄录钟先生的讲义, 还查找和核对了钟先生同期发表的全部论文, 对照了他在其他文章中提到的同类作品, 尽量找到原稿的逻辑, 再按照他的逻辑, 排列讲义纲目和页码, 最终形成现在的文本。这一部分共谈两个问题: 一是毛泽东与民间文学, 二是毛泽东直接发表的民间文学观。

第二部分, 是毛泽东的歌谣作品与钟先生对这些作品进行的内容分析。我们在对这一部分整理的过程中, 全部保留了原稿的体例和分析内容。这批歌谣共分 12 类, 各类下设子题目, 以分类题目相从, 将歌谣分为 12 组, 分组进行分析。它们是: 1. 到处是歌声, 2. 毛泽东在诗里的形象, 3. 生活的救星 (包括回忆), 4. 毛主席的作用, 5. 过去时代的回忆, 6. 各民族解放与团结, 7. 民族平等, 8. 政治的, 文化的解放, 9. 感谢与怀念, 10. 对于领袖的关心与怀念, 11. 毛泽东与党及战友, 12. 跟随与努力。钟先生还从多民族歌谣中选出了藏族、维吾尔族和蒙古族的作品做了重点分析。

第三部分, 是毛泽东歌谣的主题与形式研究。在这一部分中, 根据整理钟先生所辑录的毛泽东歌谣, 按照钟先生原有的分类, 分为四个主题, 它们是: 1. 对毛泽东的歌颂, 2. 追忆过去的穷困 3. 领袖的力量, 4. 带来平等与民主。以四主题相从, 将歌谣分为四组, 各组歌谣在所属主题下排列。钟先生从这类革命领袖主题歌谣中, 选出一部分歌颂革命领袖的歌谣作品, 将之与中国传统民歌和五四以来的现代新诗打电报做了比较, 然后对其主题特点和形式结构做了细致的分析。

对于第二、第三部分的毛泽东歌谣作品, 我们均依照钟先生本人辑录的原文录入, 原文中有的是全文, 有的是节选, 我们录入时, 也照例录为全文或节选, 做到不改不添。钟先生对革命领袖歌谣的最终研究成果, 见本册序言所收《各族人民歌唱毛主席》。

第二编，理论参考资料。这是钟先生向学生提供的课堂讨论资料，共收入马克思主义经典作家和苏联民间文学学者的译文8篇，毛泽东论民间文学资料汇编1篇，合计9篇。读者将之与第一编和第二编对看，可以进一步了解钟先生搜集革命领袖作品从事教学科研的理论来源。

第三编为课后阅读作品，收录了钟先生本人辑录的毛泽东歌谣原作。它们的作用是对以上序言和第一编所引歌谣补出全部作品原文，可供作者查询，也有利于有心人做再研究。

以下，就本册内容的本身，谈谈编者的初步认识。

（一）从当事人的观点看党的领袖与民间文学的关系

在本册序言中所收钟先生的三篇文章，都能代表钟先生作为新中国成立初期引进和讨论"党指导民间文学工作"和"党的领袖与民间文学的关系"理论的代表人物，看待和表述这个问题的观点与实践。

第一篇《研究伟大的革命家、诗人、作家等和民间文艺的关系》，写于1950年5月，当时钟先生已参加了全国第一届文代会，见到了毛泽东、周恩来和朱德等国家领导人，参与了新中国第一个民间文艺研究会的筹备工作。兹抄录与本题有关的内容如下：

> 一九二七年，我曾经把北京大学出版的《歌谣周刊》上的文章选辑了一个集子——《歌谣论集》，交北新书局印行。回头已经是二十多年的事情了。在这将及一世纪的四分之一的岁月里，我们的土地，我们的人民，经历了多少灾难！但是，由于中国共产党的崇高理想和坚强领导，由于全国人民——特别是劳动人民的英勇奋斗和紧密团结，在经历了重重恶斗之后，一个新的中国到底诞生了。为这种现实所培植并反映着这种现实，今天我们的学术界也出现了全新的气象和面貌。我们试把这个集子中所表现的思想、见解和应用的方法，去跟那部《歌谣论集》中的比较一下，那不同是多大啊！从现实的变革的巨大程度来看，我们在这方面的进步是迟缓的——太落后于现实了。但是，它还是值得高兴的，经过许多曲折摸索的日子，我们的民间文艺学运动，到底跟整个国家和人民一齐走上新的道路了。在坚固的基础上面，再加上勇猛而又踏实的前进，这种学问是会光芒四射的。
>
> 我愿意追随着伙伴们不断向前。

钟先生在此文要迫切表达的心情是，新中国诞生，让他在内心受到全新的文化建设蓝图的巨大鼓舞。他决心将五四以来从事的歌谣学研究事业"不断向前"发展。他"愿意追随着伙伴们"，"跟整个国家和人民一齐走上新的道路"。他亲眼看到了共产党的国家领导人对待知识分子的亲切友好态度，决心跟着共产党，跟着毛泽东，建设新学术。他毫不怀疑在这种"坚固的基础上面，再加上勇猛而又踏实的前进，这种学问是会光芒四射的"。在这样的蓝天下，他决定将"研究伟大的革命家"列为学术题目。

第二篇《口头文学：一宗重大的民族文化财产》，写于 1950 年 10 月开国纪念日前夕。这时毛泽东已提出将传统文化的优秀成分与社会主义新文化共同构建的问题。钟先生所主张的中国整体文化观应该如何阐述？他要指导的中国民间文学教学、研究和社会实践活动应该怎样按照社会主义民族形式文化框架去发展？那时他感到，他的学术主张，从根本性质上说，是与毛泽东的蓝图相符合的。他认为，在"党指导民间文学工作"的制度下，他可以提出"去粗取精"地继承中国整体"文化财富"的观点，为民间文学的发展赢得话语权。下面就他所认识的个人学术主张符合毛泽东蓝图的部分作摘引：

> 1949 年 10 月 1 日，中国几万万人民依照自己的愿望和意志，建立了一个完全摆脱封建统治和帝国主义压制的国家。现在大家正在中国共产党和人民政府领导下忘我地努力着。我们要在自己的国土上，创造出一种完全属于广大人民的理想的社会制度和生活文化。我们在写作崭新的历史。

> 毛主席早就说过："中国现时的新政治新经济是从古代的旧政治旧经济发展而来的，中国现时的新文化也是从古代的旧文化发展而来，因此，我们必须尊重自己的历史，决不能割断历史。"① 一般新文化的建造是这样，新文艺的创造也是这样（也许应该说，特别是这样）。要创造为工农兵服务的文艺，不从民族固有的有价值的文学艺术资产的库藏里去观摩、吸取，就不容易进一步创出真正民族的、大众的作品。在毛主席的《新民主主义论》和《在延安文艺座谈会

---

① 毛泽东：《新民主主义论》，《毛泽东选集》第二卷，1952 年版，第 668 页。

上的讲话》发表以前，这个简明的真理是被一般文艺工作者所忽略的。他们虽然存心为大众服务，事实上却往往闭门造车，或企图简便地移花插木。近年以来，老解放区的文艺实践基本上已经改正了这种错误方向。新文艺的创造，要从人民大众固有的文化水准和文艺的基础出发，这已经是一个公认不易的原则了。

　　人民口头创作对于我们的新文化、新文艺的影响的巨大，是没有疑义的。可是，如果因此就以为口头文学对于新的人民文艺的作用，对于新的人民文化的作用，光限于上面所说这一点，那就把这宗重大的民族文化财产的价值小看了。口头文学在今天新文艺、新文化的建设上是有比这更广大的作用的。

　　我们能看出，在他的思想中，"党指导民间文学"和"党的领袖与民间文学的关系"的两个话语，在毛泽东的著作中具有一致性。他还认为，毛泽东已为这两种概念的统一话语提出了社会主义新文化建设的最高纲领，他无条件地拥护。

　　第三篇《各族人民歌唱毛主席》，写于1954—1955年。他认为，在新中国诞生之初的复杂国内外环境中，在毛泽东领导下，中国在内政外交上都取得了一步步的重大胜利，毛泽东本人赢得了全国人民的热烈爱戴。中国歌谣历来作为民声口碑，这时已成为被革命领袖权威征服的见证，因而钟敬文对毛泽东的敬仰是加倍的。他以民间文学研究者的身份，搜集和观察歌颂毛泽东的歌谣，然后选取了多民族民间文学研究的视角，对革命领袖歌谣进行研究。

　　我们知道，当时全国，包括钟敬文先生本人，都处于"学苏联"的热浪中，他的这个选题，将民族、国家、政党与领袖的概念相结合，提出多民族人民共同歌颂共产党领袖的歌谣可以体现新中国全面统一成就的观点，正是受到苏联理论的影响，其中有斯大林民族理论的影响。下面抄录他的相关谈话：

　　　　自本世纪二十年代中国共产党领导的革命运动开始以后，在觉醒了的广大人民间，就响起了新的歌声。在江西、湖南、湖北、福建、广东等建立过红色政权的地区，都曾经产生和流传过许多具有历史意义的革命歌谣。可是这种新的人民创作活动更加普遍、更加旺盛的时期，却在抗日战争兴起、革命根据地扩展以后；特别是在中华人民共和国成立、大陆上的国土和兄弟民族全部解放以后最近三、四年来，各族人民的歌唱，好像大海上浪潮一样的汹涌。在这种充满欢乐情绪的歌唱中，有一个特别响亮的声音，那就是对于伟大领袖毛主席的歌颂。差不多在每一个角落里，每一个时辰中，我们都可以听到这种热烈的歌颂声。"马头琴和四胡哟，到处响个不息；人人的嘴里哟，都在歌唱毛主席。"（蒙族民歌）而这种举国一致的歌声，正是各族人民心情的最真挚的表现。僰族的歌声里就明显地说出了这点："我们要尽情歌唱，歌唱我们的毛主席！"

各民族都有它自己的文化传统。在歌颂毛主席诗歌的共同主题中，各族的人民诗人创造性地应用了固有的智慧库藏和艺术形象。在前面所引用的诗歌中，我们已经多少可以看到一些。现在让我们再举一二例子。苗族的人民诗人把毛主席叫做"巴王棚"，意思就是父亲和领袖。藏族的人民诗人把他比喻作四月里的布谷鸟，据他们的传统的民俗观念：布谷鸟一叫，众草就发芽了。云南摩梭族的人民诗人把他比作他们经典上所说的竹子（东巴经里写着："竹子是世界上最大的植物"）。

钟先生用革命领袖构建多民族统一国家的成就，证明了毛泽东思想和共产党政府领导的正确性。他还认为，歌谣作品用诗歌的词语、主题、形式和民俗表达了这种正确性。然而，我国的社会主义新文化建设是需要一个逐步成熟的过程的，在这种成熟期没有到来之前，任何学术探索都有政治风险。钟先生当时是有一个理想化的学术模式的，但他并未得到自己想要的验证。

（二）研究革命领袖的民间文学观的反思

在中外民间文学中都有英雄母题，还有反映英雄母题作品的民间文学体裁，如英雄史诗，所以从英雄母题过渡到革命领袖话语权并不困难。英雄也好，革命领袖也好，都是一种文化符号。作为文化符号，在自身文化生态环境中发展，就必然有某种一致性。钟先生用苏联理论分析中国革命领袖歌谣的学术自信，应该来自这种一致性。如果这个假设成立，他就会在对毛泽东歌谣的研究中，将苏联民间文学界的革命领袖话语理论，与中国民间文学理论相结合，然后在革命领袖歌谣研究的过程中加以应用。下面我们重新来看前面提到《研究伟大的革命家、诗人、作家等和民间文艺的关系》一文，便可以看到钟先生确实介绍了自己的研究思路和方法。

这个集子共收了 22 篇文章，大体上分为六个部分。第一部分，大都是泛论一般民间文艺的性质、意义或价值的。第二部分，是专论民间文学的某一种体裁的。第三部分，前三篇是研究伟大的革命家、诗人、作家等和民间文艺的关系的，末一篇是现在一位新诗人学习民间歌谣的自白。第四部分，主要是介绍某种民间文艺活动（"吆号子"和"唱道情"）的，附了一篇关于老解放区的著名民间艺人的记述。第五部分，是述说关于民间文艺采集、整理、研究的意见、方法和经验的。第六部分，是一些民间文艺集子的序文。这些区分，大体上只为着读者翻检的方便，并不是什么严格的学术上的分类。

这 20 多篇文章，虽然体例不同，长短有别，但大体上是有一致性的，这就是作者的观点和立场。他们用的观点是马列主义的观点。他们站的立场是人民的立场。（这里面，只有闻一多先生一篇序文，是在这位烈士正式接受马列主义以前写的。但它也天才地表现着闻一多先生对于人民健康的思想和艺术的感受力。）

这个集子里收了好几篇苏联学者们的劳作，我已经在前段提到了。可是，第二次世界大战结束以来，他们这方面的佳作一定不少，而且听说在这方面也跟别的学术方面一样，近来曾经有过对过去的工作的批评。这种成果正是我们所急要知道的。我已经请求费德林先生给我们介绍这些方面的材料。希望"二编"出版的时候，大家能够读到这类文章。

可以看到，钟先生将苏联民间文学界的革命领袖话语权切入对中国民间文学具体作品研究时，是对苏联民间文学理论和中国已有的民间文学理论综合应用的，然后他指出中国的领袖歌谣与传统民歌和现代歌谣中的英雄母题的相通之处，揭示其文化符号意义，并加强分析，再提出新的解释。钟先生的这项工作虽然后来沉寂了很长时间，但今天回过头再看，仍不无启发意义。一方面，如前所述，这是因为中国的社会主义文化建设始终是在党的领导下进行的；另一方面，也因为领袖歌谣始终没有从我们身边消失，现在在手机短信里不还是有领袖歌谣的段子吗？现象总是比理论更顽强，尤其是民间文学。

2014 年 7 月 17 日

第二节　古典文学与民间文学

一　古典诗词与民间文学
——《诗词格律要略》等三册编后记

《诗词格律要略》，是钟先生在新中国成立初为北京师范大学中文系本科生开设的中国传统诗词写作与欣赏课程的讲稿，授课时间为1949—1952年，1962—1964年。

本册分三部分。

第一部分，讲义。由钟先生撰写的《缘起》与下设的三章组成。第一章，总论；讲授中国诗词的总体特点，包括平仄、押韵和对偶三项。第二章，诗的格律；针对中国的"诗"的体裁，讲授格律诗、绝句、拗句的变通、音步的节奏，介绍欣赏诗的基本知识与方法。第三章，词的格律；针对"词"的体裁，讲授词的产生、发展、种类、词调、结构、声律、句式、押韵和对偶等，介绍欣赏词的基本规律与方法。

第二部分，根据钟先生的讲课要求与安排，在钟先生的讲稿之外，补充了他给学生印发的中外诗歌理论参考教材，共11种。钟先生讲课是出名的认真，他总要提前准备理论参考资料供课堂研讨，要求学生面对不同观点的资料提出问题，增加理论思维能力。他的这种教学模式延续到他的后学的教学中，至今在北师大使用。

第三部分，附录。本册的文末附钟先生本册讲稿的影印全文，提供研究者和广大诗词爱好者进一步利用。

本次在整理钟先生的这本讲义时，基本没有改动当时的文字表达用语与叙事方式，如原有的"毛主席"和"毛主席诗词"等字样，大都没有动，钟先生本人是经历了"历史的严峻"考验的大学者，编者相信这种做法会同样是他的要求。

阅读本册的钥匙，是钟先生自拟题目中的"要略"二字。钟先生是从晚清和五四走来的著名中国诗人。作为中国诗人讲中国诗词，他自然会有不同于常人的真知灼见。他又是一位经历过20世纪惊涛骇浪的大学者，见过鲁迅，曾与诗宿词将俞平伯切磋诗艺，与叶圣陶、廖辅叔、臧克家、季羡林、启功等诗文俱佳的多面手交谊深厚，还受到过政治诗人毛泽东的接见，这些人物都是兼擅新、旧体诗的。那么，在钟先生的诗词概念里，中国诗词究竟是什么？所谓诗之"兴、观、群、怨"如何在现代社会发挥功能？对这些问题，他自有不同凡响的答案。为了得到他的答案，读者可以细读本册。读者还可以将本册与本套全集中的其他讨论诗歌的卷本，如《诗词卷》《诗歌概论》等诸卷对看，得出自己的结论。

我说本册重在"要略"二字，还有一层意思，就是指钟先生在给大学生讲授中国诗词的前后，他的炉火诗情遇到了雨雪冰霜。有了这种变化，我们更希望了解他当年到底讲了什么？翻开讲义，我们就会看到，当年的他，以诗人的标准，面对早熟而丰富的中国古代诗词遗产，挑选了连毛泽东也承认和赞美的"秦皇汉武""唐宗宋祖"时期的诗词佳作，向新中国的青年大学生宣讲；他甚至选择了毛泽东诗词和鲁迅诗歌进行分析，指出他们的诗词成绩也离不开继承之途。他在当时复杂的社会政治文化环境中带领青年学生去欣赏中国诗词的精神财富，是需要有大本事的，而钟先生就有这个大本事。如今，他的这本讲义历尽时间的淘洗，能让人一看三叹，产生许多感慨。

我们希望读者通过阅读本册，可以聆听到这位诗人兼学者的流于肝胆的历史绝响，体会到中国诗歌与中国优秀前辈之深厚学养的特殊联系。我们还希望读者在全球化的背景下，反思中国优秀诗歌遗产是怎样一份光辉灿烂的人文历史和国家文化财富。

钟敬文先生的讲义《诗歌概论》，授课时间为 1949—1951 年，授课地点为北京师范大学，讲义原稿保存较好。本次以钟先生讲义原稿为主，补入钟先生研究诗歌与诗学的代表作和钟先生发给学生的理论参考资料，编成本册。

本册共有四部分。

第一部分，总论。收入钟先生的诗歌与诗学论文 4 篇。这是全册的导读大纲，论文涉及诗歌创作论、诗学本体论、诗学的文艺批评等方面，大体可以覆盖钟先生诗歌理论思想的原貌。

第二部分，讲义，共六章。这是本册的重点，由钟先生本人撰写。钟先生在讲义中围绕诗学的诸种问题，提炼出适合给大学生和研究生讲课的部分，阐述了诗歌的理论、诗歌的定义、诗歌理论的分类、诗歌的理智、诗歌的想象和诗歌的音律等 6 个大问题和 32 个小问题，钟先生对多种诗学问题的见解极为精彩，所引用中外诗学理论和诗歌作品之广泛令人惊叹。

第三部分，理论参考资料，收入钟先生发给学生的油印文章 12 篇。这些理论文章的作者都是广有口碑的名人，他们懂得诗乐，文章所谈都是旧诗论中不涉及而五四以来新文化运动热议的问题，如怎样认识中国的多层次、多地区和多民族民间诗学，等等。其中有的诗学问题正发生于钟先生足迹未至而心向往之的延安。

末附附录，提供钟先生本册讲义的手稿原件。

对诗歌与诗学的探究是钟先生的一生之最爱，无论顺境或逆境都不肯移情。他在这方面留下的文字也最多，写起来得心应手，四无旁顾，中气十足，诗才流光横溢。他的眼界所至，从古典诗、文人诗、民间诗、中国诗到外国诗，统统都有，所下功夫绝非一般。

在钟先生的"未刊讲义"中，关于诗歌和诗学的讲稿有 6 册，占据数量最多，而以本册为最能体现他在诗学领域的建树。其他几册都是讲诗歌史，各有不同历史时期和不同专题的研究对象，如有的讲考证词谱，有的讲新诗创作，有的讲文人诗，有的讲民间诗歌等，唯本册是理论著作，因此值得格外关注。

大略地说，钟先生在这部讲义中构建了一种适合于新中国高校教学的诗学理论，特点有五。

第一，在方法上，这是他运用马克思主义的社会史与文艺学的观点分析诗学的尝试。他使用想象、意象、情感和理智等概念，针对五四以来遇到的中国诗学翻旧改新问题，以及相关西方诗学问题，开展学术讨论。钟先生积极靠近马克思主义的态度是明显的。

第二，在范畴上，他吸收马克思主义，吸收人类一切优秀文化学说，拓展具有上下中外思想兼容和多元文化包容性质的诗学，努力使中国传统文化诗论与当时可接触到的欧美和日本诗学做比较研究。在后来新中国社会主义意识形态文化建设一元化的趋势中，许多前辈学者能多元吸收和创造的学问能力，在优势上，逐渐下降了。一批批博学的学者不再受到重用，有时学术优势反而变成了政治弱势。但是，究竟什么是科学研究的规律？历史总是要说话的。在新中国成立初期，许多重要的前辈学者积极吸收马克思主义，正是因为马克思主义主张吸收人类优秀文化的学说使他们信服。他们乐于把自己掌握的古今中外各种学问拿出来晒，并加以改造创新。他们还在运用马克思主义重审各自领域的大量资料时，获得了新的个人解释。当然，诗歌与诗学，混合着个人体验和社会心理，不可强求一律，但钟先生等前辈还是吸收了马克思主义观点的。如果情况不是这样，那么在改革开放后强调实事求是地运用马克思主义，他们这批饱受磨难的饱学之士，就不会再度爆发热情。在这个意义上说，我们可以把钟先生这册讲义当作镜子，拿它去照新中国史，也拿它去照新时期史。当然，照来照去都能找到钟先生，他始终都是他自己，我们也能看到祖国在学术文化建设上更成熟的社会整体和更宽容的思想意识形态。

第三，在性质上，他运用现代科学的眼光，将诗学本体论与诗歌创作论进行综合研究，突破了中国传统诗论词话的做法。我国 20 世纪以来发生了各种社会文化变迁，但会做旧诗的人仍不在少数，当然会做新诗的人也越来越多，可是会做新、旧诗的人就很少了，钟先生是能为者。科学与诗、理论与创作，在有些人是矛盾的，但在钟先生就不存在矛盾。在他的笔下，诗是科学的发现者，科学也是诗的发现者。可以想象，当他把这种学问传授给新中国大学生的时候，学生们之所得，便绝非表面的喝彩，而是内在的深刻。

第四，在研究资料上，钟先生使用中国古代诗歌、五四新诗、延安革命诗歌和新中国成立初期诗歌等各种诗歌资料，搜求之勤苦、展现之广博，足以把大学生带入一个精神的海洋。

第五，在立场上，钟先生讲诗歌和诗学，不搞政治图解，理论从资料出，这样的讲义就不是诗歌欣赏入门书，而是理论独创的产物。

我们能够想象，这样一位著名诗人、这样一位成名学者，这样一位五四骁将，这样一位留洋人士，在他年富力强之际，撰写了本册讲义，他曾经及怎样地雄心勃勃地发下宏愿！那时他已是新中国民间文艺学的领路人，工作极为繁忙，他却仍对自己的写诗和诗学不能割舍。对诗歌与诗学彻骨酷爱的他，决心把个人的多年积累、满腹诗才和全部学问都捧献出来，毫无保留。他要让中国诗歌发光发热。于是他不辞万难地去闯这条没人走过的路。设若没有接踵而来的莫须有的灾难，他肯定会把这本书写得更完整，得偿夙愿，那样无论对中国的现代诗学、中国民间文艺学和他本人来说都是一件大好事，可惜这本即将出炉的书在历史的某个拐点上被合上了。

都说历史没有"如果"，不过在这一类的损失上，讲述"如果"会更有正能量。

《诗学通论》，是钟先生 20 世纪中叶为北京师范大学中文系本科生、研究生和进修教师开设课程的讲稿，授课时间为 1949—1952 年。

本册共分四部分。

第一编，总论，收入钟先生论中外诗歌的论文 5 篇，权作本册的导语。

第二编，讲义，共 7 章，按照钟先生的手稿原文进行整理，只对个别手写笔误和文字的写法，在不改变原意的情况下略作调整。这是本册的主体。

第三编，收入钟先生本人保存的"理论参考资料"6 篇，这部分的使用方法是与其他讲义一致的。

附录。末附钟先生《诗学通论》原稿影印本的部分样页。

与第六册《诗歌概论》相比，本册不是一部理论著作。它的重点是介绍诗歌欣赏和创作方法。但是，从讲义的写法上说，其引证材料之丰赡，解释写诗学步之绵密，引领观察古今中外诗论之娴熟，处处有钟先生从书斋到讲堂的一路风格。如果他在世，他就会带着这种风格站在你面前，让你感受到，他在讲一首诗，你看一座山。现在他不在世，你在看这本书，你也会感受到，你在看一座山，他人已成诗。我曾经是那样地熟悉这种诗人的风格，那里面从音容到血液都是诗。诗人的热烈和孤独、崇高和质朴、理想和挫折，这一切他都有。他始终将个人的情感投入国家社会改革繁荣的熊熊熔炉中，身与诗俱炼，成就了非凡的诗格。这种诗格就是他的人格和学格，那是一种柔丝与金刚混合的格调。

钟先生在一篇《我与我们的时代、祖国》的长文中，谈到他的诗格：

在戴着不光彩的政治帽子的那段时期，在学艺上，我虽没有重大收获，但也不是一张白纸。……在这段不短的时间里，劳作之余，我购读了一二百种的古今诗集和词集。这不仅增进了我的诗学知识，也大大深化了我的人生修养（这种修养不是一般的书本知识所能代替的）。与此同时，那久冷的诗炉，又腾起了煌煌火焰。我先后写作了两三百首诗词。其中的《花甲杂诗》和《晋南草》两组篇幅较长的诗词作品，既是我个人生活经历的反映和情怀的抒发，也是我们这个复杂而伟大的时代的部分写真。它至少是有一定的历史文献意义的。

（这些时期）我除了奉命与一位同事共同编注了一部《中国近代

教育文选》（此稿已完成交卷，但在"文化大革命"中被失落了）之外，我还进行了我国近代民间文艺学史的开荒工作，先后写了几篇论文——《晚清革命派著作家的民间文艺学》、《晚清改良派学者的民间文艺见解》等。我国古代文献中，不但保存着比较丰富的人民口头创作（民间神话、传说、故事、民歌、民谣、谚语等），而且还记载着许多关于民间文学的观点、言论，乃至于出现过长编成册的典籍（例如《江汉丛谈》）。这方面科学史的整理工作是重要的和必要的。我只在它的狭小地带内挥了几锄，但这正是一种奠基性质的工作。

在前面的《编后记》中，曾多次提到连树声先生是听过钟先生讲授此课的当事人。他与前来听讲的其他本科生、研究生和进修生一样，领略了钟先生毫无保留地贡献他的渊博学识的如火情怀，并记住了钟先生告诫他们积蓄坚实的理论与方法知识的教诲。他们感受到钟先生为国家培养人才的各种付出。那本是一种巨大的辛劳，但才华横溢的钟先生把它们化作了美丽的工作诗。他们在自身走上工作岗位后，仍然被这种非凡的诗格所鼓舞。

许钰教授后来还担任过钟先生助教，他回忆了钟先生将讲义、课堂讨论与课后阅读作品结合的执教方法。

从 50 年代初期开始，钟先生就主要担任培养民间文学研究生和指导进修教师的工作，虽然在 1957 年后的六七年和"文化大革命"期间，这项工作不得不中断，但这些年他还是培养了四批研究生，指导了许多进修教师，陆续为民间文学事业增添了新的力量。由于研究生和进修教师学习之后，主要都是从事教学和研究工作，因此在培养过程中，他一向强调要有坚实的理论基础和比较丰富的知识贮备。他常说，知识的积累和使用也和军队作战一样，不仅在第一线有兵力，在第二线、第三线也要有兵力，要有"纵深"的配备。为此他要求学生认真阅读重要的理论著作和典范性作品，认为只有具备一定广度和深度的理论和知识的基础，才有可能在自己专攻的方向上有较大的发展。他十分重视学习和运用马克思主义的立场、观点、方法，特别强调要以马、恩等导师为榜样，学习他们在科学工作中刻苦钻研、勇于攀登的精神和工作方法，要像他们那样善于批判地吸收和改造前人的学术成果。为此他十分重视研究生的外语学习，常常想直接派外语较好的年轻人到国外去学习，以便更好地了解当前世界民俗学和民间文艺学发展的趋势，改变我国民间文艺学教学和研究的面貌。

据我听到钟先生的几代老学生讲，连树声先生和许钰教授所述都是十分准确的。钟先生的诗格化为许多小故事，被北师大师生传为口碑。北师大古典文学研究家聂石樵、邓魁英教授夫妇曾经在新中国成立初期上过钟先生的课，那时他们都是风华正茂的年轻人，对钟先生讲课和组织讨论的认真印象很深，聂先生对我说："钟先生是一位当之无愧的教育家。"

钟先生留下的所有诗歌遗稿，到本册为止，都编完了，但是，现在编者没有任何轻松的心情。多日来，在一字一句、一行一页地整理这些诗歌和诗论的过程中，有一种无法用语言形容的强大磁力，从发黄的旧纸中冒出，令人不能拒绝它的吸引。那里有一种神话般的"追日"力量，让我不能不在心中操演。我相信还会有一些肯赴艰险、不怕失败的弟子后学追随之。

二　通俗小说与民间文学
——《〈水浒传〉专书讲座》编后记

钟敬文先生的《〈水浒传〉专书讲座》，授课时间为1949—1950年，课程名称叫"专书选读"，钟先生在排课时注明"选课不限年级"，面向各个年级的大学生和各种研究方向的研究生宣讲这份中国古代小说的优秀遗产。

本册按照钟先生的讲义原件录入，另补入钟先生在多年教学科研工作中搜集研究的《水浒传》资料和出版成果，合编入集。

本书共分三部分。

首设"总论"，收入钟先生关于《水浒传》研究的各类文章（包括散论）16种，计5篇。

正文含两编。

第一编，录入钟先生讲授《水浒传》的讲义原文。

第二编，录入钟先生指导搜集和编辑的《水浒传》传说，共收入钟先生晚年主编"中国民间故事集成"所收《水浒传》传说30种，以及对这批故事集成资料的研究论文1篇，计31篇。

末设附录，提供钟先生《〈水浒传〉专书讲座》讲义的原件影印本。

全书共收入钟先生的各类文稿78种、研究文章和搜集作品66篇，基本可以展示钟先生《水浒传》专书讲义与搜集研究成果的全貌。

以下简要分析本书的特点。

（一）《水浒传》在新中国高校民间文艺学学科建设中的特殊地位

钟先生于1949年回国后立即在北京师范大学开设了《水浒传》的专书讲座。为什么一位民间文艺学家要开设古典小说的课程？民间文学与古典文学之间有怎样的联系？钟先生本人是否利用古典文学研究民间文学？要回答这些问题，特别是要了解他本人的看法，就要考察他的这部讲义，也要听取他本人在其他著述中发表的意见，下面我抄录他的一段回忆：

> 1949年5月，我从香港来到北京，以后长期在北师大教书。我初到师大时，院系还没有合并，我教过"专书选读"（如《水浒传》）、"现代诗歌"等课，还有一门课就是民间文学（现在包括在民俗学之内）。我的专业主要是民间文艺学和民俗学，人家就知道我是这门专业的教授，特别是那些年轻一辈的同事，对我在二三十年代的创作活动就知道得很少了，这也是自然的。①

他讲这段话是在上"《水浒传》专书讲座"的近50年之后，当时我在场。那一次是《世纪老人的话》编委会来访问钟先生，经钟先生的安排，我负责记录他的谈话。钟先生在这次谈话中提到了"'专书选读'（如《水浒传》）"一课，在台下听讲的连树声先生至今健在，那时他是北京师范大学中文系的一名大学生，被钟先生的"不限年级"的号召力所吸引，前来目睹名师风采。他后来成为协助钟先生翻译和研究俄国民间文艺学理论的翻译家和学者。他回忆了听钟先生上课的往事：

> 我初次见到先生，是1949年北京和平解放之初，在北师大的一次欢迎几位来自香港和老解放区的学者和作家的会上，记得当时有钟敬文、黄药眠、杨晦、臧克家、曹禺、碧野等先生。我那时是在校的

① 肖立、董晓萍：《世纪老人的话》，辽宁教育出版社2000年版。

学生，会场本来不大，我又坐在前面，所以看得真切。钟先生当时身着灰色长衫，虽然没有发言，但他的学者风度给我留下了深刻的印象。后来，先生留在北师大任教，我有幸成了他的学生，向他学习"民间文学"、"新诗选"、"《水浒》研究"等课程。一次期末考试，我写了一篇关于民间故事的论文，受到了先生的鼓励，从此，我就逐渐与民间文学结缘，也经常去向先生请教。现在想来，我那时年轻，是多么不懂事，常在中午饭后去校旁的先生家请教。他总是牺牲了午休的时间，耐心指教。他还常常提出些问题，启发我思考，指导我深入学习，并先后赠给我他编的《民间文学新论集》及他著的《口头文学——一宗重大的民族文化遗产》等书。在当时，我是他赠书的唯一的学生。先生又让我记录民间故事，我将记忆中的两个故事记下来交给他，后来就发表在他于抗美援朝期间编的《爱国主义与文学》一书上，这是我最初发表的有关民间文学的作品。这些虽属小事，我却感受到了先生的厚爱和培养之情。①

以上两段文字均出自当事人，一位是钟先生本人，另一位是当年听讲的学生当事人。在时隔半个多世纪之后，师生二人都对"《水浒传》专书讲座"记忆犹新，这说明此课非同寻常。

读者翻看此册讲义便可以发现，讲授《水浒传》，是钟先生回国后打响的第一炮，身为民间文艺学家的钟先生，具有极高的古典文学修养，同时拥有卓特不群的博览群书成就。读者还能发现，钟先生选讲《水浒传》，也与《水浒传》的特殊地位有关。五四以后，我国的通俗文学被抬高了地位，《水浒传》就在其列。在新中国社会主义民族形式文艺建设之初，《水浒传》作为一部关于农民英雄起义的小说，不能不受到关注。在这种情况下，钟先生在高校讲授《水浒传》，是一件顺理成章的事。

（二）关注不大被关注的钟先生的《水浒传》研究

以往对钟先生研究《水浒传》的学术著述关注不够，这是遗憾的。但是，本册的丰厚资料给了我们一个很大的惊喜。原来钟先生对《水浒传》的研究几乎贯穿了一生。以下列出他发表文章的清单，共 14 种。

---

①　连树声：《温馨的回忆、永远的怀念——纪念钟敬文先生逝世一周年》，2003 年，收入《钟敬文全集》之《民俗教育学卷》。

1. 《水浒传》与方言（1926）
2. 《水浒传》中的诨号（1927）
3. 《优秀文学作品可以呼唤千万人的意志》（1938）
4. 《水浒传》与方言文学的功能（1948）
5. 《我的学艺道路》与《水浒传》（1954）
6. 《水浒传》与歌谣（1957—1958）
7. 《晚清革命派作家对通俗小说的运用》（1963，涉及《水浒传》）
8. 《晚清改良派的民间文学见解》（1964，涉及《水浒传》）
9. 《民俗学与古典文字》（1981，涉及《水浒传》）
10. 《成都去来》（谈到川剧荒诞剧《潘金莲》）（1986）
11. 《关于输进西方文化问题》（1987，涉及《水浒传》）
12. 《五四白话文学运动》与《水浒传》（1989）
13. 《略谈巴赫金的文学狂欢化思想》（1998，涉及《水浒传》）
14. 《水浒传》通俗小说地位的提高（1999）

钟敬文最早发表《水浒传》研究文章的时间是 1926 年，最晚是 1999 年，经历时间长达 74 年。在这段时间里，发生了清帝制崩溃、五四风潮、抗战硝烟、新中国高校发展、改革开放等种种变迁，而钟先生在任何时期，在各种境况下，都对《水浒传》的研究发出过声音。

这个数据还告诉我们，钟先生在 1949 年的新中国成立之际，能以民间文艺学家的身份，而不是古典文学家的身份，开设《水浒传》的课程，不但要讲得精彩，还要讲得深入，但他都能胜任有余。

钟先生讲授《水浒传》，涉及了很多社会、文化、文学和民俗的问题，包括《水浒传》的版本、《水浒传》的成书过程、农民起义故事在口头和书面文献中的演变，五四以来现代文学新思潮与《水浒传》研究的主要观点和争论，《水浒传》与宋史，从民俗学、民间文艺学、社会学、文学和历史学等不同学科角度综合考察《水浒传》的理论观点与方法等。不必夸张地说，这是一种全新的"《水浒传》学"，需要后人去继续研究。

钟先生的大批后学现在都是国内院校的一线骨干，应该如何教学、如何备课和如何研究，也能从这部讲义中获得很多的启示。

三 古代文学、现代文学与民间文学

钟敬文先生的《中国文学范文选讲》，授课时间为 1940—1950 年，1955—1957 年，1962—1964 年，1973—1974 年，课程名称为"古典文学"、"中国文学名著选讲"、"中国现代文学名著选讲"和"写作指导"。这期间钟先生的工作变动也很大，曾经离开民间文学教研室，到古代文学教研室、现代文学教研室和中文系资料室工作。但论讲课，钟先生的本事大，学问博大精深，讲什么课都能行，尽管体制变来变去，只要让他上讲台，他的课就照样讲，他的学问就受到广大师生的欢迎。

本册的整理工作以钟先生留下的 1964 年讲义为底本，补入他在1973—1974 年讲授此课时使用的理论参考资料；两者的原稿都是蜡版刻写的油印本。此外，适当补入钟先生在 20 世纪 80 年代使用的相关古典文学与民俗学教学资料，此种资料为手抄本。本次将它们进行整体编排，合为一册，编者力求较为全面地体现钟先生对于中国文学的教学理念、切入重点与教学方法。

本册共分五部分。

首有《序言》。钟先生的学问和创作都是在中国古代文学中"泡"大的，因而他一向重视古代文学。本编共收入钟敬文先生发表的古代文学研究论文 6 篇，它们是：《民俗学与古典文学》、《我国古代文学研究的一些问题》、《谈谈对近代文学研究的一些意见》、《对于古典文学的兴味》、《答茅盾先生关于〈楚辞〉神话的讨论》和《马王堆汉墓帛画的神话史意义》。在这 6 篇文章中，《民俗学与古典文学》是一篇代表作。此文是他晚年接受《文史知识》记者访问的讲稿，是对中国古代文学思想遗产的一份总结。他在文中介绍了中国古代文学的范畴，分析了古代文学教学研究中的关键问题，即古代文学与民间文学的关系，他还谈了如何运用民俗学的方法加强中国古代文学研究的观点与方法。此文发表时字数有限，但他对于中国古代文学的思考过程是漫长的。钟先生还是中国现代文学史上的成名作家和文学理论家，在现代文学领域的这两方面，他都有大量的出版物，因此在现代文学选篇上也得心应手。我们还针对他在本次选讲的现代文学作品补入他的相应研究论文 4 篇，它们是《中国现代散文鉴赏》《论散文的写作》《略谈鲁迅的散文诗集〈野草〉》和《悼朱佩弦先生》。这些论文都曾在我国古代文学和现代文学界产生较大的影响，同时在我国

民间文学界一直具有理论指导意义。它们对理解钟先生讲授中国文学课程的特点和价值都会有一定的帮助。

正文三编。

第一编，中国古代文学范文选篇。钟先生的油印讲义原本共选用古文与现代文选 19 篇。本编完全按照钟先生原本中的古文选篇部分录入，共12 篇。钟先生选择的古典文学名篇是：庾信《小园赋》，柳宗元《段太尉逸事状》，杜甫《羌村三首》和《奉赠韦左丞文二十二韵》，杜牧《阿房宫赋》，欧阳修《答吴充秀才书》，苏轼《文与可画筼筜谷偃竹记》《石钟山记》和《方山子传》，陆游《猎罢夜饮示独孤生》和《书愤》，以及张溥《五人墓碑记》。从历史时期看，这些作品贯穿魏晋至清代；从对古代作家的偏爱说，钟先生对苏轼的选篇最多，这能透露出他个人对苏轼的欣赏倾向。据我所知，钟先生对苏轼的思想气质和诗词文赋都爱，爱不释手。

第二编，中国现代文学范文选篇。本编完全按照钟先生原讲义中的现代文学选篇录入，共 7 篇，它们是：鲁迅《诗六首》，朱自清《儿女》，茅盾《小品三则》，叶圣陶《古代英雄的石像》和《挽鲁迅先生》，老舍《上任》和闻一多《最后一次的讲演》。他选择这些名篇的作者都与他早年就有过往，有的还交往一生，感情深厚，如叶圣陶。他在这批现代文学范文中，选了叶圣陶两篇，要比鲁迅和朱自清还各多一篇，说明他对叶圣陶的作品十分熟悉，而那篇《古代英雄的石像》在国际上也颇有声名。他对朱自清的散文和人品极为赞赏，一生中两次发表过专文评论朱自清的散文，一篇评《背影》，另一篇就是收入本册《儿女》和评文《悼朱佩弦先生》。钟先生下功夫相当多的是对鲁迅的散文与诗的研究，曾在北京师范大学中文系现代文学教研室参与鲁迅教材的编写。我们在本册的《序言》中补了一篇他的文章，文末有他的附言，回忆了这次与现代文学教研室合作的经过："一九七三年——一九七四年间，北京师大现代文学教研室拟系统地讲授鲁迅各种作品，我担任散文、诗歌和散文诗的讲义编写。不久，形势突然转变，讲义虽然草草写成却没有机会开讲。直到两三年前，那篇讲旧诗的稿子，被编入一个地方出版的鲁迅诗歌研究的论文集里，谈论散文（《朝花夕拾》）的，近来在北京一个语文教学的刊物上连续发表。剩下的一篇，现在交付本刊，以塞文责。我当时正在重新开始学习和探究鲁迅的著作，加以写作的是面对大学生的讲义，因此，这篇文章没有多少特出之处，是颇自然的。"至少钟先生个人认为，这次撰写鲁迅教材为本讲义打下了基础。

第三编，理论参考资料。本编的参考资料是钟先生另外发给学生的油印本，已装订成册，32 开本和 64 开本都有。它们涉及了中国古代和现代文学史上各个层面和各种声音的研究观点，有的还是这两个领域的焦点研究问题，参与争论者涉及诸多耳熟能详的业内名家，钟先生将它们推荐给大学生的目的，就是让年轻人开卷有益。

第四编，课后阅读作品。这是钟先生留下的另一批油印本，全部用蜡版刻印，内中有许多我国古、现代文学史上的脍炙人口的名篇，如古典戏曲剧目《牡丹亭》、《雷峰塔》和《打渔杀家》，如今这三个剧目的剧种——昆曲和京剧都已成为中国的世界级非物质文化遗产，后人不能不对钟先生这份 60 年前做出选篇发出惊叹。

文末设附录，共三种。

附录一，《工具书使用法》。这是钟先生特为学生撰写的方便阅读古代文学作品的小册子。本册讲义所收理论与作品文章的比例为四、五开，理论文章占四成，据次席；作品占五成，居主席；这个数据能说明钟先生的"范文选讲"课以领读原典为主的特点。但对学生来说，要完全读懂古代名家之作和现代名家中的引经据典的作品并不容易，他们的确需要工具书的帮助。钟先生对读原典作品的要求是：了解原作和注释的正确含义和用法，做到先入门；再经努力钻研和写作练习去提升。无论如何，学会使用工具书是初阶。

附录二，钟先生拟定"中国文学史考试题"。这是 1986 年钟先生首次招收博士研究生时考我的考题。三年后，我通过了博士学位论文答辩，当天晚上，钟先生将它交给了我，从此它成为我手上永久的金貔令牌。人生的时光不能倒流，我无法回到钟先生在 20 世纪 50 年代讲授"中国文学范文选讲"的那个时代，但他对我的考试和对我的古代文学教育，却让我懂得，民间文学治学的视线不能离开中国文学，特别是古典文学。

附录三，钟先生编印本册《中国文学范文选讲》讲义的油印本影印样页。

"油印本"三个字，在这篇《编后记》中已多次提到过了。我想补充说的是，今人见油印本已如同见"文物"，但在钟先生教书的时代还是十分常见的。这是一种纸介印刷品，由刻工使用蜡纸在钢板上刻印后，将蜡纸拿到油印机上印刷，印出了单片散页，再装订起来，订成一册册的稿本，就像书本一样。革命小说《红岩》描写的中共地下党宣传品《挺进报》，也是这类油印本中的一种。钟先生组织刻印了大量的油印本，都是这样为学生"生产"出来的。它们没有任何商业价值，全是教师"学术良心"的产物。钟先生生前曾把不少油印本交给我保存，还为我讲解过他在上面画出的重点和批读的眉注。这样的讲义就是我的精神宝物，更是我的人生课堂。每当打开它们时，我就会想到钟先生他们怎样教书，怎样做人，怎样远离名利地从事科学研究。他们那一代前辈浑身上下都是"书香"，里面就有这等"墨香"。书香者，书斋之香、书卷之香、笔砚之香、油墨之香，在改革开放引进计算机办公系统之前，前辈们的无数智慧与心血都藏在这种"书香"之中，慢慢地熬成青史。

第三节　民间诗学与歌谣学

一　民间诗与文人诗
——《民间诗歌与文人诗》编后记

《民间诗歌与文人诗》，授课时间为 1949—1951 年，1962 年又讲过一次。

钟先生讲授本课的主要内容是介绍民间诗歌与文人诗歌比较研究的理论和作品分析方法，里面既有民间文艺学史的成分，有文化史的成分；也有诗学的成分，这样就给编者出了一个难题，即怎样给这册讲义分类？一般地说，在两可之间；但从学术史上说，从钟先生对民间文艺学理论开辟的着眼点看，对其划分的结果又有轻重之分。为什么这样说呢？因为将中国文学史与民间文学史稍加对照便可知道，在中国文学史上，介绍民间诗歌是常态。在那些中国文学史家的眼里，民间诗歌是文人诗的配料。但在民间文学史中就不一样，在五四运动以来的民间文艺学史上，特别是在延安讲话后的"新派"民间文学学问中，民间诗歌根本就不是配料，而是主流。人民，只有人民，才是创造历史的动力。民间诗歌应该左右文人诗的方向。在民间诗歌与文人诗之间，民间诗歌在上峰，文人诗在下峰，民间诗歌应该是历史的宠儿。这是一种两层文化观，在钟先生主讲这门课的新中国成立初期，大多数人都持有这种观点。但是，我们看了这册讲义就知道，钟先生不完全是这种观点。他讲的是两者相互包容和相互补充。钟先生不是神，他不可能脱离新中国成立初期以抬高民间文学为提高劳动人民地位的政治象征氛围。他又是那样地热爱民间诗歌，心是火热的，话从心出也必是火热的。可是，他在向青年大学生讲授中国的诗歌文学时，他是在讲中国文学的整体性，他在这种整体性中讲民间诗歌，这说明他真正懂诗。

　　民间文学与文人文学（或书面文学）的关系问题，始终是民间文艺学史上的一个重要问题。在我国，民间文艺学学科经过五四运动和现代国际化过程，对这种问题更加重视。在西方，到了20世纪70年代，民俗学者经过大量调查研究证明，民间文学与文人文学的发展是一直分不开的，两者既不能隔绝，也不会截然对立。在我国，文人学者对这个问题的觉悟更早，这从他们对《诗经》的讨论就能看得出来。而我国历来对这个问题的讨论都会涉及《诗经》这部经典，因为《诗经》里就有"国风"，"国风"属于民间诗歌。《诗经》的编定者是孔子，他是文人。为此，讲一部《诗经》，就要讲民间与文人交集的渊源。孔编《诗经》的正统思想统治地位还相当牢固，《诗经》"国风"的民间出身问题也一直存在，而在后世两千五百年中，中国民间诗歌与文人诗始终生活在同一个文化母亲的怀抱中，国人对它们的血缘认同也形成了广泛的社会基础。20世纪初至1949年稍后，西方现代先进人文社会科学学说，包括马克思主义，纷纷传入中国，对中国学者从理论上认识这个问题更是重大提升。尤其是民间文艺学者，对这个机会的把握更为敏感和主动。他们使用新思想和新方法的工具，将早有的觉悟现象转化为专题研究，重审民众与文人两方面的诗歌资料，从这个切入点，提出更为系统的理论见解。钟先生正是开拓这一研究分支的代表人物。他还写成了专题讲义，在大学课堂上宣讲，这更能说明他的准备和决心。今天再看这部讲义，还能证明他对解决中国民间文艺学史上的这个重要问题做出了不容忽视的学术贡献。他的这个贡献是"中国学派的"，因而也是世界的。

　　将民间文艺学的专业学术史与从诗学切入的切入点相比，民间文艺学的学术史价值是要涵盖切入点的初始意义的，将文化史问题与诗学相比，文化史是要涵盖诗学的；所以，编者决定将对本册讲义的归类，从最初在两可之间犹豫，到最终决定纳入"中国民间文艺学史存稿"。这里还有一个问题需要交代，就是将此册纳入中国民间文艺学史系列，并不影响此册在诗学研究中的地位，它们之间的相通是客观存在的。

本册分为总论、正文两编和附录三部分。

总论，收入钟先生历年发表的涉及本专题论文 7 篇，它们的核心点是对"民间诗歌"与"文人诗"两个概念做总体研究，这是钟先生的一个创造。之所以这样说，是因为对这种研究一直有争议，有时有共鸣，有时也有雷区，但钟先生认为这是一个重要命题。他对中国民间诗歌与文人诗做了系统的考察，搭建了一个较为清晰的整体研究的框架。他还没有来得及去做精雕细刻，但后人已经可以看到，填满这个框架就是一项有价值的工程。

第一编，讲义，这是本册的重点。钟先生怎样将"民间诗歌"与"文人诗"做整体研究，由此可见一斑。按现在许多后学自以为了解和习惯了的钟先生的文学分层观，他们会将两眼总盯着两种文学的差异，不大顾及整体性，因为差异的研究只需要有民间文艺学的知识就行了；而整体研究却需要民间文艺学和中国文学史两种知识，乃至文化史等第三种和诗学等第四种知识。钟先生跟我们不同，他掌握了多种知识，因而能看见我们看不见的东西，这册讲义还告诉我们，文化分层产生距离，也产生吸引力。对钟先生在这方面的发现，也要用他的知识系统和他的方法才能看到。

第二编，收入钟先生为学生印发的理论参考资料，共 16 篇。它们都是钟先生长期收存的理论参考文章，其来源可分为马克思主义文艺学的经典理论、外国经典作家的民间诗学理论和中国经典作家论民歌的理论成果。它们有力地证明，早有一些中外学者做过前路勘探工作，而对这些信息我们是要充分掌握的。当然，现在看这批书目，在作者的国别来源与理论领域的分布上，换成今天的时代，也可能会选择另外的一批，但现在的研究不能脱离 60 年前新中国高校初建的背景。脱离了那个背景就不是谈钟先生，而是谈后人的想法。在学术史资料的选择上，从来就没有过时的问题。后人的难点不在于时间表，而在于继承和超越前人的研究，如何能做到理论创新又避免立论的随意性，钟先生等前辈正是在这方面积累了丰富的治学经验。他们最重要的一条经验，就是要全面扎实地搜集资料，然后让理论从资料出，以理论的具体性针对资料的具体性，再做出自己的发明发现。现代社会变了，拥有网络工具了，找资料容易了，但现在的后人敢说理论、却未必敢说资料。钟先生那一代人是既敢说理论、又敢说资料的。他们还会拿出全部使用过的资料给大家看，提供全社会检验，这就是前与后的差别。因此我们要特别向他们学习。

二　歌谣与诗歌
——《歌谣史与诗歌史》编后记

《歌谣史与诗歌史》，课程名称为"现代诗选""中国民间文学史"和"中国文学史"，钟先生的授课时间为 1949—1954 年，1962 年和 1974 年再讲过两轮。

在钟先生《民间诗歌与文人诗》的《编后记》中，我已谈到为什么将钟先生研究民歌的讲义纳入"中国民间文艺学史存稿"而不是诗学理论的想法，本册的情况也是一样。本册的主题也是歌谣，但钟先生是从中国整体文学的视角，跨民间文学史和中国文学史两界，对民歌与正统诗歌资料开展研究，阐述其创作者及其情感、世界观、想象、词语、体裁、音律、节奏等方面的异同，创造规律，以及多学科的研究方法，因此我们仍将其编入"中国民间文艺学史存稿"。与《民间诗歌与文人诗》不同的是，本册对我国歌谣史与诗歌史做比较研究，因而有它的独立性。

本册共分三编。

第一编，讲义，共七章。其中，第一章至第六章，根据钟先生的手稿整理成文，讨论的问题分别是：歌谣与诗、从歌谣史到诗歌史的发展、歌谣史与诗歌史的历代轨迹、诗人的世界观、歌谣与诗歌的情感、歌谣与诗歌的想象、歌谣与诗歌的形式。

前六章讲授于 1949 年至 20 世纪 70 年代，钟先生 40—60 岁之间，正是治学精力最旺盛的人生阶段。这一时期，新中国经历了稳定与不稳定的冲突，遭遇了国际环境和自然灾害的突变，这些都给高校教学带来了不可预料的影响。钟先生的人生学问忽而峰巅、忽而谷底，个体无法控制。就在这种时刻，他的老朋友——诗歌，却始终坐在他的身边，用诗的"体热"，捂住他对祖国民间文化的"热情"。诗歌也有"冰冷"的性格，能绑定理性，让钟先生在历史的急转弯处保持"冷静"。而在"体热"与"冷静"之间，起掌控作用的是诗人的世界观。有好的世界观，就能讲好故事给自己听。钟先生用他的讲义告诉我们，他正是用最优秀的中国诗歌组装了自己的世界观，又能在最坏的环境中给自己讲最好的故事的人，请看他的前七章。

在第七章中，收入了钟先生发表的有关歌谣史与诗歌史研究的专论文章，时间自 20 世纪 20 年代起至 50 年代初，这些文章都是当时在学术界已引起大量关注并影响至今，是把握本册讲义的钥匙。

怎么知道钟先生给自己讲故事的效果呢？这需要再看以上的第三章。我们将前六章与其中的第三章做比较，可以发现，他在前六章的其他各章中，偏重诗与诗学本身，但在第三章中，他强调诗人的世界观及其功能。可以假设，钟先生没有学问人生的莫名挫折，他也许在诗歌这种情感色彩极浓的体裁上，不一定强调正确世界观的作用；还可以假设，钟先生没有治学执教的枉然蹉跎，他还可以将这册讲义发展成更为成熟的著作，那将可以是怎样一部独特的诗学著作！

第二编，理论参考资料，收入钟先生印发给学生的课堂研讨资料 7 种。本编有几篇重点文章是钟先生经常引用的，例如，胡适在五四时期撰写的《白话文学史》的选篇，其中谈到了北大的歌谣学运动；何其芳的《论民歌》，作者参加了延安文艺运动，该文在党指导民歌搜集理论的建设上具有建树；还有对新中国成立初期树立的农民诗人王老九的研究文章等。它们是矗立在这段历史的不同时期中的标志物，将它们组织在一起就是"史"料。观察多样的观点，倾听多元的声音，就是建立"学史"的态度。

从诗学史内容的角度说，这批资料也是我国 20 世纪歌谣与诗歌在现代文化建设中共同出力的理论历程写照。这一理论历程未曾因皇帝的倒台、战争的发动、学校的停课而中断，相反是因为诗人、学者和教授们的投笔从戎和建设民族独立文化的理想与实践，在多个战场上抒写。它们在诗人的愤怒和诗国的激情中不间断地延续着。钟先生本人是与这些战场都有联系的，因而他的选篇不是普通的资料史，而是富有人生体验、治学心得和教育活动的目标的。钟先生把它们发给学生，与学生共同讨论，这与别人印发和使用这些资料，在效果上是不一样的。

第三编，课后阅读作品。这是钟先生印发给听课学生的歌谣与诗歌的作品选篇，均由油印散页装订成册。它们经历了半个多世纪的主人搬家和书籍腾挪，有不少篇页掉钉脱线，书皮散落，露出了书脊上的刻家标记，如能看见印有"一九五二年七月、师大印"等，让后人不免唏嘘感慨，但它们的价值还在。这批作品共分四类，分别是：第一类是历史歌谣，内容从孔编《诗经》、杨慎编《古今风谣》、杜文澜《古谣谚》，一直到近代太平天国歌谣等各种传统歌谣，都有选录；第二类是现代歌谣，内容从

20 世纪初的推翻皇帝至 1949 年前的北伐战争、中央苏区苏维埃政权、延安解放区、抗日战争、解放战争，到新中国成立初期的农村土改、抗美援朝战争、第一个五年计划和合作化的歌谣与诗作，都有选录；第三类是地方民歌，包括华北、华南、华东、西南、西北和东北诸省的歌谣作品；第四类是少数民族民歌，收入我国著名音乐家杨荫浏、马可等记录和整理的藏、蒙古、回、维吾尔、哈萨克等民族民歌；还有一些是钟先生本人于抗日时期在中山大学搜集和抗战后在香港执教时搜集和使用的歌谣资料。关于钟先生在香港讲授歌谣资料的往事，当年的学生杨济安曾有一段回忆：

> 民间文学专家钟敬文讲授的《民间文学》课，很受同学们的欢迎，他把南北各地的"民间文学"讲给我们，例如由于小儿夜哭不止，几乎全国各地城乡都在街头巷尾贴有"天皇皇，地皇皇，我家有个夜哭郎。行路君子念一遍，一觉睡到大天亮"的纸条。他说在抗战时期，许多城市都流传着讽刺国民党官员的民谣民谚："前方（战事）吃紧，后方紧吃（大吃大喝)!""生下娃（男孩）是老蒋的（指被蒋介石征壮丁），织下布是保长的（指陕西关中各县农民织布得钱被国民政府的基层小头目保长搜括而去之事)。"他认为"民间文学"也有不健康、甚至企求损人而实际达不到利己目的的东西，例如有些地方人们患了重感冒，于是在街头贴出了"出卖重伤风，（别人）一见便成功"的纸条。钟先生讲课不仅内容丰富，而且语言生动。旁听的人很多，教室门口都坐满了人，校医韩劲风（解放后改名韩雪谷）先生每课必到，自带椅子坐在门口，并且很用心地作笔记。[1]

钟先生讲课大受欢迎，源自他有备而来，这是一种令人景仰的教学境界，后学要长期学习。

纵观钟先生一生治学执教，在他的早期、中期、后期和晚年阶段，歌谣与诗歌的研究都有不容忽视的特殊意义。他带着对这项研究的天才与激情，投入了北大歌谣学运动，成为五四之子。他经由歌谣学创建中国民间

---

① 此文原载《达德学院建校四十周年纪念专刊》，1980 年出版，收入《钟敬文全集》的《民俗教育学卷》。

文艺学，与世界民俗学由搜集民歌开始的最早思潮同步。他将歌谣与诗歌整体看待，辨其差异，观其关联，扎根国学传统，探索适合中国实际的研究方法，取得了重大的历史建树。他正是在这种整体研究中，与顾颉刚亦师亦友，双双成为历史学与民俗学交叉研究的典范。他与周作人共享很多观点，两人都成了学者兼诗人、作家的多面手。他像中国所有创造性的学者一样，做学问重理论、重史、重方法，从资料实际出发，他也因此赢得了很高的国际声誉。

三　新诗史
——《新诗与民间文艺学史》编后记

《新诗与民间文艺学史》，课程名称是"现代诗选"，授课时间为1949—1951年。本册由于所涉及的某位主要作者，在新中国成立初期成为受批判的对象，故这册讲义的使用时间很短，其命运早已入史。

当年钟先生的雄心壮志是要写一部新诗史，以此为主干，再促成撰写中国现代民间文艺学史。他真的大体写好了，而且已投入试讲，这是何等的好事！这册讲义的独到之处，正在于是一部现代民间文艺学史上的新诗史。在民间文艺学界，除了钟先生，没人能写出这种新诗史。在诗歌界，除了钟先生，也没有人能写这种带有民间文艺学视角的新诗史，他就是这种能穿越的特殊作者。在此项研究上，有他是万幸。而不幸中的万幸是，这册讲义虽然在20世纪50年代初搁浅，但钟先生终于在60年代完成了中国民间文艺学史的晚清部分，又在80年代完成了现代民间文艺学史的研究大纲。总之，由于钟先生的持续努力，这项研究的地基已经打好，它的成果虽然还没有达到新诗史的程度，但它的意义几等于新诗史。

本册依据钟先生的遗稿整理。钟先生在教案中还保存了其他几份教辅资料，它们历经时事变迁而至今幸存，同样弥足珍贵。编者将之编为"附录"存印，希望可以增加读者对钟先生教学活动的了解。

本册讲义分序言、正文四章和附录三部分。

序言。钟先生面对刚刚告别旧社会、走进新中国高校的大学生，在讲义的开首，交代了此课的四个基本问题，即中国的旧诗、新诗运动、新诗歌道路的分化和新诗的发展。钟先生介绍了它们的来龙去脉，概括了中国新诗史研究的主要观点：一是发展新诗不等于与旧诗一刀两断，新诗大力吸收了民歌和方言的成分，还对西方现代诗歌有所借鉴，因而这种文体值得关注；二是新诗的兴起得益于五四以来中国知识分子世界观的转变，新诗本身也成为新世界观的载体；三是对新诗的看法有不同的声音，并不是见了新东西就人人叫好；四是新诗创作要遵循诗歌的内在规律，否则未必超过旧诗。

然后钟先生进入正文四章的介绍，这是本册的主体部分。

第一章，生活实践、世界观与诗歌创作。钟先生指出，五四时期中国知识分子世界观的转变促进了新诗阵容的形成。新世界观又受到新生活的触动造成对新诗的选择。

第二章，现代民间文艺学史上的新诗。从这一章开始，钟先生用民间文艺学和文艺学综合研究的观点解剖新诗，并向学生介绍研究方法。他以李季在延安创作的新诗《王贵与李香香》为例，分析这首新诗成功的元素。他指出，李季诗作在比兴、含蓄、体裁、人物和场面上有种种优点，对新诗的创作有诸多启示。他也指出，在战争匆促条件中诞生的新诗，没有民歌和古诗那样扎根深厚，还有毛病，需要进一步提升。本章的介绍，从世界观的讨论转向对新诗内在要求的关注，强调先进诗学理论的指导作用，这样更接近新诗的文学本质，避免做空洞的政治图解。钟先生对新诗的坦诚批评也体现了这位五四学者和进步教授的学术良知。

第三章，现代民间文艺学史上的新诗。钟先生选择了新中国"第一首歌谣毛泽东的诗"——胡风的长诗《欢乐颂》，作为第二个例子，对其主题、结构、诗质、诗体和修辞做了仔细的分析，肯定成绩，同时也严肃地指出胡风的缺点。本讲义的搁浅与胡风问题有关。

第四章，现代民间文艺学史上新诗人与新诗综论。本章是一个转折点，由此开始，钟先生从点到面，对五四新文化运动至20世纪50年代公认获得新诗创作成就的12位"新诗人"进行了讲评，他们是：胡适、郭沫若、康白情、李大钊、俞平伯、田汉、刘半农、刘大白、马凡陀、蒋光慈、蒲风和殷夫。这些"新诗人"的名字至今活跃在现代诗歌史上，由此可见钟先生的非凡眼光。

本册末设"附录"九种，都是钟先生在教案中保存的参考资料，包括"教学谈话大纲"、"学生考卷总评"和"课后阅读参考书目"等。我们还将钟先生撰写的本册讲义的原件影印本放在这部分中，随本书一道印刷，让它们在时光中永存。

钟先生的"中国民间文艺学史存稿"的四册书，到此册为止，已全部完成编辑工作。它们的共同特点是都与民间诗歌和文人诗有关，而这个领域正是钟先生精神世界的一个大花园。他这一辈子都在这个花园里精耕细作，培育出了许多令人惊艳的果实。当我们终于可以将它们奉献于世的时候，心中不免有对过往的忆念，当然也有对未来的期待。

第四节　学术·文化·人生

一　专题档案
——《专题档案卷》编后记

本书从档案史料的角度，记录了钟敬文先生在北京师范大学执教半个多世纪的工作历程，是钟先生长期从事我国高教工作的历史文献汇编，同时也是理解《钟敬文全集》其他各卷册的思想学说和学者活动的资料基础和背景依据。

本册的资料来源如下。

一是校史档案。这部分史料的搜集仰赖于北师大档案馆的支持，包括钟敬文先生本人的教学科研档案，钟先生创建和指导北京师范大学民俗学国家重点学科的档案。档案馆大力拓展业务范围，将传统意义上的收存和保管档案转化为积极促进馆藏珍贵档案资源的开发利用，杨桂明馆长积极推进北师大名家名师档案的收集工作，对档案的开发利用进行改革，让档案在现代大学学科建设中发挥出重要的作用；同时吸收专业学科的思路，根据钟先生档案的馆藏特点和专业学科的研究目标，双方共同制定出切实可行的档案整理方案。在这次档案的查阅、摘录、编研的过程中，北师大档案馆发挥了关键作用。

二是专业学科史资料。本册补充了相当一部分专业学科史资料，可分四类：①钟敬文先生生前交助手保存的各种教学、科研、报奖、评审、外事填表和工作文件。②北京师范大学研究生院和文学院研究生办公室提供的研究生教学管理资料。③国家图书馆、北京师范大学图书馆和北京大学图书馆有关藏书和《光明日报》等国家主流报刊库中有关报刊。④"中国知网""读秀"等学术期刊网站发布的资料。学校档案馆的馆藏档案面向全校各部门，涉及各个不同历史时期，不可能就民俗学一个专业的存档做到面面俱到，因而补充学科本身的史料是名师所在后学团队应该进行的工作。钟先生生前对保存学科工作资料一事非常重视，随时工作，随时保存，积累了大量的珍贵资源。随着时间的推移，当我们在这次工作中重新接触到这批珍贵资料时，已能更深切地体会到钟先生目光的长远。

本册的内容特点有三。

第一，名师档案的历史价值。钟先生是20世纪50年代的北京师范大学校务委员会委员、副教务长、科学研究部主任、全国高校第一个民间文学教研室主任，改革开放后的北师大中文系主任等，曾从校、系各领导层面上参与我国第一师范大学的建设。钟先生也创立了北京师范大学民俗学学科，并对全国高校民俗学学科建设起指导作用。钟先生还参与创建了中国民间文艺学家协会和中国民俗学会等学术社团，其作用不同于一般人。他的档案所记录的"历史时间"、"历史地点"、"历史事件"和"历史人物"，均以围绕钟先生展开，带有具体性；也以密切关联新中国的政治建设、意识形态、文化导向和教育体制，具有宏观特征。它们是"镜子"，钟先生是"镜中人"，两者之间有着你我互看又不能左右的关系，因此这是研究《钟敬文全集》其他各卷所不可缺少的资料，具有独特的历史价值。

第二，对新中国高校教育事业的特殊时段的认识价值。本册档案和学科史资料按历史时段分期，有几个时间点特别值得注意，即学习苏联、反击"右倾"、"文革"前后和改革开放，这些历史变迁钟先生都赶上了。现在的人们大都知道这些词语，却未必知道钟先生等前辈学者当事人的历史活动特征，在这些空白点上，档案能起到重要的参考和解释作用。我们阅读《钟敬文全集》，关注这种解释，会对新中国高校教育事业的曲折历史和整体前进有较为深入的认识。

第三，对名师教育遗产的重要利用价值。钟先生为开创民众学问和高校民俗学学科走了一条艰辛的路。他要不断地面对坎坷，忍受委屈、顶住误解和寂寞的压力。但本册的史料告诉我们，即便如此，他在任何情况下都没有放弃自己的研究目标。在知识分子个体与国家社会整体历史的不平衡之间，钟先生的世界观和人生境界，让他能做到始终认同祖国，对人民的文化建设坚信不疑。他有两首诗，收在这套全集的《诗词卷》中，兹抄录于此，会对理解这种史料有帮助，其中的一首写于在"文革"后他被北京师范大学推荐为北京市劳模时，他写道："堂殿庄严爘炬红，朱颜白发尽英雄；自惭驽劣书斋叟，也以微劳厕此中。"另一首写于他晚年来到曾经执教的北京大学校园内，在蔡元培校长的塑像前沉思："千年枯海怒潮腾，我也乘潮一后生。今日像前低首拜，灵魂终竟有真评。"钟先生在诗歌表达了纵身时代主流的大历史观和中国优秀知识分子思想精粹，这种重要的名师遗产值得后学继承。

　　本书的档案搜集与资料编辑时段，自 1949 年钟先生到北京师范大学工作起，至 2013 年北京师范大学在人民大会堂进行纪念钟先生 110 周年诞辰座谈会止，这是从北京师范大学档案馆所保存的钟先生及其建设民俗学学科档案的实际出发的，也符合北师大民俗学学科点到目前为止积累的各方面史料的具体状况。对 1949 年以前的钟先生人生与治学经历，凡对理解上述时段的资料确有需要的，我们利用钟先生的保存资料做了适当补充。对 2013 年以后的北师大民俗学学科建设资料，有了本书做基础，可待来者。

2014 年 10 月 19 日

二　录像史料
——《录像图文卷》编后记

　　整理钟敬文先生学术活动录像资料的缘起，要提到在本书的大部分纪录片中担任编导和摄制工作的聂滨老师。聂滨老师的父亲是北京师范大学原党委书记聂菊荪先生，与钟先生的交谊很深。聂滨小时候常随父亲去钟先生家拜访，后来又在北师大工作，因此认识钟先生的时间要比我们这些钟先生的弟子早得多，他对钟先生也比我们这些弟子更为亲近，那是一种前辈情、历史风云与大学者的自然融合，我们看到他的录像片，还能明白他是怎样把自己的敬畏心，使用镜头记录历史的自觉意识和工作的迫切感紧密联系在一起的。

　　钟先生也从不把聂菊荪先生当作一般领导看。他始终认为聂菊荪先生是共产党派入高校的好干部，郑重地叫他"聂书记"，而不是"聂先生"。在 20 世纪"文革"前后党群关系几度出现波折的年代里，这个称呼是充满了深刻的信赖的。等我来到钟老身边读书后，我们师生就都称他为"聂书记"。聂滨老师在北师大现代信息科学与教育技术研究所从事科技工作，出任制作部主任。在改革开放后钟先生复出工作之初和之中，他半公半"私"地（这里的"私"指他牺牲了大量的个人休息时间）为钟先生拍摄了很多工作纪录片，放在他的研究所里保存。这是一套独具意义的影像，在那个录像设备尚未普及的年代，连我们自己的专业都没有条件做录像，聂滨却将它完成了。所以，当聂滨无条件地将这些视频资料提供给我们使用时，我的感激是无以复加的。我几乎没有片刻迟疑就决定将其编入《钟敬文全集》，这个主意也马上得到高教社文科分社副社长迟宝东先生的支持。当然，在真正编书时，我们也补充了北师大党委宣传部提供的视频，以及本专业后来拍摄的录像，共 18 种录像带，但占分量最大的还是聂滨提供的一套。

这批资料有两个十分明显的价值。一是让整个《钟敬文全集》中的钟先生"站"起来和"活"起来，为《钟敬文全集》增添其平面文字不可能有的生命力。钟敬文先生等老一辈专家学者都是纸介书写的超级高手，他们生前的重要录像音频资料已整理成文字稿发表，但发表文章又缺失了相应历史现场感和事件氛围，失去了前辈学者最生动感人的音容笑貌，失去文字所不能表达的情感感染和感动心灵的讲演过程。于是，使用数字化技术，提取原有录像带的信息，加强这类文献的保护，便成为后学必须探索的问题。二是《钟敬文全集》中的一些文章正是这批视频录像中的报告或讲座的内容，有了这一卷，读者对这些文章便不仅能看，还能听，还能了解钟先生讲演的实际场景，补回在整理文字资料时失去的"活态"听说画面，恢复历史文献的完整性，总之，处理好这批音视频资料，这两条价值马上兑现。

以下谈谈本册的编辑理念和要解决的问题。

（一）编辑理念、工作对象与目标

这批钟敬文先生录像资料，时间自 1983 年至 2000 年，共近 30 年，历经改革开放以来中国民俗学学科建设和中国民俗学运动所经历的重大历史事件，所包括的主要事件有：国家政府和教育部恢复确立钟敬文先生在全国新时期全国民俗学运动的地位，批准并安排钟敬文先生指导国内高校民俗学学科建设，由钟敬文先生牵头恢复成立中国民俗学会等国家级社团机构，钟敬文先生建设北京师范大学民俗学国家重点学科和培养博士生高级专业人才，钟敬文先生主持建立教育部人文社科重点研究基地北京师范大学民俗典籍文字研究中心，钟敬文先生恢复加强中日等国家的国际学术交流活动，推动民俗学高等教育国际化；以及钟敬文先生在晚年提出建立中国民俗学派的理论号召等。时隔三十余年，钟敬文先生本人和当时的历史已流水般地逝去，这批录像带中的人与事均已"过时"，镜头不可重录，这批资料是具备明显的学术性和唯一性的，它们不可再生，历史意义重大。保护好它们，利用和传承它们，已成为钟先生后学的责任。

（二）数字历史文献化目标与需要解决的问题

我们的工作目标是将这批视频资料重新进行数字化，使之转化成为数字历史文献，这在人文科学资料的技术保护和利用上是一次有价值的探索。

我们首先要解决的问题是，这批录像带已出现了粘连、脱粉和音像画面失落等现象，对转成数字格式的音视频资料造成了物理性的障碍，于是要进行录像带的修复工作。这项工作由北京师范大学数字民俗学实验室与文化部民族民间文艺发展中心合作进行。文化部民族民间文艺发展中心的李松先生给予了坚定的支持，提供了先进的恢复整理历史录像带资料专业设备和技术力量，使这批录像带的复原整理技术工作进展顺利。

在此基础上，北京师范大学数字民俗学实验室团队负责进行录像带历史文献化的整理和撰写工作，具体有以下几方面。

1. 录像带音频资料整理与历史文献化的格式

（1）录音原文转录与转写，按《田野民俗志》中的民俗学调查数字录音转写办法执行。

（2）核对相关发表文章补充音频脱落内容，形成相对完整的音频转写范本。

（3）上述两种文件，需要经过整理，形成原文档案与发表文本两种格式。

2. 录像带的视频资料处理与历史文献化方法

（1）标题画面截屏，增加配图录音转写文字或解说词。

（2）重点画面截屏，增加配图发表文本或解说词。

（3）连续画面截屏，增加配图发表文本或解说词。

（4）静物画面截屏，增加配图"现场描述"解说词。

3. 录像带历史文献化的过程

（1）理论方案

（2）技术方案

（3）教学培训

（4）撰写本册的文字稿

在这次修复整理录像带的过程中，在达到技术性的复原录像带文献图像的基础上，我们还增加了另外一项工作，即补充与音视频图像对应的文字稿：自 2013 年 2 月 22 日至 3 月 31 日，计 38 天，由网络工程师赖彦斌和博士后赵娜带领北京师范大学数字民俗学实验室研究生团队，对大体复原后的录像带进行了音频撰写的工作，直至按时完工。我们还补充了相关学术信息和社会影响报道等资料，建立了数据库后台资源，使钟先生录像的数字历史文献利用方式多元化，真正地发挥向未来传承的作用。

钟先生等前辈已经渐行渐远，今天的高校师生不曾见过他们，越来越多的现代人已不熟悉这批前辈在长期中国优秀学术文化传统中形成的伟人风貌。但现在有了这本书，或可多少弥补这个缺憾。

2014 年 10 月 12 日

三 学术书信
——《学术书信卷》编后记

学术书信卷，根据钟敬文先生信函保存的实际情况整理和编辑，主要收录钟先生与国内外学术文化友人、专业学术社团和杂志社，外国来访学者和留学生，以及有关中央领导的往来信件，合计 150 封，共有作者 89 人。

本卷共分六部分，以下简要介绍各部分的内容。

第一部分，生平友好信函，共 100 封，作者 51 人，包括俞平伯、叶圣陶、夏承焘、聂绀弩、钱钟书、夏衍和王元化等人写给钟先生的信，信的内容大体集中在文史讨论、诗词唱和、答复问题和通报音问等方面。

第二部分，钟敬文先生关于学术著述的致信。主要是他主持大型编书项目时写给有关权威人士的信，共 7 封，涉及学者 7 人。其中，在咨询印度佛典梵语名汇时，曾写给季羡林和金克木先生；在需要确认梵语、拉丁文和希腊文等特殊专业词汇的翻译时，曾写给杨宪益和罗念生先生。

第三部分，学术文化界人士来信，共 22 封，作者 17 人，以回忆旧事和感怀世情为主。

第四部分，钟敬文先生与外国学者和留学生的通信，共 8 封，这些外国学者中，包括美籍德裔汉学家艾伯华、俄国汉学家李福清、日本民俗学家伊藤清司和福田亚细男。

第五部分，民间文学教学科研与出版的工作信函，共 10 封。钟先生于 1949 年 6 月应召到北京参加全国第一次文代会，此前的一个月，他已开始在北京大学、北京师范大学和辅仁大学教书。他在北京师范大学开创了新中国民俗学高等教育的学科体系、创编了全国性的民间文学专业杂志和国家级报刊的民间文学专栏，参与成立了中国民间文艺研究会等学术社团，推动了我国民俗学和民间文艺学事业的发展。本部分信件，自 1950 年至 1999 年，在各类学术信札中历时最长；通信范围遍布华北、西北、东北、华东、华南和香港等多个地区，覆盖面也最广，可以从不同侧面，记录钟先生在新中国成立后的半个多世纪的学术活动史，反映了这一时期民俗学和民间文艺学建设的曲折历程。

第六部分，钟敬文先生致中央领导的信，共 2 封。它们写于改革开放之初，当时钟先生刚刚恢复工作。他很快上书党中央，要求重建中国民俗学会，发展人民文化研究和社会公益建设事业。他亲自起草文件，为之奔走呼吁，顾颉刚先生等纷纷签字、积极响应和参与倡议活动。他的建议得到了中央领导的支持。这里收录的是钟先生的信的底稿，有他本人多处修改的历史留痕，是研究钟先生的学者人格和社会文化活动的直接资料。

以下谈谈"学术书信卷"的两个比较主要的特点。

（一）现代学术文化史的珍贵史料

这批信函告诉我们，自 20 世纪初的五四运动至 21 世纪初，在我国现代学术文化史上的多个领域，包括新文学史、民俗学史、民间文艺学史、古典文学史、诗词史、新诗史、小说史、外国文学史和文学批评史等，钟敬文先生与诸多大家有长期密切的来往。他们都是中外闻名的文坛宿将，如俞平伯、叶圣陶、夏承焘、聂绀弩、廖辅叔、容肇祖、朱光潜、钱钟书、杨绛、王力、王瑶、朱东润、唐弢、程千帆、陈原、夏衍、林默涵、季羡林、金克木、张岱年、王元化、王季思、缪钺、钱南扬、许钦文、林庚、敏泽、钱仲联、吴文藻、谢冰心、臧克家、秦牧、黄秋耘、林林、吕剑和袁鹰。凡中国的读书人，从中小学到大学，乃至一辈子，都在阅读他们。但是，他们之间书信来往与平常人写信不大一样。他们不单单是问安道乏；他们还说古论今，寄寓家国天下，信件之中飘溢着浓浓的书香。他们互赠个人诗作，互邀友好同赏（《俞平伯来信》1980 年 4 月 3 日、《钱钟书、杨绛来信》1978 年口月 11 日）。他们等待对方的反馈，又在收到反馈后认真地作答，率情率性、童心童趣，跃然纸上。这些信函都极富文学欣赏性，也极富文艺批评的中国风格。（《叶圣陶来信》1975 年 2 月 17 日、《廖辅叔来信》1990 年 9 月 27 日）

有的信件提供了现代文学史上长期悬疑的资料线索，作者从当事人的角度，对所涉及的历史人物和历史事件做了回忆，很多评价非亲历者不能道（《唐弢来信》1976年9月12日、《王力来信》1978年11月12日），这种信件对多个领域的研究都有补白价值。

有的通信直接讨论中外文学比较研究中的高级翻译问题，这是改革开放的东风吹拂的结果。关门已久的国内学界，这时对外敞开了大门，几位大家通力合作，要求在对外国经典原著的翻译和注释上忠于原文、实事求是，信而然后达雅，表现了极为严谨的科学精神。在这方面，钟敬文、季羡林、金克木和杨宪益四老的往来信件，值得一读（《钟敬文致季羡林、金克木》1976年前后、《季羡林来信》1990年10月26日）。四老所谈问题之经典，为后学开辟了接续前行的一条阳关大道。

很多信件为各路名家晚年所写，如叶圣陶、夏承焘、程千帆夫妇和吴世昌先生夫妇等写给钟先生的信（《叶圣陶来信》1979年11月7日、《吴世昌、严伯升来信》1984年6月8日）。他们的晚年生活的另一面外人是很难了解的。当改革开放的春风吹进他们的英雄暮年，他们已耳目衰退，记忆削减，在写给彼此的信中，他们谈老伴过世，子女繁忙，自己常住医院……有很多老人生活上的难处，然而，他们还是与别的老人不一样。他们在垂垂暮年仍然抱定忘我奉献、死而后已的忠诚情怀，在信中互相鼓励为国家的复兴和人才的培养再多做些工作。他们历数"数十年家国治忽之迹、友朋生死之情"（《程千帆来信》1984年11月10日），要彼此搀扶着蹒跚向前。

这批学者都是有光环的人，更有强烈的历史使命感和社会责任心。他们都是中国文化传承的大脊梁。他们的信件也因此而具有卓越的道德学术价值。他们终其一生都是这种宝贵价值的伟大创造者。

有几位作者是钟先生在20世纪20年代至40年代在广东和浙江高校教书时的老学生，双方的师生关系维持了半个多世纪。当年的进步学子，后来变成了教授、学者和省部委的高级领导，仍不忘给老师写信（《杜宣来信》1997年10月19日、《刘异云来信》1984年6月6日）。还有的作者是钟先生夫妇留日时的日本朋友（《实藤惠秀来信》1984年6月15日），或者是在海峡对岸定居的中国民俗学会同人（《娄子匡来信》1992年6月13日），时隔半个多世纪，他们都对钟先生坚定地热爱祖国和终生从事民俗学研究的崇高品格和巨大成就，表示深切的钦敬之情。

（二）书信书法的见证

本卷所收的书信，95%以上是纸质本和手写体。在当今流行电脑打字和无纸化网络通信的全球化时代，这些信件便成了历史文物。但它们不是普通的文物，而是创造了书信书法的一笔特殊财富，这是我们在这里要特别提到的。

这批书信书法可分为两类。首先，有世称巨擘的启功书法、黄苗子书画和尹瘦石的绘画题词，都是一些国宝级人物的手书，在本卷中，姑且将之称为书法家的书信书法。其次是非书法家的书信书法，不过也都出自顶尖学者的手笔，如俞平伯、叶圣陶、钱钟书和程千帆的来信，他们虽然没有上述几位国宝们的书画名气大，但照样书法超群。读者看了这些信，可以知道，他们除了身为公认的文史哲大家，也写得一手好字。将他们的这两手对看，就不能不叹服他们的多才多艺，感佩他们的中国文化修养博大精深。在这个意义上说，本卷是书法家的书信书法和非书法家的书信书法的合集。这种特殊的结构，要靠钟先生本人同时拥有这两种朋友才能构成。我们也不妨扩大一点思考，从中去观察源远流长的中国文字书法的传承。中国书法写了几千年，写到20世纪中国的精英手上，依然在开鲜花、结硕果。中国的汉语文字以超时空的能量，承载了这批现代文化伟人的盖世才华。但换了计算机打字，这些好处就完全看不出来了。以往学者对这个领域重视不够，其实是应该加强研究的。听说王宁先生最近在研究书写文字学，并打算出版这方面的著作，希望本卷的这批资料应该是这门学问成立的一种作证。

最后，说明本卷存在的不足和对有些问题的处理原则。

第一，信史的断片收藏。写信，是钟先生的学术文化活动的一部分。他的这些学术信件始于20世纪20年代，止于21世纪初辞世时，长达80余年，很多信件本身正是他的论文、随笔、诗作或散文。但本卷仍不能全面地反映他的学术书信收藏情况。目前本卷所能刊登的信件，个别的写于20世纪30年代，少量的写于50年代，大多数是1978年改革开放后的通信，本次我们尽了极大的努力，才做到目前的程度。当然，尽管如此，我们仍能从这批书信中看到钟老的学术思想与情怀。

第二，写作时间的缺失。本卷已收信件中，很多都没有完整的时间落款，有的只写了月和日，没有年代；也有的只有日，没有年和月。我们只好通过这类信件所涉及的社会事件、历史人物、日常活动和书目线索去查找，然后估计信件撰写的大致时间。凡是能查到的书写年代，均在录文中补出。好在大多缺失的年代和月份都已经补出来了。唯有个别信件全无日期，也没有查找线索，我们便只好在录文的年代落款处以"□年"或"□年□月"表示。不管怎样，对所有后来补出的信件落款时间，我们均已在录文中做了注释。

感谢我的老朋友和几位学生在本卷查阅资料的过程中提供的帮助，特别是《光明日报》的高级编辑宫苏艺先生、日本学者高木立子博士和北师大博士后赵娜，没有他们的细心搜寻和耐心配合，很多信息会继续石沉大海。

第三，单方信件。本卷所收信件以他人来信为主，钟先生写给对方的信很少，这使本卷在某种程度上成为一种单方的书信集。但这肯定不是钟先生个人的学术书信集所留下的历史遗憾，它会有某种共性。如今钟先生和他那一辈人已全部作古，寻找他们生前历经世纪风雨留下的家藏书信的希望已渺茫再渺茫，而这种缺失本身也成为我国现代学术文化史的一部分。

第四，繁简字和难认字的处理。本卷所收书信的书写字体不一，俞平伯、叶圣陶、钱钟书等人的书信和附诗几乎全用繁体，聂绀弩、夏衍、启功、黄苗子和林林的信件繁简体相杂，季羡林等高校学者的书信都用简体，应该是响应新中国高校教学统一使用简体字的结果（古汉语除外）。繁简体不一的书写，为本卷的录入工作带来了难题：如将所有繁体字都改为简体，就会丧失书信原件的很多内容含义，或者味道全无，那些手写书法之美感也会荡然无存；为此本卷采用了这套全集中的"诗词卷"的做法，按照原件的字体录入原文，原件是繁体字就录繁体字，原件是简体字就录简体字，原件是繁简体混用就录繁简体混用，总之保留了这批书信原件的书写原貌。本卷将所有书法原件与录文放在一起对照排印，以使读者能够对照和品味。

本卷也有少量信件的个别字无法辨认。之所以出现这种情况，应与写信活动本身的性质有关，因为书信不是为了发表才撰写的，作者在大多数情况下，顷接来信，即刻作复，意在前而字在后，走笔龙蛇、无暇雕琢、就事论事、随写随寄，出现这种难辨字或误笔是难免的。对于这类字，本卷的录文部分用打方框"□"的形式空出，待日后可以辨认时再补。在此要郑重感谢汉语文字学家王宁先生的赐教，感谢书法学家秦永龙教授的援手，他们破解天书的本事着实令人惊叹！在他们的指导下，本卷录文打方框"□"之处已大为减少。

本卷末置附录，以主要书信作者的年齿为序，介绍他们的学术经历和所从事的学术文化领域，以帮助读者完整地了解本卷的内容。

钟敬文先生的学术书信集，以书信的形式，向我们讲述了钟先生和他的知交、友好、同事、弟子之间的学术情谊，及其具体而微的日常内容。他们那一代人，历经坎坷和挫折，而始终过着追求真理和坚持科学精神的高尚生活，这就激励后人要提升道德、培养定力、追求卓越。他们在各自的学问上独领风骚，享誉中外，但仍然保持着多学科的合作，这就证明人文社会科学要在互相依存中发展，在相互学习中壮大。广大后学也要提升人格、不断进取，增长智慧、善于合作。

让我们一起读信、读人，读一个距我们不远的群星闪耀的时代。

2013 年 2 月 25 日

四　历史照片
——《图片手迹卷》编后记

钟敬文先生带着他的音容笑貌离开了我们，这是无法挽回的痛苦，但照片可以多少在视觉世界里弥补这种痛失。照片中的钟先生宛在目前，让我们始终处于与他晤对的现实感觉中。照片也是一种档案，能对这套《钟敬文全集》中提到的"人"和"事"，提供一些相关的线索，让我们回到当事人的历史中行走和返回。

本卷共选收照片和手迹图片资料逾 600 幅，围绕钟先生的学问人生，分八个专题，分类编辑，它们是"高等教育与师资和研究生培养""治学、书斋与交谊""学术会议""实地考察与外地讲学""社会活动""国际交流""生平与家庭"和"手迹、书影与画像"。在各类标题之下，大体按年代排序。比较重要的系列历史照片，按历史事件的时间与主题编为一组，并另设组标题，予以标明，例如："1952 至 1957 年参加北京师范大学苏联专家会议"，指钟先生曾与陈垣校长和苏联专家一起共事的历史画面。再如："1992 年北京师范大学九十周年校庆"，指钟先生在改革开放后恢复工作重新主持民俗学国家重点学科的建设，指导新时期中国民俗学运动，并在晚岁金秋的年代里，应邀参加了各种学校组织的重大活动，包括九十周年校庆等，形成了多组珍贵的名人照。无论是单张照片还是编组照片，均配有文字说明，交代了拍摄的时间、地点和行事缘起。我们希望通过这些工作，能帮助读者比较全面地阅读钟先生的历史照片。

这批照片有四个来源。

一是钟先生子女所保存和扫描的家庭相册，以生平家庭为主，社会活动为辅。钟少华先生是摄影爱好者，曾拍摄了大量科技文化史专家的照片。他从常年积累的大量照片中找出父母亲的照片时，带有很深的亲情，也告诉我们不少宝贵的历史回忆线索。钟宜教授整理并刻录了父亲的全部生平家庭照片，很早就交给了我们。她为审读这本图片集的配文，曾通宵达旦地工作，交来涂红的校改稿。她看这些照片的心境与任何人都不同，她与朝夕思念的父母隔空晤对，那个背景肯定是浩淼无垠的。

二是北京师范大学党委宣传部专业摄影师曹文瀚先生拍摄的照片，它们记录了钟先生在北京师范大学从事学术活动和社会工作的历史真迹。1952年院系调整后，钟先生从同时执教的北京大学、北京师范大学和辅仁大学的三校中选择了留在北师大工作，兼任北师大校、部、系、室各层面的社会职务，在老校长陈垣先生的带领下，他一度与苏联专家合作，建设新中国高等师范最高学府的教育体系，同时创建民俗学高等教育事业。这些照片由长达半个多世纪的积累而得，本身也是大学历史的一部分。曹先生还将对前辈的深厚情感和高超的摄影技术渗透到作品中。据不完全统计，曹先生共为钟先生拍摄照片445张，本次选用了其中的182张。在这些照片中，我们看到了一位大学的专司新闻宣传业务的摄影家怎样实现他"用镜头书写北师大历史"的承诺。多年后，他的胶卷从黑白变成了彩色，相机从光学变成了数码，他本人也从青年步入了老年。他通过这些照片，记录了钟先生的历史镜像，也记录了自己的摄影职业生涯。可以说，没有他的这些照片，本卷不会如此增色。

三是钟先生原学术助手提供的照片，侧重于钟先生的教学科研、学术会议、外出讲学和国际交流。

四是外国学者提供的资料图片，重点为钟先生在中日民间文艺学和民俗学交流方面的史料。在这里，要特别感谢日本学者高木立子和千野明日香教授，感谢何彬，感谢色音，他们为查找钟先生的中日交流资料付出了很多辛劳。感谢研究生毕传龙、唐超和王文超诸位的帮忙。尤其要感谢博士后赵娜耐心地协助完成本卷的6次改稿。

本卷有些照片是同一主题的连续拍摄，之所以编入，因为这类照片有连环画的效果，能更直观地说明以照片作传的独特作用。

　　总而言之，以照片作传记，这是照片的现实功能。照片也是特殊档案，能提供许多历史人物、历史事件和历史场景的真迹。大学照片记录了大学者和大学的校史，也记录了镜头中的社会变迁。这批照片的色彩是多样的，里面有物理和化学材料的多样化，也有民俗学事业的丰功伟业。照片正是会说话的镜子，会向我们讲述这些故事。

2013 年 3 月 10 日

后　记

　　本书是教育部人文社科重点研究基地重大项目"跨文化视野下的民俗文化研究"的子课题成果，获教育部人文社科重点研究基地北京师范大学民俗典籍文字研究中心资助出版，本中心首任主任王宁先生和现任主任李国英教授对钟敬文先生的民俗学事业给予了长期的支持，对我本人的工作多所指导，谨此衷心致谢。

　　本书"中编"关于中印故事类型的个案研究，其中的部分章节，在初期撰写的过程中，曾与北京大学印度学研究中心主任王邦维教授合作。我的专业是民俗学，但也会多少使用外国文学资料，偶尔也会涉及印度佛经故事文献，这些年来，每当遇到印度文献的问题，包括宗教、风俗、人名、地名，乃至单词的发音，我都会向王邦维求教，他总是有求必应。他是我的良师益友。

　　本书的"下编"，是我在组织编纂《钟敬文全集》的过程中累积而成的心得。在此感谢高等教育出版社的合作。

　　研究钟敬文先生的民俗学学说，除了我个人的条件和需要付出的努力外，还有一个重要的背景不能不提，就是很多前辈学者对我的培养和提携，以及诸多中外学友对我的鼓励和帮助。他们的名字刻在我的心中，不能淡化，更不会消失，包括王宁、程正民、乐黛云、张恩和、李强、王邦维、王一川、陈越光、金丝燕、陈力川、瞿林东、潘国琪、胡友鸣、华觉明、欧达伟（R. David Arkush）、洪长泰（Chang-tai Hung）劳格文（John Lagerwey）、蓝克利（Christian Lamouroux）和白馥兰（Francesca Bray）。本书有限的《前言》和短篇的《后记》不能盛放他们的恩情，好在来日方长，我会在寸寸进步中记住他们的名字。

　　感谢中国社会科学出版社任明先生为编辑此书付出的辛劳，这本书能如期出版，一半的功劳归于他。

董晓萍

2016 年 6 月 6 日